卓越学术文库

U0957160

高职高专院校思想政治理论课教学改革与创新

GAOZHIGAOZHUAN YUANXIAO SIXIANG ZHENGZHI LILUNKE JIAOXUE GAIGE YU CHUANGXIN

河南省高等学校哲学社会科学优秀著作资助项目

赵水根 主编

郑州大学出版社
·郑州·

图书在版编目(CIP)数据

高职高专院校思想政治理论课教学改革与创新 / 赵水根主编. — 郑州 : 郑州大学出版社, 2020. 12
(卓越学术文库)
ISBN 978-7-5645-7049-1

Ⅰ. ①高… Ⅱ. ①赵… Ⅲ. ①高等职业教育 - 思想政治教育 - 教学改革 - 研究 - 中国 Ⅳ. ①G711

中国版本图书馆 CIP 数据核字(2020)第 101294 号

高职高专院校思想政治理论课教学改革与创新

策划编辑	孙保营	封面设计	张　庆
责任编辑	樊建伟　席静雅	版式设计	凌　青
责任校对	吴　静	责任监制	凌　青　李瑞卿
出版发行	郑州大学出版社有限公司	地　　址	郑州市大学路 40 号(450052)
出 版 人	孙保营	网　　址	http://www.zzup.cn
经　　销	全国新华书店	发行电话	0371-66966070
印　　刷	新乡市豫北印务有限公司		
开　　本	710 mm×1 010 mm　1 / 16		
印　　张	35.5	字　　数	583 千字
版　　次	2020 年 12 月第 1 版	印　　次	2020 年 12 月第 1 次印刷
书　　号	ISBN 978-7-5645-7049-1	定　　价	139.00 元

作者名单

主　编　赵水根

副主编　肖　芸　曾庆福　田瑞华

编　委　马利红　魏娇娇　肖志铭

前 言

思想政治理论课是对大学生进行思想政治教育的主渠道、主阵地，肩负着帮助和引导大学生树立正确的世界观、人生观和价值观的重大使命。《中共中央宣传部、教育部关于进一步加强和改进高等学校思想政治理论课的意见》（教社政〔2005〕5 号）明确指出："思想政治理论课所有课程都要加强实践环节，要建立和完善实践教学保障机制，探索实践育人的长效机制。"2016 年 12 月，习近平总书记在全国高校思想政治工作会议的重要讲话中强调，做好高校思想政治工作，要用好课堂教学这个主渠道，思想政治理论课要坚持在改进中加强，提升思想政治教育的亲和力和针对性，满足学生成长发展需求和期待，其他各门课都要守好一段渠、种好责任田，使各类课程与思想政治理论课同向同行，形成协同效应。习近平总书记的重要讲话站在政治、战略的高度强调了高校思想政治理论课在中国特色社会主义高校中的重要地位，为新时期加强和改进高校思想政治理论课建设提出了要求、指明了方向。贯彻落实习总书记讲话和党中央、中宣部和教育部有关思想政治理论课建设的精神，切实提高高职高专院校思想政治理论课的教学实效性是本书研究的主旨所在，达到入耳、入脑、入心的教育效果是本书研究的目的。

为实现取得实效的目的，我们对高职高专院校思想政治理论课教学进行了长期的关注与持续的研究，从 2007 年开始，相继主持完成了河南省教育科学"十一五"规划课题"毛泽东思想、邓小平理论、'三个代表'重要思想概论课教学改革与创新研究"（编号为 2007-JKGHAG-020）、河南省教育科学"十一五"重点课题"高校思想政治理论课教学改革与设计研究"（编号为 2009- JKGHAZ-0006）、河南省高等教育教学改革研究项目"毛泽东思想和中国特色社会主义理论体系概论课教学改革与设计研究”（项目编号为2009SJGLX405）、教育部人文社科项目专项任务“高职高专院校思想政治理论课建设研究”（项目批准号为11JDSZK017）和2013年完成的河南省高等教育教学改革研究项目“高职高专院校思想政治理论课教学内容及课程体系改革的研究和实践”（项目编号为302）等5项教育部、省教育厅教学改革项目，有3项获得了河南省高等学校思想政治工作优秀成果（证书编号为SZGZCG20080064）、河南省教育科学研究优秀成果一等奖（证书编号为豫教〔2009〕05823号），河南省高等教育教学成果奖一等奖（证书编号为豫教〔2013〕16765）和二等奖（证书编号为豫教〔2012〕00990）。

在上述研究基础上，河南财政税务高等专科学校课题组承担并完成了河南省教育厅2013年度批准立项的“高职高专思想政治理论课教学改革创新研究”这一人文社科重点项目。研究期间根据形势与教材变化进行了多次课题研究的调整修订，保证了研究内容的与时俱进，同时，为能切实服务教学工作，我们还及时召开课题组会，学习中央关于指导高校思想政治理论课教育教学的文件精神；前往多个高校开展实地调研；设计调研表格，统计分析相关数据，而且将其反馈至教学改进工作中。

本书正是基于大量的调研分析，顺应思想政治理论课发展趋势而做的相关研究。该研究成果既有教学研究理论，又有教学实践探索。其内容如下：

教学研究理论篇包括第一章至第三章。

第一章主要从积极推进党的十八大以来特别是十九大中央新精神的“三进”工作、更好地贯彻落实思政课新课改革精神、深化高职高专院校人才培养模式改革，提高育人质量、适应建设人才强国战略目标、培养社会主义事业合格接班人、进一步增强高职高专院校思政课教学实效性等方面阐述了高职高专院校思想政治理论课教学改革创新的重要性、现实性。

第二章通过调查研究对当前高职高专院校思想政治理论课教学中存在的主要问题进行了分析。存在的问题主要表现在以下几个方面：

一是课程体系不够完善；二是教材内容体系不完全适合高职高专院校学生特点；三是教学目标定位存在偏差，还不能完全适应高职高专院校教学目标和培养模式的要求；四是教学内容缺乏高职高专院校教育特色；五是教学过程中互动性不够强，学生主体作用发挥得不够充分；六是教学方法缺乏针对性，实践教学环节相对薄弱；七是教学手段与模式缺乏时代感，教学效果尚不能令人完全满意；八是教学质量评价缺乏科学性；九是课程价值上存在片面性；十是师资队伍整体水平尚有待提高等。

上述问题若不妥善解决，就会影响到思政课教学的实际效果和育人质量。

第三章是针对高职高专院校思想政治理论课教学中存在的问题，提出了新形势下高职高专院校思想政治理论课教学改革创新的路径设计与构想。

（一）在课程设置上，构建适合高职高专院校教育教学特点和满足学生需要的思想政治理论课课程体系。

（二）在教材和教学内容上，构建适合高职高专院校人才培养目标和经济社会发展要求的思想政治理论课教材、教学内容体系。

（三）在教学目标和模式上，坚持课堂教学与实践教学密切结合，突出实践育人，构建适合高职高专院校思想政治理论课教学特点的实践教学体系。

（四）在教学方法上，结合高职高专院校思想政治理论课教学特点、育人特点和学生实际，酌情选择合适、有效的方法。理论与实际相结合，凸显针对性；课堂教学与实践教学密切结合，突出实践性；“导”与“学”紧密结合，增强互动性。

（五）在考试考评方式上，将期末考评和教学过程考评相结合，构建反映高职高专院校教育特点和育人目标的考评机制。

（六）在科研、教研上，充分发挥教研、科研的先导作用，以教研、科研促教学，逐步形成以研促教、研教互动的良性机制。

（七）在教学评价上，坚持以人为本，构建一套贴近实际、贴近生活、贴近学生的“三贴近”高职高专院校思想政治理论课教学评价体系。

（八）在课程价值上，将理论价值、社会价值和学生自我价值有机结合起来，在重视理论价值、社会价值的同时，要密切联系高职高专院校学生实际，将学生自我价值的实现融入其中。

（九）在师资建设上，着力打造和建设一支师德高尚、业务精湛、结构合理、充满活力的高素质专业化的高职高专院校思想政治理论课教师队伍。

教学实践探索篇分上、下两部分，包括第四章到第二十四章。是以高职高专院校开设的“毛泽东思想和中国特色社会主义理论体系概论”“思想道德修养与法律基础”两门必修课为例，构建高职高专院校思想政治理论课教学内容的设计与实践方案。

总之，高职高专院校思想政治理论课教学改革是一项长期性的系统工程，也是一项动态的创新工程。在今后的思想政治理论课教育教学实践中，高职高专院校应坚持与时俱进，不断推进理念思路、内容形式、方法手段创新，在巩固已有好的经验和做法基础上，进一步做好思想政治理论课教学改革和教学实践创新工作，切实增强高职高专院校思想政治理论课教学的时代感、实效性和针对性，使思想政治理论课真正成为大学生真心喜爱、终身受益的课程，为培养建设中国特色社会主义合格接班人做出应有的贡献。

编　者

2019 年 10 月

目录

教学研究理论篇

教学实践探索篇（上）

教学研究理论篇

第一章

教学改革创新的重要性和现实性

“高职高专院校思想政治理论课”（以下简称思政课）是我国高等教育教学中对大学生进行系统的马克思主义理论教育、思想品德教育、法制教育和形势政策教育的一组主干课程，按照中共中央宣传部、教育部2005年颁布的《〈中共中央宣传部教育部关于进一步加强和改进高等学校思想政治理论课的意见〉实施方案》（简称“05方案”）的规定，现专科院校统一开设的这组主干课程有“毛泽东思想和中国特色社会主义理论体系概论”和“思想道德修养与法律基础”两门必修课，以及本、专科学生都要开设的“形势与政策”课。这些课程在提高大学生思想理论水平、政治素质、人文素养和职业素养，培养大学生树立正确的世界观、人生观、道德观、价值观以及就业观，塑造其创新精神、创新意识、创新能力和职业能力等方面发挥着其他课程所不能替代的重要作用。但也不能否认，长期以来，由于种种原因，高职高专院校思政课教学效果并不十分理想。有相当部分学生不感兴趣，消极对待，一定程度上影响了思政课应有的育人作用和效果。这与社会大环境有关，与教学内容、教学思维、教学模式等方面是否具有时代感和针对性有关，也与课程体系、教学体系设计、教学方法的运用、课程价值的评价等方面缺乏相应的科学性有关。为了反映时代要求，反映经济社会发展要求，反映高职高专院校思政课教学特点和人才培养目标的要求，进一步增强高职高专院校思政课教学实效，使思政课成为大学生真心喜爱、终身受益的课程，就必须不断深化思政课教学改革与创新。

（一）积极推进高职高专院校思想政治理论课的教学改革与创新，是与时俱进地推进马克思主义中国化最新理论成果的“三进”工作的需要

第一，积极推进党中央新精神特别是十九大新精神的“三进”工作，需要不断推进高职高专院校思想政治理论课的教学改革与创新。

在全面建成小康社会决胜阶段、中国特色社会主义进入新时代的关键时期，在引领全党全国人民为实现中华民族伟大复兴的中国梦而奋斗的进程中，面对复杂的国际国内形势，党的十九大以“不忘初心，牢记使命，高举中国特色社会主义伟大旗帜，决胜全面建成小康社会，夺取新时代中国特色社会主义伟大胜利，为实现中华民族伟大复兴的中国梦不懈奋斗”为主题，向全党全国各族人民发出了决胜全面建成小康社会的动员令，勾画了奋力夺取新时代中国特色社会主义伟大胜利的宏伟蓝图。全面学习宣传贯彻党的十九大精神，是全党全国当前和今后一个时期的首要政治任务。目前，按照《中共中央关于认真学习宣传贯彻党的十九大精神的决定》，全党全国上下正在掀起深入学习宣传贯彻党的十九大精神的热潮。从教育系统看，中共教育部党组关于教育系统认真学习宣传贯彻党的十九大精神写好教育“奋进之笔”的通知指出，“认真学习、深入领会、大力宣传、全面贯彻党的十九大精神，是当前和今后一个时期教育系统的首要政治任务”。要求充分认识党的十九大开创性、里程碑和划时代的重大意义，准确领会把握党的十九大精神的思想精髓和核心要义；扎实推动党的十九大精神学习研究宣传全覆盖，自觉用习近平新时代中国特色社会主义思想武装广大干部师生头脑；认真落实党的十九大提出的任务要求，浓墨重彩书写好教育系统“奋进之笔”；迅速兴起学习宣传贯彻党的十九大精神的热潮，积极营造学起来、教起来、传起来、研起来、干起来、实起来的良好氛围。这就要求高校必须做好的重要工作之一就是落实好立德树人根本任务，大力提升高校思想政治工作质量；充分发挥思政课主渠道、主阵地作用，在教材、教学内容上及时把十九大新精神尤其是新思想、新观点、新亮点融入思政课各科教材的相应章节中和教学内容体系中；在教学过程中，积极创新方式方法，优化选择教学模式、教学方法和教学手段，以保证及时、有效地推进十九大精神进教材、进课堂、进学生头脑，努力增强思想政治教育的时代感和实效性。积极做好这一工作，就需要在教材、教学、教法、教学评价等方面多方位改革创新思政课教学。

第二，适时把中国特色社会主义理论体系的最新理论成果融入教学过程中，充分体现马克思主义与时俱进的理论品质，需要不断推进高职高专院校思想政治理论课教学改革与创新。

实践在不断发展，社会在不断前进，随着实践的发展、历史的更替和延伸，中国共产党人在把马克思主义和中国实际相结合的过程中不断进行理论创新。毛泽东思想、邓小平理论、“三个代表”重要思想、科学发展观和习近平新时代中国特色社会主义思想这些马克思主义中国化理论成果的最显著特色是与时俱进。马克思主义中国化理论成果的不断创新，必然要求承担着对大学生进行系统的马克思主义理论教育任务的高校思政课体系、教材体系、教学内容体系、教学思维模式和教学方式方法等也必须坚持与时俱进，在与时俱进中贯穿思政课课前、课中、课后各环节，不断拓展马克思主义理论日常教育渠道，充分发挥日常教育对马克思主义理论教育教学的阵地作用，及时反映马克思主义理论和实践发展的最新成果，不断调整和充实教学内容，改革课程体系，这也是思政课保持蓬勃生机和活力的关键所在。

第三，及时宣传贯彻新时期党的路线方针政策以及透视前瞻性的思想政治理论观点，也要求不断推进高职高专院校思想政治理论课教学改革与创新。

改革开放以来的中国大地经历了沧海桑田的历史性巨变，社会生活的丰富多彩和各种利益关系的转换与纠结成为当代中国典型的时代印记。作为观念形态的上层建筑，各种解释性和前瞻性的理论观点如雨后春笋般亮相中国社会；党的会议和中央决议等现行政策、文件规定总会从实际出发，不断提出一些新思想、新亮点；人类社会物质生活的发展有力地推动着政治生活和文化生活的变迁。所有这些也都对高职高专院校思想政治理论工作者研究思政课教学内容、课程体系改革和课程建设提出了新要求。要求思政课必须进行相应的改革与创新，改革教学内容，改进教学方法，丰富教学手段，创新课程体系，不断把党的现行政策，把中国特色社会主义理论创新中出现的最新成果以及反映社会生活生动活泼局面的新提法、新观点及时贯彻到教学中，凸显思政课教学内容和课程体系的时效性和新颖性。

(二)推进高职高专院校思想政治理论课的教学改革与创新,是更好地贯彻落实思想政治理论课新的课程改革精神和高等学校思想政治理论课建设标准的需要

第一,实施好高校思想政治理论课建设标准,需要进行高职高专院校思想政治理论课的教学改革与创新。

2011 年 1 月,教育部为贯彻落实全国加强和改进大学生思想政治教育工作座谈会精神以及《中共中央宣传部教育部关于进一步加强高等学校思想政治理论课教师队伍建设的意见》(教社科〔2008〕5 号)有关规定,进一步加强宏观指导,规范高校思政课的组织管理、教学管理、队伍管理和学科建设,研制了《高等学校思想政治理论课建设标准(暂行)》。在此基础上,2015 年 9 月又出台了《高等学校思想政治理论课建设标准》(教社科〔2015〕3 号)。该建设标准分 A *、A、B 三类,共 39 项,具体、明确、可操作性强,为包括高职高专院校在内的所有高校思政课教学改革与创新提供了具体量化标准和航标。高职高专院校要贯彻落实好高校思政课建设标准,加强新时代高校思政课建设,就必须按照指标的具体规定和要求,结合高职高专教育特点,从教学过程、教学管理、队伍管理和学科建设等方面进行思政课教学改革与创新。全方位规范、深化思政课教学改革与创新是实施好思政课建设标准的有效保证,也是进一步增强高校思政课教学实效性,进一步激发学生主动学习的兴趣,让思政课成为当代大学生真心喜欢、终身受益的课程的重要保证。

第二,更好地贯彻落实"加强和改进高校思想政治理论课工作会议"精神和全国高校思想政治理论课建设工作会议精神,需要进行高职高专院校思想政治理论课教学改革与创新。

2008 年 7 月,中共中央宣传部、教育部在北京联合召开了加强和改进高校思想政治理论课工作会议。会议指出,适应国内外形势发展的需要、全社会的期盼和高校广大师生的呼唤,要把加强和改进高校思政课摆在更加重要的位置,进一步加强和改进高校思政课教育。要按照高举旗帜、遵循规律、改革创新、强化基础的总体思路,以教材建设和学科建设为基础,以教师队伍建设为重点,以教学方法创新为关键环节,以加强组织领导为保障,全面推进高校思政课建设,争取经过若干年的努力,抓师资、抓教材、抓教法、抓指导,把高校思政课建设成为大学生真心喜爱、终身受益的优秀课程。2012 年度召开的全国高校思政课建设工作研讨会上,又提出了高校思想政治理论课要以教师队伍建设为中心、以学科建设为支撑、以创新教学体系为突破口、以督促检查为主要手段,努力增强教育教学效果,深入推进中国社会核心价值体系建设,强调了创新教学体系、加强教师队伍建设、实施研究生思政课新方案、加强思政课管理、加强学科建设等五个方面的问题。2015 年度召开的全国高校思政课建设工作会明确要求办好高校思政课,要坚持综合改革,提出要在明确责任上下功夫、在建设立体化教材体系上下功夫、在加强教师队伍建设上下功夫、在改进教学方式方法上下功夫、在整体推进上下功夫。地方教育部门要推动全方位共建马克思主义学院工作,深入推动实施特聘教授制度,加强对重大理论和实践问题的联合攻关。高校要加强综合协调,坚持整体思维,统筹研究思政课各门课程教学设计,切实提升思政课建设水平。有效贯彻落实 2008 年高校思政课工作会议精神、2012 年和 2015 年全国高校思政课建设工作研讨会精神的一个重要举措,就是要从高职高专院校教育实际出发,着力建设高素质思政课师资队伍,不断改革和完善高职高专思政课教材、教学内容体系及课程设置课程体系,创新课堂教学方法,加大实践教学力度,重视运用现代教学手段,改进考试考核方式。

第三,更好地贯彻落实好思政课新课程改革精神,要求必须进行高职高专院校思想政治理论课教学改革与创新。

中共中央宣传部、教育部在 2005 年 2 月和 3 月相继制定并印发《中共中央宣传部教育部关于进一步加强和改进高等学校思想政治理论课的意见》(教社政〔2005〕5 号)和《〈中共中央宣传部教育部关于进一步加强和改进高等学校思想政治理论课的意见〉实施方案》(教社政〔2005〕9 号),2018 年 4 月教育部又颁发《教育部关于印发〈新时代高校思想政治理论课教学工作基本要求〉的通知》(教社科〔2018〕2 号),给高校思政课的改革与发展提供了重要契机,指明了着力方向。

贯彻落实好思政课新课程改革精神,需要一个逐渐完善的过程。在这个过程中,如何根据新课程特色,既要充分体现思政课的理论性、体现马克思主义中国化的最新理论成果,又要充分体现中国特色社会主义实践的最新经验,体现马克思主义研究的最新进展;如何既突出思想政治教育的任务，充分反映马克思主义的立场、观点和方法，充分反映人类社会发展规律、社会主义建设规律和人才成长规律，又能够紧密结合社会热点、焦点、难点问题和当代大学生的思想实际，给以理论上深入的、透彻的、恰如其分的分析和令人信服的阐释与说明，切实增强思政课教育教学的针对性和实效性，使这些整合新课达到理想教学效果；这一系列问题，靠已有的老套路和原来的教学体系及课程体系已远远不能适应。而且还要面对整合后的新课，课程紧、任务重、跨度大以及如何突出高职高专院校教育的职业性、实践性等问题。所有这些，都要求包括高职高专院校在内的高校思政课要在与时俱进中谋突破、求发展，要求在课程体系、教材体系、教学内容、教学方法、教学模式、教学手段、考核方式等方面多方位深化思政课教学改革，在不断深化思政课教学改革中寻找解决问题的新思路、新设计和新方案。

（三）进行高职高专院校思想政治理论课的教学改革与创新，是高职高专院校思想政治理论课开设特点和人才培养目标所要求的

从思政课的开设特点看，较之本科院校，高职高专院校思政课的开设具有办学层次多、学生质量参差不齐；学制短、课时少、缺少相应的知识铺垫、教学任务繁重且又要凸显职业性等特点，客观上要求进行思政课教学改革与创新来保证艰巨教学任务的有效完成。

从人才培养目标看，高职高专院校培养的是“面向生产、建设、服务、管理第一线需要的高端技能型专门人才”，实现这一目标也要求必须进行思政课教学改革与创新，以适应高职高专院校培养学生在具有必备基础理论知识和专门知识的同时，还应具有从事本专业领域实际工作的基本能力、基本技能、职业素养、良好的职业道德和敬业精神。

（四）进行高职高专院校思想政治理论课的教学改革与创新，是深化高职高专院校人才培养模式改革，提高育人质量的需要

质量是生存之本，不断提高质量，是高等教育的生命线。全面提高高等教育质量是近年来党中央、国务院做出的重大决策，也是国家中长期教育改革和发展规划纲要提出的明确要求，特别是针对当前影响和制约质量提高的薄弱环节和突出问题，教育部于 2012 年 3 月研制、印发了《关于全面提高高等教育质量的若干意见》（教高〔2012〕4 号），围绕大力提升人才培养水平、增强科学研究能力、服务经济社会发展、推进文化传承创新，提出了全面提高高等教育质量的 30 条具体措施。按照该意见的指引，高职高专院校教育作为高等教育的重要组成部分，要提升教育质量，必须坚持内涵式发展、促进高校办出特色、完善人才培养质量标准体系、优化学科专业和人才培养结构、创新人才培养模式、巩固本科教学基础地位、改革研究生培养机制、强化实践育人环节、加强创新创业教育和就业指导服务、加强和改进思想政治教育、健全教育质量评估制度、推进协同创新、提升高校科技创新能力等措施。其中改革与创新人才培养模式是提升高等教育质量的关键一环。

高职高专院校人才培养模式改革是一项系统工程，任何一门课程改革与建设的缺失或滞后都会影响人才培养模式改革的深化。而作为高职高专院校课程体系重要组成部分的思政课建设的加强，则有助于推动高职高专院校人才培养模式改革的继续深入，促进人才培养质量的提高；有助于进一步丰富和发展思政教育教学理论，促使树立新的课程观、教学观和评价观；有助于学生顺利完成从校园人向社会人、职业人和岗位人的转化，促进学生全面发展和健康地成长成才。

（五）进行高职高专院校思想政治理论课的教学改革与创新，是适应培养创新型人才和建设人才强国战略目标的需要

人才是我国经济社会发展的第一资源。党和政府一贯高度重视人才资源的教育培养与开发，特别是近年来，提出了一系列加强人才工作的政策措施，继党的十七大提出“建设人力资源强国”的战略目标之后，2010 年 5 月召开的全国人才工作会议和 2010 年 7 月召开的全国教育工作会议又分别强调了建设人才强国和人力资源强国的战略目标，2012 年 11 月党的十八大做出了“扎实推进社会主义文化强国建设”和“加快确立人才优先发展战略布局，造就规模宏大、素质优良的人才队伍，推动我国由人才大国迈向人才强国”的重大战略部署，2017 年的 10 月党的十九大再次强调“聚天下英才而用之，加快建设人才强国”。在举国向着这一目标奋进的过程中，着力发展高等教育和全面提升高等教育质量则是开发和造就高素质人才的一条主要途径。

那么，新形势下应如何更好地发挥高职高专院校在提升人才资源质量和形成高端技能型人才中的主阵地作用呢？一个必不可少的做法就是上好思政课。高职高专院校作为我国高等教育的重要组成部分，同所有高校一样，上好思政课可以培养大学生树立正确的世界观、价值观、人生观、道德观以及就业观，可以培养大学生的创新意识、创新思维、创新精神和职业能力，成为造就高端技能型人才、创新型人才、高素质人才的重要基地。而在当前高校思政课教学整体效果依然欠佳、许多方面仍需要改进和完善的情况下，高职高专院校要上好思政课，要把思政课变成让大学生终身受益和喜闻乐见的课程，以达到其育人的最佳效果，就必须适时进行思政课教学内容及课程体系等方面的改革与创新。

同样，培养学生的创新精神和塑造创新型人才，也需要改革创新高校思政课教学。2005 年，党的十六届五中全会做出了建设创新型国家的重大战略决策。2006 年 1 月 9 日，胡锦涛主席在全国科技大会上宣布，到 2020 年建成创新型国家；同年 2 月 9 日国务院发布的《国家中长期科学和技术发展规划纲要（2006—2020 年）》确定以九大政策措施为“创新型国家”保驾护航；2010 年 7 月颁布的《国家中长期教育改革和发展规划纲要（2010—2020 年）》又提出，“适应全面建设小康社会、建设创新型国家的需要，坚持育人为本，以改革创新为动力，以促进公平为重点，以提高质量为核心，全面实施素质教育，推动教育事业在新的历史起点上科学发展，加快从教育大国向教育强国、从人力资源大国向人力资源强国迈进”。几年来，举国上下一直都在为建设创新型国家而努力奋斗。建设创新型国家，持续不断地培养和造就大批创新人才是必要前提和基础。大学生作为我国未来建设创新型国家的重要力量，能否具有过硬的创新素质，事关我国未来社会的兴旺发达，事关国家核心竞争力的保持。培养创新人才，是建设创新型国家的需要，也是社会发展的需要，是知识经济发展的需求。要培养创新人才，必须立足课堂，又要超越课堂；立足课程，又要超越课程；立足校内，又要超越校内；立足教学，又要超越教学。事实上，在创新人才培养过程中，达到理想效果的高校思政课教育可以更有效地激发学生的创新动机与创新意识，更有效地培养学生的科学创新的思维方式，更有效地引导健康向上的创新追求，更有效地促进大学生形成创新意识、创新思维、创新精神和创新能力。它通过对学生进行与时俱进的中国化的马克思主义理论创新成果的教育、优秀思想品德的塑造与教育，引导和帮助学生确立正确的政治方向，树立正确的世界观、人生观和价值观，树立崇高的理想和科学的信念，形成良好的道德品质，促进人格的进一步完善，把学生培养成为社会主义现代化事业所需要的创新人才。而要充分发挥高校思政课教育在培养学生创新精神、塑造创新型人才的最大效用,就必须不断改革创新高校思政课教学。

(六)进行高职高专院校思想政治理论课的教学改革与创新,是适应我国一再强调并且各层次教育都在实施的素质教育的需要

适应全面实施素质教育的要求,必须进行高职高专院校思政课教学改革与创新。所谓素质教育,就是以促进学生身心发展为目的,以提高国民的思想道德、科学文化、劳动技术、身心素质为宗旨的教育。素质教育在我国起初主要是在基础教育改革中推行,要“改革人才培养模式,由‘应试教育’向全面素质教育转变”。稍后又把素质教育推向高等教育。1998 年 4 月,教育部高等教育司颁发了《关于加强大学生文化素质教育的若干意见》;同年 12 月,教育部又颁发了《面向 21 世纪教育振兴行动计划》。1999 年 1 月,国务院批转教育部制定的《面向 21 世纪教育振兴行动计划》明确提出,实施“跨世纪素质教育工程”,整体推进素质教育,拉开了素质教育从典型示范转向整体推进和制度创新的序幕;同年 6 月,中共中央、国务院《关于深化教育改革全面推进素质教育的决定》,重点论述了全面推进素质教育的 26 条具体措施,并召开了以素质教育为主题的全国教育工作会议,进一步强调了实施素质教育的重要性和必要性,明确提出要在各级各类教育中“全面推进素质教育”。由此,素质教育开始作为党和国家的战略决策,进入国家推进、重点突破、全面展开的新阶段。2002 年 3 月,为进一步贯彻落实中共中央国务院《关于深化教育改革全面推进素质教育的决定》精神,适应经济社会发展对人力资源开发尤其是青年人力资源开发的迫切需要,服务高校素质教育的全面实施,适应广大青年学生成长成才、就业创业的迫切需要,共青团中央、教育部、全国学联又专门下发了《关于实施“大学生素质拓宽计划”的意见》(中青联中发〔2002〕14 号)。时至今日,全面实施素质教育已经成为我国教育事业适时发展、持续发展、跨越式发展的历史性选择,也是包括高等教育在内的各级各类教育的共同任务。2012 年 6 月,教育部颁布的《国家教育事业发展第十二个五年规划》提出“树立科学的质量观,尊重教育规律和学生身心发展规律,坚持德育为先,能力为重,全面实施素质教育,培养德智体美全面发展的社会主义建设者和接班人”。2017 年 10 月,党的十九大报告再次强调:“要全面贯彻党的教育方针,落实立德树人根本任务,发展素质教育，推进教育公平，培养德智体美全面发展的社会主义建设者和接班人。”

实施素质教育，就是全面贯彻党的教育方针，核心是培养学生的思想政治素质，重点培养学生的创新精神和实践能力，要求必须把德育、智育、体育、美育等有机地统一在教育活动的各个环节中，使诸方面教育相互渗透、协调发展，促进学生健康成长，目标是培养德智体美全面发展的社会主义建设者和接班人。而培养学生的思想政治素质、道德素质、职业素质、创新精神和实践能力，正是高职高专院校思政课的教学任务。但从传统教育观念和教学方式看，传统的教育观念注重以传授知识为主，片面强调了“仓库式”的知识灌输，人才培养模式大多重知识轻能力、重传承轻创新，使得“过窄的专业教育、过弱的人文教育”等弊病十分突出，这一问题如果得不到及时而有效的解决，就可能会严重影响到学生综合素质的全面培养，也极不利于素质教育的大力推进。为了改变这一状况，为了更好地适应素质教育发展的要求，为了更好地凸显德育为先，能力为重，充分发挥出思政课教育对素质教育的支撑作用，必须深化思政课教学内容体系、课程体系、教学模式与方法、课程评价等方面的改革与创新，全面加强高职高专院校思政课建设。

（七）进行高职高专院校思想政治理论课教学改革与创新，是切实发挥其育人作用、培养社会主义事业合格接班人的需要

第一，切实发挥思想政治理论课的应有育人作用，必须进行高职高专院校思想政治理论课教学改革与创新。

高校思政课是对大学生进行思想政治教育的主要学科和主干课程，是学校思想政治教育的核心，也是整个学校教育的灵魂。它决定着高校教育和培养学生的政治方向。因此，思政课的重要地位和独特的重要作用是其他学科和教育途径所不能代替的。

高职高专院校思政课是由一些起独特作用的课程组成的，根据“05 方案”，现专科开设的三门思政课每门课都有自己特殊的任务和作用。“毛泽东思想和中国特色社会主义理论体系概论”着重讲授中国共产党把马克思主义基本原理与中国实际相结合的历史进程，充分反映马克思主义中国化的三大理论成果，帮助学生系统掌握毛泽东思想、邓小平理论、“三个代表”重要思想和科学发展观的基本原理，坚定在党的领导下走中国特色社会主义道路的理想信念。“思想道德修养与法律基础”主要进行社会主义道德教育和法制教育，帮助学生增强社会主义法制观念，提高思想道德素质，解决成长成才过程中遇到的实际问题。“形势与政策”着重开展党的路线、方针和政策的教育，帮助学生正确认识国内外形势，选择正确的价值取向，树立正确的人生观和价值观。事实上，改革开放以来，特别是党的十三届四中全会以来，高校思政课教育教学取得了很大成绩。中国特色社会主义理论体系“进教材、进课堂、进学生头脑”工作不断深入，学科建设扎实推进，教材建设取得成效，教学方式方法逐步改进，教师队伍建设得到加强。高校思政课在引导大学生坚定对马克思主义的信仰、对社会主义的信念，增强对改革开放和现代化建设的信心、对党和政府的信任等方面，发挥了重要的作用，这与多年来深化思政课教育教学改革与实践创新和重视思政课教学改革与创新是分不开的。

但也应该看到，长期以来，也有不少人把高校思政课简单地等同于政治意识形态，认为其无异于政治说教，实用价值不大，而没有给予足够的重视；小波段的生动趣味，和大波段的大道理与枯燥乏味则代表了多数学生学习这门课的普遍感受。再加上思政课教学改革有待继续深化，教学过程中存在内容和方法的设计失当缺陷等现象，作为在全国高校普遍开设的一组公共课，思政课较为明显地遭遇到一些大学生的漠视甚至轻视。不少高职高专院校的学生就认为学习思政课对其用处不大。要充分发挥思政课的教育作用，根本改变思政课所处的尴尬境地，迫切需要对现有高校思政课教学进行全面的反思，使得高职高专院校思政课教学内容、课程体系等方面的改革与推行成为现实的可能，也使得全面加强高职高专院校思政课教学改革与创新很有必要。

第二，引导当代大学生学会理性思维，促使其健康成长，需要进行高职高专院校思想政治理论课教学改革与创新。

大学生正处在世界观、人生观、价值观和就业观形成的关键时期，学习和掌握马克思主义科学理论，有助于引导当代大学生在多样化的价值观比较中树立正确的世界观、人生观、价值观和就业观；教给他们看待问题的科学态度，学会理性、辩证思维，就业意识与理念，较好地解决生活和学习中存在的问题。这对他们健康成长、走向社会具有重大意义。

从当前我国大学生的思想状况看，主流是好的，是积极、健康、向上的。

但同时更应该看到，在经济全球化趋势不断扩大的条件下，在我国社会主义市场经济深入发展的今天，多元价值观碰撞和激荡，对当代大学生信仰和精神状况造成了很大影响。部分大学生存在着政治信仰迷茫、艰苦奋斗精神不足、团结协作观念较差、心理素质比较脆弱等突出问题。这些问题如果得不到及时而有效的解决，就可能会严重影响到学生综合素质的全面培养，影响到大学生整体的健康成长。这就要求在新形势下，思政课要有所作为。解决学生思想实际问题，引导学生树立正确的世界观；针对实际问题提出创新内容、创新形式、创新手段、创新机制和课程体系等一系列措施，以更有成效地引导学生掌握科学的思维方法，引导和促进大学生健康成长，正成为思政课教育教学过程中必须解决的重要课题。

第三，造就合格的社会主义事业接班人，需要进行高职高专院校思想政治理论课教学改革与创新。

邓小平同志曾深刻地指出："中国的事情能不能办好，社会主义和改革开放能不能坚持，经济能不能快一点发展起来，国家能不能长治久安，从一定意义上说，关键在人。"进入新世纪新阶段，我们党肩负着全面建成小康社会、加快社会主义现代化建设、实现中华民族伟大复兴的历史使命。大学生是国家宝贵的人才资源，是民族的希望、国家的未来。据《2015 年全国教育事业发展统计公报》统计，我国各类高等教育总规模达到 3647 万人。他们的素质特别是思想政治素质如何，能否成为中国特色社会主义事业的合格建设者和接班人，直接关系到党和国家的前途命运，关系到党的事业后继有人和国家的长治久安，关系到中国特色社会主义建设事业的兴衰成败，关系到实现全面建设小康社会的宏伟目标和中华民族的伟大复兴。正如胡锦涛同志在全国加强和改进大学生思想政治教育工作会上所强调的："培养什么人、如何培养人，是我国社会主义教育事业发展中必须解决好的根本问题。"

智育搞不好就出次品，德育搞不好就出废品。判断能否成为人才的标准，不仅要看他所掌握的知识和能力，最关键的还在于他的道德素质和做人准则。高校思政课在教当代大学生如何做人方面有着独特的作用。通过思政课的系统讲授这个主渠道，教给学生掌握马克思主义的基本理论，重要的是学会运用马克思主义的立场、观点、方法来观察和分析问题，逐步树立正确的世界观、人生观和价值观，真正成长为"又红又专、德才兼备、全面发展的中国特色社会主义合格建设者和可靠接班人”。

(八)进行高职高专院校思想政治理论课教学改革与创新,是进一步增强高职高专院校思想政治理论课教学实效性的需要

随着形势的不断发展变化、社会发展的需要和中央新精神的相继出台,高职高专思政课开设的整个过程,无论是毛泽东思想和中国特色社会主义理论体系概论课、思想道德修养与法律基础课,还是形势与政策课,其教学内容、教学思维、教学模式、教学方法等都充满变数。与之相适应,多方位加强思政课建设,并保持思政课建设的与时俱进,可以使思政课教学紧跟时代发展,贴近实际、贴近生活、贴近学生,更好地反映形势发展、社会需求、理论政策的变化和国际国内重点、热点问题,更好地体现高职高专教学目的和育人特色,进一步增强思政课教学活力和教学实效性。

进行高职高专院校思想政治理论课教学改革与创新,有利于课程体系适应国际国内社会形势的变化,使思政课课程设置与之相适应,坚持和弘扬理论联系实际的马克思主义学风,贴近实际、贴近生活、贴近学生,真正做到以学生为本、以育人为本。

进行高职高专院校思想政治理论课教学改革与创新,有利于改革与创新教学模式和教学方法,改变过去那种“以教师为中心”的教学模式和“满堂灌”的教学方法,根据大学生教育教学的规律和大学生学习的特点,积极探索符合本门课程内容特点,又易于被学生接受的教学方式、方法和手段,充分发挥学生主体作用,增强教学互动性、学习积极性和课程的吸引力、感染力,提高教学实效性。

进行高职高专院校思想政治理论课教学改革与创新,有利于课程内容适应中国特色社会主义建设、社会主义现代化建设的需求,充分反映国际国内重点、热点和焦点问题,紧跟时代的发展,使思政课各科课程真正成为大学生真心喜爱、终身受益的课程。

第二章

当前教学中存在的问题

根据多方调查和近年来高职高专院校思政课教学实践以及与师生的交流，我们看到，随着“05 方案”的实施，一方面，同所有高校一样，高职高专院校思政课在有效推进中国化马克思主义最新成果的“三进”，引导大学生坚定理想信念，增强民族自信心、自豪感和对现代化建设的信心，培养大学生全面发展、健康成长等方面发挥了重要作用，在思政课教学改革与创新方面取得了较大成效；但另一方面，也还存在不少需要解决的问题。主要表现在以下方面：

（一）课程体系不够完善

改革开放以来，我国高校思政课建设一直在改革中不断向前推进。从课程设置来看，其先后经历了 1985 年的马克思主义理论课方案（简称“85 方案”）、1998 年的“两课” 方案（简称“98 方案”）、2005 年的思政课方案（简称“05 方案”） 三次大的调整。按照现行的“05 方案”施行的课程设置，高职高专院校思政课目前开设有毛泽东思想和中国特色社会主义理论体系概论、思想道德修养与法律基础 2 门必修课以及本、专科学生都要开设的形势与政策课。“05 方案”的实行，明确了高职高专思政课科目，马克思主义理论教育的主渠道作用在高职高专院校得到了积极有效的发挥，起到了积极的效果。但在教学实践中也发现高职高专院校课程体系也有不尽合理之处。

第一，专科思政课门数的合并和减少，马克思主义哲学基本原理、中国近代史等方面知识内容的缺失与不系统,客观上造成高职高专思政课课程体系不够完善,思政课教学中存在知识的“盲点”和“空白”,教学基础知识相对薄弱。这不仅不同程度影响到课堂教学,增加了课堂教学难度,也不利于高职高专院校学生知识结构的完整性及其全面健康成长。首先,不开中国近现代史纲要课程,很容易导致学生对中国历史缺乏深入了解甚至是不了解。由于高中文理分科,学生对历史的认识和理解程度参差不齐。文科生相对来说爱死记硬背,缺乏逻辑分析;理科生相对来说普遍基础薄弱,容易遗忘。大学时期近现代史课程的缺失,使专科学生在这一方面的不足无法得到弥补,这对于他们形成正确的历史观非常不利。其次,不系统学习马克思主义哲学,对于高职高专学生来讲,不仅会影响到他们的世界观和看问题的正确方法,对其升本、考研学业水平的提升也是一个不小的负面影响。另外,不开当代世界经济与政治课程,他们就不了解“二战”后世界的发展、变化和国际关系的演变,不明白当今世界热点、焦点问题的历史联系,就很难说了解当今的世界。因缺乏必要的国际知识,缺乏世界眼光和战略思维,对国际热点纠纷就难以形成正确的观点,并影响到对我国对外方针、政策的认识和实行。总体来说,由于缺乏对马克思主义基本原理和中国近现代史等知识的了解,直接讲授毛泽东思想和中国特色社会主义理论体系概论课和思想道德修养与法律基础课,学生在许多问题分析方面缺乏必要的理论基础,在内容了解方面缺乏相应基本知识,导致课程效果不佳或者要讲授一些基本原理和知识做铺垫,从而挤压课堂时间,造成毛泽东思想和中国特色社会主义理论体系概论课和思想道德修养与法律基础课时间异常紧张。

第二,高职高专院校思想政治理论课的两门必修课,各主要是由以往开设的两门课程整合而成(毛泽东思想和中国特色社会主义理论体系概论课主要由原开设的毛泽东思想概论课、邓小平理论和“三个代表”重要思想概论课整合而成,思想道德修养与法律基础课主要由原开设的大学生修养课和法学基础概论课组合而成),老师在教学过程中普遍感到教学内容量过大,相应的知识铺垫不够,特别是毛泽东思想和中国特色社会主义理论体系概论课体系庞大、内容过多、理论性过强,又缺乏适合高职学生特点和实际的易懂、好学、有趣的内容,再加上高职高专院校学生的基础知识普遍相对薄弱且水平参差不齐,学期内完成教学任务备感艰巨。在教学实践中,老师们发现最主要的矛盾就是教学任务重、时间紧。在具体组织教学的过程中，常常会遇到这样两难的问题：不补充相关知识，对于基础知识相对贫乏、薄弱的高职高专生特别是“3+2”学生而言，会难以理解、难以听懂；若要补充，又没有时间，且会影响正常的课堂进度。比如毛泽东思想和中国特色社会主义理论体系概论课涵盖面庞杂，由于学生基本没学过哲学方面的基本理论，有时不得不结合学生实际讲授哲学基本理论，造成有限教学时数紧张；思想道德修养与法律基础课的部分内容，特别是法律基础方面，由于课时较少、内容多，为完成教学任务，也不得不“快马加鞭”赶场式地组织教学，难以克服面面俱到和有效学习间的冲突，其结果既一定程度上影响了教学效果，也削弱了思政课的应有作用。

第三，课程体系没有充分体现高职高专院校的特色。高职高专院校的办学理念、培养模式、培养方案、学制、生源、就业等方面与普通高校均有区别，但课程体系与本科高校基本一样，毛泽东思想和中国特色社会主义理论体系概论课、思想道德修养与法律基础课和普通高校使用同一教材，高职高专院校学生的思维模式、认知水平与普通高校学生存在较大的差异。在授课的过程中，面对统一的教材内容和体系，很难做到使之符合高职高专院校学生思想实际和成长成才的要求，同时也存在一些知识接收困难，就直接造成一些学生学习积极性不高，教学效果欠佳。

（二）教材内容体系不完全适合高职高专院校学生特点

专科和本科院校所设课程门数不同、教育特点特色不同，但所使用的思政课教材却是通用的。几年来，高职高专院校所使用的与本科通用的“一本通”全国统编教材理论性、逻辑性强，有深度，质量好，水平高，是一套好教材。但对于各方面基础和能力都相对薄弱且生源水平又参差不齐的高职高专院校学生来说，在教材的内容上、体系结构上难度均比较大，他们需要有一套适合高职高专院校学生实际能力、能够体现高职高专院校教育教学目标和富有针对性、生动性、实践性和职业性特点的思政课教材。根据对在校高职高专院校学生的抽样调查，学生认为目前使用的思政课教材能够满足自己学习需要的占27%，将就的占70%，不能满足的占3%；认为需要编写一套适合高职高专院校学生特点的思政课教材的占69%，不需要的占17%，无所谓的占14%；认为思政课教材需要配套辅导材料的占53%，不需要的占

24%，可有可无的占13%。

（三）教学目标定位存在偏差

目前，思政课教学还不能完全适应高职高专院校教学目标和培养模式的要求。高职高专院校教育是以培养面向生产、建设、服务、管理第一线需要的高端技能型专门人才为目标的，人才的全面发展和应用能力的提高，是高职高专院校教育的主要特点，高端技能型专门人才的培养目标和高职高专院校教育的职业教育特点必然要求高职高专院校的思政课教学要坚持职业导向，坚持以形成学生核心素质能力为目标，服务于高素质、高技能人才的培养教育模式，必然要求把思政课的教学目标定位在坚持思想政治导向与职业导向的统一，只有这样，才能进一步深化教与学的可持续发展。但从当前高职高专院校思政课教学的实际情况看，教学目标定位却存在偏差，教学内容与目标定位过于偏重思想政治导向，而忽视职业导向。这主要是沿习原有普通高校思政课教学目标，在培养学生中不够重视高职高专院校教育的特点和规律，看不到思政课在学生职业能力培养中的重要作用，由此导致思政课在教学目标、教学内容、教学模式、教学方法、课程体系、课程评价以及师资队伍建设等各方面不能适应高职教育院校快速发展的形势和高职办学特点的要求。

（四）教学内容存在缺乏高职高专院校教育特色、局部重复、与现实脱节等问题

1. 教学内容缺乏高职高专院校教育特色

重理论，轻实践；重课本，轻应用的现象比较普遍。教学体系和内容都没有真正体现高职高专院校教育的实用性和针对性特点。当前高职高专院校思政课教学内容与社会实际、学生生活实际以及就业的工作实际结合不够紧密，过于强调统一性而忽视高职教育的特定性、职业性。不仅思政课教材体系不能够完全适合高职高专院校学生的实际能力，教材的内容体系结构对于在各方面基础和能力都比较薄弱的高职高专院校学生来说难度较大，课堂教学的内容体系也不完全符合高职高专院校教育的目标和特点，缺乏针对性和实效性。由于尚未建立具有高职教育院校特色的思政课教育、教学内容体系，并且忽略了大学生这一教育对象存在着本科生和高职、高专生这一区别，缺乏对高职高专院校学生现有知识基础和学习能力的认识，再加上一些教师对思政课的不重视,没有吃透教材,不能做到提纲挈领,而是把教材做出压缩饼干,填鸭式地给了学生,造成了学生的反感,降低了思政课教学的针对性和实效性,思政课的说服力、感染力也大打折扣。再就是现今思政课教学还不能完全适应高职高专院校教学目标和培养模式的要求。高职高专院校的根本任务就是培养拥护党的基本路线,适应生产、建设、服务、管理第一线需要的,德、智、体、美等方面全面发展的高端技能型专门人才。人才的全面发展和应用能力的提高,是高职高专院校教育的主要特点,但目前思政课教学,无论是在教学方法还是在教学体系与内容上,都没有能真正体现高职高专院校教育的实用性和针对性特点。

2. 内容有局部重复

高职高专院校思政课教学内容存在横向交叉性和纵向重复性。一是横向有局部重复,甚至一门课程各章节之间也有一定重复。如,讲中国革命新道路的开辟、新民主主义革命胜利的三大法宝和中国特色社会主义的领导力量都要讲到党的建设问题。二是纵向与初中高中开设的政治课内容部分重复。如在中国特色社会主义经济、政治、文化、外交政策,民族、宗教政策,党的建设等方面与高中教材有相当一部分重叠。据对在校高职高专院校学生的抽样调查,您认为高职高专院校思政课各门教材内容与中学思想政治课所学内容是否有重复的选项中,选择有重复、没有重复的各占2%,选择有部分重复的占96%。内容上这些重复,就会使很多高职高专院校学生对这门课乃至思政课缺乏新鲜感和学习兴趣,影响教学效果。

3. 存在教学内容与现实脱节现象

教学内容的针对性、现实性不够强,存在教学内容改革滞后于现实的情况,有的任课老师讲稿内容没能及时更新,有些内容的引用明显陈旧,缺乏时效性和针对性。主要是缺乏反映时代特点和现实实际的有关内容和鲜活材料;没能运用原理对重大的国际国内时事予以分析和评说,因而在实际上既没能够完全凸显思政课的特点和应有的意义,也没有能够凸显高职高专院校教育的职业性,教学中讲理论依然偏多,这种情况对于思想务实、长于实际操作、轻于抽象思维的高职高专学生来说,一是实用性不强,二是接受起来也比较困难。如,有时候学生不想听的内容被满堂灌,而渴望听的诸如贫富差距、公平、腐败等一些社会现实问题却得不到及时、透彻地讲解,就容易导致思政课缺乏吸引力；再就是对大学生成长过程中遇到的心理问题、人际交往问题、就业问题的研究、关注、关怀不够，帮助不力，也容易导致思政课缺乏吸引力。所以，在教学内容方面紧扣学生生活和社会现实实际，有效解读现实问题，并就学生渴望了解的问题进行师生间的良好互动与沟通，是学生更需要、更期望的。

4. 教学内容安排不够合理，教材有些内容处理尚有欠缺

高职高专院校根据“05 方案”正在开设的原本各由两门课整合而成的毛泽东思想和中国特色社会主义理论体系概论和思想道德与法律基础两门必修课内容非常丰富，但由于课时有限，教学内容、教学过程的驾轻就熟也非一日之功，所以，不是所有的老师都能恰当地把握主次和轻重：有的老师对教材内容的整体把握显得不是很透彻，内容所涉及的方方面面不是很熟悉，内容的处理也不是很到位，对自己熟悉的内容讲得过多，而对自己不熟悉内容的挖掘则明显不够，时间安排也明显过少，表现在重点和难点模糊，热点不热，中心不明确，与教材内容相关而教材没能展开的且十分重要的内容和问题，没有向学生讲述透彻，从而影响了学生对内容的进一步理解。如有的老师在讲授毛泽东思想和中国特色社会主义理论体系概论课时，缺乏对毛泽东功过的评价和错误的分析，影响到对毛泽东和毛泽东思想地位和意义的认识；对究竟什么是社会主义市场经济，只从定义和特征上讲解，没有讲清楚和资本主义市场经济的区别，易导致把社会主义市场经济仅仅看作市场经济的错误认识等。有的思政课老师则没有根据课程的变化适时调整好讲课内容，不能很好地把握主次。比如哪些内容应重点讲，哪些内容应点到为止，如若面面俱到，其效果就会使得每个问题都讲得不深不透，出现不痛不痒的状态。还有的老师忽视了学生的接收状况，教学效果不佳。

5. 教学内容忽略了对不同层次、不同专业、不同喜好学生的差异化教学

在教学中，由于多数高职高专院校的思政课多采取大班授课的教学形式，导致教师很难能够在有限的时间内把思政课教学与专业实际有机结合起来。为了达到良好的教学效果，在实践中，教师需要结合学生的层次、专业内容、专业特点和专业实际设置思政课授课内容与不同专业内容的最佳接入点，继而去组织更为有效的课堂教学。

上述问题的存在无疑影响了高职高专院校思政课教学工作，尤其是影

响了对学生的马克思主义理论教育,同时也不利于高职高专院校教育本身的自我发展。

(五)教学过程互动性不够,实践教学环节相对薄弱

1. 教学中沟通、交流不够,缺乏互动性

随着思政课教学改革的推进和深入,大多数思政课教师也在想方设法调动学生学习积极性,引导学生参与课堂教学,发挥学生学习的主体作用,也取得了一定积极成果。但还必须正视这样一些情况:有的老师沿袭以往被多数使用的传统"注入式"教学法,基本特征是"一多一少",教师讲得多,学生想得少,重教有余、启发不足。也有教师上课主题不突出,脱离授课计划,把思政课当成故事课。还有的教师以权威自居,尽管把教学内容设计得很好,但却难以走进学生心灵。再就是有一些年轻老师授课略显呆板,缺少灵动、会意和直射,忽视了学生的心理和要求,没能注意和及时发现、解决课堂上学生存在的问题,教与学出现了脱节。表现在课堂上就是缺乏和学生眼睛与眼睛的"对视"和心与心的交流与沟通,不注意观察学生的情绪变化,及时发现学生的疑惑和问题,有针对性地去组织学生进行互动式教学。再加上受自身知识面的制约以及在当下就业压力加大的情况下,学生求学存在功利性取向、主观参与意识不强等种种原因,课堂互动交流不够充分,效果欠佳,相当部分学生对课堂教学存在意见。据对在校大学生思政课教学的问卷调查显示,有20.8%的学生反映讲例证少,感到抽象枯燥,引不起太大的兴趣;有15.4%的学生提到教学过程中沟通、互动交流不够;还有更多学生希望老师能够有针对性地有效组织学生进行互动式教学。

2. 教学过程缺乏实践性

实践性是高职高专院校思政课教学的一个鲜明特色,这一特色正日益受到越来越多的教育管理者和思政课任课老师的关注,并在思政课教学中结合不同专业学生有不同程度的体现。但在对实践性的关注,对突显实践特色这一重要问题的认识还没有达到应有的高度,没有形成全体的普遍共识,日常教学过程中时而还会遇见这样一些状况:有的教师较偏重理论讲授,而忽视了通过身边的一些鲜活实例来解读和透析,缺乏实践性,使学生感到学习枯燥乏味,感觉老师所讲的内容离自己和实际生活距离较远,甚至会产生厌倦心理和逆反情绪,更谈不上思政课对学生有多么大的教育和引导作用。

3. 实践教学环节相对薄弱

实践教学是学校教学工作也是高职高专院校思政课教学工作的重要组成部分，是深化课堂教学的重要环节，是学生获取、掌握知识的重要途径，也是提高思政课教学实效性的关键环节。“坚持理论学习、创新思维与社会实践相统一，坚持向实践学习、向人民群众学习，是大学生成长成才的必由之路。进一步加强高校实践育人工作，对于不断增强学生服务国家服务人民的社会责任感、勇于探索的创新精神、善于解决问题的实践能力，具有不可替代的重要作用；对于坚定学生在中国共产党领导下，走中国特色社会主义道路，为实现中华民族伟大复兴而奋斗，自觉成为中国特色社会主义合格建设者和可靠接班人，具有极其重要的意义；对于深化教育教学改革、提高人才培养质量，服务于加快转变经济发展方式、建设创新型国家和人力资源强国，具有重要而深远的意义。”①实践教学环节尤其是对于重实践、重技能、重能力的高职高专院校学生来说就更为重要。但在具体操作中，不少高职高专院校由于受条件、时间和经费等的限制，实践教学往往不能深入进行，有的甚至流于形式。即使组织了实践教学活动，很多时候也是形式粗糙，内容浮浅，起不到应有的配合和深化课堂教学的作用。当前思政课实践教学存在以下几方面的问题。②

（1）对实践教学的重要性认识不足。思政课实践教学是一项由主管领导、教师及学生共同参与的综合活动。目前，无论是领导、教师还是学生都在不同程度上对思政课实践教学存在着认识上的不足，因而影响和制约着实践教学的有效性。首先，是对思政课实践教学的重要性和必要性普遍存在认识上的不足。有的认为思政课实践教学就是教师省事，学生轻松。甚至认为社会实践就是个形式，其实质是教师、学生一起“游山玩水”。这样认识的直接结果是领导重视不够、教师积极性不高、学生配合不足，很难达到实践教学的预期效果。其次，是对实践教学的内涵以及方式方法缺乏明确统一的认识，将实践教学与课堂理论教学对立起来。涉及教学形式，有的学

① 详见：《教育部等部门关于进一步加强高校实践育人工作的若干意见》。

② 陈丽明. 对高校思想政治理论课实践教学的思考[J]. 思想理论教育导刊，2010(2)：70-71.

校只认可社会实践,并且其实现形式也只能是社会调查、外出参观等。有的学校认可课堂实践教学形式,并且认为有了课堂实践教学就没有必要再进行费时费力的社会实践了,这也就是有的学校虽然经费等各方面不成问题但却不选择走出去社会实践的原因。实际上,思政课中的实践教学与理论教学是既相互联系又相互区别的。再次,有的学校简单地把大学生社会实践等同于思政课的社会实践,认为二者可以互相代替,既然有了大学生的社会实践就没有必要再去组织思政课的社会实践。

(2)实践教学缺乏必要的经费支持。社会实践需要带着学生走出去,这就需要有经费支持和保障。关于思政课教学经费问题,教育部曾下发过多个相关文件,明确要求各高校每年要拨专项经费用于思政课实践教学。但是,当前不少高校并没有给思政课实践教学设置专项活动经费;有的高校虽然有经费,但数量有限,根本不够支撑实践教学;有的学校提供这部分经费时随意性很大,经费充足时支持力度就大些,经费紧张时就缩减这部分开支,甚至干脆挪为他用。这也是目前高职高专院校思政课开展实践教学的重要羁绊之一。经费不足的情况下,参与实践教学的学生人数就受限,这样会直接影响到思政课实践教学的顺利进行及其效果。

(3)缺乏富有实践教学经验和素质的教师。据了解,作为实践教学主导者的教师不少是理论教学的能手,但对实践教学则是不够重视或缺乏相应的经验和能力。多数教师从未参加过实践教学培训,甚至几年都没有去实践过,这些教师不仅缺乏课堂实践教学的意识,而且也缺乏组织实施校外实践教学的经验和能力。这种情况下实施的实践教学,就难以取得良好的教学效果。

(4)实践教学缺乏学校高效的教学管理和强有力的保障机制。虽然实践教学中教师起着主导作用,但是实践教学,尤其是社会实践教学部分真正实施起来还需要学校主管领导、教学部门、学生管理部门及相关部门的全力配合,形成合力,才能为实践教学的顺利开展并取得良好的教学效果提供强有力的经费和组织保障。目前不少高职高专院校在实践教学管理上还存在着机制不完善、不合理等情况。甚至有的学校尚未把实践教学纳入思政课整体教学计划之中,对课时、具体计划、实施方法等未做具体规定;有的学校虽然有具体的学时、计划,但这些规定仅仅停留在纸上,没有严格实施,其结果是实践教学只是在上级有号召、有检查、有经费支持的情况下才象征性地实施,而不检查、不要求时就"放羊"。或者是人为地缩减实践学时,补充到专业课和其他课程上;还有的学校相关制度中评价激励机制欠缺,起不到良好的效果。实际上,无论是课堂实践教学还是校外实践教学要花费教师大量的时间、精力去准备筹划。以校外实践教学为例,一项实践教学需完成提前联络、实地考察、申请经费、组织参观、批改实践教学报告、报销实践经费等繁杂工作,前后往往需要1~2周时间,开展实践教学活动无论从精力上还是时间上都比上几节理论课要费力费时得多,而且还要承担很多的责任。但是,教师在评职称、晋级时主要看科研、看理论教学,实践教学根本不在考虑之列,这就在很大程度上影响教师开展实践教学的积极性。

4. 存在教与学脱节现象

教学实践证明,缺乏实践性、灵活性,不能有效组织互动的教学方式很难激发学生的学习主动性,就会导致学生教学过程参与度较低,学习主体作用被削弱,也制约和影响思政课的吸引力、感染力,最终将会影响学生综合素质与能力的有效提高以及人才培养质量。

(六)教学方法缺乏创新

教学方法的选择、教学手段的运用,与教学质量有着直接的关系。目前,在高职高专院校思政课教学中有不少学生对思政课不太感兴趣,有的找借口请假甚至逃课,也有的学生迫于考勤的制约不得不来上课,但并不认真听课,其中原因有很多,除了功利式的取舍,教学方法陈旧、缺乏创新也可以说是最直接的原因。调研中我们看到,确有不少老师非常注重教法的改革和创新,教学中积累、总结出了不少思政课教学好方法、好做法。但也有相当一部分老师依然沿袭传统的"灌输式"教学方法,而对于讨论式、案例式、多媒体等教学方法运用不够,尤其缺乏适合学生特点、能够让学生满意的富有创造性的教学方法,这不仅影响了师生之间的情感互动,而且也不能适应时代的要求和学生的需要,影响教学质量的提高。

1. 教学方法程序化,缺乏针对性和时效性

高职高专院校使用全国统一的思政课教学大纲和教材,使教学规范化程度得到了提升,这是好的地方。但是这也使得有些学校更加不重视各地教学资源及教学优势的交流和探讨,采取固定的话语体系,忽略学生知识基

础和个体差异，导致教学方法固定化、机械化，甚至形式化、教条化。有的教师甚至在多媒体教学手段运用中，课前直接从网上下载课件，上课时充当“操作工”对学生进行“机灌”，只追求表面热闹，不注重师生和人机的交流与互补，陷入形式主义教学方法“创新”的误区，实际是披着现代化教学的外衣，行传统课堂的“照本宣科”之实，不问对象、不分层次地进行灌输和空洞说教，再加上有的老师课堂授课内容陈旧，脱离实际，不能对学生关心的社会热点问题做有说服力的解释。这种传声筒似的思政课教学方式不仅缺乏针对性，更缺乏时效性。这种公式化、程序化的教学方法给高职高专院校思政课教学带来严重后果：它使得教师居高临下而不能真正面向学生因材施教，学生们缺少思考和参与的机会，被动接受老师传教“知识”，长此以往，也就挫伤了学生的学习兴趣和热情，最终导致思政课教学效果事倍功半。

2. 启发和诱导不够，互动不足

一味地授之以鱼，而不是授之以渔，教学中不少老师缺少创新思维方式的提倡、分析和应用。还有的老师在教学方法上做了积极的改进和探索，实在是难能可贵，但也有不足之处，如让学生发言准备不够充分，缺乏必要的知识做依据，分析论证过于肤浅，有的学生发言离题较远，结果看似课堂气氛热烈，却花费了过多的时间，并不是每次都能在既定时间内达到教学目的，效果并非每次都十分理想。

3. 填鸭式教学方式尚未根本转变

当前，在高职高专院校仍然不少思政课教师采取填鸭式教学方式，尤其是混合班、大合堂班的思政课基本上仍然沿用了以往的满堂灌教学方式。合堂大班人数多、专业不同、知识水平差异较大，能让学生参与课堂的机会非常有限，最多只能有几个有代表性的学生参与其中，而多数学生的发言及其他活动却受到时间限制，教学中往往是老师唱主角，一味地施行单向灌输，学生只能被动地学，师生之间、生生之间很难形成足够的教学互动，这种静态的教学方法，虽然有利于教师把理论系统地传授给学生，但是忽略了学生的感受，不利于师生间、生生间的相互促进和共同提高，不利于学生主观能动性的发挥，不利于调动学生积极性，极易造成教学目标和教学效果之间的巨大误差，甚至呈现老师课下认真备课，课上口干舌燥，“台上滔滔不绝，台下昏昏欲睡”的吃力不讨好的状况。这显然不符合现代教育理论，也不适应当今高职高专院校思政课的教学要求，必须通过教法的改革与创新，使学生能够实现从消极学习走向积极学习、从被动学习到主动学习的转变。

4. 实践教学没有得到足够重视

由于思政课内容理论性和政治性都很强，具有抽象和枯燥的特点，加上受传统教学思想和理念影响，仍有一些高职高专院校思政课教学普遍存在重理论轻实践的行为。有些老师片面地认为，思政课就是要着重讲理论、强调思政课理论的系统性和完整性，讲课中不注重对理论进行深入浅出地分析，不考虑学生实际，不联系当前国际国内形势，过分追求理论的深度，忽略学生的参与度。这种缺乏实践性、脱离现实，就内容而内容地泛泛而谈，易使学生对思政课产生厌恶情绪甚至逆反心理，严重妨碍思政课发挥应有的教育作用。

5. 缺乏灵动性

几百人的合堂大班，导致教师的教学任务量过重，讨论、演讲、辩论等教学方法在实际操作中的组织难度较大。几乎是大一统的教师主导型统一的授课方式，忽略了对不同层次、不同专业、不同喜好学生的差异化教学和针对学生所思、所想、所爱进行有针对性教学。由于学生个体思想、知识水平、专业、接受能力等都有很大差异，合堂教学与不同个体存在很大差异的实际情况不相适应，严重影响思政课的教学效果。

（七）教学手段与模式缺乏时代感

1. 教学手段不够先进和新颖

有的老教师基本上还是传统的教学手段，一杯茶、一支笔、一本教材，从头讲到尾。由于多种原因，现代多媒体教学手段在有些地方还难以得到广泛应用。这对于充分享受现代科技成果如智能手机、电脑的“90后”“00后”大学生来说，无疑大为逊色。

2. 教学模式尚显单一、老套

以教师为中心、学生处于被动学习地位的传统教学模式没有根本改变。长期以来，囿于对思政课性质和功能的传统认识，思政课教学曾被局限于单一的课堂教学氛围中，长期缺乏实践教学环节，这成为困扰教学效果的一个难题，也是一些大学生对思政课学习兴趣不高的根源之一。这就要求必须深化思政课教学改革，特别要加大实践教学的力度。

(八)教学评价缺乏科学性

随着高校思政课课程改革新方案的实施,教学质量的评价作为思政课管理的重要手段和方法,更加突出地提上了议事日程。但就目前的情况来看,思政课教学评价指标体系仍存在一些问题①。

1.评价目的缺乏明确性

高校思政课承担着对大学生进行系统的马克思主义理论教育的任务,是对大学生进行思想政治教育的主渠道,体现了社会主义大学的本质特征。高校思政课教育是以课堂教学形式为主,对大学生进行全面系统的思想政治教育的活动,思政课教育的目标和任务,最核心的是立德树人,最重要的是坚定大学生对马克思主义的信仰和中国特色社会主义的信念,最关键的是帮助大学生树立正确的世界观、人生观和价值观,最根本的是用中国化的马克思主义尤其是中国化马克思主义的最新理论成果来塑造大学生的理想人格。因此,我们要想坚守和巩固党在高等学校的思想理论阵地,就必须努力提高思政课教学实效,全面实现思政课教学目标。实施思政课教学评估,可以鉴别教师工作质量、学生学习成绩的高低,以公开、公正、公平的方法接触到教师工作中最真实的教学态度和教学行为,客观公正地检测教师的实绩,为改进教学工作、加强师资队伍建设提供可靠的信息和资料。将准确可靠的测评结果与教师的酬金发放、年度考核、职称评定等实际利益真正挂钩,从而调动教师教学的积极性,在全体教师中营造注重教学、追求卓越、增强竞争的气氛,促进思政课教学质量不断提高。然而,目前许多高校把思政课教学质量的评价等同于评"等级",使得评价对教学活动本身的改革、改进和改善起不到太大的作用。尤其是大多数高校思政课教学酬金的发放仅与教师职称、教学的课时数量有关,与教学的质量和效果无关。长期以来,思政课教学效果和质量很少与奖金的发放和职称的评定直接挂钩,这样客观上导致思政课教学质量评价没有成为具有教育意义的、能进一步显示思政课教育生命力的、能激发思政课教师教学活力和学生学习动力的手段,没有真正达到教学评价的目的。

---

① 高长舒等.高校思想政治理论课教学评价体系若干问题研究[J].思想理论教育导刊,2007(2):64-65.

2. 评价指标缺乏科学性

思政课教学目标是思政课教学评价指标建立的基本依据，由于思政课教学目标具有抽象性、概括性的特点，思政课教学实践和评价要做到科学、具体、公正有一定难度，因而就需要把抽象的目标具体化，使之具有具体性、可测性、可操作性，指标就是根据评价这一要求提出来的。指标的制定是否科学、客观、可行，直接关系到评价工作的成败。如教师教学过程的评价指标中“教学计划科学并严格执行”这一项，其评价标准分为：符合要求、基本符合要求、差距较大等。什么是“基本符合要求”？什么是“差距较大”？如果我们不能将评价标准通过指标具体化，我们又如何对教学过程进行价值判断呢？所以，概括、抽象、模糊的评价指标作为教师教学的考评依据是难以实施的。评价指标的内涵必须清晰，绝不能含糊不清、模棱两可，否则我们无法对教师的教学进行科学的评价。教学评价的对象包括教师的教学评价和学生的学习成就评价。学生的学习成就包括学生各方面的发展变化，如知识的掌握和理解程度、各种能力的形成和发展、道德行为的表现等。目前对学生的学习成就评价一般就是通过考试成绩和平时作业及课堂表现来进行的。其评价指标往往注重对学生掌握知识多少的考核，而对学生创新能力和实践能力的考核较少。试卷往往以知识呈现型为主，思考探索型、能力发展型、实践应用型的试卷很少。学生服从多，自主选择少，不利于激发学生的创新精神、学生思想政治素质的提高和科学的世界观、人生观、价值观和道德观等的树立。

3. 评价内容缺乏系统性

思政课教学质量的优劣是教学过程中各方面因素共同影响和作用的结果，因此，教学质量评价应该是对教学全程的系统评价。就目前情况来看，不少高校思政课教学质量评价仅仅局限于对教师课堂教学的评价。我们不能否认课堂教学在思政课教育中的重要地位和作用，但也绝不能把课堂教学作为影响思政课教学效果的唯一因素，高校思政课师资素质、教学管理、教学设施乃至校风、学风、班风等都会直接影响教学任务的完成、教学目的的实现和教学质量的提高。而且目前的评价体系，在目标评价与过程评价中，更注重目标评价，而忽视过程评价。评价的结论是终端的，而不是发展性的。多数高校每学期期末评估一次，少数高校每学年评估一次，只有个别院校有期中考评、随机听课制度，随时接收教学各环节的反馈信息及时整改。这种评价方式很难客观、真实地反映出思政课教学效果，与思政课教学的发展相比，明显滞后。因此，思政课教学质量评价必须从教学诸因素的内在联系以及教学质量的形成机理出发，搞好系统化设计，建立和健全完整的思政课教学质量评价体系。如果教学质量评价偏重于教学的某一方面，就容易造成以偏概全，使评价结果不准确，也就不便于发现影响思政课教学质量的深层次因素。

4. 评价方法缺乏多样性

目前的思政课教学评估通常只是依靠传统的教学评估方法，例如学生和教师填表、打分，或者召开部分学生、教师参加的座谈会，请专家对思政课教学提些意见等方法。这些评价方式，很难反映出思政课教学质量的全貌，评价的偶然性、局限性较大。同行之间的交流和促进，由于各种主客观原因而受到限制，如果不能深入课堂观看其他教师授课的话，要比较客观、准确地评价同行之间的思政课教学质量是比较困难的。当然，上述问题的存在并非是对现行评价工作的全面否定，但这些问题的存在不仅直接影响评价本身的准确性，还会使评价的指向性模糊不清，最终造成思政课教学质量评价导向功能的弱化。

5. 评价结果缺乏权威性

思政课教学质量的评价是一项十分艰巨、复杂的工程。价值判断结果是否客观、科学，很大程度上取决于评价人员本身的素质。评估是一项具有主观性的价值判断活动，所以教学评估难免会受到评价人员主观因素的影响，进而影响到评价结果的客观性。思政课教学评价的对象包括思政课教师的“教”和学生的“学”两方面。评估者要全面、系统、科学地对两个方面进行评价，除了要具有一定的实际工作能力，掌握一定的评估知识和评估方法、技术外，同时他们必须熟悉思政课教学的一般规律，熟悉学生的思想行为特征，这是对思政课教学的全面系统评价的必然要求。然而在高校中参与思政课教学评估的人员并非都能达到评估者的要求。如对学生学习成就的评价，由于有些评估人员不是专职的学生思想政治工作者，只能通过学习成绩对学生学习成就进行评价，显然无法完全把握学生的品德状况及其他能力表现。特别是扩招以来，师生比的绝对差距导致对教学评估的对象无法进行有效的关注，在评估结果上无疑存在不完全或千篇一律的现象。还有评估人员的心理因素、心理行为以及思想觉悟、道德品质、专业知识水平等，这些主观因素都对评价结果的客观性带来影响。加之目前部分高校对思政课教学质量评价的过程还存在走过场、打人情分的现象，评价的主观性和随意性影响了评价结果的客观性和可靠性，这类评估对思政课教育教学的改革和发展起不到应有的作用。

（九）课程价值上存在片面性

思政课的功能是多维的，而目前高职高专院校思政课在功能上存在着片面性，主要表现在以下四个方面①：

1. 重视政治性功能，轻视生产性功能

高校思政课作为我国思想上层建筑的重要组成部分，具有鲜明的政治性。这种政治性对于大学生来讲，就是对他们发挥政治导向功能，即指明前进方向的作用；具体体现为促进大学生的政治认知，强化大学生的政治认同，激发大学生的政治热情，逐步使大学生具有明确的政治意识、坚定的政治原则性以及高度的政治敏锐性等。如今，高校思政课改革及课程设置由中央政治局常委讨论确定，以中共中央文件的形式颁布，不仅充分体现了党和国家对大学生思想政治教育的高度重视，而且也赋予了高校思政课教育极高的政治地位和重大的政治责任。

长期以来，高校思政课的政治性功能受到人们关注和强化，而生产性功能则长期被掩盖。所谓生产性功能就是指对学生进行的思想、道德、政治等方面的教育对于生产性、生产力的发展有着直接的作用。因为生产力是一切社会发展的最终决定力量，而生产力中最核心的能动要素是劳动者，劳动者的素质直接影响生产力的发展。劳动者的素质包括思想道德素质、科学文化素质和身体健康素质等，其中思想道德素质是劳动者的内在素质，它直接影响劳动者的思想意识、工作能力和生活态度，这就是思政课的生产性功能的体现。当今世界，国与国的竞争主要是科技的竞争，而科技的发展主要是依靠人的因素，这就要求人在生产中的主体地位越来越高，作用越来越

① 周桂芹. 高校思想政治理论课功能的多维分析[J]. 学校党建与思想教育，2011(11)：52-53.

强；未来社会，人的政治性功能趋向弱化，生产性功能趋向强大，人的能量将会越来越多地转化为生产要素，提高生产力，推动社会的发展。

2. 重视社会性功能，轻视个人性功能

高校思政课的社会功能是指高校思政课对政治、经济、文化以及生态环境等发生的影响和作用。过去，我国对高校思政课的社会功能理解比较片面、直接，缺乏中间环节的说明，今天对这一功能的认识应强调以下几点：一是树立全面的高校思政课功能观。即高校思政课不仅为政治服务，而且对经济、文化和生态平衡等均有重要作用，也就是社会价值，它在社会发展和社会的经济、政治和文化建设中所起的作用。同时，对每一项具体的功能必须有全面的理解。二是要充分注意高校思政课社会性功能实现的间接性。高校思政课功能从其作用的形态上看，可分为显性功能和隐性功能；从其作用方式上看，则可分为直接功能和间接功能。教育实践中往往关注较多的仍是显性和直接的一面，对间接和隐性的一面关心不够。事实上，政治、经济等功能绝不是高校思政课对社会发展要起完全、直接参与的作用，社会性功能的实现首要的中介环节在于高校思政课通过系统本身影响、塑造好高校思政课对象的品德人格，再通过德才兼备的"产品"去影响社会。

与社会功能相对应的另一个功能是个体性功能，它是指高校思政课对个体发展能够产生的实际影响和作用。一般来说，高校思政课的个体性功能可以描述为高校思政课对个体生存、发展、享用产生影响的三个方面。其中享用功能是高校思政课个体性功能的本质体现与最高境界。人类个体要生存首先要服从生存的原则。高校思政课的核心任务是要赋予每一个个体以科学的价值观、道德原则和行为规范等。这些观念、原则、规范看起来似乎是约束个体的异己的东西，然而正是这些异己的东西才能够使个体在社会生活中生存下去，同时个体只有具备充分的社会性才能禀赋社会所给予他的力量，才能最大限度地实现特定任务。高校思政课除具有生存和发展的功能外，还具有享用功能。个体享用的实质是让个体在道德学习与生活中领会人生的幸福、崇高、人格尊严与优越，因而具有审美的性质。当个体享用功能实现时，高校思政课教与学过程中的双方乐教与乐学在实质上就实现了。因此，高校思政课的个体享用功能的实现是与最高的高校思政课境界联系在一起的。

3. 重视限制性功能，轻视发展性功能

高校思政课还具有一定的规范（如道德规范、法律规范、纪律规范、政治规范等）来约束学生思想行为的功能。马克思主义认为“人的本质在其现实性上是一切社会关系的总和”。在人类历史上，人的存在和社会关系的存在始终相伴随，只要有社会关系，也就有各种社会规范。这些社会规范一方面要求人们懂得和遵守，另一方面对违反者实行制裁。从一定意义上说，社会关系就是社会规范，而只要有社会规范，也就有社会教育。一方面，从社会的角度讲，一定的社会总是需要通过思想政治理论教育培养，训练社会成员接受其主导价值信仰、观念和社会规范；另一方面，从个人角度讲，一个人要融入社会，成为“社会人”，实现自身的主体价值，就必须具有一定的知识和能力，懂得社会的“显规则”和价值准则。由于高校思政课教学是正式、有效、系统的思想政治教育渠道，大学生在社会化的过程中，高校思政课教育对其影响最大，这就有必要利用主渠道对大学生实施一定的理论“灌输”和规范教育，以实现高校思政课的限制性功能。

高校思政课教学的终极目标不是为了发挥其限制性功能，而是为了实现学生的和谐发展，发挥它的发展性功能。所谓高校思政课的发展性功能，是指帮助学生成长的功能，找出学生的最近发展区，促进其智力、情感、意志和品德的成熟成长。社会的发展需要创新，更需要创新性的人才，大学生要成为高素质的创新性人才，必须符合“四有”（有理想、有道德、有文化、有纪律）标准。在这“四有”之中，道德是灵魂，高校思政课无论是从党和国家需要的角度，还是从个人需要的角度讲，对当代大学生形成良好的思想道德素质和良好的个性心理素质都具有重大的作用。需要指出的是，思政课限制性功能和发展功能不是完全对立的，也有统一的一面。这是因为，思政课的思想政治教育对学生的约束性功能，当它得到正确发挥时，它本身就是人们获得自由发展的方式，这种约束过程也是获得自由发展的过程。要让学生知道，政治教育是他们和谐发展的手段，从而把教育者所实施的教育视作他们自身发展的内在需要，使得“他律”的规范变为“自律”的规范。

4. 重视人文精神教育功能，轻视能力提升功能

从人文维度上讲，教育具有非功利性或超功利性，它在承担知识传授和智慧开启任务的同时，更应以学生身心训育和人生境界的润泽点化为根本

要务。思政课作为人文素质教育的重要组成部分，能够发挥人文素质教育功能。这是因为，思政课要实现其政治导向和思想教育的目的，必须以理论知识为依托，并辅以大量的相关信息；在教学实践中，思政课以帮助大学生掌握一定的哲学、历史、经济、政治、法律、伦理道德等方面的基本科学知识为基础，“教师除了传授给学生知识外，还要帮学生弄明白人生的道路、生活的智慧与行动的方向，这是思政课教学实现人文精神教育的重点所在”。由此可见，思政课不仅能拓宽知识领域、优化知识结构、培养学生的人文精神，也是推动大学生人文素质提升的重要载体。思政课不仅具有表现为解决大学生的修身养性问题，更重要的在于培养大学生形成正确的政治行为方式和掌握解决实际问题的能力。高校的专业课、外语、计算机主要帮助学生掌握一种具体的技能，而思政课则帮助学生全面提升综合能力。它以马克思主义理论教育为依托，使大学生在学习知识、接受理论的同时，学会学习、学会生存、学会发展。在教育教学活动中，思政课一方面告诉学生“是什么”，另一方面又通过讨论、研究性学习等方式，让学生自主地去探究“为什么”，启发学生主动地获取知识，提高他们自主地提出问题、分析问题、解决问题的能力。同时，思政课对学生能力的培养不仅体现在课堂教学，还体现在实践教学中。在密切联系社会实际的过程中，帮助学生正确地认识自我、科学地认识他人；引导学生正确地认识社会，把握社会发展规律，最后把自我需要与社会需要、自身发展与社会发展结合起来，找准自己的人生定位。这样，既增强了大学生适应社会的能力，又激活了他们改造社会的欲望，有效地提升其自我生存、自我发展的能力。

（十）思政课师资队伍整体水平尚有待提高

师资队伍建设历来是深化教学改革工作的重中之重。高职高专院校的思政课教学改革、创新与发展对教师的素质要求很高，加强思政课教师队伍建设、提高思政课教师队伍的整体素质和水平，是一个十分重要的问题。近些年来，为充分发挥思政课作为大学生思想政治教育主渠道的作用，进一步推动中国特色社会主义理论体系进教材、进课堂、进学生头脑工作，不断提高大学生的思想政治素质、职业道德素质和实际工作能力，高职高专院校积极采取措施，贯彻中共中央宣传部、教育部联合下发的《关于进一步加强高等学校思想政治理论课教师队伍建设的意见》，加强高校思政课教师队伍的建设，有力地推动了高校思政课教学工作的改革、创新与发展，促进了思政课教学质量的提高，取得了一定的成绩。但是，也应清醒地看到，高职高专院校思政课教师队伍建设还不够理想，整体水平尚有待提高。

1. 专职教师数量不足，兼职教师过多

由于对思政课重要性认识不足，实际上轻视思政课的现象较为普遍，这在一定程度上影响了思政课教师队伍的建设。不少学校的思政课教师未达到教育部规定的比例[教育部规定，本科院校思想政治理论课专职教师按师生比1：(350～400)配备，专科院校思想政治理论课专职教师按师生比1：(550～600)配备]，尤其是民办院校还未能建立起稳定的思政课师资队伍。专职教师少，而思政课教学任务繁重，于是不得不从校内行政人员中或校外聘请兼职教师，形成兼职教师偏多的现状。

2. 师资队伍专业化程度不高，教学效果不是十分理想

思政课专职教师数量不足，但为保证教学任务的完成，就要增加任课教师人数。然而，由于高校中较为普遍存在着的“思政课谁都能上、谁都敢上”的认识，一些学校降低了思政课教师入门标准，原中专教师、从行政岗位转过来的教师、行政兼职教师、外聘教师都被列入思政课教师队伍，这导致大量非思政专业的人员进入思政课师资队伍中。他们缺乏相应的素质和专业知识甚至基本的政治理论知识，不能透彻地理解教材，再加上他们还忙于自己的专职工作，只能照本宣科，这不仅严重影响了思政课教学质量的提高，也是思政课不被重视的重要原因之一。

3. 重专业、轻政治，对思想政治理论课教育缺乏必要的投入，教师待遇相对较差

社会上普遍形成的重智育、轻德育，重科技、轻人文的功利主义倾向在高校有一定的反映，主要表现在重专业、轻政治。首先，思政课教学经费投入少。思政教学部门是学校最穷的部门。教学活动和科研经费远远不如专业院系，图书资料不够齐全。其次，思政课教师的待遇较差，职称评定相对难度较大，甚至得不到平等的对待。再次，思政课虽然表面上有着较高的政治地位，但社会乃至学校对思政课教师的认可程度与社会回报并不高，严重影响思政课教师的责任感和积极性。

4. 高职高专院校思想政治理论课教师队伍的综合素质和整体水平有待

提高

总体上看，近年来，随着《中共中央宣传部 教育部关于进一步加强高等学校思想政治理论课教师队伍建设的意见》（教社科〔2008〕5 号）、《国务院关于加强教师队伍建设的意见》（国发〔2012〕41 号）的相继发布，思政课教师队伍建设不断加强，广大思政课教师的思想政治素质、职业道德和专业修为以及教学科研能力不断提高，人格魅力和育人能力进一步增强，对于大学生加强政治修养和职业修养，形成正确的世界观、人生观、价值观和道德观，培养大学生创新意识、职业意识和就业创业能力等方面，发挥了不可替代的作用。但也应当看到，思政课教师队伍的综合素质和整体水平有待进一步提高。就高职高专院校而言，高职高专院校思政课是理论性和实践性都非常强的课，上好思政课，需要深厚的理论功底和丰富的社会实践经验。但从目前思政课的教师队伍看，还存在着不少问题需要解决：

（1）有部分思想政治理论课教师思想政治素质、道德素质未能达到应有的要求，教学、科研能力和课堂氛围调控艺术需要进一步提高。表现在政治修养方面，极少数思政课教师对马克思主义信仰不坚定[①]，个别教师甚至不相信书中的理论，对自己能不能、要不要上好思政课信心不足或心存疑虑，有的教师甚至向学生传授一些不正确的思想政治观点；表现在职业道德方面，有的教师对工作缺乏应有的责任感，有的教师不甚了解学生，不关心受教者的感受，对学生缺乏应有的热情和耐心；表现在人格修养方面，有些教师其行为不能成为学生的楷模；表现在理论与知识修养方面，在理论积淀上有不少思政课教师连《马克思恩格斯选集》《毛泽东选集》《邓小平文选》《毛泽东 邓小平 江泽民论科学发展》都未通读过一遍，其理解和认识有多深可想而知；在知识结构上，许多思政课教师除自己所学所教的专业之外，知之甚少，难以适应急剧变革的社会要求和内容涵盖广泛的思政课教学要求；表现在教学态度上，有的教师认为思政课是副课，不必那么认真，没有真正投入教学中去，讲课缺乏应有的激情；表现在教学能力和科研能力上，有些老师在讲课时对教学内容没有完全理解，教学过程基本上是照本宣科，没有

① 葛仁钧. 高校思想政治理论课教师队伍建设的思考[J]思想理论教育导刊，2008（3）：60-64.

自己的研究体会和个性特色，没有针对不同专业、不同层次的学生进行因材施教；科研上同社会科学其他领域相比思想政治理论研究成果的数量较少，有些老师为评职称，千方百计发了为数不少的论文，但高品质的论文甚少，显现出教师理论知识陈旧、科研能力薄弱以及教学针对性不强等问题，导致思政课教学实效性不强。

（2）社会阅历不够丰富，实践经验少。思政课教师绝大多数是从学校到学校，从学理论到教理论，缺少实际锻炼，尤其是青年教师刚毕业就上讲台，又缺乏足以驾驭课堂的能力和经验，学校为他们提供的外出培训机会也相对较少；有的青年教师来自于非师范专业，既不了解教育学，也不懂心理学，基本的教学技能和教学方法没有掌握；一些年轻教师的马克思主义理论知识和教学经验难以满足教学要求；学术气氛不浓、优秀中青年学术带头人缺乏等问题也不同程度地存在着。这一问题不认真加以解决，就不仅会影响高职高专院校思政课教学实效性，甚至会对高职高专院校的思政课教学改革、创新和发展带来消极影响。

（3）缺乏"双师型"、一师多能型教师。理论教学、实践教学是高职高专院校思政课既密切相关又必不可少的思政课教育教学内容，实践教学对高职高专院校更为重要。教育部、中共中央宣传部、财政部、文化部、总参谋部、总政治部、共青团中央七部门联合下发的《关于进一步加强高校实践育人工作的若干意见》（教思政〔2012〕1号）规定："各高校要结合专业特点和人才培养要求，分类制订实践教学标准，增加实践教学比重……高职高专类专业不少于50%"，"思想政治理论课所有课程都要加强实践环节"。实践育人更需要既精通思想政治理论教学又善于实践教学的老师，"双师型"、一师多能型教师的缺乏，对思政课实践教学的引导、推进和学生实践能力、职业能力的培养是不利的。

5. 没有完全形成良好的思想政治理论课师资队伍建设氛围

教师队伍建设不仅需要教师自身的努力，亦需要各级领导机关为其创造良好的氛围。然而，思政课教师队伍建设在外部条件方面还存在着一些薄弱的环节。如，许多高职高专院校的思政课教师没有时间和经费从事社会实践，导致教学与科研同社会现实脱节；有些院校思政课堂有几百人，教与学之间无法互动，教学研讨等教学活动无法开展，直接影响到教学应有的实效性；思政课教学中的政治观点，往往得不到其他人文学科教学的支持与配合，弱化了思政课教学应有的效果；高职高专院校的门槛也使得思政课教师的科研难搞，文章难发，专著难出，许多杂志社对专科类院校发文都没有"通行证"，"有规定，不发专科的"几乎是核心杂志的不二回答，直接影响了思政课教师的科研热情和科研水平的提高；大多数高校思政课教师待遇偏低，许多高校在评定职称时，对思想政治理论研究成果认可程度低，使思政课教师晋升职称难于其他专业教师；多数高校对思政课的经费投入偏少，使思政课建设的运行捉襟见肘，应有的学术交流等活动无法开展，极大地影响了思政课教师开阔学术视野；社会及高校内部一些人对思政课的漠视和偏见，导致思政课教师不能受到应有的尊重，使许多思政课教师有被忽视和自卑感，甚至对外不愿承认自己的真实岗位。毫无疑问，这些都严重影响了广大思政课教师的热情和积极性，直接影响到思政课教学改革和教学实效性。

第三章

教学改革创新的路径设计与构想

针对高职高专院校思政课建设中存在的上述问题,我们认为,从高职高专院校教育教学实际出发,深化思政课教学改革与实践创新,多方位加强高职高专院校思政课建设是有效途径。

为此,经过调查研究,我们尝试提出以下路径与构想。

(一)在课程设置上,从实际出发,构建适合高职高专院校思想政治理论课教育教学特点的课程体系

高职高专院校思政课课程体系建设,是思政课建设与创新的重要环节,是高职高专院校思政课教学和高职高专院校教育的重要组成部分。高职高专院校思政课课程设置及体系要做到合理、科学,就要结合高职高专院校教育特点和人才培养目标,以学生为本、育人为本,充分照顾到高职高专院校学生的实际,考虑到他们全面、健康成长的需要。目前高职高专院校思政课的设置是按照“05 方案”执行的,共设有 3 门课程。为了保证教学效果,考虑到高职高专院校学生的特点和高职高专院校对课时的要求,再增加课程会受到课时的限制,因此,根据高职高专院校培养目标和特点,以及高职高专院校学生的实际,设置思政课课程,研究构建合理、科学的高职高专院校思政课课程体系,显得尤为重要。根据调研,总结高职高专院校思政课教学的共性特点和经验,我们认为,应在整合现有课程内容的基础上,建立以必修课(主要是理论课)、选修课、实践课和网络课程为一体的突出高职高专院校特色的课程体系。

1. 开设好必修课

首先要根据高职高专院校学生特点，理论联系实际，有针对性地上好三门必修课。现行的高职高专院校思政课课程体系是根据2005年由中共中央宣传部和教育部联合拟定并实行的思政课课程设置“05方案”确定的。按照“05方案”，高职高专院校开设了毛泽东思想、邓小平理论和“三个代表”重要思想概论（后调整为毛泽东思想和中国特色社会主义理论体系概论）和思想道德修养与法律基础2门必修课和1门形势与政策课。十多年来，高职高专院校主要通过这3门思政课程对在校大学生进行系统的马克思主义理论教育和形势政策教育，充分发挥思政课的主渠道、主阵地作用，用马克思列宁主义、毛泽东思想和中国特色社会主义理论体系武装当代大学生，是党的教育方针的具体体现，是社会主义大学的本质特征，是党和国家事业长远发展的根本保证，必须开好这些必修课。为此，一是要根据高职高专院校培养目标和特点，以及高职高专院校学生的实际，对现有课程的内容予以重新规划、设计。在讲清基本理论的基础上，使内容更加生动，更加贴近实际，特别是想方设法让学生参与进来，自己运用理论分析问题，使学生深化对所学思政课程内容的理解和认识，并着力培养和提升他们的知识运用能力、实践能力和职业能力。二是要科学规划各教学环节。要切实发挥好思政课各教研室作用，规范教研活动，通过集中备课、观摩课、示范课等形式加强教学内容和方法的探讨，磋商改进方法，使教师达到互相启发，教学水平共同提高的效果，同时增强了老师主动接受教育、注重自我完善的自觉性，进而实现了教改工作和育人目标更加协调一致并整体深入地推进。三是思政课课堂教学根据高职高专院校大学生的学习能力、学习习惯以及知识水平的特点，有针对性地选择、组织教学内容和教学方式。教师要加强学习和研究，认真提高专业素质；要精心钻研业务，精通教材，掌握重点，提高驾驭教材、处理教材内容的能力；要不断联系学生实际，改进和创新教法；要仔细推敲每一章的内容，认真组织好每一节的课堂教学，增强感染力和加强实用性。

2. 开设公选课

根据学生的个体差异、学生之间理论水平、知识广度、兴趣爱好等不同情况，在分析教学内容、综合考虑学生层次、类型、状态和可期望发展的基础上设立思政课教学计划和选修课程，如开设相关思政课经典讲座，做好辅助读物的编写等。在河南财政税务高等专科学校（现为河南财政金融学院），为了扩大学生的知识面，不断提高高职高专院校学生的理论基础和知识水平，根据高职高专院校学生的特点，以及教师的专业，由学校社会科学教研部牵头组织，曾先后为全校学生共开设了以下20多门公选课，即：哲学与智慧、强国复兴之路、就业与创业、现代职场礼仪、国学与当代大学生、中国文化概论、家政学、博弈与生存、批判性思维与创新、管理心理学与人力资源管理、世界经典文学名著欣赏、教育心理学、社会心理学、消费心理学、逻辑与智慧、国际局势及中国周边热点问题解析、解读“十二五”规划中的教育公平问题、怎样迈向成功——大学生素质教育漫谈、心理学与生活、空军与现代战争、军队与现代战争等，课程内容涵盖政治、经济、文化、历史、哲学、教育学、心理学、军事、管理学、国际国内形势等方面，拓展人文社会科学选修课数量，建立和完善高职高专院校思政课相配套的选修课体系，深受学生欢迎。

同时，我们认为，也可考虑将本科开设的马克思主义基本原理概论、中国近现代史纲要和当代世界经济和政治这三门课缩减内容，突出重点，统编成三门内容精练、生动易学、既有重要理论又有很强适用性的经典教材，用很少的学时讲授，也可以采取讲座的方式进行讲授；或者将相关内容与毛泽东思想和中国特色社会主义理论体系概论课重新整合，使高职高专院校思政课课程体系更加合理，学生的知识结构更全面。全面提高学生的综合素质，使思政课在与其他学科的交叉渗透中相互支撑，相互融合，协同发展，整体推进，努力实现课程建设与人才培养目标的全面衔接。

再就是做好辅助读物的编写，可以是案例、小故事，也可以是习题集，关键是内容上要让学生有兴趣，而且能容易看得懂、学得会。通过快乐学习，掌握基本的理论、做人的道理或为未来的生活，包括就业等问题有一个科学的认识和正确对待的方法。

此外，河南财政税务高等专科学校社会科学教研部还在全校学生中开设了大学生心理健康教育和军事理论课程，对学生进行心理健康教育和军事理论教育，增强了学生的国防意识，促进大学生健康成才。

3. 科学设计并上好实践课

实践性教学内容和环节作为思政课课程体系的一个重要内容，需要不断加强和完善。建立日常机制，让思政课教师积极参与到学生工作和学生活动中来，更加深入地了解并且敢于正视学生的思想状况和成长实际，从而寻求一种较易为学生接受的方式通俗易懂地阐明科学理论、伦理道德原理和行为规范，使学生从中领悟到理论的崇高、生命的真谛、人生的价值，形成积极、健康的人生信仰。另外，要逐步完善思政课实践教学管理制度，逐步实现课外教学活动项目化、制度化，使课外与课内相结合，理论与实践相促进，使实践教学体系的结构更加合理化和科学化。

4. 多渠道开设网络课

随着科技发展的日新月异，计算机网络极大地推动了社会发展，为思政课运用网络载体进行教学提供了可能。另外，网络世界已成为大学生的主要活动领域，因此，从争夺思想政治阵地的角度出发，思想政治理论工作者需要树立网络意识，研究信息网络化的特点和规律，努力把校园网络建设成高校思政课的新渠道、新阵地。

思政课采取网络教学具有许多独特的优势：第一，巨大的信息量，能极大地提高受教育者的素质；第二，网路的开放性、交互性和及时性等特点，有助于增强思想政治教育的针对性和时效性；第三，网络参与的平等性和非强制性，有利于增强思政课教育的亲和力；第四，网络以图、文、声、像等形式生动、逼真地表现教育内容，增强其感染力和吸引力。因此，在思政课教学过程中高校应当充分发挥网络教学的优势，提高思政课网络教学水平，从而增强教学效果。

高职高专院校在思政课教学中，应鼓励教师运用电子邮箱、QQ、微信、博客、校园网等网络手段，建立与学生打破时空限制的全方位联系，充分利用网络资源进行网络教学，不断开拓思政课教学新形式，增强教学感染力，让网络思想政治教育成为大学生喜欢吃、能吸收的“营养大餐”。

（二）在教学目标上，应以思想政治教育与就业导向教育相结合

高职高专院校思政课具有明确的思想政治导向，其目的是对大学生进行系统的马克思主义理论和思想道德素质教育，坚定理想信念，树立正确的世界观、人生观、道德观和价值观。因此，以中国特色社会主义理论体系为指导，以理想信念教育为核心，以爱国主义教育为重点，以思想道德建设为基础，以大学生全面发展为目标，培养德智体美全面发展的社会主义合格建设者和可靠接班人是高职高专院校思政课的重要任务。

同时,还要进行区别于普通高等教育的就业导向教育,即应侧重于学生职业能力和实践能力的教育和培养。因为高职高专院校教育的根本任务是培养一线“高端技能型人才”,高职高专院校毕业生不仅应具备高端、实用的技能和较高的思想政治素养,还应具备以职业岗位需要为基础的职业道德和职业能力,毕业后才能顺利实现“校园人”到“职业人”的转化,进而实现学校与工作岗位的无缝对接。

所以,高职高专院校思政课教学在坚持理论教学以必需、够用为原则的同时,还要结合学生专业实际及将来从事的职业岗位实际,定位于学生职业发展所必需的素质,着力于职业适应能力、职业发展能力、职业活动中的创造能力和解决问题的能力等方面的培养。

(三)在教材和教学内容上,构建适合高职高专院校人才培养目标和我国经济社会发展要求的思政课教材、教学内容体系①

《教育部关于加强高职高专教育人才培养工作的意见》指出,高职高专院校思政课教学内容体系改革是高职高专院校教学改革的重点和难点。要坚持“学马列要精,要管用”和“与时俱进”的原则,高职高专院校思政课教学内容改革,既要按照突出应用性、实践性的原则重组课程结构,更新教学内容,很好地体现思政课本身的特点和功能,又要注重人文社会科学与技术教育相结合,教学内容改革与教学方法、手段改革相结合。适合高职高专院校教育的人才培养目标和培养模式,教学内容要突出基础理论知识的应用和实践能力培养,基础理论教学要以应用为目的,以必需、够用为度;专业课教学要加强针对性和实用性,适合学生的实际情况。总之,高职高专院校思政课程内容的改革与创新既要考虑实用和实践性,又要考虑基本理论和马克思主义立场、观点和方法的掌握与运用,两者不可偏废。要在积极探索、深化思政课教学内容改革中,结合课堂教学的实际,创造性地安排好教学内容,走出符合高职高专院校教育特点和要求的高职高专院校思政课内容创新之路。

---

① 肖芸.高职院校思想政治理论课教学内容改革创新探索[J].河南教育(高校版),2013(9):46-47.

1. 教学内容应以知识传授与职业素质培养渗透相结合

我们认为，针对思政课教学内容与现实脱节问题，高职高专院校思政课教学内容应将理论联系实际的知识传授与职业素质培养渗透相结合。

（1）要根据高职高专院校人才培养目标，紧密结合国内外形势变化和时代发展要求，紧密结合高职高专院校学生普遍关心的热点、难点、疑点问题及学生思想实际，更新教学内容，完善课程体系。

（2）要把握时代脉搏，及时将新思想、新成果、新知识、新信息融入教学内容；同时，结合高职高专院校人才培养目标，将培养学生职业素养、职业规范、创业意识和创业精神的内容融入教学中。

（3）要根据学生的个体差异具有多层次性、多结构性、多变化性等特点，学生之间理论水平、知识广度、兴趣爱好等不尽相同的情况，要在分析教学内容、综合考虑学生的层次、类型、状态和可能期望发展的基础上设立思政课教学计划和选修课程，注意研究和分析不同专业学生的思想特点，并从各门课程的教学内容找到与学生思想实际结合的切入点，使学生真切感到思政课与其做人成才、学习生活、未来就业和走好人生之路等都息息相关，进一步提高学生对思政课的认同度，增强其学习欲望。

（4）鉴于课程内容庞杂，任课教师应依据教学大纲，本着“少而精”原则，教学案例的选择要与学生的专业和关注点相联系，激发学生兴趣，增强教学效果。

（5）教师还应完善多媒体教学手段，根据教学内容、学生思想实际和专业特点等因素合理运用视频、数据、图片、Flash 等提高学生学习趣味，让学生在轻松愉悦的氛围中潜移默化地接受教育。

2. 要坚持思想政治理论课内容更新的与时俱进，凸显新颖性，增强时效性和先进性

高职高专院校教学内容既要融会贯通地反映思政课程的理论性、系统性、知识性和稳定性，又要反映中国化的马克思主义最新理论成果的独特性、连续性、动态性和发展性，还要体现经济社会发展对职业道德、职业素质、职业能力、职业选择的变化和要求，要在与时俱进中实现高职高专院校思政课教学内容的及时更新，并保持教学内容更新的动态性、持续性和教学内容更新的与时俱进。从而使教学内容更加新颖、生动、充实和完善，更富

有时代气息,更贴近实际、贴近生活、贴近大学生,也更具有说服力和感染力。

(1)做到保持思政课教学内容更新的与时俱进。首先要凸现新时期最突出的标志——与时俱进。党的十七大报告在回顾“改革开放的伟大历史进程”时指出,“新时期最突出的标志是与时俱进”。党的十九大报告提出,要“坚持解放思想,实事求是,与时俱进,求真务实”。这就要求高校思政课在教学内容上要及时反映新时期与时俱进这一最突出的标志。要及时反映马克思主义中国化的最新理论成果,反映时代发展的最新要求、国内外形势的发展变化和政治思想理论的前沿动态。

党的十九大报告指出:“当前,国内外形势正在发生深刻复杂变化,我国发展仍处于重要战略机遇期。”的确,当今世界和中国正发生着深刻的变化。世界多极化、经济全球化、文化多样化、社会信息化深入发展,世界经济复苏乏力、局部冲突和动荡频发、全球性问题加剧。国内经济发展进入新常态,经济增长由高速增长期转向中低速增长期,转变经济发展方式、优化经济结构、转换增长动力进入攻关期,发展中的矛盾更加明显,社会矛盾和问题交织叠加,利益格局、利益诉求多变而又多样。这种状况对高等教育也对高校思政课教学提出了新要求。要求思政课教学必须反映国内外形势正在发生的深刻变化,必须科学解释和说明国内外千变万化的重大现实问题以及大学生身边的问题,以提高思政课教学的针对性、实效性。同时,要求思政课教学内容突出理论与实际密切结合的特点,既要切实把中国特色社会主义理论体系教育与时代特征相结合,又要把加强系统的思想政治理论教育和引导与学生思想实际及学生自身成长的特点相结合,引领学生在正确认识社会、适应社会、融入社会的实践活动中,感受经济、政治、文化、社会各个领域运用知识的价值和理性思考的意义。思政课教学整体效果不甚理想,其根本原因就在于在教学内容上不能及时反映时代发展和形势发展的最新要求,教学内容的针对性、时效性不够强,尤其是不能对新的社会现象、社会热点、焦点、难点问题给以理论上深入、透彻、恰如其分的分析和令人信服的阐释与说明,导致在教学过程中缺乏应有的说服力、感召力和影响力。因此,今天,包括高职高专院校思政课在内的政治理论课教学必须站在时代发展的高度,直面社会的现实问题尤其是焦点热点和难点问题,在理论与实际的联系上多做分析、探寻和研究，对时代发展和中国特色社会主义建设实践中所遇到的一系列新情况、新问题应能够给予新的理论阐释和说明，使教学内容更加充实、完善和新颖，也更富有时代气息。经济、政治、文化、社会生活等方面都发生了或正在发生着深刻的变革，由此使人们的思想观念、思维方式、价值标准和行为方式等也都发生了显著的变化。应如何从理论的高度来认识这些变革和变化，把握其发展的趋势和规律，自然就成为包括思政课在内的政治理论课教学所要研究和展现的重要内容之一。随着现代通信和高科技的迅速发展以及互联网的广泛运用，大学生接触公众媒体信息的途径和机会越来越多，而这些从多种渠道得来的信息又往往良莠不齐、真假难辨，对学生有较大的影响，这就促使我们在思政课教学中，必须正确引导学生运用马克思主义的立场、观点和方法分析方方面面的问题和信息并对之做出科学判断，以增强学生区分真伪、明辨是非的能力。也就是说，在思政课教学中，要引导大学生以科学理论、思维去关注变化着的现实，既能对现实问题进行正确的理解、分析和评判，又能对未来的发展趋势做出创造性的构思和预测，从而真正把握时代发展的脉搏和规律，增强创新性、时代感和责任感，改变一些学生对政治理论课不感兴趣的状况，进一步提高思政课教学的实际效果。例如，要做到毛泽东思想和中国特色社会主义理论体系概论课教学内容更新的与时俱进，就要求在教学中及时反映马克思主义中国化的最新理论成果，要用当代中国发展着的马克思主义——中国特色社会主义理论体系武装学生头脑，要反映思政理论的前沿动态，增强时效性和先进性。

中国特色的社会主义理论体系本身就是随着实践的发展而不断发展的，其最鲜明的理论品格和特色就是在静态与动态的统一中与时俱进，在改革的基础上不断创新。党的十九大把科学发展观同马克思列宁主义、毛泽东思想、邓小平理论和“三个代表”重要思想一起确立为我们党必须长期坚持的指导思想，就是党在指导思想上继毛泽东思想、邓小平理论、“三个代表”重要思想之后把马克思主义中国化又一次实现与时俱进的结果。当前，思政课教学的首要任务就是要大力推进党的十九大精神“进教材、进课堂、进学生头脑”的“三进”工作，把马克思主义中国化的最新理论成果充实到教学内容中去，把党在新的历史条件下不断提出的一系列新思想、新观点、新论断充实到教学中去，切实增强思政课教学内容的创新性和时效性。

同时，要根据中央两部关于进一步加强和改进高等学校思政课的相关文件精神，结合高职高专院校实际，制定切实可行的思政课教学新体系、新方案。

(2)做到保持教学内容更新的连续性。这要求高职高专院校思政课教学要在不断联系现实实际中持续进行思政课教学内容的更新。要适时制定并落实反映高职高专院校思政课教学特点的改革新方案，认真贯彻落实中共中央《关于进一步加强和改进大学生思想政治教育的意见》，教学内容就要密切"联系改革开放和社会主义现代化建设的实际，联系大学生的思想实际，把传授知识与思想教育结合起来，把系统教学与专题教育结合起来，把理论武装与实践育人结合起来"。目前，就要把《国家中长期教育改革和发展规划纲要(2010—2020年)》《十二五规划纲要》《教育部等部门关于进一步加强高校实践育人工作的若干意见》(教思政〔2012〕1号)精神，特别是党的十九大新精神等相关内容及时补充到教学内容中，真正使思政课教学实现以人为本，贴近现实实际、贴近生活、贴近学生，为学生的学习生活和健康成长提供指导和帮助，使之真正成为国家合格的建设者和接班人。

(3)做到教学内容更新的动态性。在理论上，思政课教学内容要及时反映马克思主义中国化的最新理论成果，反映时代发展的最新要求、国内外形势的发展变化和思想政治理论的前沿动态。在实践上，思政课教学要关注国内外形势正在发生的深刻变化，科学解释和说明国内外千变万化的重大现实问题以及大学生身边的问题，尤其是对新的社会现象、社会热点、焦点、难点问题给以理论上深入、透彻、恰如其分的分析和令人信服的阐释与说明。从而使思政课教学内容与时俱进，常讲常新。

3.做到保持教学内容更新突出重点性，增强实用性

高职高专院校教育具有实践性、职业性的特色，重在培养学生的实践能力、职业能力，其学制短、课时有限。这就要求精简、整合思政课教学内容体系，使现有内容体系庞大的高职高专院校思政课教学内容更加突出重点。就毛泽东思想和中国特色社会主义理论体系概论课而言，把握中国化马克思主义的基本理论，要更加突出重点。

(1)要用当代中国发展着的马克思主义——邓小平理论、"三个代表"重

要思想、科学发展观以及“四个全面”战略思想武装学生头脑，把教学重点定位在对学生进行系统的马克思主义理论尤其是中国化的马克思主义理论即中国特色社会主义理论体系的教育上；定位在帮助学生系统掌握中国特色的社会主义理论体系，正确认识、把握中国近现代历史发展进程中中国共产党的理论创新及其理论成果和中国革命、中国特色社会主义建设的客观规律，坚定在党领导下走中国特色社会主义道路的理想信念上；定位在培养学生确立正确的世界观、人生观、道德观、价值观，坚定正确的政治方向，增强识别和抵制各种错误思潮及腐朽思想侵蚀的能力上；定位在培养学生树立崇高的理想、坚定的意志和高尚的道德品行上；定位在培养学生的创新意识、创新精神和创新能力上；定位在培养学生的职业素养和职业能力上，以突出理论指导性和应用性。

(2)要增强高职高专院校思想政治理论课教学内容的针对性。如在毛泽东思想和中国特色社会主义理论体系概论课教学中，一方面，应针对大学生实践经验少、社会阅历浅的特点，着力引导他们科学认识马克思主义的历史地位和发展趋势，特别是要深入认识和领会当代中国发展着的马克思主义——中国特色社会主义理论体系对实践的伟大指导作用，增强贯彻邓小平理论、“三个代表”重要思想和科学发展观的自觉性。另一方面，应针对大学生理论功底普遍较弱的特点，着重引导他们系统学习中国化马克思主义的基本理论，准确理解和掌握马克思主义的立场、观点和方法，领会马克思主义的精神实质，不断提高其理论思维能力、分析和解决问题的能力以及实践、创新能力。

(3)要增强高职高专院校思想政治理论课教学内容的实用性。在思政课教学内容多且体系过于庞大、课时少的情况下，如何实现教学内容的精、简、实，让学生学好精髓、用好精髓，达到学理论要精、要管用的目的，是高职高专院校思政课能否让学生终身受益、真心喜欢，能否取得教学实效的关键点之一。根据长期的思政课教育教学实践和一些院校的经验，课题组认为，高职高专院校思政课要根据新修思政课教学大纲，紧密结合高职高专院校学生特点和不同专业特点，紧密结合行业企业发展需要和完成职业岗位实际工作任务所需要的知识、能力、素质要求去整合、选取和优化教学内容。比如，在财经类专科学校，就要紧密结合财经类行业职业发展需求和学生专业特点，着力于加强思想政治理论教育、职业道德诚信教育和法制教育，“不做假账”是财会类行业的共性道德需求和诚信需求，也是所有财务、会计类职业人员的基本道德素质要求和行为准则，而这也正是高职高专院校思政课中社会主义公民道德、诚信教育、法制教育、“四有新人”教育的重要内容。因而，就可以把“不做假账”作为会计人员的基本道德，所有会计人员必须以“诚信为本，操守为重，遵循准则，不做假账”，保证会计信息的真实、可靠等专业内容融入思政课教学内容中，让学专业的学生感到思政课不是虚无缥缈的空洞说教，而是实用的。

(4)在高职高专院校思想政治理论课教学内容的组织和安排上，要遵循高职高专院校学生专业能力培养的基本规律，体现高职高专院校学生成长成才的主线，着力于实现教、学、做的有机结合，知行合一、理论与实践的一体化，增强实用性。

4. 做到保持教学内容更新的动态性，增强感染力

做到教学内容更新的动态性，要求在思政课教学中妥善处理好变与不变的关系，处理好相对稳定和即时更新的关系。教学内容的变，就是要随着时代发展、形势变化和理论创新即时更新和充实教学内容，不断丰富和完善教学体系，保持教学内容的动态性，使思政课教学内容与时俱进，常讲常新；教学内容的不变，就是要保持思政课教学内容的相对稳定性。一方面，要保持教学内容的相对稳定性。因为，思政课教学的主要内容所涉及的马克思主义理论体系的基本观点和基本原理具有系统性、真理性和科学性。若不能保持其相对稳定性，将会影响思政课教学内容的科学性、严谨性、系统性，达不到对学生进行系统的马克思主义理论教育、中国特色社会主义理论体系教育和思想品德教育的整体性效果。如在毛泽东思想和中国特色社会主义理论体系概论课教学过程中对马克思列宁主义、毛泽东思想、邓小平理论、“三个代表”重要思想和科学发展观这个统一的一脉相承的科学理论体系，就不能随意取舍或割断，而是要用历史的观点、发展的观点和理论联系实际的方法讲深、讲透，使学生准确地把握理论自身发展的特点和规律。另一方面，要适时变革和更新。保持教学内容的相对稳定并不是说不能做任何变动。因为，源于实践的马克思主义理论体系不是僵死的、封闭的、一成不变的，而是随着实践和时代的发展而与时俱进的。

正确处理好思政课教学内容的相对稳定和及时更新的关系，要求做到：一要根据教学目的、教学要求、教学大纲和教材以及相关经典文献、参考资料等科学设计思政课的讲课内容和讲课体系，深化系统的马克思主义理论教育特别是中国特色社会主义理论体系教育，并把加强系统的马克思主义理论教育尤其是中国特色社会主义理论体系教育与中国特色社会主义实践、与国际形势变化的新实际结合起来，把系统的马克思主义教育特别是中国特色社会主义理论体系教育与师生思想实际和提高其思想认识水平、道德水平、工作水平结合起来，不断增强马克思主义理论教育、中国特色社会主义理论体系教育的说服力、感召力、战斗力。二要在紧密联系改革开放和现代化建设实际中、在坚定走中国特色社会主义道路的奋斗中，大胆革除和淘汰与经济社会发展、与时代要求不相适应的陈旧内容。三要坚持用发展着的中国化的马克思主义指导新的实践，根据时代的发展要求和学生思想状况的发展变化与特点，不断更新和充实教学内容，特别是要针对大学生思想道德状况和普遍关注的重大理论与实践问题，用中国特色社会主义实践的生动、典型例证去解释、说明抽象的理论问题，用当代国内外发展变化的客观实际以及理论研究的最新成果去丰富教学内容。四要将经济社会发展变化对职业道德、职业素质、职业选择的新要求融入思政课教学内容中，从而使课堂教学内容更具时代性、针对性、实用性、吸引力和感染力，更好地激发学生学习政治理论课的热情和兴趣，保证和提高课堂教学的良好效果。

5. 密切结合高职高专院校学生思想实际进行思想政治理论课教学

鉴于调查发现高职高专院校在校大学生的思想道德现状呈现参与政治价值取向具有功利性、人生价值取向呈现多元化、道德认知与道德行为脱节现象的存在等特点，思政课教育教学要坚持育人为本，德育为先，把党的十八大提出的立德树人作为根本任务。要以《中共中央国务院关于进一步加强和改进大学生思想政治教育的意见》（中发〔2004〕16 号）为指导，进一步加强思想政治教育，把社会主义核心价值体系融入高校人才培养的全过程；要高度重视学生的职业道德教育和法制教育，重视培养学生的诚信品质、敬业精神和责任意识、遵纪守法意识，培养出高素质人才。

（1）德育为先，教学中突出就业道德观教育。近年来，随着高校不断扩招，高校毕业生人数迅速增长，毕业生就业压力增大。但由于大学生缺少职业规划意识和职业化素质，导致自身缺少市场竞争力，出现了一方面学生找工作难，另一方面用人单位也难以找到适合自己要求的毕业生的情况。由此，要深入细致地做好大学生就业指导工作，引导学生树立“先就业，后择业”的就业观念，树立诚信签约的职业道德观。可以聘请学校的优秀毕业生为学生开设专题讲座，结合他们自身成功和成才的实践体会，对学生进行爱岗敬业、无私奉献、艰苦奋斗、开拓进取的敬业和勤业精神教育，激励学生把压力作为动力，刻苦学习、勤练技能，成为教育与就业上岗零间隙的双赢人才，以此提高学生市场的竞争能力。

(2)注重帮助大学生解决实际问题。应采取措施，有针对性地帮助大学生处理好学习成才、择业交友、健康生活等方面的热点问题，并做出科学的使学生信服的解释。特别是刚入学不久的学生，面对新环境，是最值得期待、最容易受挫也是最应该引导的时期，作为教育者，我们一方面要关心学生的生活，为学生排忧解难；另一方面又要及时了解学生的思想状况，通过课堂教学、讨论答疑、个别辅导等形式，把思想教育工作做实做细，帮助他们缓解思想压力，放下思想包袱，正确面对生活的挑战。只有将解决思想问题与解决学生生活实际问题结合起来，我们的思政课教学才能有声有色，收到实效。

(3)多管齐下，进一步完善育人机制。在课堂教学之外的育人环节与课堂教学是相互配套的。校园文化作为培养人的外因条件，通过环境氛围的熏陶，可以潜移默化地内化学生的行为习惯和精神世界，良好的校园文化是思想道德教学的有益补充和延伸。因此，学校要为学生营造健康向上、优美高雅的校园环境氛围。营造良好的学习氛围，开展形式多样、贴近学生的和喜闻乐见的各种讲座、竞赛等活动，陶冶学生的思想道德情操，增强审美情趣和鉴赏能力。营造良好的道德教育氛围，利用广播、电视、校刊、橱窗、黑板报、演讲比赛、征文比赛等进行宣传，让学生参与组织这些活动，通过正面的引导及反面的警示作用，陶冶学生的思想道德情操，内化学生道德行为，促进大学生道德素质的提高和完善。还有，心理健康教育可以优化学生的心理素质，有利于学生优良思想道德品质的形成。当前，来自于社会、学校和家庭的各种压力直接造成很多学生的心理负担，他们面临的心理压力比一般的社会成员大得多。因此，高校应建立心理咨询中心，帮助学生化解思想矛盾和心理障碍，提高他们的心理素质，使他们乐观地面对人生，正确认识社会发展变化规律，关心他人，遵纪守法，自觉承担社会义务，拥有协调的人际关系，为社会发展贡献自己的力量。

6. 紧密联系高职高专院校学生的学习实际进行思想政治理论课教学①

思政课是对大学生进行系统的马克思主义理论教育和思想政治教育的一组主干课程，要进一步增强其育人实效性，课题组认为，针对学生对学习思政课存在着的学习目的不够明确、学习态度不够端正、理解学习意义不够深刻、对某些理论与实际问题不能够正确认识等问题，在思政课教学中要紧密联系学生思想实际、学习实际，切实做到有的放矢，释疑解惑，帮助学生正视问题，提高思想认识。

(1)帮助学生认清学习思政课的目的与意义。“学习思政课对自己有什么益处?”“开设这样的课究竟有什么意义?”对此，应告诉学生，学习思政课目前不可能给你带来直接的现实利益，特别是经济利益，甚至不能帮你找一个好工作，因为决定这一切的有好多因素，但可以帮你学习和掌握科学的思维方法、宏观的观察和战略思考的方式、科学的观点，以及做人的道理、精神和就业创业应该具备的职业道德、职业素养和职业能力。

如毛泽东思想和中国特色社会主义理论体系概论课，着重讲授中国共产党把马克思主义基本原理与中国实际相结合的历史进程，充分反映马克思主义中国化的两大理论成果，帮助学生系统掌握毛泽东思想和中国特色社会主义理论体系的基本原理，坚定在党的领导下走中国特色社会主义道路的理想信念。作为高校思政课之一，学习该课的目的，一是通过教学，帮助大学生树立正确的世界观、人生观、价值观。大学是人生观形成的决定性阶段，但科学的人生观、价值观不会自发形成。大学时期大学生开始把注意力转向内心世界，开始对人生的意义、人生的价值从多角度、多层次、多维的方式进行新的理性的探索、思考和认识，从原先的偏重感性的认识开始逐渐地上升到理性认识的层次。这个时期如果不能认真学习科学的理论，就可能始终在感性认识中盲目摸索，不仅不能纠正一些偏颇的认识，相反，还可

① 肖芸. 释疑解惑，有的放矢，切实增强《概论》课教学实效性[J]. 南阳师范学院学报，2010(8):106-108.

能产生一些错误的认识，根本不可能形成科学的人生观、价值观，最终影响自己今后的人生道路。而学习“概论”课及其他政治理论课就是一种帮助大学生树立正确的世界观、人生观、价值观的重要的和有效的方法。二是通过教学，使大学生系统了解和掌握党的与时俱进的科学理论——毛泽东思想和中国特色社会主义理论体系，从而坚定大学生中国特色社会主义的信念，增强执行党的基本路线的自觉性。大学生是当代中国青年的佼佼者，是中国特色社会主义事业的重要建设者。通过学习，使大学生明了我们党将马克思主义与中国实际相结合的历史进程及其重大意义，帮助他们把握基本原理、坚定理想信念，特别是帮助他们学会掌握和运用科学理论指导实践，以增强执行党在社会主义初级阶段的基本路线的自觉性。而且，只有当整个民族的理论水平提高了，我们才能更好地理解和执行党的理论和党的路线、方针与政策，才能发挥主观能动性，创造性地将党的理论和方针、政策贯彻到自己的实际工作中去，发挥最大的作用；同时也只有当全民族的理论水平提高了，才能进一步推动党的理论创新，即通过群众创新性的实践，积累新的经验，为党提出更先进的理论提供材料、奠定基础。三是通过教学，使大学生深切认识到中国特色社会主义合格建设者应该具有什么样的理念、素质、品行和能力。高职高专院校学生学习思政课，不仅可以学到科学理论、科学精神、科学方法，还可以积淀、储备未来就业创业的基本知识、素养和能力。

(2)帮助学生深化理解“理论有什么指导作用”和“是怎样指导实践的”。实践多次证明了哲人论断的真理性和科学性：理论是行动的指南；没有正确的理论就不会有名副其实的革命的运动；理论一旦被群众掌握就会产生巨大的物质力量。

理论对实践的指导作用不容置疑，针对一些学生存在的疑问，如“学习这些理论不知道它对实际有多大的作用”“对社会有什么震撼”“它是怎样指导实践的?”“‘三个代表’重要思想和科学发展观是怎样指导实践的?”等，要给予有说服力的证明。如党的思想路线“实事求是”一开始是我们党内正确对待马克思主义的正确态度和观点，后来成为我党的一个正确原则，并上升为党的马克思主义的思想路线。在这一思想理论的指导下，我们找到了农村包围城市的正确道路，形成了毛泽东思想。后来也是在这一思想路线的指导下产生了新的中国特色社会主义的理论,它们指导实践产生了巨大成就,且有目共睹。实际上中国特色社会主义理论一直都在指导着我们的实践。目前我们在坚持“三个代表”重要思想、深入贯彻科学发展观中实行的方针和政策,采取的一切措施,如取消农业税,财政向农村倾斜,加大农村基础设施建设,实行自主创新,大力发展科学技术等,都是在贯彻中国特色社会主义理论。宇宙飞船、嫦娥卫星探月工程的成功是科技人员落实科学发展观和实践“三个代表”重要思想的伟大结果。科学理论的指导无处不在,无时不在,已经并继续发挥着重要的指导作用。

(3)理论联系实际、透彻说明理论与方针、政策的关系和怎样贯彻落实理论。理论来源于实践,是对群众实践经验的总结,是对党的方针、政策的系统化和理论化。但方针、政策不等于理论,它具有两方面的特点:一方面,它是党的理论的具体化,是贯彻党的理论的具体的措施;而另一方面,党的一些新的方针、政策是在科学理论的指导下,在贯彻理论的过程中,在对群众实践经验总结的基础上提出的,并在实践中实行和接受实践的检验,是形成党的理论的基础和材料。因此,在贯彻落实党的理论时,首先要学习和掌握中国特色社会主义理论体系,特别是要了解基本理论及精髓,了解党的路线、方针和政策;其次是在行动上要按要求去做。学习贯彻理论,不是机械地背诵理论,也不是整天把理论挂在嘴上,而是在潜移默化中影响我们的思想,在不知不觉中指导我们的行动,让我们的思想和行动更加符合时代的要求和党的理论、方针政策的要求,形成自觉发展、自觉推动中国特色社会主义事业的动力,做出创造性的发展。如自觉地厉行节约,反对浪费;自觉地保护环境,反对破坏;自觉地维护和谐,反对制造和激化矛盾;自觉地解放思想开拓创新,反对思想僵化和因循守旧等。

(4)引导学生正确认识“理论和现实的差距”。“理论讲得那么好,可实际那么糟糕。”“‘三个代表’重要思想很好,可还有那么多的腐败现象。”对诸如此类的负面问题我们应认真对待,不应回避。否则理论就失去了作用和意义,学生的思想问题就难以解决,也达不到毛泽东思想和中国特色社会主义理论体系概论课的要求和目的,相反我们更应鼓励学生质疑和进行进一步的思考,但要做出耐心的引导和令人信服的说明。其实,这正是新的理论产生的现实要求。现实中的许多新情况、新问题给我们党和国家的工作提出了新的要求。一个真正的马克思主义政党必须与时俱进，要以崭新的思想、先进的理论去面对，找到解决问题的办法，也就是理论创新。“三个代表”重要思想也就是在这样的情况下产生的，是对世情、国情和党情都发生重大变化、我们党面临严峻情况下对建设一个什么样的党和怎样建设党的问题的回答。腐败问题的根治需要多种手段，但理论上的指导，特别是党的反腐败理论的发展、成熟，将对治理腐败产生重大的影响。

理论有理论的特点。逻辑推理的抽象性、思维的缜密性和复杂性、论证的深刻性和阅读的枯燥性一定程度上会降低学生学习理论的兴趣和热情，它绝对不同于视觉艺术给人带来的视觉冲击和享受，我们要向学生说明这一点。其实他们的许多专业课也是这样，那些专业课的枯燥感为什么没有这么强呢？这无疑是个认识问题、现实问题。要向学生多做思想工作，并尽量采取学生喜闻乐见的方法，改变教学手段。正如毛泽东思想和中国特色社会主义理论体系概论课教材编写课题组专家吴树青先生所讲的：“着重从正面剖析问题、讲清道理、切中要害，努力做到以理服人，充分发挥真理的力量、逻辑的力量，培养学生科学地认识和分析复杂的社会现象的能力。”

同时，在思政课教学中除了在教学方法和手段上不断革新外，教师还要解决好三个问题：一要增加信息量。结合教材内容尽可能多地给学生提供大量的资讯，扩展他们的视野，为他们了解和分析某个问题提供基础和便利。二要给学生以科学的思维方式和方法的影响。不必专门讲授“方法论”，而是通过某一理论或案例的讲解，使他们从中学到科学的分析方法和思维的方式。三要讲明理论。只有讲明、讲透理论，学生才能认识、相信和掌握理论，然后才能应用理论。而讲明理论又要建立在吃透大纲和教材并不断扩充新知识、新内容、革新教法的基础上，只有这样，才能把理论问题，特别是涉及教材内容的难点、重点和与现实联系密切的热点、焦点问题讲清楚；把教材提到但没有展开或者没有提及，但对理解内容特别有意义的要予以强调，并做出阐述和分析；主动讲解和分析与教材内容有关系的重大时事政治问题，加强理论的实效性和针对性，增强理论的说服力和感染力。

总之，思政课教学要能够正确地解释问题、阐明问题和引导学生深入理解问题，使学生学习科学理论真正入脑入心，进而达到真正提高思政课教学实效性的目的。

7. 贴近实际、贴近生活，以满足学生学习上和思想上的需求和健康成长为目的，完善高职高专院校思想政治理论课教材体系，增强吸引力

加强对高职高专院校学生基本素质和思想、学习等基本情况的了解和研究，结合高职高专院校教育教学目标和人才培养模式，尽快编纂出一本符合他们实际的全国统编思政课教材。首先，教材要充分体现马克思主义中国化的理论成果的历史进程，揭示马克思主义中国化的规律、方法和意义；阐明马克思主义、毛泽东思想和中国特色社会主义理论体系的基本原理、原则和方法；宣讲党在新形势下的路线、方针和政策以及对马克思主义的新贡献；加强科学的世界观、人生观、价值观、道德观、法制观以及爱国主义、理想信念的宣传；特别要突出马克思主义立场、观点和方法在实际中的运用。其次，针对高职高专院校学生知识基础薄弱，在教材中可根据内容需要适当增加马克思主义基本理论和中国近现代史的基本内容，帮助学生理解相关内容。最后，教材在阐述理论时尽量使用生动的语言和鲜活的例子，寓教于乐，明礼知耻于微小之中。

(四)在教学模式上，突破传统，以学生为本，建构并实施引导学生主动学习的教学新模式

树立以人为本的新理念，充分发挥学生在课堂教学中的主体作用，通过建构并实施“预告所学精要、设问、预习、演讲、答疑、总结、实训与应用”七个环节引导学生主动学习的教学新模式，突破传统，促进学生综合素质的提高。

1. 要突破传统，转变观念，树立“以人为本”的新理念

传统的高校思政课教学多采用单一注入式的“满堂灌”教学模式，这种教学模式往往以教师为中心、以教材为中心、以课堂为中心，教师作为教学任务的承担者，是教学内容的设计者、组织者、传授者，在课堂教学中处于主导地位。学生则是教学活动的反应者、服从者和知识的接受者，处于被动和从属地位。在这种教学模式下，学生的主体地位很难得到充分发挥，不仅影响了学生的学习主动性，而且易使学生产生逆反心理，也使得马克思主义政治理论课教学难以发挥其应有的思想政治教育功能和效果。近年来，随着高校新课改的进行，思政课教学模式改革取得了一定成绩，但也应当承认，在很大程度上还处于传统的教学模式之中。调查中我们发现，目前高校思

政课教学中部分学生的学习积极性、主动性不高，学习兴趣不大的一个重要原因就在于还没有从根本上突破以老师为主的传统教学模式，教师依然过多地自导自演，学生的主体作用并没有很好地发挥出来。解决这一问题，必须深化思政课教学模式改革。

2. 着力发挥在“以人为本”的教学理念下学生在思政课课堂教学中的主体作用

树立以人为本的理念，对于切实搞好政治理论教育、做好大学生思想政治教育工作，对于培养大学生的创新思维和创新精神，对于提升大学生的核心素质和促进大学生的全面发展与健康成长，均具有重大而深刻的理论价值和指导意义。学生是知识的接受者，是祖国未来的建设者，在思政课教学过程中贯彻以人为本，必须坚持以学生为中心，真正把学生作为学习主体看待，突出学生的主体地位；必须尊重学生的个性差异，注重互动的学习方式，倡导学生主动参与、乐于探究、勤于动手，力求充分发挥学生的主体性，使学生在学习过程中具有主动性、富于创造性；必须着力培养学生提出问题、分析问题、解决问题的能力，进而培养学生的创新精神；还必须切实树立一切为了学生的意识，满怀关爱与责任，尽心竭力培育大学生健康成长成才，并有针对性地帮助大学生处理好思想问题和其他实际问题，努力把思想政治理论课教育做到大学生的心里，实现贴近实际、贴近生活、贴近学生，唤起并激发大学生接受思想政治理论教育的内在愿望和要求，切实提高思想政治教育的针对性、实效性、吸引力和感染力。

3. 优化并创新课堂教学模式，引导学生主动学习

课堂教学既是实践课程改革新理念的主要渠道，也是实施新课程改革的中心环节，而教学模式则直接影响课堂教学质量和效果。无论是从实践课程改革新理念讲，还是从推进新课程改革进程讲，都要优化并创新思政课的课堂教学模式。优化并创新课堂教学模式，就教师而言，要求必须把以人为本的理念贯穿于思政课教学过程的始终，并切实做到与时俱进；要求必须彻底改变过去那种“满堂灌”“一言堂”的教学模式，根本转换师生角色，建立起良好的师生人际关系，使学生由被动型、服从型转向主动型、师生平等合作型，由“要我学”转向“我要学”；使教师不再是知识的灌输者，而是教学环境的设计者，是课程的开拓者、学生学习过程的合作者和促进者，是激发学

生主动学习、自主学习、善于学习的组织者、帮助者和引导者。

因而，教师在教学过程中的重要目的之一就是要有效引导学生主动学习、自觉学习、善于学习。做到这一点，优化并创新课堂教学模式就成为一个十分重要的条件。为此，教师在思政课等课堂教学的具体操作中，首先要设计好开场篇，筛选精彩片断，激发学生学习兴趣。兴趣是学生求知的先导、会学的前提。有了兴趣，才会激发起学生强烈的求知欲，才会产生内在的学习动力，从而积极主动地学习、自觉地探索和不断地提高。美国心理学家布鲁纳就曾这样讲过："学习最好的刺激乃是对所学学科的兴趣。"所以，在课堂教学中若能精彩、合理地切入所学内容、搞好开场篇，一开始就牢牢吸引住学生，就会收到比较好的实际教学效果。搞好思政课教学的开场篇，根据教学实践经验，可以根据教学内容有目的地选择不同时期社会普遍关注的热点、难点、焦点和疑点问题，或者选择适宜的寓言故事、文章、电影、歌词、名言、谚语、笑话等作为切入点，恰如其分地切入教材，尽最大可能激发学生学习兴趣。热点、难点、焦点和疑点问题既能够体现思政课的时效性和理论联系实际的学科特色，也能够牵动学生思维，容易引起学生浓厚的学习兴趣、高涨的学习热情和积极的参与意识，并使学生能够在探究新知活动中、在深入地分析思考中认清是非曲直，摆正观点和态度。如在讲解毛泽东思想和中国特色社会主义理论体系概论课中的"新民主主义革命的动力""依靠力量"或"三个代表"重要思想和科学发展观时，穿插"这最后一碗饭，送去做军粮；最后一尺布，送去缝军装；最后老棉被，盖在担架上；最后亲骨肉，送儿上战场……"这首歌的歌词作为切入点，既能够让人深深感动，又能够让人明白军民之间、党群之间那种血浓于水的情感和中国共产党走群众路线的必要性和重要性，加深对"三个代表"重要思想中中国共产党"始终代表中国最广大人民的根本利益"和科学发展观中"以人为本"意义的理解。其次，在思政课教学过程中，要创设好疑问、答解"套餐"，训练学生分析问题、解决问题的能力。疑问是思维的源头，思维以疑问为起点，只有经过积极思维，疑问才有可能得解。因而，教学中，要根据课程内容，精心设计问题，激活学生思维，在逐步启发和引导学生思维中，找到解决问题的钥匙；同时，为了充分调动学生课堂参与的积极性，发挥学生的学习主体作用，培养学生分析问题、解决问题的能力，要为学生创设活跃、宽松、民主和敢想敢问的和谐氛围,允许发表与教材、与教师不同的见解,允许学生说错犯错纠错,鼓励学生勤于思考,大胆提问题,勇于锻炼自己,养成善提问题的意识和习惯,并培养学生以自己认为最佳的方式和途径解决问题。引导学生提出问题、分析问题、解决问题的过程,就是释疑、解惑、使学生知识获得长进和发挥学生主体作用的过程。再次,在每次教学结课时,要画龙点睛,做好收尾润色。可以由老师采取理论联系实际的方法,或联系社会热点、难点问题特别是深层次的理论问题,或联系社会上流行的错误思潮、言论批判性地比较分析,或联系学生世界观、人生观、价值观等方面带有共性的思想倾向及心理问题,激情满怀、循循善诱地进行点评总结;也可以调动学生的积极性,由学生按照自己的理解、意向和方式做出总结。好的结束语可以使课堂教学锦上添花,回味无穷,能让学生感到前后所学融会贯通、连成一体,思想认识进入一个新层面,带着满足和美感走下课堂,带着求知和继续探索的心理走出课堂,进而形成学生学习毛泽东思想和中国特色社会主义理论体系概论课、思想道德修养与法律基础课等思政课的新的求知热情和学习动力。

4. 进一步拓展网络课堂教学模式

随着计算机多媒体技术的快速发展和互联网的日益普及,高校思政课网络课程以信息量大、不受时空限制等优势越来越多地受到高校学生的青睐。思政课网络课程开发适应了社会发展的需要。

(1)开设网络课堂的必要性。网络技术的迅速发展,正对当代大学生的生活、学习方式产生日益重大而深刻的影响,大学生已成为使用网络的重要群体。网络信息交叉汇集于这个领地,思想政治理论当然要占领,这既是大学生学习成长的需要,也是社会发展的要求。而网络课程有助于突破传统教学时间、地点的局限性,弥补思政课内容不足、上课时间有限等缺陷,是课堂教学向外延伸的一个好办法。网络课程是提高学生多种能力的有效途径。现代学习理念应该是自主学习、全面学习和终身学习的理念。思政课网络课程,因为设多种栏目,占有大量生动有趣的案例故事,以形象、直观的视觉享受,引导学生自觉围绕课程理论相关的社会热点问题,有助于提高学生的分析判断能力、独立思考能力和创新能力。

(2)目前存在的问题与对策。由于建设时间不长,各地重视程度不一,目前高校思政课网络课程建设仍然存在不少问题,主要是缺乏规范标准,水平良莠不齐；网络课程内容滞后，信息更替太慢，实例不具有时效性，造成学生学习积极性不高；网络课程设计缺乏学习情景的创设，依然停留在文本和静态图像、PPT讲稿、主讲教师的讲课录像与讲稿的初级阶段，缺乏互动，难以有效地激发学生的创新能力。这需要我们在这些方面做出努力。

首先，提高认识，加强规范指导。加强对网络课程建设的监督和管理，尽快出台科学、规范、合理而又行之有效的指标体系，使各高校在设计、开发、优选、鉴定思政课网络课程时有据可依，同时也才能对网络课程进行有效的监控和管理。

其次，与时俱进，更替内容。要紧紧地抓住社会主义现代化和改革开放的全局，着眼于对实际问题的理性思考，选择并及时更新具有紧跟现实生活和社会实践的生动案例，不断提高思政课网络课程的吸引力、生命力和说服力。

最后，要充分调动学生参与网络课程的积极性。学生是思政课网络课程的参与主体，学生的参与程度决定了网络课程建设的最终质量与效益。为此，一方面要加强需求调研和教育引导，大力提高学生对思政课的认识，激发他们对思政课网络课程的兴趣，同时增强教师制作网络课程平台的针对性和实效性；另一方面，在使用过程中要加强调查研究，逐步完善网络课程设计。传统的思政课教学方式是教师和学生面对面的双向交流，教师对学生的知识水平和能力比较了解和掌握，往往能够有针对性地调整教学内容和方法。网络课程由于一般不能直接与学生面对面，这就需要增加交互性的内容，通过这种交流，老师才能掌握学生的学习情况，以便及时做出相应的教学调整。学生在交流中也可以得到学习启迪，自主完成知识的积累，增强对现实问题深入思考的能力，养成创造性思维方式。

（五）在教学手段上，大力推广校园网络现代化教学手段

在科学技术、信息技术快速发展的今天，沿用形式呆板，缺乏创新性的“一支笔、一张嘴、一本书”的单一说教以及缺乏应有吸引力、感染力、渗透力、照本宣科的书本教育手段，已不能适应信息化的发展。适应现代教学发展的需要，必须充分利用校园网络，采取课堂教学和网上教学相结合、教师讲授和展示精美课件相结合、与动态的影视音像等视频资料相结合，应大力推广现代化教学手段，特别是多媒体课件教学，并在校园网建立专题网、在电子图书馆设立网站，丰富教育教学资源，拓展教学内容和空间，以增强高职高专院校思政课的吸引力、感染力和实效性。

1. 充分利用课堂教学与网上教学、教师讲授与展示精美课件的结合

在本次大学生调查中，学生最欢迎的教学方式就是多媒体教学。因此，应大力支持和鼓励教师广泛使用现代化教学手段，特别是多媒体课件教学。任课教师都应精心制作情景交融、动静相宜、特色鲜明的多媒体课件，将它应用到教学过程中，以图文并茂、声情汇融、视听兼用的逼真表现效果为学生提供生动直观的图、文、声、像等大量信息，使高深的道理通俗化，抽象的理论具体化，复杂的问题简单化。通过多媒体教学精美课件的展示，可以大大弥补传统教学方式的单一性缺陷，有效激发学生的学习兴趣和积极性，使学生在理性知识与感性材料的有机结合中深化对中国化马克思主义的理解与认同，明显优化和提高思政课的教学效果。

此外，学校也应加大对现代教学设备的投入，进一步改善目前高校的教学条件、教学设备和教学环境，使相对抽象、理性的思政课变得具体、形象、生动、富有感染力，从而提高课堂教学效果。

2. 充分把教师讲授与动态影视音像相结合

根据教学内容，选择一些相关历史影像资料，把教师讲授与相关影像资料的播放结合起来，如，在上毛泽东思想和中国特色社会主义理论体系概论课时，通过适时播放录像和电影片段如中央文献研究室和中央电视台合作制作的大型历史文献片《毛泽东》《邓小平》《小平十章》《改革开放 20 年》和中共中央党史研究室审定、国家新闻出版总署重大选题《百年梦圆》《莲花绽放濠江畔》《立党之本》《大国崛起》等文献资料，使学生在动态展示中直接感受伟人的思想风采、感受马克思主义中国化的具体历程，感悟中国化的马克思主义是如何解决中国革命、建设和改革中的实际问题并取得革命、建设和改革的巨大胜利与成就的，进而增强大学生对中国特色社会主义理论体系化的理解、认同和把握，坚定走中国特色社会主义道路的信念。

3. 建立思想政治理论课教学改革网站

要充分发挥互联网在培养人、塑造人、教育人中的新型载体和重要手段作用，在校园网，专门建立思政课“教学与交流”专题网页和网站，设置思政课教师在线栏、教学信息栏、社会实践栏、案例分析栏，定期更新内容和信

息，利用校园网络对大学生进行教学、教育与引导。网络教育具有的教育个性化和自由化特征，决定了思政课教育教学的教师可以利用网络最大限度地实现因材施教、因人施教、因学施教，真正遵循“以人为本”教育理念，实现真正意义上的个别化教育。同时，网络也为促成思政课教育教学手段的多元化提供了契机，在校园网上，可以呈现丰富多彩、生动活泼的教学形式，使学生在校园网设立的思政课网页上自觉不自觉地选看并受到来自网络中的多元化信息的影响和渗透，以此来拓展教学内容和教学空间，进一步增强思政课的吸引力和感染力。

（六）在教学方法上，结合高职高专院校思政课教学特点、育人特点和学生实际，酌情灵活选择合适、有效的方法，并随时加以变化

教法运用是否得当，直接影响教学效果，因而，教学的方式方法历来是高校思政课改革与创新的重点，高职高专院校也不例外，甚至由于其自身的特点和存在的一些亟待解决的问题，高职高专院校思政课教学方式方法的改革与创新尤为重要，而且更加迫切。

1. 高职高专院校思想政治理论课教学方式方法改革与创新的重要性和迫切性

高职高专思政课教学方式方法创新是适应高职高专教育目标和培养模式的需要。教育部2000年1月17日印发了《教育部关于加强高职高专教育人才培养工作的意见》的通知，对今后我国高职高专院校教育人才培养提出了根本性的目标：高职高专院校教育人才培养工作要力争经过几年的努力，形成能主动适应经济社会发展需要、特色鲜明、高水平的高职高专院校教育人才培养模式，培养拥护党的基本路线，适应生产、建设、管理、服务第一线需要的，德、智、体、美等方面全面发展的高等技术应用型专门人才。当前，在我国处于从经济大国向经济强国、人力资源大国向人力资源强国迈进的关键时期，教育部于2011年9月29日印发的《关于推进高等职业教育改革创新引领职业教育科学发展的若干意见》（教职成〔2011〕12号）又明确提出了服务经济转型的高等职业教育发展方向必须“以培养生产、建设、服务、管理第一线的高端技能型专门人才为主要任务”。“必须准确把握定位和发展方向，自觉承担起服务经济发展方式转变和现代产业体系建设的时代责任，主动适应区域经济社会发展需要，培养数量充足、结构合理的高端技能型专门人才”。这就要求高职高专院校的学生应在具有必备的基础理论知识和专门知识的基础上，重点掌握从事本专业领域实际工作的基本能力和专门技能，具有良好的职业道德和敬业精神。

这是我国高等教育改革的一项重大举措，也是教育部对我国高职高专院校教育培养目标与模式做出的明确规定。我国的专科、中专等相同层次的学校教育目标和教学模式有了根本性的变革。高职高专院校教育必须以培养生产、建设、服务、管理第一线的高端技能型专门人才为目标，必须坚持以服务为宗旨、以就业为导向、以学生职业能力培养为目的，走产学研结合发展的道路，以工学结合为途径，来构建自身的教学体系。其中，高职高专院校“培养面向生产一线的高技术型人才”“职业能力”及“工学结合”和“产学研结合发展”是主要的目标和途径。与此相适应，高职高专院校的思政课教学体系必须顺应这一特点，做出根本的改变，体现高职高专院校特点，才能实现培养目标。

高职高专院校思政课教学方式方法创新是解决现实矛盾的需要。毫无疑问，高职高专院校积极贯彻和落实了《教育部关于加强高职高专教育人才培养工作的意见》和《教育部关于推进高等职业教育改革创新引领职业教育科学发展的若干意见》等文件精神，但这并不意味着这些院校成功地实现了培养目标和培养目标的转型。实际上，现实情况不尽理想，也并不乐观。

（1）高职高专院校学生擅长形象思维，对实践课感兴趣，对知识的产生、发展、形成进行逻辑思维的能力较低，而思政课偏重于理论教学，教学形式大多以教师主导为主，再加上高职高专院校教育侧重于培养学生的职业能力以及专业技术水平为主，强调以理论讲授够用为主，以实践能力的培养为重点，尤其是在当下就业压力加大的情况下，学生求学的功利性突出，同时，就业率日益成为评价高职高专院校的主要指标，思政课对学生的就业难有直接的帮助，所以无论是学生还是学校，对思政课重视不够是一个普遍的问题。

（2）传统的思政课教学方法没有实现根本性的改变，也是影响实现高职高专院校培养目标和模式的一个重要因素。传统的思政课教学，往往追求理论的系统性、逻辑性，教师通常采取“满堂灌”的方式，再加上学生知识基础薄弱和思考分析能力尚未健全，如专科生独立思考和分析问题的能力还没有培养起来，讨论或提问时不发言或发言不到位的情况很常见，而“3+2”的学生普遍知识贫乏，情况更为糟糕。因此，厌学、缺少分析与思考、缺乏创新意识和思维就成为影响思政课学习与运用效果的一个重要因素和问题。

上述问题在高职高专院校现行教育当中普遍存在，不仅严重影响了高校思政课教学的目标，也影响到了高职高专院校教育目标和教学模式的转变。改革和创新高职高专院校思政课教学方式方法势在必行，刻不容缓。

2. 高职高专院校思想政治理论课教学方式方法改革与创新应坚持的基本教学理念和原则

（1）思想政治理论课教学的目标任务应与高职高专教育的目标、模式相结合。高等学校思政课承担着对大学生进行系统的马克思主义理论教育的任务，是对大学生进行思想政治教育的主渠道，在引导大学生坚定对马克思主义的信仰、对社会主义的信念，增强对改革开放和现代化建设的信心、对党和政府的信任等方面，发挥着重要的作用。当前，世情、国情、党情持续变化，我们面临的发展机遇和风险挑战前所未有。如何引导大学生正确认识当今世界错综复杂的形势，把握国际局势的发展变化和人类社会的发展趋势；如何引导大学生正确认识国情和社会主义建设的客观规律，增强在中国共产党领导下全面建设小康社会、加快推进社会主义现代化的自觉性和坚定性；如何引导大学生正确认识肩负的历史使命，努力成为德智体美全面发展的中国特色社会主义事业的建设者和接班人，仍然是高校政治理论工作者必须认真研究解决的重大而紧迫的课题。

因此，无论是从事思政课教育，还是进一步改进思政课的教学方法，我们都必须坚持这一原则，不能有丝毫的动摇，否则，就会偏离思政课教育的目标和根本方向。

但是思政课教育和教学方法必须适应高职高专院校教育的目标和培养模式，使学生在德、智、体、美等方面全面发展，成为高端技能型专门人才，在具有必备的基础理论知识和专门知识的基础上，重点掌握从事本专业领域实际工作的基本能力和基本技能，并具有良好的职业道德和敬业精神。

为此，思政课教育包括教学方法的改革与创新，要在坚持育人为本、德育为先的理念下，一定要贯彻少而精和管用的原则，把重点放在有限的时间和较少的课时里，让学生掌握社会主义核心价值体系、掌握最基本的理论，并切实提高他们掌握和学会用马克思主义的立场、观点和方法，独立、正确地分析和解决现实问题的能力；同时要把现代企业优秀文化理念融入人才培养全过程，强化学生职业道德和职业精神培养，加强实践育人，让学生具有高端技能型专门人才应有的职业能力和职业素养；要重视学生全面发展，推进素质教育，增强学生自信心，满足学生成长需要，促进学生人人成才，以提高高职高专院校思政课的针对性和实效性。

(2)把握基本的准则，做好改进课堂教学和教学方法的基础工作。一是把思政课每章的教学目的和要求告诉给学生，为实现教学目的奠定基础；二是简要介绍每章每讲所学的重点和难点，让学生在提前预习或听课的过程中给予重视，以便重点掌握；三是让学生课前预习，注意重点、难点问题的理解，并把难以理解的问题反馈给老师，以便老师在授课过程中有的放矢，帮助学生解决问题；四是老师在讲课中应首先突出每一章、每一讲的重点和难点问题，特别要简明扼要地讲解本章、本讲的基本原理和原则，然后回答学生的难点问题或迷惑；五是教学方法改进的重点应放在学生对理论的实际应用能力的提高方面。老师要特别注意将每章的基本理论同当前国际国内的重大问题和实践的结合，同社会和学生的思想实际相联系，真正做到理论联系实际、应用理论解决现实问题，同时，让学生感受理论的意义和作用，并从中学会分析和解决问题的方法。总之，高职高专院校思政课方法的改进与创新，应以实现学生实际应用理论解决现实问题能力的提高为前提和最终目标。

(3)酌情选择合适、有效的方法，并随时加以变化。教学方法运用是否恰当，直接影响教学效果。思政课课堂教学方法的得失，往往会成为思政课课堂教学成败的关键。思政课课堂教学，要结合学生的实际和特点，以学生为本，把学生的感受和愿望放在第一位，科学运用具体的教学方法，并随时根据情况的变化加以变化。

一方面我们要继承和完善过去那些被实践证明行之有效的方法，另一方面要针对新情况、新形势，特别是结合学生的实际，在原有方法的基础上大胆创新。创新的基本思路是：以教师为主导、以学生为中心、以学生运用理论解决实际问题为目的，以提高学生的能力为根本，变单纯的灌输为多渠道的认知，变一般的知识了解学习为基本理论和方法的学习与运用，实现教学方法的多样化和教学手段的现代化。

启发式教学方法体现出教师的主导性和学生的主体性，学生学习的主动性增强，不再被动地接受知识，为学生积极参与课堂教学活动奠定了基础；参与式教学方法调动了学生的积极性和学习的兴趣，营造了有利于轻松学习的气氛；而研究式教学方法则触动了学生的好奇心和求知欲。这些是创新教学方法的一个总的指导，我们应该根据已有的经验并学习和借鉴他人的经验和教训，特别是根据学生的实际和愿望，采取具体可行而又不断变化的新方法。

3. 灵活选择和运用有效的、让学生喜闻乐见的高职高专院校思政课教学方法①

借用一句药品广告词："药品好不好，关键看疗效。"同样道理，思政课的教学方法好不好，关键看效果，看学生的反映。好的教学方法不是吹出来的，不是查资料堆砌起来的，也不是"思想家"闭门造车想出来的，更不是照搬教条能够得到的，而是遵循基本的教学规律，在具体分析每个班级的学生实际情况的基础上，针对学生所思、所想、所爱而总结和完善出来的。多年的思政课教学实践经验告诉我们，高职高专院校思政课必须从实际出发，结合高职高专思政课教学特点、育人特点和学生实际，坚持以学生为本，育人为本，与时俱进地进行教法改革，灵活选择和运用有效的、让学生喜闻乐见的高职高专院校思政课教学方法，尤其要贯彻理论与实际相结合、历史与逻辑相联系的原则和方法，坚持课堂教学与实践教学紧密结合，"导"与"学"紧密结合，增强针对性、实践性、互动性。

（1）理论与实际相结合、历史与逻辑相联系，凸显针对性。经济社会发展和形势的不断变化要求思政课教学要贴近时代、贴近实际、贴近生活、贴近学生，因此，贯彻理论与实践相结合的原则，重实践、重运用、重创新，强化实践教学和理论运用是增强高职高专院校思政课教学针对性与实效性的必备环节，也是探索思政课教法改革与创新的重要途径。同时，思政课教学要贯彻历史与逻辑相联系的原则和方法，如毛泽东思想和中国特色社会主义

---

① 肖芸. 高职高专院校思政课教法改革路径新探索[J]. 商丘师范学院学报，2013，29(8)：114-117.

理论体系概论课教学中要将相关知识打通来讲,既要讲清楚这些理论成果的一脉相承,又要讲清楚这些理论成果的与时俱进;要使学生既能从纵的方面去认识,又能从横的方面去把握这些理论成果的基本内容和精神实质;既能从理论上掌握贯穿在这些理论成果中的马克思主义的基本立场、观点和方法,又能从历史和现实活动中认识到马克思主义中国化是一个历久弥新、永无止境的过程。

凸显针对性,一要针对高职高专院校思政课教学任务重、教学时间短不可能面面俱到的实际情况,应突出每章的重点和难点,采取专题授课法。专题授课法在遵循教学大纲和全面分析教材内容的基础上,将教材中的重点、难点内容提取出来,分成若干专题,形成教学模块,从不同层面、不同角度进行理论联系实际的深度分析,以点带面。这样,既能体现教学内容的系统性、整体性,又能突出教材中的重点和难点,学生学习和了解就更加透彻,特别是专题讲座的内容大都紧密地联系了社会现实和现阶段的国内外热点、焦点、难点问题,不仅激起了学生极大的学习和参与的热情,而且理论的针对性更强,学生对理论的指导作用也更加明确。二要针对理论说教多,联系实际少等情况,紧密联系历史与现实、社会与生活、学生思想与就业实际,突出"实"字,让事实说话。紧密联系历史与现实实际,就是将教学内容放在历史运行的长河中,特定的历史条件下和现实的发展环境中,如在毛泽东思想和中国特色社会主义理论体系概论课教学中将"中国道路"的选择、"新民主主义革命纲领与社会主义初级阶段纲领"、"今天的社会主义改革与当年的社会主义改造"等内容联系历史和现实实际进行有理有据的剖析,就可以使学生在时空的穿越中透过历史看现实、看未来,更加明确选择走"中国特色"的革命道路、改造道路、建设道路和改革道路的历史必然性以及理论路线纲领的正确性、科学性,进而坚定理想信念,坚定不移地走中国特色社会主义道路。紧密联系社会与生活实际,就是以新课标为指导,回归社会和生活,将思政课教学内容融入活生生的相关社会与生活实际中去,用真实生活和社会现实实际来补充、完善教学,把概括性的理论变为生动的现实,以真情实感感染学生、吸引学生。再就是将思政课教学相关内容和当前大学生的思想实际、就业实际紧密联系起来,以众多关于就业调查的事实和就业成败的正反事例告诉大学生,自身综合素质好,敬业精神、团队精神、沟通能力和协作能力强，职业道德、职业素质及职业技能高是目前从业人员普遍迫切需要的，让学生深切感受到自身的成长和未来发展离思政课很近，就在自己身边。

（2）坚持课堂教学与实践教学密切结合，突出实践性。高职高专院校教育是以培养面向生产、建设、服务、管理第一线需要的高端技能型专门人才为目标的，属于职业型、技术型、应用型教育，此类教育及其特定的培养目标决定了实践教学在人才培养过程中具有重要作用。因此，重视教学的实践性，在实践中培养学生的实践意识和实践能力，是高职高专院校专业课教学“一线化”和“职业化”的显著特征，也是高职高专院校思政课应该遵循的一个重要教学原则。根据这一原则，高职高专院校思政课教学应正确处理好理论教学和实践教学的关系，在进行理论教学的同时，尤其要强化实践教学环节，并以多种方式方法将实践教学贯穿于理论教学之中。

突出实践性，一要构筑平台，拓展实践教学载体，建立相对稳固的能够基本满足思政课教学需要的校内外实践教学基地。实践证明，校内模拟实验室，校内勤工俭学、志愿职业服务岗位及各类校园文化主题活动和校外实践教学基地如工学结合、校企结合的顶岗实习基地、爱国主义教育基地、法制教育基地、志愿职业岗位实习基地等，这些校内外实践教学基地与场所均是有效组织思政课实践教学、实现课堂教学与实践教学无缝对接的重要载体，也是加深学生对所学课程内容的了解与把握、提升学生综合素质、增强学生的职业角色和职业道德体验以及行为能力养成的必要平台，通过这些载体和平台，做到理论教学与实践教学的结合、理论运用与职业实践的统一，有效实现知识传授、素质培养、能力塑造与养成的一体化，使学生在实践中把所学理论化为分析问题、解决问题的方法、素质、能力和行动，进而达到知行合一。二要加强领导和管理，建立校党委统一领导下的思政课实践教学工作领导小组，由教务处、宣传部、团委、学生处和各系办协调思政教学部门共同做好思政课实践教学工作。把社会实践和教学实践结合起来，纳入人才培养方案，建立健全大学生社会实践工作管理运行机制，制定科学的思政课实践教学管理制度。从学校制定思政课实践教学整体规划、年度计划，到各年级学期实践教学目标、任务的确定和实践教学活动的具体安排，再到各年级实践教学课时的落实、按计划进行实践活动的过程以及对该过程的监督检查、学生成绩的评定、实践活动总结等,实施对思政课实践教学的全过程管理、系统化管理。三要结合专业特点和人才培养要求,制定实践教学标准,增加实践教学比重,确保高职高专类专业不少于50%,认真落实;每个高职高专院校学生参加社会实践活动的时间累计应不少于2周,每个学生要至少参加一次社会调查,撰写一篇调查报告;同时要全面落实专业类教学质量国家标准对实践教学的基本要求,加强实践教学管理,提高实验、实习、实践和毕业设计(论文)质量①。四要丰富实践教学形式,健全实践育人机制。各高校要把组织开展社会实践活动与组织课堂教学摆在同等重要的位置,与专业学习、就业创业等结合起来,制订并实施学生参加社会实践活动的年度计划。按照实践教学计划,通过倡导和支持学生参加生产劳动、社会调查、志愿服务、公益活动、科技发明和勤工助学等社会实践活动以及播放社会问题调查和焦点访谈教学片、围绕社会热点焦点问题进行课堂讨论,案例式教学等课内课外结合,校内校外结合的不同方式、不同形式,不断强化实践教学环节,积极构建与高职高专院校人才培养特点相适应的实践教学模式和多方位、多层面的实践育人机制,以走进企业、走进乡镇、走进社区、走进生活、走进社会的直接间接体验,切实提升思政课教学效果。五要加强考核。考试考核方法要结合高职高专院校人才培养目标,兼顾考查学生的职业素养、职业能力和实践能力。如,通过学生课堂表现和日常作业完成情况,考查学生的学习态度、知识的系统掌握和学以致用情况以及学生分析问题、解决问题的能力;通过日常考勤、带着问题分组进行课外实践、讨论和演讲情况考查学生的责任意识、职业意识、纪律意识、合作意识以及敬业精神、创新精神和职业能力。以对学生职业能力、实践能力的考评考核来引导学生重视自身的职业素质养成和实践能力锻炼,以有计划、有针对性、灵活多样的实践教学活动,增强思政课教学实效性。

突出实践性,要进一步强化实践教学环节。长期以来,缺乏实践教学环节,是一些大学生对思政课学习兴趣不高的根源之一,要改变这种情况,必须继续深化思政课教学方法的改革,把课堂教学与社会实践、社会调查有机结合起来,进一步强化实践教学环节。强化实践教学环节的必要性在于:

---

① 详见:《教育部等部门关于进一步加强高校实践育人工作的若干意见》。

其一，强化实践教学环节，是增强思政课教学针对性和实效性的必要途径。毛泽东思想和中国特色社会主义理论体系概论课等思政课的教学实践环节，既是该课程的重要组成部分，又是增强该课程针对性和实效性的必要途径。从中央精神看，党中央、国务院下发的《关于进一步加强和改进进大学生思想政治教育的意见》在几年前就指出坚持高校思想政治理论教育与社会实践相结合是加强和改进大学生思想政治教育的一项基本原则；从学生情况看，现代大学生绝大多数从学校到学校，对社会实际了解甚少，影响了他们对所学知识的把握和理解；从社会实践的效用看，结合毛泽东思想和中国特色社会主义理论体系概论课等思政课教学内容组织社会考察、社会调查、参观访问和进行社会锻炼等多种形式的社会实践，可以使学生在社会实践中深刻感受马克思主义中国化的真理性及其强大物质力量和作用；从自身实践教学要求看，毛泽东思想和中国特色社会主义理论体系概论课等思政课的实践教学是与课堂理论教学既相互呼应又相互区别的重要教学环节，它也要求学生在教师指导下，依据课程的教学内容和要求，积极参与社会实践，获得亲身的直接体验，从中了解国情、了解社会、了解马克思主义中国化的伟大理论成果，加深对所学理论的理解和把握。因此，思政课教学必然要根据实际、根据党和国家要求、根据其自身实践教学要求，积极有效地实施和强化实践教学环节，并实现理论教学和实践教学的有机结合，以增强思政课教学的针对性和实效性。

其二，强化实践教学环节，是实现思政课教学目的的需要。如毛泽东思想和中国特色社会主义理论体系概论课教学的主要目的，是帮助大学生系统掌握毛泽东思想、邓小平理论、“三个代表”重要思想和科学发展观以及四个全面基本原理，引导他们坚定对马克思主义的信仰，坚定在党的领导下走中国特色社会主义道路的理想信念，增强对改革开放和现代化建设的信心、对党和政府的信任。而信仰、信念、信心、信任，是认识层面的问题。要解决这些问题，就离不开实践。教育学理论告诉我们，高校学生有目的、有计划地深入现实社会，参与具体的生产劳动和社会生活，了解社会，增长知识，培养正确的社会意识和人生观、世界观、价值观，是整个教育活动的重要环节。通过引导大学生走出校门、深入基层、深入群众、深入实际，深入持久地开展社会教学实践活动，使之了解国情、了解社会、亲身感受改革开放的巨大变化和中国特色社会主义建设的辉煌成就，有助于他们在实践中受教育、长才干、做贡献，树立正确的世界观、人生观和价值观，有助于坚定他们走中国特色社会主义道路的信念，增强责任感和使命感，努力成长为中国特色社会主义事业的合格建设者和可靠接班人，也有利于促进他们知识的转化和知识的拓展，有利于增强他们的社会意识和社会技能，有利于他们提高修养，完善个人品质。由于毛泽东思想和中国特色社会主义理论体系概论课等思政课的特殊性，加强教学实践环节，对于实现教学目标，增强教育教学的实效性，具有其他教学环节不可替代的重要作用。

其三，强化实践教学环节，是教学过程中实现师生互动、在愉悦的氛围中共同完成教学任务的需要。在思政课教学中，着力于社会实践教学环节，既有利于培养学生观察、思考、联系、分析实际问题的能力，形成对书本知识的拓宽、综合和运用；也有利于打破传统教学观念，进行大胆创新，并以新课标为指导，回归社会、回归生活，用真实的社会实践、社会生活来充实、完善和发展课程内容；有利于实现教学角色转变，发挥教学双方两个主动性，教师的角色由“教”变为“导”，学生的角色由被动接受者变为积极主动参与者，使学生学习的能动性、自主性和创造性能够得到充分发挥，通过活力四射、兴趣盎然的教学互动，激发灵感，使师生在教学过程中产生共鸣，在轻松愉悦的环境中共同完成教学任务。

其四，强化实践教学环节，是适应整体教育和资源整合的必然需求。思政课的实践教学是一项系统工程，要发挥所有能用到的教育载体的合力作用，把社会、学校和家庭有机结合起来，教育目标一致，形成思政课实践教学的大环境，全面推进德育一体化。把学生的全面发展和综合素质的提升作为教学的根本出发点和归宿，既注重学生全面和谐意识的发展，又紧扣高职高专院校生活的实际，把社会价值导向与学生人生目标理想的定位相结合。根据学校的教育教学、家庭教育和学生成长规律，按照实践性、可行性原则，设计出科学、合理的实践教学活动方案。充分发挥整体教育在思政课教学中的基础、动力和保证作用，实现社会、家庭和学校教育的良性互动，增强实践教学的实效性。

在思政课的实践教学中，以学校教育为基础，整合校内外各种教育资源，能动发挥社会上可利用的教育资源，增强实践教学的推动力和合力。把思政课与专业学习、文化建设、社区服务、校园文化和学生个人兴趣、爱好相结合，形成学校、社会多维立体、良性互动的思政课实践教学格局。充分挖掘、整合思政课实践教学资源，创新开展实践教学，对当前思政课实践教学的开展显得尤为必要和迫切。

其五，强化实践教学环节，是适应人才培养目标和培养模式的客观要求。高职高专院校教育因其在学生特点、学制时间、专业技术和技能要求方面与其他类型的教育有很大差异，在思政课的实践教学中，应结合高职高专院校学生的特点与高职高专院校的人才培养目标和培养模式相适应，力求体现其教育特色。高职高专院校培养的是高技能应用型技术人才，其职业岗位主要是面向生产、建设、管理和服务第一线。思政课的实践教学应着力于适应社会职业岗位对人才的需求，培养学生的事业心和职业责任，使学生具备乐于服务和奉献于第一线的优良素质。当代的高职高专院校的学生具有其自身独特的点：一方面，独立自主意识和自我意识较强，有较强的实现自我价值的愿望和服务于国家、社会的热情；另一方面，与本科院校的学生相比，他们思维活跃，专业技能、动手能力和社会适应能力都较强。结合高职高专院校学生的特点，创新地开展思政课的实践教学，能够很好适应高职高专院校的人才培养特点，增强思政课实践教学的实效性。

当前，高职高专院校肩负着为地方和区域经济发展培养社会适应性强、企业职业素养高和可持续发展的高技能应用型专门人才，为此，高职高专院校不断进行"工学结合"人才培养模式的创新与改革。这就对思政课的实践教学环节提出了新的要求和任务，要将学校教学要求与人才培养和企业用人需求有机结合，做好校内学习与校外实习的对接。教学也要从校园、课堂走向企业、车间，要求思政课的实践教学起到"校内外"和"学与做"的衔接，树立服务于"培养综合品德和职业素养能力"的教学理念，构建适应高职高专院校"工学结合"人才培养模式的思政课实践教学模式。

其六，强化实践教学环节，是中共中央对高校思政课的明确要求，也是大学生健康成长的必由之路。改革开放以来，党中央高度重视高校思政课的教育教学工作，强调思政课的实践性，对教学实践环节提出了明确的要求。2004 年《中共中央、国务院关于进一步加强和改进大学生思想政治教育的意见》（中发〔2004〕16 号）和 2005 年《中共中央宣传部、教育部关于进一步加强和改进高等学校思想政治理论课的意见》(教社政〔2005〕5号),在调整课程设置的同时,强化了对课程实践环节的要求,强调指出“高等学校思想政治理论课所有课程都要加强实践环节”,从而“深化教育教学的效果”。① 2013年十八届三中全会在深化教育领域综合改革时再次强调指出,要加强社会主义核心价值体系教育,增强学生社会责任感、创新精神和实践能力。② 因此,思政课实践教学是新时期思政课教学体系上的一个不可或缺的环节。毋庸讳言,我国目前的教育内容和教育方式还存有诸多缺憾。长期形成的应试教育倾向,短期内还不能克服,完全意义的素质教育形成,尚需时日。大学生入大学之前,学习生活的主旋律是“考重点校、上重点班、题海战术”,寒暑假和一般休息日,很多也被各种补习班剥夺,他们虽身处社会之中,但对社会生活缺乏全面的了解,认知能力、实践能力欠缺,书本知识和社会知识在结构上失衡。在校大学生目前存在的各种问题表明,他们需要在大学里补中、小学期间的实践课。不了解国情民意,不了解改革开放历史进程中社会发展的规律和特点,不了解党和人民对青年学生的热切期望,就难于理解思政课讲授的理论知识,就难于辩证地思考个人价值与社会价值的关系。因此,在校大学生的健康成长有赖于主渠道、主阵地的理论灌输,也有赖于他们投身火热的社会生活,通过自己的眼睛观察世界,通过自己的头脑来思考问题,运用所学的理论知识,在社会实践中,给自身恰当的定位,按照党和人民的期望,不断校正自己的人生坐标,形成科学的坚定的人生观、世界观和价值观。“纸上得来终觉浅,绝知此事要躬行”,参加社会实践活动是大学生健康成长的必由之路。

加强与实施毛泽东思想和中国特色社会主义理论体系概论课教学实践环节的内容与途径主要有以下几方面。

(1)参加生产劳动。大学生参加生产劳动一般有两条途径:一是参加校办工厂、农场的劳动;二是到社会上下厂下乡劳动。通过组织大学生参加生产劳动,使他们在劳动中学习和掌握基本生产知识和技能,把在课堂上学到

---

① 详见:《中共中央宣传部、教育部关于进一步加强和改进高等学校思想政治理论课的意见》。

② 详见:《中国共产党第十八届中央委员会第三次全体会议通过〈中共中央关于全面深化改革若干重大问题的决定〉》。

的知识与实际联系起来，体验工农的思想感情，认识知识的价值和劳动的意义，克服轻视劳动和工农的思想，培养热爱科学技术、热爱劳动、热爱劳动人民的思想感情，坚定全心全意为人民服务的立场。

（2）开展社会调查。在有关部门的支持和配合下，组织学生通过参观访问、座谈了解、问卷调查和到课外实践基地实习等做法进行社会调查，就当前一些社会普遍关注的热点、难点和焦点问题进行分析研究，了解中国的国情、民情，了解改革和建设的实际情况，在获得丰富的感性材料和翔实的数据基础上，提高认识，自觉不自觉地将理论与实际紧密联系起来，深刻感受“概论”课教学内容的时代特点和理论的现实力量，加深对所学理论知识掌握的程度，加深对中国化的马克思主义、建设中国特色社会主义和党的路线、方针、政策的理解和认识，使他们在社会调查中，受到国情民情教育、四项基本原则教育及先进人物的模范事迹等方面的教育，从而提高思想政治觉悟，树立坚定正确的政治方向；同时，也可以进一步激发和提高他们的学习兴趣和学习主动性，培养和增强他们学以致用的能力以及创新意识和创新能力。

（3）撰写论文或调查报告。撰写论文或调查报告，是学生实践活动的“果”。学生通过实践活动，对社会现象形成感性认识，再运用所学的理论知识加以分析，在收集相关资料、借鉴相关研究成果的基础上，撰写论文或调查报告，对某个课题做理性思考，提出自己的认识。这一环节也是实践教学的关键。教师要充分发挥主导性作用，在选题、资料信息等方面给予学生必要的、及时的指导。通过这一环节，会促进学生由被动接受知识转变为主动探索问题，运用科学的立场、观点和方法，正确认识社会现实问题，培养解决问题的能力，使在实践活动中的感性认识上升为理性认识。

（4）举办专题讲座与形势报告。实践性是思政课的显著特点。在实施“走出去”开放式实践环节的同时，也可以实行“请进来”，可以请各级领导、专家学者、企业家及各行各业的模范典型来校举办专题讲座和形势报告，在集中的时间内，介绍当前国际国内形势的热点问题，讲述他们的成长经历，阐述他们对人生的看法，给学生以信仰、信念、道德情操、思维方式等多角度的激发和启迪。这种方式是学生实践深度和广度的延伸，弥补其自身实践的局限性。

（5）开展社会公益服务劳动。社会公益服务劳动包括义务劳动、文化培训、时事政策宣传、科技咨询服务、医务保健服务、技术攻关、科学普及等以知识做桥梁的宣传、教育和服务活动。通过组织大学生开展社会公益服务活动，可以培养大学生为人民服务的思想和不计报酬的劳动态度，使他们在劳动中巩固知识，锻炼能力，接近群众，了解社会，激发为建设国家、造福人民而学的宏图和刻苦学习、无私奉献精神。

（6）开展勤工助学活动。勤工助学活动是大学生从自我教育、自我管理、自我服务和社会需要出发进行的一些有酬劳动。通过组织大学生开展勤工助学活动，可以培养他们热爱劳动、生活自主、经济自立的观念，提高独立生活、独立工作能力，弥补"三门"（从小学门到中学门再到大学门）学生社会经验的不足和理论脱离实际的缺陷，使大学生尽快把知识奉献给社会，并达到促进学习、培养能力的助学目的。

（7）播放多媒体社会热点调查教学片。社会实践活动受到时间、空间、经费等方面的局限，播放多媒体社会热点调查教学片虽然也属课堂教学形式，但可以弥补社会实践活动的局限性。教师制作多媒体课件时，可以选取与教学内容直接对应的社会热点、社会生活内容，如电视台播放的《焦点访谈》《新闻调查》、党和国家的重要会议以及其他相关电视专题片。这样就大大拓展了学生的参与面，使更多的学生间接参加了社会实践活动。在单位时间内，学生会得到专题的、信息量大的实践教育，增强教育的实效性。

（8）进行课堂讨论。在思政课学习中，教师是主导，学生是主体。教学相长，教学是一个互动过程。要调动学生学习的积极性、主动性和参与意识。教师可有计划、有目的地组织课堂讨论活动，运用辩论赛、主题发言、中心发言等形式，鼓励学生踊跃发言，大胆表达自己的见解和疑问。教师根据教学大纲和当前热点问题，精心设问，周密布置，适度总结，理性引导，就会让学生在思辨与交流中拓展思维，加深对所学理论知识的理解，提高用所学理论观察、分析、解决问题的能力。

强化实践教学环节，要构建适合高职高专院校思政课教育教学特点的实践教学方案，以保证实践教学的有效进行。

一要提高对实践教学重要性的认识①。认识程度的高低直接关系到各个学校开展思政课实践教学的效果。实践教学是学校教学工作的重要组成部分,是深化课堂教学的重要环节,是学生获取、掌握知识的重要途径,进一步加强高校实践育人工作,是全面落实党的教育方针,把社会主义核心价值体系贯穿于国民教育全过程,深入实施素质教育,大力提高高等教育质量的必然要求。党和国家历来高度重视实践育人工作。坚持教育与生产劳动和社会实践相结合,是党的教育方针的重要内容。坚持理论学习、创新思维与社会实践相统一,坚持向实践学习、向人民群众学习,是大学生成长成才的必由之路。进一步加强高校实践育人工作,对于不断增强学生服务国家服务人民的社会责任感、勇于探索的创新精神、善于解决问题的实践能力,具有不可替代的重要作用;对于坚定学生在中国共产党领导下,走中国特色社会主义道路,为实现中华民族伟大复兴而奋斗,自觉成为中国特色社会主义合格建设者和可靠接班人,具有极其重要的意义;对于深化教育教学改革、提高人才培养质量,服务于加快转变经济发展方式、建设创新型国家和人力资源强国,具有重要而深远的意义②。要提高的认识主体主要包括三方:主管学校领导、教师以及学生。主管学校领导主要是提高对实践教学重要性及必要性的认识,只有领导重视了,各项措施配套了,才能真正调动教师的积极性和主动性,实践教学才能有系统的组织保障及充分的经费保障。教师的认识不仅包括对实践教学重要性的认识,还应包括对实践教学的内涵以及方式方法的认识,实践教学应像课堂理论教学以及其他课程教学一样严格按照教育教学的规律,实现其功能,教师要实实在在负起责任,发挥其主导功能。学生方面主要是让学生认识到思政课实践教学对提高自身素质、对自身成长以及未来就业的重要性,只有学生认识到了才能更好地参与,从而达到教育教学效果。

二要严格落实教思政〔2012〕1 号文规定的实践教学标准,增加实践教学比重,确保高职高专类专业不少于 50% 。

三要以实践教学活动与职业能力培养相结合。现实中,就职招聘会上

---

① 陈丽明. 对高校思想政治理论课实践教学的思考[J]. 思想理论教育导刊,2010(02):72.

② 详见:《教育部等部门关于进一步加强高校实践育人工作的若干意见》。

的许多企业及用人单位都比较看重学生综合素质和能力，包括政治理论理解能力、职业道德理解能力、团队协作能力、分析和解决问题能力等。选择重政治理论理解能力的企业认为，企业发展与国家政策息息相关，招聘的高职生多数将成为今后企业的骨干，除了掌握技能外，还应关心国家时事，懂得学习国家政策和法律，因此需要政治理论理解能力；选择重职业道德能力的企业认为，一名大学生员工，人品更重要；选择重团队协作能力的企业认为，具有良好团队协作能力的员工才能成为企业的骨干；选择重分析和解决问题能力的企业认为，如果要成长为一名骨干员工，必须有良好的分析、解决问题的能力，遇到问题能独立分析并解决。从以上材料可见，学生能力的培养是高职高专院校思政课教学改革的重点。学生能力是就业的基本条件，也是胜任职业岗位工作的基本要求，思政课教学就要体现和增强学生的职业通用能力。因此，高职高专院校思政课教学应正确处理好理论教学和实践教学的关系，通过参加生产劳动、社会调研或撰写调研报告、社会公益劳动、勤工助学活动、播放社会问题调查和焦点访谈教学片、围绕社会热点焦点问题进行课堂讨论，进行案例式教学、问题探究式教学等方式加强实践教学环节，只有采取灵活多样的实践教学活动，才能不断提高思政课教学针对性和实效性。如，在教学中采用案例式教学法，让学生在特定的情境中进行体验、决策，从而培养学生独立思考能力和解决问题的能力；采用讨论式教学法，让学生在对理论和社会热点、难点、焦点、疑点问题的讨论与思辨中培养其善于思考的能力和创新精神；采用问题探究式教学法，通过提出问题，思考、分析、讨论和解决问题到引申问题等一系列环节，提高学生自主分析问题的能力，掌握正确解决问题的思维方法；采用演讲或辩论的形式，锻炼学生的演讲能力、表达能力、逻辑思维能力和知识运用能力等。

四要积极发挥学生主动性。学生是实践育人的对象，也是开展实践教学、军事训练、社会实践活动的主体。要充分发挥学生在实践育人中的主体作用，建立和完善合理的考核激励机制，加大表彰力度，激发学生参与实践的自觉性、积极性。要支持和引导班级、社团等学生组织自主开展社会实践活动，发挥学生在实践育人中的自我教育、自我管理、自我服务作用。

五要提高教师队伍的实践教学素质和能力。实践教学本身也是一种教学活动，并且可以说是一种高标准的教学要求，它要求教师具有良好的思想政治素质、扎实的理论功底、理论联系实际的自觉意识和较强的组织能力、交往能力。因此,要积极组织高职高专院校思政课教师、辅导员和团干部参加社会实践、挂职锻炼、学习考察等活动,有计划地组织对思政课教师进行实践教学相关理论知识和技能的培训,包括不同院校及同校教师间实践教学的展示和交流,甚至实践教学做得好的有经验的教师带领培训教师真正“走出去”去实践感受实践教学。思政课教师要积极地参与到社会实践中去,在实践中培养自己的“实践教学素质”,这样才能有效地组织校内外各种实践教学活动,并不断探索思政课实践教学的新方法和新途径。另外作为实践教学主导的教师本人要善于观察和体验社会,养成勤于思考的习惯,对社会现象及一些热点问题要有高度敏锐性,这样日积月累才能真正提高实践教学水平。

六要加强学校实践教学资源的整合。思政课的实践教学资源,是指思政课实践教学实施过程中,一切可以利用的,有利于实现实践教学目标的人力、物力、财力和信息系统资源。目前,在学校实施思政课实践教学的过程中存在着这样的现象:一方面,深感实践教学资源的不足,千方百计追求实践教学资源数量的增加;另一方面,已有的实践教学资源利用程度却不高,大量的可用于思政课的实践教学资源长期被忽视、闲置或使用不当,甚至还存在着大量资源浪费的现象。据了解,高校学生参加社团活动的频率还是很高的,此外还有大学生的社会实践以及针对不同院校的专业实习等,也都可有效利用成为实践教学的资源。但是,我们也应该意识到实践教学资源不会自发地对课程实施起作用,而需要教育者有意识地去整合,通过合理开发、优化组合和充分利用,才能发挥其应有的作用。因此,对资源进行整合与利用的水平和程度直接影响着实践教学的实施,并最终影响思政课教学目标的实现。

七要深化实践教学方法改革。实践教学方法改革是推动实践教学改革和人才培养模式改革的关键,高职高专院校要把加强实践教学方法改革作为专业建设的重要内容,重点推行基于问题、基于项目、基于案例的教学方法和学习方法的改革,加强综合性实践科目设计和应用;要加强高职高专生创新创业教育,支持学生开展研究性学习、创新性实验、创业计划和创业模拟活动。

八要建立健全实践教学运行和保障机制①。思政课实践教学是涉及面很广的系统工程，需要配套相关的制度加以保障。不少高校在思政课教育教学改革中，纷纷把总课时划分为“理论学时”和“实践学时”，这虽然为实践教学提供了时间上的可能，但由于保障制度跟不上，实践教学环节要么被束之高阁、形同虚设，要么效果不理想、走过场。因此，要想思政课实践教学取得预期效果，应严格根据中央文件的精神，制定切实可行的政策和科学机制，以建立健全思政课实践教学运行和保障机制。如，为了使思政课实践教学有强有力的组织保证，需要成立以校领导为组长，有关部门和思政课教学机构负责人为成员的社会实践领导小组，负责对全校大学生社会实践活动和思政课实践教学工作进行统一管理，在计划制订、基地建设、资源利用、政策措施、经费保障、总结表彰等方面统筹兼顾，科学安排；鉴于实践教学在时间和空间上具有不确定性、广延性和非连续性等特征，如果循着理论教学管理制度的思路和方法，则会消解实践教学的特殊性而导致其活动无法开展，或者活动虽然能够开展但是效率低下的情况，为了使思政课实践教学获得规范性的制度保证，学校应该根据实践教学的特性，制定并完善《思想政治理论课实践教学总体规划》《思想政治理论课实践教学大纲》《思想政治理论课实践教学手册》《思想政治理论课实践教学成绩评定标准》《思想政治理论课实践教学指导教师管理办法》《思想政治理论课实践教学工作量计算办法》等一系列专门的实践教学文件，来规范思政课的实践教学行为、提高其效率与效果；由于思政课实践教学的主体往往是上百人、上千人甚至上万人的学生队伍，要组织这么多人开展实践教学活动，必须有相当的财力资源来保证，因此，学校要设立实践教学专项资金，为思政课实践教学的正常开展提供必要的经费保证；创建实践教学基地，实践教学基地是开展大学生思政课实践教学的重要场所和战略依托。有了这个依托，就有利于实践教学活动的连续化、经常化；建立实践教学的考核制度，考核制度是思想政治理论课实践教学的监督环节。这一环节如果缺失，或者考核不到位、不科学，那么实践教学也同样会流于形式。考核主要包括对指导教师的考核与对学生

---

① 陈丽明. 对高校思想政治理论课实践教学的思考[J]. 思想理论教育导刊，2010(02):72.

的考核两个部分。教师承担实践育人工作要计算工作量，并纳入年度考核内容。对指导教师的考核，主要包括：实践教学组织是否严密、过程有否跟踪、成绩评定是否认真、总结是否到位等。对学生的考核，应坚持过程考核与结果考核相结合。主要包括：指导教师的跟踪记录、学生实践日记、实践接待单位的证明及反馈评价、实践调查论文等。只有把过程考核和结果考核有机结合起来，才能真正检验学生的实践效果。

总之，“要切实改变重理论轻实践、重知识传授轻能力培养的观念，注重学思结合，注重知行统一，注重因材施教，以强化实践教学有关要求为重点，以创新实践育人方法途径为基础，以加强实践育人基地建设为依托，以加大实践育人经费投入为保障，积极调动整合社会各方面资源，形成实践育人合力，着力构建长效机制，努力推动高校实践育人工作取得新成效、开创新局面”①。

(3)坚持“导”与“学”紧密结合，增强互动性。教师和学生是教学过程中的两个最基本群体，教师作为知识传递者、拓展者起主导作用；学生作为学习主体，则要随着教师的“教”和“引导”做出积极回应，主动参与教学活动，若没有学生的主动参与，就不会有成功而有效的课堂教学。所以，教师与学生是双边共同活动的过程，只有做足教与学功课，切实发挥教师的主导作用和学生的主体作用，力促教与学紧密结合，才能形成有效教学。高职高专院校思政课教学要取得理想效果，要求教师必须“坚持以人为本、全面实施素质教育”的战略主题，以学生为本、育人为本②，从学生的思维方式、心理特点、学习愿望和需求的实际情况出发，灵活采用不同教法，增强教学互动情节，在“导”字上下功夫。

增强教学的互动性，作为教师，一要把握好自身角色，做好引导者。鉴于“90后”“00后”大学生大多自主意识、平等意识、参与意识较强，喜欢张扬自己的个性、表达自我的愿望较强等实际情况，教师要突破原有的教学观念，让自己由知识的传授者变为引导者，引导学生踊跃参与教学活动，力促在“导”与“学”互动中有效完成思政课教学任务。二要实施全过程引导，切

① 详见：《教育部等部门关于进一步加强高校实践育人工作的若干意见》。
② 详见：《国家中长期教育改革和发展规划纲要(2010—2020年)》。

实发挥学生的主体作用。针对以往引导不到位，学生主体作用发挥不够的情况，应尝试引导学生在整个教学过程中动起来。课前，把所讲每章每讲的教学目的、重点难点和学习要求预先告诉学生，让学生课前预习，注意重点、难点，并把难以理解的问题反馈给老师，以便老师授课有的放矢，帮助学生解决问题，这是引导学生的第一步，也是改进教学、教法和实现教学目的的基础工作；课中授课应首先突出每章每讲的重点和难点问题，在简明扼要地讲解基本原理基础上，有针对性地回答学生的迷惑或难点问题；教法改进的重点应放在学生对理论的实际应用能力提高方面，要特别注意将每章每讲的基本理论同当前国内外重大问题和实践相结合，同社会生活和学生思想实际相联系，真正做到让学生在理论联系实际、应用理论解决现实问题中感受理论的意义和作用，并从中学会分析和解决问题的方法。课后查问交流，通过师生个人信箱、网站、QQ、E-mail、校园网等，利用网络互动或课上课下的查问，引导学生梳理知识，感悟所学。三是科学而灵活地运用教学方法，调动学生教学参与积极性，增强教学互动。长期的思政课教学实践告诉我们，增强教学互动行之有效的方法与选择不是单一的、固定的，而是要在遵循学生主体性、平等性、开放性、活动性原则的前提下，根据教学内容，把案例式、讨论式、演讲辩论式、实践式等多种方法和多媒体现代化教学手段有机结合起来，进行灵活的选择、组合和运用。比较常用也比较有效的方法有：

1)案例教学法。实施案例教学法是贯彻理论联系实际原则的客观要求，也是提高思政课趣味性和吸引力的必要途径。思政课理论性强，大多内容比较抽象，学生理解上有一定难度。若通过典型案例，特别是新发生的、影响广泛而又深刻的案例，把抽象理论变得通俗易懂，既可以帮助学生消化吸收，掌握基本理论，又能使学生明白理论的重要作用和意义，学会运用理论解决现实问题的方法，更能增强思政课的吸引力。案例教学法的实施通常是选择贴近社会实际，与学生日常学习、生活、人际交往等密切相关的内容，选择大学生感兴趣的社会热点问题，尤其是选择社会矛盾冲突比较激烈、反映国家发展最新进展、反映学生生活中的思想困惑、心理需求、未来的机遇和挑战的问题，拿到课堂上来，让学生讨论和分析，这符合“90后”“00后”大学生的特点，容易引起他们的共鸣，激发他们参与的热情，开启他们的思维。实践证明,把一些典型事例,经过生动的描述和仔细地条分缕析,同时运用启发、提问的方式让学生参与和思考,最后再做总结,并给以理论上的说明,学生受到的教育、启发或对理论的理解都比单纯的理论灌输效果上要好得多。案例不仅仅为了理论的证明,关键是可以引发学生多角度思考,让他们有话可说,学会用马克思主义的基本观点和方法分析现实生活,正确看待改革开放进程中出现的一些问题,帮他们辨明是非,提高解决问题的能力,从而形成正确的世界观、人生观和价值观。比如通过"南京彭宇案",引入探讨遇到摔倒的老人该不该扶,是否要学会保护自己,是否因为害怕被"碰瓷"就冷漠对待需要帮助的人。通过对诸如此类的社会问题的思考,让学生了解、接触纷繁复杂的道德现象和社会问题,发现、挖掘生活中值得提倡和发扬的道德观念和行为,提高了他们判断是非的能力,并不因噎废食,仅仅因为看到一些丑陋的社会现象就冷漠对待身边所有的人和事。通过徐本禹等"感动中国人物"的事例,引导学生更深入地思考职业道德的基本要求,讨论如何实现对社会和他人的奉献,融思想政治教育于实践教学活动中,来增强教学互动,在互动中达到形成一个健康的是非观、美丑观,通过正能量的宣扬,帮助学生扭转一些不正确看法,扶正压邪,比单纯的核心价值观的灌输要真实有效。

2)讨论式教学法。教师通过对教材内容的分析,确定讨论的题目,让学生课前查找资料,准备好课堂讨论和发言。实施讨论式教学法可以分小组讨论和集体讨论,可以让学生即兴讨论,也可以把案例提前发给学生,让他们查找收集相关资料做有准备的讨论。即兴讨论是由教师在课堂上陈述案例,让学生各抒己见,不受条条框框的限制,发表自己的见解,教师认真听取学生的看法,有针对性地提问学生,并对他们的一些观点予以褒扬,增强他们的参与热情,对于一些思想误区予以引导和澄清,通过师生的共同分析、探讨、争辩、质疑,增强了学生的语言表达能力、应变能力和自信心,也有效开发了学生的创造性思维。分小组讨论和集体讨论是把案例和问题提前告知学生,经过准备在小组充分讨论的基础上,举荐小组代表参加班级的集体讨论,也可自愿发言或由老师指定学生发言。在讨论将结束时可先让学生自己总结,尔后教师针对学生讨论的内容做点评。这种开放的论坛式教学方式让学生在参与中慢慢提升,也在润物于无声之中实现了思政课教学目的。比如在讲思想道德修养与法律基础课有关身心和谐、人际和谐的内容时，让大家讨论宿舍关系应该怎么处理，遇到百灵鸟与猫头鹰、邋遢大王和爱整洁、独行侠的室友怎么相处，不和谐的宿舍关系、同学关系对自己的生活、学习有什么样的影响，以引导他们学会正确处理各种人际关系。

讨论取得好的效果的关键是在老师选好讨论的题目的基础上，督促学生做好资料准备工作，组织好讨论。运用奖惩机制，让每个学生都参与其中。通过讨论取长补短，明辨是非，掌握理论，同时又锻炼思维，提高创新意识，提高解决问题的能力。

3）辩论教学法。实施辩论教学法一般是教师根据教学内容确定一个正反议题，由两组以上同学参加辩论，通过激烈辩论锻炼学生的思维能力和口才，同时明白什么是对，什么是错。这种方法能让学生激情迸发，学习积极性高。如对思想道德修养与法律基础课中的“爱情与人生”内容，组织学生进行辩论赛，选出甲方和乙方，分别代表大学生谈恋爱是利大于弊，还是弊大于利观点进行辩论，辩论不在于输赢，而在于加深对知识的理解和对生活的感悟。

4）专题讲授法。专题讲授法打破原有教材章节体系框架，在遵循教学大纲和全面分析教材内容的基础上，将教材中的重点内容提取出来，分成若干个专题，从不同层面、不同角度进行深度的理论分析。这样，教材中的重点理论内容就更加突出，学生的了解就更加透彻，特别是专题讲座的内容大多都紧密地联系了社会现实和现阶段的国际、国内热点问题，不仅激起了学生极大的学习和参与的热情，而且理论的针对性更强，学生对理论的指导作用更加明确。

5）直观教学法。在用生动鲜活的事例、新颖活泼的形式，引导学生“动”起来的同时，应恰当运用现代教学手段，运用集声音、图像、动漫于一身的多媒体，图文并茂的PPT课件，播放视频短片、网络等现代技术手段，把深奥抽象的理论形象化、生动化，切实提升思政课魅力和实效。

6）启发式教学法。通过设置问题情境或提供背景资料，让学生通过对问题的质疑、研究和探索，自己寻找解决问题的方法和答案，从而在现实的教学情境中创造和生成新的知识、情感和方法。教学重点放在学生的学习指导和点拨上，启发式教学的特点在于指导学生发现问题和思考问题。推行启发式教学,应以问题为中心进行教学活动。问题的提出和解决是进行启发式教学的主要路径。通过提问启发、对比启发、事例启发和语言启发等方法创设情境,使学生发现有价值的问题并且通过一段时间的探索得出答案。推行启发式教学,还要注意掌握适度原则,因材施教,要根据学生的认知程度和能力水平安排教学内容。

7)实践式教学法。通常是按照相应的指导提纲和具体的实施方案引导学生积极参与,比如组织学生参加志愿者服务,参观红色景点、博物院等,让学生走出校园,进入一个开放式的大课堂。在动态运行的教学过程中,选择适当方法调节师生关系及其相互作用而形成活跃、和谐的师生互动、生生互动,既能促进任课教师不断提高自身素质和教学能力,充分挖掘潜能,发挥其教学能动性、主导性,又能给予学生自由思索和表达的时间和空间,有效调动学生的学习主动性和积极性,进而使课堂充满生机与活力,使学生乐于学习,学有所得、学有所获。实践证明,教学方法的灵活运用,教学互动模式的构建,教学过程的优化,是增强教学互动、提升高职高专院校思政课教学实效性的有效途径。

此外,还可以运用阅读法、提问法、辩论法、演讲法、撰写论文法等教学方法。也可以以"答记者问"的形式,由教师解疑释惑、传授知识,或让学生讲解教材内容或谈感受。总之,活跃课堂气氛,让学生积极参与,不知不觉中传授理论、学习理论,增强实际运用理论的效果。总之,要减少传统的满堂灌的填鸭式讲授法,灵活运用多种方法开展高职高专院校思政课教学活动。

(七)在考试考评方式上,将期末考评和教学过程考评相结合,构建反映高职高专院校教育特点和育人目标的考评机制①

加强高职高专院校思政课建设需要各个环节的配套和完善,无论哪个环节跟不上,都会成为"短板",会成为推进课程建设的制约因素。高职高专院校思政课的考试考评方式是加强高职高专院校思政课建设的重要一环,考试考评方式的改革与创新对加强高职高专院校思政课建设将会起导向作

① 赵水根.刍议"概论"课考试方法的改革与创新[J].魅力中国,2010(27):137-138.

用和激励作用，因此，与加强高职高专院校思政课课程体系、教学内容等各方面的建设相适应，必须变革高职高专院校以往那种考试方式单一、考试内容重理论轻能力、评价上重结果轻过程、高职高专院校教育特点特色体现不够等不尽科学的思政课考试考评方式。

考试考评是目前考查学生知识的掌握程度、学习效果和教师教学效果的主要手段，也是检验教学任务、教学目的是否完成的主要渠道和方式，考试考评方法如何不仅直接影响着学生的学习方式和教师的授课方式，而且直接或间接左右着教育教学活动和课程建设中教学内容、教学方法手段等诸多环节，如果考试考评方法不改变，所有的教学改革也都难以落到实处。比如，如果一直沿用期末考试一张卷的固定模式，无论是学生学习还是教师授课都难免不受考试指挥棒的指挥。思政课考试考评方法直接关系到该课程的教学效果和对考生的思想政治素质评价问题，只有通过改革与创新，改变那种过分注重书本知识的单一的纸笔测验的评价方式，才能在新的教学方式中进一步提高思政课教学效果；只有着重培养学生善于运用马克思主义的立场、观点和方法分析问题、解决问题的能力，才能更好地贯彻党育人为本，德育为先，全面实施素质教育的教育方针；也只有重能力、重实践、重过程进行考评，才能充分体现高职高专院校的教育特点和育人特色，更加圆满地完成高职高专院校思政课的教学目标和任务。

经过多年思政课教育教学实践和调研积累，课题组认为，高职高专院校思政课的考试考评应以转变观念为先导，树立以就业为导向、以能力和素质考核为中心的考评观念，突出理论运用和能力本位，积极探索构建能够反映高职高专院校教育特点和育人目标的新型的课程考评机制。

一是在考评思路上，突出理论运用和实践能力，注重学思结合，注重知行统一。要切实改变重理论轻实践、重知识传授轻能力培养的观念，引导、启发和鼓励学生独立思考，鼓励学生敢于和善于提出问题，善于观察分析，敢于探索、敢于创造的学习方法和理论运用能力，注重学思结合，注重知行统一的考评。

二是在考评内容上，着重考查知识的学以致用情况，兼顾考查学生的职业素养、职业能力和实践能力。由于思想政治教育的经常性和长期性，考试考评的内容不能仅仅局限于书本，还要从高职高专院校人才培养目标出发，建立一种能够兼顾学习态度、知识掌握与运用、日常表现、能力培养等方面，既要考核学生对待学习的态度，又要考核学生的日常表现；既要考核学生对思政课所涉及的基本概念、基本理论的掌握程度，更要考核学生对运用知识的思辨能力、创新能力、思想认识水平的提高程度；既要考核学生日常思政课基本理论的学以致用情况，又要考核学生的职业素养、职业实践能力和创新创业精神。

三是在考评方式上，不再是期末试卷一张卷的“一锤定音”，而是灵活运用多种测评方式、多维度考查学生，把学生日常课堂表现、社会实践表现和日常作业完成情况也纳入学期总成绩计算。改革传统考试的相对单一、死板方式，突破单纯记忆性、千篇一律的纸笔测验、一锤定音的考核手段和传统做法，把口试与笔试、闭卷考试与开卷考试结合起来，把平时考查与期终考试有机结合起来，实现思政课考试由以单纯理论知识为主向理论知识、应用能力、创新能力和综合素质的多层面考查转变，由期末单一书面考试向平时日常考核、期末口试、书面考试和社会实践等综合测评相结合的多样化考试方式转变。口试以主观题与客观题结合由学生抽题作答或以结合实际的知识点命题由学生抽题剖析作答的形式进行，开卷以与所学内容联系密切的社会热点、难点和焦点问题命题，再由学生在应用所学知识进行有理有据的逻辑分析基础上撰写论文作答；闭卷笔试以考察学生的理论知识掌握程度、知识应用能力、创新能力和综合素质状况的命题为宜；平时日常考核是将包括学生学习态度、日常表现如课堂提问、讨论发言、平时作业上交情况、课堂随笔、出勤情况和参与活动、合作精神等计入学生总评成绩，期末考试主要考查学生综合掌握所学课程内容及运用所学知识发现问题、分析问题、解决问题的能力；社会实践考核，是将学生的日常实践课作业完成情况和利用节假日进行的社会实践、撰写的调研报告以及“三下乡”的实习体会等作为思政课考试考查成绩的构成部分，并适度加大实践教学和学生能力考试考核的力度，更好地促使大学生理论联系实际，学以致用。

四是在具体计分方法上，一般按照4∶3∶3比值，即期末理论运用综合考评占40%、日常平时成绩考核占30%、社会实践考核占30%来计算学生的学期综合分。把期末综合考试与日常考核结合，日常考核既考核学生日常思政课基本理论的学以致用情况，又考核学生的日常实践教学科目的完成情况及其能力、素质表现状况。就是说，既考查学生对知识的掌握程度，又考查学生对知识的应用能力和实践能力，让考试考评适应高职高专院校思政课教育特点和育人目标的需要。

思政课教育教学实践证明，采取灵活多样的测评方式不仅能够有效调动学生的学习积极性、主动性，而且能够比较全面地测试出学生的知识水平、能力水平和思想认识水平，不仅能引导学生重视理论知识，而且能够积极、主动参加社会实践，注重理论知识的运用、相关能力的锻炼和思想觉悟的提高，进而为培养合格人才发挥"指挥棒"效应，成为增强思政课教学活力和教学效果的重要环节。

（八）在教研上，加大教学研究力度，以教研促教学

教研、科研工作是教学内容更新、人才培养、学科建设的依托和载体，学科教研、科研状况如何直接影响着该学科的教学质量、教学水平、创新程度和发展后劲。因而，为了充分发挥教研、科研的先导作用，以教研、科研促教学，为了进一步挖掘教师教学潜质、能力，内在地促进思政课教学质量和教学水平的提高，要在引导教师在搞好教学并完成教学任务的同时，还要着力于教研和科研工作，并加强教研、科研与教学的融合，以教研、科研来带动教学内容、教材建设、教学方式和师资队伍知识结构的更新，逐步形成以研促教、研教互动的良性机制。为此，就要建立教研、科研工作激励机制，并采取有效措施引导、鼓励任课教师在教研教改过程中从不同的角度和层面不断总结教学实践和教学改革新经验，积极开展教研、科研工作，出更多高质量的教研、科研成果。

一要加强高职高专院校思政课教学名师、教学骨干和学科带头人的选拔与培养，发挥高层次人才的凝聚力。通过选拔和培养毛泽东思想和中国特色社会主义理论体系概论等思政课教学名师、教学骨干和学科带头人，切实发挥高层次人才的凝聚力，使之形成凝聚、带动毛泽东思想和中国特色社会主义理论体系概论等思政课教学团队及其所涉及学科有关问题的科研团队的核心和中坚，在认真搞好教学的同时，注意汇集马克思主义中国化的科研方向，并制订教研、科研工作计划，确定教学教研、明确科研的主攻方向，最大限度地发挥群体教学教研、科研优势，搞好马克思主义中国化的科研工作，努力出精品，为实现以教研、科研促教学和进一步提高毛泽东思想和中国特色社会主义理论体系概论课教学等思政课教学质量提供人才支撑。

二要做好思政课教研、科研工作的具体计划。做好政治理论教育教学职能部门教研、科研工作的短期、中期和长期计划以及计划的实施工作。在加强毛泽东思想和中国特色社会主义理论体系概论课等思政课学科建设的同时,优化资源配置,以老带新,老中青通力合作,充分发挥集体力量,联合攻关,多出成果、快出成果、出好成果。

三要建立教研、科研工作激励机制。制定量化考核指标,将教研、科研工作纳入对思政课教师的聘任和具体考核体系中,实行教研、科研工作量化考核;采取教研、科研绩效与福利、荣誉挂钩,“以奖代补”、颁发荣誉证书等,奖勤罚懒,制定教科研资助、奖励办法,建立起有效的竞争机制、精神和物质激励机制;尊重知识、尊重劳动、尊重教师从事教研、科研的劳动价值,积极提倡教研、科研为教学服务,鼓励教师及时把教学研究的最新成果直接运用到教学改革的实践中去,或通过开设选修课、学术讲座等方式,将研究的最新成果转化到教学中去,以促进教学质量和教学效率的提高。

四要切实加大扶持力度,改善教研、科研条件。多渠道争取研究经费,提高教研、科研经费在事业费中的投入比例,并适度向承担政治理论、思想教育等人文社科项目的教师倾斜,积极落实相应的资金配套与奖励措施,为确保各级课题如期完成,促进学科教学与科研的协调发展,加强教研、科研仪器设备和图书资料建设,提供必要的资金支持;走出去,请进来,积极倡导、支持并组织毛泽东思想和中国特色社会主义理论体系概论等思政课中青年骨干教师广泛参加学术交流特别是参加影响大、水平高的学术交流活动,以开阔视野和思路,营造良好的教研、科研环境。

(九)在教学评价上,以人为本,构建一套贴近实际、贴近生活、贴近学生的“三贴近”高职高专院校思政课教学评价体系[①]

课程教学评价体系是课程教学体系的重要组成部分,是衡量检验评估课程理论教学与实践教学效果,提高教学规范化、标准化的基本途径。教学评价是检验教师教学的科学性、规范性、标准性的手段,具有导向、反馈、诊

---

① 戴莉,卢宏业,等. 以“三贴近”为指导构建思想政治理论课教学评价体系[J]. 学理论,2011(18):248-249.

断、预测、激励、鉴定和评估功能,反映着课程教学的质量与水平,不仅影响到教师如何“教”,也会引导学生如何“学”。对于不同性质与类型的课程,其教育教学目标不同,要求采取的教学方式——途径和手段也不同,从而对其评价的标准也应不同。因此,如何科学有效地进行课堂教学评价是进行各项教育教学改革的关键一环。尤其是,如何针对课程性质与教育教学目标确定评价指导原则是设计具体教学评价指标体系的重中之重。

“三贴近”是思政课教学工作解放思想,实事求是,与时俱进,讲求实效的具体体现,是思政课教学工作增强针对性、实效性和吸引力、感染力的根本实现途径。“三贴近”原则教学评价对于思政课教学方式方法具有重要的导向功能、考核鉴定功能和信息反馈功能,也是提高课堂教学质量的重要途径。

长期以来,高校思政课课堂教学评价的关注点多是对教师教学能力与教学方法的评价,而且课堂教学评价停留在教学常规要求的层次上,不能很好地反映思政课教学目标和要求,在新的思政课改革实践中我们认识到,思政课教学只有以“三贴近”为原则才能改变政治理论课实效性差、针对性不强、感染力不足,使学生被动接受教育的状况。为此,课题组的教师们探索尝试了思政课教学和实践教学改革,教师积极深入社会、深入学生生活、深入学生内心深处,更新教育教学理念,备学生、备资料、备方法,教育教学方式灵活多样。相应地,思政课理论教学和实践教学的评价也应同步改革,只有这样,才能有效反映教学效果,引导教师贯彻“三贴近”的积极性、主动性和创造性。因此,构建以“三贴近”为原则与指标内涵的思政课教学评价体系实属必要。

中共中央、国务院《关于进一步加强和改进大学生思想政治教育的意见》指出,思想政治理论教学应坚持以人为本,贴近实际、贴近生活、贴近学生,努力提高思想政治教育的针对性、实效性和吸引力、感染力,培养德智体美全面发展的社会主义合格建设者和可靠接班人。这一阐述明确了高校加强和改进大学生思想政治教育的指导思想。2005 年,《中共中央宣传部、教育部关于进一步加强和改进高等学校思想政治理论课的意见》进一步明确提出,加强和改进高等学校思政课的总体要求是:坚持用发展着的马克思主义武装大学生,始终保持教育教学的正确方向;坚持理论联系实际,贴近实际、贴近生活、贴近学生。“ 三贴近”原则为高校政治理论教学及评价改革指明了方向，教学评价对于教学具有重要的导向功能、考核鉴定功能和教学信息反馈功能，是提高课堂教学质量的重要途径，如何科学有效地进行课堂教学评价是进行各项教育教学改革的关键。

1.“三贴近”的教学要求

(1)“贴近实际”——思想政治理论课教学现实化要求。“贴近实际”就是思政课教学工作必须从实际出发，坚持实事求是。思政课教学要贴近实际，主要是贴近社会实际，真实反映国际形势以及我国改革开放和现代化建设的实践，分析社会主义初级阶段的基本国情。应用生动的历史资料、有说服力的数据统计、有典型意义的事实素材来反映社会现实。同时，思政课教学要敢于回答学生提出的问题，特别是具有普遍性的热点、难点和重点问题。以解决学生实际的思想、生活问题为落脚点。

(2)“贴近生活”——思想政治理论教学社会化要求。贴近生活，首先是要贴近社会实际中的政治、经济、文化生活。只有贴近社会实际生活，思政课教学才能抓住教学主要方面，弘扬主旋律。旗帜鲜明地宣传中国特色社会主义理论；宣传国家取得的巨大成就。其次，是要从学生的现实生活中寻找思政课教学的切入点，使学生真正切身感受到党的路线、方针和政策的正确性，意识到我们所宣传的主流意识形态和核心价值观是和我们的生活密切相关的。再次，贴近生活，就是深入学生的日常生活中，从学生生活中挖掘生动事例、汲取新鲜营养，激励学生积极进取，使思政课教学更加入情入理，充满生活色彩、富有生活气息。

(3)“贴近学生”——思想政治理论教学实效化要求。贴近学生，就是要切实面向学生，教学活动贴近学生的学习、情感、思想和心理，从内容上讲，就是要充分反映学生的所想、所愿、所说，抓住学生普遍所关心、所热心、所困惑的思想、生活问题给予解答，加以引导。从形式上讲，就是要从学生中来，到学生中去，使用学生喜闻乐见的方式、语言和手段。从目的上讲，就是要真正让科学的思想理论为学生所掌握，并且给予学生以思想、生活、学习上的指导和帮助。

思政课教学的本质是对人的教育，而不是简单的知识传授，让学生更多亲近自我的反思理解，使教学内容贴近学生的生活，遵循学生的认知规律，顺着学生的思路组织教学过程，选择教学方法，真正抓住学生的学习兴趣，想学生之所想，使思政课教学更加可亲可信、深入人心。

2.“三贴近”教学评价体系的构建

（1）“三贴近”教学评价体系结构设计。将“三贴近”教学要求作为思政课教学评价的指导原则，纳入思政课教学评价体系之中，制定体现“三贴近”的评价项目及具体指标，建立思政课教学评价体系。具体说，将“三贴近”教学要求分解成评价内容项目（一级指标）、评价要素（二级指标）、观测点（三级指标评价标准），渗透到教学过程与环节中，构成逐级展开的评价体系结构。

1）评价目标。评价目标是思政课教学目标的要求与体现。考查衡量教师在教学过程中是否贯彻实施了“三贴近”教学原则与要求，是否做到了教学内容现实化、社会化、教学方式生动化和教学目标实效化。具体而言，评价目标是以马克思主义、中国特色社会主义理论体系为指导，以科学的人生观、价值观、道德观、法制观的教育为主线，使学生思想情感、态度、价值观得到全面发展。

2）评价内容（评价项目）。评价教学的内容选定要求以“三贴近”为指针，围绕教学培养目标，评价理论联系实际是否恰当，是否紧扣时代脉搏，关注社会现实，关注学生生活，关注学生思想与行为；课堂气氛是否民主和谐；能否体现教改新成果和课程特色；评价教学环节的搭配要求教学形式多种多样，各环节联系紧密，逻辑性强；能否满足大学生理论和实践能力的均衡发展。

具体而言，评价内容基于思政课教学过程与环节，从教学准备、课堂教学、实践教学、教学辅导、教学风格以及教学效果六方面设置评价项目作为一级指标，每一评价项目又具体分解为若干评价要素作为二级指标，每一评价要素又分解为若干观测点作为三级指标。

3）评价主体。评价主体包括机构主体与个人主体两个维度。机构主体有学校督导机构、教研室；个人主体包括同行教师、学生。根据评价主体，分别设计评价量表。

4）评价方式。采取过程评价与结果评价相结合。评价将教师授课的教学过程（课堂教学与实践教学）以及学生的主观满意程度、客观行为表现作为评价项目内容，并予以指标化。通过设计量表，采取听课打分以及学生打分为主，辅之以问卷座谈，以及检查教师教学文件资料等方式获取评价数据，依据权重，统计分值，以定性与定量相结合方式做出教学评价结论。问卷座谈主要验证指标打分的准确性、针对性。

（2）“三贴近”教学评价指标的量化设计。分为设计评价量化表，对评价指标赋予权重。

1）设计评价量化表。根据评价主体不同，将评价项目分别设计成《政治理论课评教表》（督导机构、教研室、教师用）、《政治理论课学生评教表》（学生用），并以量化的指标形式对教师贯彻“三贴近”教学要求的情况予以考评。考虑权重，每一量化不同级次的评价指标赋予不同分值。

2）对评价指标赋予权重。为突出体现思政课教学中不可缺少的基本要素，避免面面俱到，以利于有针对性地诊断和正确引导教学，对每一量化评价指标赋予不同权重，设计 A、B、C、D 四个等级，分别表示优、良、合格、差，分值比例分别对应为 100%、80%、60% 和 0。据此课计算出教学评价总分值，并视所在的分数段进行定性判断和分析。

（3）“三贴近”评价的量化结构。以督导机构、教研室、教师使用的量表为例，就量表指标与结构进行分析，结构分解到二级指标。

1）教学准备（15 分）。教学准备是教学活动的基础，主要包括四项二级指标要素（见表 1）。

表 1　教学准备二级指标要素

顺序	学生	教材	教学资源	教法
指标要素	了解学生思维、心理特点及思想政治素养状况	概括教材主要理论观点、逻辑结构和思想方法，明确教学重、难点，领会课标的精神实质	思政课教学参考书、与课本内容有关的文件、时政材料以及经典著作等有关资料	运用各种教学方法，激发学生兴趣，开发学生创造潜能
观测点	谈话、调查、相关数据资料等	教学计划、教案等	参考书目、课件、音像资料等	每章每节的教学方法应用

2)课堂教学(50 分)。课堂教学是政治理论课教学活动的主要环节,主要包括四项二级指标要素(见表 2)。

表 2　课堂教学二级指标要素

顺序	教学内容	方法手段	交流互动	学生状态
指标要素	贴近社会,体现时代性;贴近学生的思想和生活实际	教法合理运用,最大限度地提高教学质量,使学生获得全面的发展	师生平等交流,互动机制的建立	学生注意力集中、主动思考、积极参与课堂教学
观测点	理论联系实际,重难点把握	多媒体课件、网络视频、音像资料、板书等	情景设置、师生问答、课堂氛围等	参与程度、和谐氛围等

3)教学辅导(15 分)。当代社会多元价值观并存,各种思想观念交汇碰撞,在这样的时代背景下,学生的思想是动态的发展过程,对学生的思想教育除课堂教学之外,后续的育人服务尤为重要。育人服务包括课程辅导和育人工作。课程以外对学生的生活、学习问题、思想疑问、情感困惑、心理失调,教师要给予辅导咨询及思想引领。

4)教学效果(20 分)。教学效果是反映教师贯彻“三贴近”原则,从事思政课教学在课堂秩序、学生思想行为等方面的成效指标。包括三项二级指标要素:学生综合素质、教学创新与改革、学生对教师的评价。

第一,学生综合素质。学生学期综合素质测评状况。观测点为学生学期综合素质测评结果。

第二,教学创新与改革。反映教师贯彻“三贴近”原则对思政课教学的改革与创新。观测点为反映创新性的教学改革成果。

第三,学生对教师评价。反映学生对教师的教学以及人格素质评价。观测点为学生评教表、座谈反馈、教师奖惩情况。

“三贴近”教学评价体系可以引导教师从“贴近实际、贴近生活、贴近学生”的教学要求入手,关注教学内容的针对性、实在性,关注教学目标的达成,全方位探索教学方式,增强思政课的感染力、实效性,解决了思政课教学评价缺乏针对性的问题,克服了过去思政课教学评价随大流、只注重教学形式外在因素评价的弊端,具有较强的引导性。

基于“三贴近”原则构建的思政课教师教学评价体系,全面贯彻落实了党中央关于大学生思想政治理论教育教学的指示精神。促使教师更加关注学生实际生活状况,切实加强全过程育人、全方位育人、全员育人理念的落实。

(十)在课程价值上,将理论价值、社会价值和高职高专院校学生自我价值的实现有机结合起来,全面提升思政课价值,增强学生学习渴望

高职高专院校特有的办学理念和办学定位以及高职高专学生实际,决定了其思想政治理论课具有多重功能、多重价值,不仅具备高校思政课教学具有的理论传授功能、思想教育功能、人生引导功能和由此产生的理论价值、社会价值、人生导向价值,还有自己特殊的教学功能,即通过挖潜育人功能、拓展功能而使自我价值得以提升。

为了充分调动高职高专院校学生学习思政课的热情和欲望,课题组认为,在课程价值上,应将理论价值、社会价值和学生自我价值的实现有机结合起来,在重视理论价值、社会价值的同时,要密切联系高职高专院校学生实际,将学生自我价值的实现融入其中。

一要引导学生深刻认识学习思政课的重大社会价值和自身价值实现的统一。引导学生深刻认识学习思政课不仅关系社会主义事业的前途命运、党和人民事业的代代相传、国家的长治久安,具有重大社会价值,而且对学生个人思想、行为、价值取向、生存、发展、进步、心理需求和实现自身价值具有个体实用价值。

二要引导学生领悟学习思政课的现实价值。教学过程中让学生亲身领悟、体验到思政课对满足其知识需要、心理需要、职业素养、创业就业的前瞻和把握、职业规划的提前预制和未来发展的现实价值、长远价值,以及对其健康成长和全面发展所起的作用。

三要引导、鼓励学生将个人理想与社会理想有机结合起来,更好地实现自身价值。引导学生正确认识时代责任和历史使命,用中国梦激扬青春梦,为学生点亮理想的灯、照亮前行的路,激励学生将个人理想与社会理想有机结合起来,自觉把个人的理想追求融入国家和民族的事业中,将自己的职业梦想汇入建设中国特色社会主义、实现“两个一百年”的奋斗目标和实现中华民族伟大复兴的“中国梦”，勇做走在时代前列的奋进者、开拓者；正确认识远大抱负，脚踏实地，不负韶华，把远大抱负落实到实际行动中，让勤奋学习成为青春飞扬的动力，让增长本领成为青春搏击的能量，这样才能更好地实现自身价值。从而转变大学生对思政课的态度，引发他们的学习兴趣，由“要我学”转为“我要学”，进而达到提高思政课教学实效性的目的。

四要通过发挥高职高专思想政治理论课教学的育人功能、拓展功能来提升校思政课的价值。①

(1)结合学生实际，发挥思政课教学引导学生成人成才的育人功能。高职高专院校的思政课教学不能照搬照抄普通高校现成的教学模式，需要深入研究高职生的特点，通过思政课尤其是“思想道德修养与法律基础”课程的讲授，把理论教育与成人教育、成才教育紧密结合起来，真正发挥思政课教学的育人功能。

首先，理论教育与成长成人教育相结合。据调查，高职生不太重视思政课的主要原因是由于急功近利的思想作祟，他们体会不到政治理论对自己成长起到的潜移默化的影响。因此，思政课教学必须坚决贯彻理论与实际相结合的原则，着力解决学生思想认识上的疑难问题，为他们健康成长扫除障碍，让他们切身感受到政治理论的指引作用，从而调动学生学习的积极性。为此，思政课教师在教学中，应向高职生阐释成人的内涵，即自己无论从事何种职业活动，都必须首先学会做人，要有做人的原则和做人的基本素养。

同时，为了解决高职生在现实生活中的种种困惑，使其健康成长，思政课教学必须紧密联系国内外形势，立足于学生思想实际，努力做到重视对热点问题的分析。当代高职生拥护党的路线、方针、政策，关心国家大事，但由于人生阅历浅，思想不成熟，对一些问题的看法过于偏激。根据青年学生这一特点，教师可以就学生关心的国内外新近发生的重大事件进行深入分析。并且坚决不回避难点问题，思政课教学中难点很多，教师必须运用最新的研

① 孙卫芳.高职院校思想政治理论课的教学功能及其实现[J].中国成人教育，2011(20):134-136.

究成果讲透这些问题；决不回避社会上不正常乃至丑恶现象，重点介绍党和政府为解决这些问题所做的大量工作，强调建设中国特色社会主义是一个不断发展和完善的过程，引导学生以长远的、发展的眼光看待这些疑难问题。

总之，思政课教师只有把政治理论教育与学生的成长成人教育结合，才能让高职生对思政课有新的认识，使他们懂得该门课程的教育对其世界观、人生观、价值观的影响重大，甚至影响他们的一生。

其次，理论教育与成才成功教育相结合。当代高职生具有强烈的成才成功意识，但对成才成功的理解不尽相同。据课题组对相关高职高专院校1 900名二年级学生的调查，超过60%的高职高专生认为，成才成功就是要不断学习和积累科学文化知识，将来找到好工作，其他的无关紧要；50%的高职高专生认为，思政课可有可无。因此，为了能够把高职高专生顺利地从“校园人”转变为“职业人”，成为对企业和社会有用的人才，高职高专院校必须重视思政课教学，做到理论教育与成才成功教育有机结合。

一方面是提升高职生的综合素质。如果说职业技能教育主要培养学生在特定职业中的实用理论、实用知识和实用技能，那么人文素养教育就是贯穿其中起着支撑作用的灵魂。人文素养教育不是专业教育，而是专门教育，不是职业教育，而是职责教育，它专门引导各类学生深刻理解特定专业、职业、行业的社会意义。通过思政课的教学，能够提升高职生的人文素养，使他们正确把握自身的知识和能力对他人的发展、群体的合作和社会进步的实际价值，以践行奉献国家、惠及社会、善待他人的做人职责，从而成为综合素质全面均衡的人。

另一方面是服务高职生的就业创业。目前，高职生面临着较为严峻的就业形势，提高自身学历层次，学到更多的知识和本领，以获取更多、更好的就业创业机会，成为众多学生的必然选择。思政课教师必须顺应这一要求，在授课中适当讲解解题技巧，加大习题训练量，提高学生在专升本考试、各种自学考试中的答题水平，为高职生的升学和进修提供条件。总之，高职高专院校思政课教学，只有坚持以学生为本，使教学服务于学生成才成功的需要，为学生就业创业创造条件，才能得到学生的认同和接受。

（2）立足职业教育，挖掘思政课教学培养学生职业素质的拓展功能。高职教育是以培养高素质、高技能、创新型人才为目标的高等教育，它不同于技能型的职高教育，也有别于学科型、研究型的普通高等教育，职业性是高职教育的基本要求。高职高专院校思政课教学需要紧紧抓住职业性这一鲜明特点，以增强职业意识、专业意识、技术道德意识为主要任务，主要通过“毛泽东思想和中国特色社会主义理论体系概论”这门课程的讲授，把当代中国马克思主义理论教育与职业道德教育、职业纪律教育、职业发展教育有机地结合起来，努力发挥课程教学培养学生职业素质的拓展功能。

首先，把当代中国马克思主义理想信念的教育与学生的职业道德教育有机结合起来。高职高专院校思政课教学是以学生理想信念的树立为核心，通过持之以恒的马克思主义理论教育、共产主义理想教育、国情国策和科学发展观教育、人生价值教育，促进学生树立正确的世界观、人生观、价值观。为了使当代中国马克思主义理想信念教育更加具体化，高职高专院校在思政课教学中，应努力做到把当代中国马克思主义理想信念教育与高职生的职业道德教育有机结合起来，把学生对马克思主义的坚定信念转化为对社会的责任感，树立正确的职业观，培养良好的职业素质，毕业后能够更好地胜任工作岗位要求和发挥应有的作用。

其次，把当代中国马克思主义缜密体系的教育与学生的职业纪律教育有机结合起来。当代中国马克思主义就是中国特色社会主义理论体系，它体现了马克思主义的唯物史观、科学观、发展观、改革观、创新观和群众观，吸收了当代世界经济、科技、社会管理等学科的优秀成果，贯通了哲学、政治经济学、科学社会主义，涵盖了经济、政治、文化、社会、军事、科技、外交等各个领域，反映了当代世界和中国的变化对社会主义建设和发展的新要求，是一个严谨缜密的科学理论体系。高职高专院校思政课教学中，应把当代中国马克思主义缜密体系的教育与学生的职业纪律教育有机地结合起来，使学生严格遵守从业规则和程序，树立严格的纪律观念，培养良好的敬业精神和协作精神。

最后，把当代中国马克思主义创新品质的教育与学生的职业发展教育有机结合起来。当代中国马克思主义是有中国自己特点、符合中国国情、引导中国人民实现民族振兴的创新理论体系，这个理论体系本身就是创新思维的结果。高职高专院校思政课教学中，应把当代中国马克思主义创新品质的教育与学生的职业发展教育有机结合起来，全方位地举例说明在当代马克思主义创新理论的指引下中国发生的翻天覆地的变化，这样既可以让学生尊重所学的理论，让学生为所学的理论感到自豪，唤起其创新的激情，也可以让学生脚踏实地地思考如何应用所学专业知识去改善生活，服务社会，真正把其创造能力激发出来并落到实处，从而提高自身的整体能力与素质，丰富创业的知识与技能，提升创新创业的能力，为将来的职业发展打下坚实的基础。

（十一）在师资建设上，着力打造一支政治素质过硬、业务能力精湛、育人水平高超的高素质专业化的高职高专院校思想政治理论课教师队伍

“教师是教育事业发展的基础，是提高教育质量、办好人民满意教育的关键。”①过硬的师资队伍是加强高职高专思政课建设、保证思政课教学不断创新和教学实效性不断提升的关键。打造过硬的高职高专院校思政课师资队伍，要求必须做到以下几个方面。

第一，有好的教师，才有好的教育，要充分认识提高教师队伍整体素质的重要性、迫切性，高度重视思政课师资队伍建设。

从理论上讲，思政课教师是高等学校教师队伍的一支重要力量，是党的理论、路线、方针、政策的宣讲者，是大学生健康成长的指导者和引路人。进一步加强思想政治理论课教师队伍建设，提高教学水平，用中国特色社会主义理论体系武装大学生，用社会主义核心价值体系引领各种社会思潮，把他们培养成德智体美全面发展的社会主义建设者和接班人，对于全面实施科教兴国战略和人才强国战略，确保实现全面建设小康社会、加快推进社会主义现代化的宏伟目标，确保中国特色社会主义事业兴旺发达、后继有人，具有十分重大而深远的意义。

从实际情况看，改革开放以来，我国比较重视加强思政课教师队伍建设。2008 年 10 月，中央宣传部、教育部就专门向各地各高校下发了《关于进一步加强高等学校思想政治理论课教师队伍建设的意见》，强调建设一支政治坚定、业务精湛、师德高尚、结构合理的教师队伍；2013 年 7 月，国务院发布的《关于加强教师队伍建设的意见》又提出，“到 2020 年，形成一支师德高

① 详见：《国务院关于加强教师队伍建设的意见》。

尚、业务精湛、结构合理、充满活力的高素质专业化教师队伍”，按照这一要求，各高校采取多种措施加强思政课教师队伍建设，取得了较好成效，广大思政课教师爱岗敬业、勤奋工作，取得了明显成绩。但总体上看，高职高专院校思政课教师队伍的状况，还不能很好地适应新形势新任务的需要。如一些学校还不同程度地存在着对思政课教学认识不足、重视不够；教师队伍整体素质有待提高，实践教学经验不够、数量不足，优秀中青年学术带头人缺乏；学科支撑薄弱，教学科研组织亟待规范等问题，特别是随着思政课新方案的全面实施，加强教师队伍建设、提高教师队伍的素质和水平的任务就显得格外重要而迫切。

因此，要高度重视思政课师资队伍建设工作，各级行政部门要切实加强对教师工作的组织领导，把教师队伍建设列入重要议事日程抓实抓好。高职高专院校为了使思政课教师能够更好地适应新形势新任务的需要，更要高度重视思政课师资队伍建设工作，坚持以邓小平理论和“三个代表”重要思想为指导，深入贯彻科学发展观，全面贯彻党的教育方针，认真落实教育规划纲要和人才规划纲要，遵循教育规律和教师成长发展规律，加强领导，统筹安排，将思政课教育教学工作及其教师队伍建设工作纳入学校教育事业发展和人才队伍建设的总体规划，采取多项举措，切实加强思政课教师队伍建设。

第二，严格按照教育部的要求，以足够、专业标准配备思想政治理论课教师。

教育部要求各高等学校要根据专任为主、专兼结合的原则，按照学生人数以及实际教学、科研和社会服务的需要，合理核定专任教师编制，配备足够数量和较高质量的思政课教师。本科院校思想政治理论课专职教师按师生比 1：(350～400)配备，专科院校思想政治理论课专职教师按师生比 1：(550～600)配备。

为解决高职高专院校思政课教师数量不足、兼职过多造成的思政课教学质量不能保证、效果不好的问题，首先要按教育部规定的比例和学生的总量及教学任务，计算出思政课实际需要的人数，配备思政课教师。同时，以专任教师为思政课教师队伍的主体，辅之以专门从事思想政治理论学习、研究和工作的人员。多吸收攻读政治理论专业的本科生和研究生。对于非政治专业、政治理论功底不强的人员从事思政课教育要先培训，不合格的不能从事思政课教学工作。

第三，严格实行教师任职资格准入制度，从政治合格的高度严把思想政治理论课教师入职关。

思政课教师必须坚持正确的政治方向，热爱马克思主义理论教育事业，具有良好的思想品德，有扎实的马克思主义理论基础和相应的教学水平、科研能力。在事关政治原则、政治立场和政治方向问题上不能与党中央保持一致的，不得从事思政课教学。这是确保作为对大学生进行思想政治教育主渠道的高校完成对大学生进行系统的马克思主义理论教育任务的重要措施，必须坚持。

第四，打造一支既懂高职高专院校教育目标和特点，又重视实践，善于进行应用性和针对性教学的高职高专院校思想政治理论课教师队伍。

2016 年 12 月 7 日至 8 日，全国高校思想政治工作会议在北京举行。习近平出席会议并发表重要讲话，他强调，“教师是人类灵魂的工程师，承担着神圣使命。传道者自己首先要明道、信道。高校教师要坚持教育者先受教育，努力成为先进思想文化的传播者、党执政的坚定支持者，更好担起学生健康成长指导者和引路人的责任”。这就要求高校思政课教师队伍应坚信并努力实践马克思主义，善于掌握马克思主义中国化的最新成果，同时不断完善知识结构；这支队伍应熟悉大学生的思想政治实际，充分了解世情、国情、党情，认识社情民意，善于运用马克思主义的立场、观点和方法，观察世界，分析事物；这支队伍应坚持正确的政治方向，加强道德修养，有强烈社会责任感和奉献意识；这支队伍应有极强的创新意识和先进的教学手段，积极变革教学方法，熟练运用现代教学技术；这支队伍热爱高职高专教育，熟悉高职高专教育的培养目标和模式，精通高职高专教育的规律，善于在教学过程中加强教学的实用性和针对性。这些是保证高职高专思政课教学不断创新和发展的重要因素，是推动高职高专教育不断前进的重要保障。

第五，加强学习，苦练内功，全面提高思想政治理论课教师思想政治素质和业务素质。

高等学校思政课是对大学生进行思想政治教育的主渠道。思政课教师承担着对大学生进行系统的马克思主义理论教育和思想政治教育的任务，是高等学校教师队伍中党的理论、路线、方针、政策的宣讲者，是大学生健康成长的指导者和引路人。思政课教师的政治思想素质和专业水平决定着高校思政课教学的水平和效果，决定着马克思主义理论在高校学生中的传播与应用和学生职业道德、职业素养、创业创新精神的教育培养。因此，一定要采取有效措施保证思政课教师的思想政治素质和业务水平得以不断地提高。

要在思政课教师中不断地进行马克思主义和党的路线、方针、政策的宣传和教育，鼓励他们立志献身中国特色社会主义的伟大事业，坚定共产主义的远大理想和信念，做到讲马列信马列，信奉马克思主义，并坚定地实践马克思主义，言行一致，用自己的实际行动教育和鼓舞一代又一代的大学生担负起民族振兴、实现中国特色社会主义的神圣使命。

要抓好师德师风建设，引导教师把教书育人和自我修养结合起来，做到以德立身、以德立学、以德施教。为此，要着力加强教师职业理想和职业道德教育，增强广大教师自觉遵守《高等学校教师职业道德规范》的自觉性，进一步提高广大教师教书育人的责任感和使命感；注重道德修养，提升精神境界，做教书育人的典范；敬业爱生，严谨治学，淡泊名利，自尊自律，以人格魅力和学识魅力教育感染学生、影响学生。并将师德表现作为教师考核、聘任（聘用）和评价的首要内容；采取综合措施，建立长效机制，形成良好学术道德和学术风气。通过加强师德师风建设，使思政课教师能够以崇高的师德、强烈的社会责任感、无私的奉献精神、渊博的学识，真正做到为人师表，立德树人。

与此同时，要加强业务学习，开展各种活动，不断提高思政课教师队伍整体专业素质和业务水平。

一要提升思政课教师的高学历比例，鼓励和支持中青年思政课教师攻读硕士、博士学位，提高思政课教师队伍的学历层次和业务能力。

二要系统地学习马克思主义基本理论，不断提升自身的马克思主义理论素养。注重学习本学科前沿知识及其他相关学科知识。关注本学科的学术动态，追踪本专业的理论前沿，还要涉猎与思想政治理论教育相关的其他学科的知识，完善和更新自身的知识结构。

三要积极参加学术会议，加强研修。积极参加全省、全国学术性会议，鼓励和支持教师到名牌大学进修，提高教师的专业能力和学术研究水平。

四要完善培训体系,强化专业培训。制定教师培训规划,建立和完善有重点、分层次、多形式的培训体系,有计划地认真组织教师学习和培训;建立规范的培训制度,努力使培训工作经常化、制度化,在重视日常学习的同时,鼓励思政课教师积极参加校内外培训,通过适时参加各层次骨干教师培训班、各类进修、专题与课程培训、国内外学术交流、在职或脱产攻读硕士、博士学位等,深化学习思政教育教学理论、前沿知识和职业教育理论,不断提高思政课教师的理论素养、教学水平和科研能力。

五要加强骨干教师和学术带头人的培养,充分发挥其示范和学科骨干、学科带头人的作用,全面提升思政课教学和科研水平。

六要建立和完善集体备课制度,开展教学检查、组织教学观摩、课程评比、说课等活动,促进教学质量的提高。

七要加强科研活动,以科研促教学。

八要学习高职高专教育理论,研究高职高专教育的特点和规律,增强思政课教育的针对性和实用性。要开展经常性的职业道德教育、法制教育等教育活动,提高师资队伍的政治素养和高职高专教育理论水平。通过社会调查,开展社会服务活动,提高学生运用理论解决实际问题的能力,并培养他们良好的道德品质和服务社会的意识,积极投身振兴中华的伟大事业。

通过练内功,强素质,加强思政课教学研究,使教师队伍既具备比较扎实的马克思主义理论功底、专业水平、教学能力,又熟悉高职高专教育的特点、模式,精通高职高专教育规律,善于有针对性地进行应用性、实践性教学,知识结构完善,学位学历结构合理,能够主动适应新形势下新课改要求和高职高专院校人才培养目标的要求。

第六,坚持培养与引进结合、走出去与请进来结合,深化人事制度、分配制度改革,实行政策优惠与倾斜,完善内部管理体制、竞争机制和激励机制,打造“双师型”“一专多能型” 思政课师资队伍。

第七,广开渠道,提高教师教学科研能力。

定期进行思政课教学技能竞赛,选拔、推举教学名师,尤其对教学改革与创新中成绩显著者要大力宣传表彰,增强其荣誉感和责任感;同时要对思想活跃、教学改革有创意的学科带头人和有望成为名师或精品课主讲人的青年教师重点资助与鼓励,充分发挥其进一步增强教学效果和教书育人的主动性、积极性。再就是学校要为思政课的教学科研提供充足的经费支持。建立健全有效保障机制，确保思政课基本建设经费不低于别的院系的平均数，并随着学校经费的增长逐年增长。对思政课专项任务及其相关课题给予经费支持，鼓励广大思政课教师积极投身于教学科研、进行专题研究，以科研促教学，不断提升教学科研水平。

积极引导教师深化思政课教学改革，善于运用现代教学技术和先进教学手段，积极创新教学方法，既突出思想性、政策性、理论性和前沿性，又突显职业性、实践性、实用性和针对性，使他们成为马克思主义理论和党的路线、方针、政策的宣讲者，社会主义意识形态和精神文明的传播者，高职高专院校思政课教学改革与创新的开拓者和大学生健康成长的引导者。

第八，多为思想政治理论课教师创造想干事、能干事的条件和环境。

（1）要建立独立的、直属学校领导的思政课教学科研二级机构，进一步汇聚思政课科研队伍，建设优秀教学团队，使思政课教师工作有条件、干事有平台、发展有空间；要以人为本，厚待思政课教师，对于思政课教师的评先特别是评定职称，要在政策上有所倾斜和支持；深化校内人事制度和分配制度改革，创新人事管理和薪酬分配方式，提高教师教学与科研的积极性，引导毛泽东思想和中国特色社会主义理论体系概论等思政课教师潜心教学科研，鼓励中青年优秀教师脱颖而出；要提高教师地位待遇，不断改善思政课教师的工作、学习和生活条件，关心教师身心健康，落实和完善教师医疗养老等社会保障政策，吸引优秀人才，对长期从教、贡献突出的思政课教师给予奖励。

（2）完善制度和政策，保障师资队伍建设。要对思政课的学时数、经费投入、教师待遇、考核评估、职务评聘、表彰奖励等多方面都做出明确、具体的规定，通过完善教学管理制度，建立健全教学保障机制；完善实践教学制度；增加教学经费；提高教师待遇，完善教师的考核激励机制；完善教师的专业技术职务评聘机制；完善思政课教师的表彰机制等措施，切实为思政课教师队伍建设提供制度和政策保障。

（3）要尽力创造各种机会和条件，支持思政课教师走出校园，走向社会，走出国门，鼓励他们深入实际，接触社会，充分了解世情、国情、党情和民意，熟悉高职高专院校学生的思想实际和专业就业实际，开阔视野，增强感性认识，以掌握丰富、生动、现实的第一手资料来完善教学内容，促进理论与实践的结合，增强教学的现实感、认同感和育人功能。

总之，高职高专院校思政课教学改革是一项长期性的系统工程，也是一项动态的创新工程。在今后的思政课教育教学实践中，高职高专院校应继续坚持与时俱进地加强思政课建设，继续着力于思政课教育教学改革与创新。在巩固已有的好的教学实践经验和做法的基础上，切实把握好高职高专院校学生的思想特点和发展需求，注重理论教育和实践活动相结合，进一步加强思想政治理论研究与实践教学的创新，立足高职高专院校的学科优势和人才优势，充分利用节假日等，积极引导学生进行社会实践。通过思政课教学实践与专业实践，把理论教育与实践教育紧密衔接起来，在实践中促进理论学习的深化，并内化为学生自身的综合素质和终身发展需求；同时，进一步做好思政课的教学改革和系统设计工作，不断推进理念思路、内容形式、方法手段创新，不断加强和提升思政课的精品课程层次如建设成为校级、省级、国家级精品课程，切实增强高职高专院校思政课教学的时代感、吸引力和实效性。

教学实践探索篇(上)

“思想道德修养与法律基础”(以下简称“基础”课)是一门融思想性、政治性、知识性、综合性和实践性为一体的课程。作为大学生的第一门思政课课程,它主要是围绕当代大学生在成长成才过程中面对的思想、道德、法律等问题,进行马克思主义的世界观、人生观、价值观、道德观和法律观的教育教学,帮助大学生提高思想道德素质和法律素质,成长为德智体美全面发展的社会主义事业的合格建设者和接班人。

教学创新应坚持的原则①

主体性原则。“基础”课的主体性原则,就是要确立主体性的教育理念和教育原则,顺应大学生主体性发展的趋势和特点,尊重并提升受教育者的主体意识和自主活动,在满足大学生的成才需要、引导大学生成长发展的过程中实现教育目标。主体性原则要求教师教学中在发挥主导性的同时,要善于帮助受教育者主动建构起自我教育的情境,结合大学生的学习生活实际引导他们充分发挥自身的自主性。

实践性原则。实践活动具有帮助大学生把所学理论知识转化为素质的重要功能,能够发挥出促进学生成长成才的积极作用,它提供了促使理论知识向内在素质转化的有效途径,大学生通过课堂教学活动掌握了一定的知识和理论,当他们进行社会实践活动时,这些知识和观念就会在现实生活中得以检验,促使他们的独立思考。实践性原则要求教师在“基础”课教学安排中,精心设计和组织学生的课内外实践活动,与课堂讲授形成相辅相成的作用,促进大学生全面素质的真正提升。

渗透性原则。在教学过程中,教学内容要真正进入学生头脑,最重要的环节是如何在多样化的信息环境中引导学生对于知识的选择和正确观点的接受。渗透性原则要求教师不是把既定的理论观点生硬直白地告诉学生,而是通过丰富多样的知识发布、客观真实的事实讲述告诉学生观察和认识社会的方法,使其不断学习和掌握科学的世界观和方法论,并通过课堂教学把主流价值观渗透在对于大学生校园生活的引导工作中。

---

① 参考张瑜.“思想道德修养与法律基础”课教学方法的创新[J]. 清华大学学报(哲学社会科学版),2008(S1):115-119.

教学创新目标与要求

总目标是通过教学实践,使大学新生能够尽快适应大学生活,牢固树立社会主义核心价值观,形成良好的思想道德素质和法律素质,成长为全面发展的社会主义事业的合格建设者和可靠接班人。

知识目标。通过教学创新模式互动的教学实践环节,使学生能够认识大学生活的特点,深入思考人生,树立正确的人生观、价值观,积极投身人生实践,创造有价值的人生;坚定理想信念,将远大理想与对祖国的高度责任感、使命感结合起来;正确认识并加强对自我道德品德培养的重要性及践行道德品德修养的自觉性;生活中能够做到从法律的角度思考、分析、解决法律问题,养成社会主义法律思维习惯,做一个知法懂法守法的合格公民。

能力目标。使学生能够调适自我,增强其适应大学新生活的能力;将道德的相关理论内化为自觉的意识、自身的习惯、自主的要求;能够运用与人们生活密切相关的法律知识,在社会生活中自觉遵守法律规范;明确个体对自然、社会、他人和自身应该承担责任的基础上,开创美好大学生活,努力开拓人生新篇章。

素质目标。提高大学生的心理素质、思想道德素质、法律素质,让青春承担责任,让责任引领人生,在党的领导下,勇做走在时代前列的奋进者、开拓者、奉献者,担当起党和人民赋予的历史重任。

教学创新要求。教学创新模式融"教、学、做"为一体,在"教中学,学中做"。总体目标是活跃教学气氛,提高课堂教学效果。

具体做法上,要求结合高职高专院校思政课教学育人特点和学生实际,实施教、学、做相结合,酌情选择合适、有效的方法,并随时加以变化。①理论与实际相结合,凸显针对性。②坚持"导"与"学"紧密结合,增强互动性。③科学而灵活地运用自主学习式、案例式、讨论式、演讲辩论式、社会实践式等多种方法,强化实践性。

每章分三部分:

章首部分设计有:[教学目的和要求]、[教学重点与难点]等。

章中部分设计有:[课堂导入]、[课堂互动]、[案例展示]、[知识拓展]、[教师点评]、[教师小结]等。

章末部分设计有:[教学实践]、[课后练习]等。

教学手段与方法特色

采用现代化教学手段,特别是多媒体课件教学。合理选择、运用现代教学技术,将传统教学与多媒体教学有机结合,精心制作情景交融、动静相宜、特色鲜明的多媒体课件,以多种媒体信息作用于学生,集直观性、动态性、交互性、大容量性、针对性等优势于一体,图、文、声、像并茂,使高深的道理通俗化,抽象的理论具体化,复杂的问题简单化,以利于学生对概念、理论和知识的学习、理解和掌握,同时利于提高教学效率和实效性。

突出案例教学。首先,注意教学案例的选择与运用。其次,注重对案例的分析评价。再次,组织学生开展课堂讨论,引导学生对现实问题展开深入思考。

有计划地组织开展多种形式的社会调研活动。通过对一系列理论性、针对性较强问题的调研,既利于助推学生在理论与实际的结合中深化对理论知识的理解和领会,也利于培养学生的创新性思维、问题探究能力和运用理论知识解决实际问题的能力。

第四章

绪 论

【教学目的和要求】

我们所处的新时代，是中国特色社会主义新时代，也是大学生成长成才、成就事业、不容辜负的好时代。通过本课学习使学生明确应珍惜历史机遇，胸怀实现中华民族伟大复兴的中国梦，肩负接续奋斗的光荣使命，坚定理想，增强本领，勇于担当，提升思想道德素质和法治素养，立志为新时代贡献青春力量。

【教学重点与难点】

1. 中国特色社会主义新时代含义。

2. 如何做有理想有本领有担当的时代新人。

3. 学好本课的价值与意义。

【课堂导入】

大学阶段，是人生发展的重要时期，是世界观、人生观、价值观形成的关键时期。怎样处理好理想与现实、个人与集体、竞争与合作、权利与义务、自由与纪律、友谊与爱情、学习与工作等方面的关系，做什么样的人，怎样做人，怎样的生活才有意义，怎样的人生追求才有价值等，这一系列的人生课题，都需要大学生去观察、思索、选择、实践。步入人生新阶段，确立新目标，开启新征程，需要对新时代有深入的了解和真切的感悟。

第一节　我们处在中国特色社会主义新时代

【课堂导入】

欣赏视频《感知中国新时代》(约5分17秒)。

通过视频教师讲解:中国特色社会主义进入新时代,意味着近代以来久经磨难的中华民族迎来了从站起来、富起来到强起来的伟大飞跃,迎来了实现中华民族伟大复兴的光明前景;意味着科学社会主义在21世纪的中国焕发出强大生机活力,在世界上高高举起了中国特色社会主义伟大旗帜;意味着中国特色社会主义道路、理论、制度、文化不断发展,拓展了发展中国家走向现代化的途径,给世界上那些既希望加快发展又希望保持自身独立性的国家和民族提供了全新选择,为解决人类问题贡献了中国智慧和中国方案。

教师语:新入校的大学生们,告别了中学时代,迈进大学的校门,人生历程翻开了新的一页。现在20岁左右的大学生,到2035年社会主义现代化基本实现时,还不到40岁;到21世纪中叶全面建成社会主义现代化强国时,刚过50岁。当代大学生是民族复兴伟大进程的见证者和参与者,也是社会主义事业的生力军。新时代为大学生成长成才、勤学报国提供了广阔的舞台和无限的机遇。新时代属于每一个人,每一个人都是新时代的见证者、开创者、建设者。

提出问题让学生思考:何为大学,上大学的目的是什么?

【知识拓展】

有关何为大学的经典论述

马相伯(1840—1939),中国著名教育家。他在1912年10月代理北京大学校长就职演说时讲:大学者,“非校舍之大之谓,非学生年龄之大之谓,亦非教员薪水之大之谓,系道德高尚,学问渊深之谓也”。

蔡元培(1868—1940),中国著名革命家、教育家、政治家,中华民国首任教育总长。1916年至1927年任北京大学校长,他在就职演说中将自己的教育理想凝聚为这样一句话:“大学者,研究高深学问者也。”

梅贻琦(1889—1962),教育家,清华大学校长。1931年12月出任清华大学校长就职演说中被广为传诵的几句话:“所谓大学者,非谓有大楼之谓也,有大师之谓也。”

其一,大学是研究和传授科学的殿堂,是教育新人成长的世界,是个体之间富有生命的交往,是学术勃发的世界。

其二,大学之大,在于其兼容并包,有容乃大;在于其思想深刻,精神伟大;在于其继承创新,发扬光大;在于其服务社会,贡献巨大。

大学之大,在于它拥有“大师”“大楼”,在于它的大气,更在于它有一批又一批绵绵不断的“大学生”。

其三,大学的支柱:大师,大楼,大气,大学生。

【课堂互动】

学生思考并问题解答:你读大学的目的何在?

通过师生短暂互动,让学生解答。

教师总结答案要点:

1. 做有理想有本领有担当的时代新人。

2. 提升思想道德素质与法治素养。

【案例展示】

苦恼的小艾

艾某,18岁,在中学时,他一直是班上的学习尖子,被同学们誉为“常胜将军”。在家里,他也是父母的心肝宝贝。1999年,他以优异的成绩考上了湖南某大学,当老师、同学来向他表示祝贺时,他向他们表示:一定要成为学校的尖子生,要提前攻读硕士学位,以后还要读博士,出国留学,为母校争光。他满怀憧憬开始了大学新的生活。可是,在校内校外,他经常听到的是难懂的长沙话;食堂、餐馆到处都是辣味十足的湖南菜。他感到自己是个被抛弃的外乡人。他在中学时一直担任班长,可是在大学里连个小组长也没当上。他成天闷闷不乐,也无心听课,每天给以前的同学、老师写信,倾诉苦恼。期末考试,他有三门功课不及格。为此,小艾非常苦恼,甚至产生了退学的念头。

(选自佛山科学技术学院思修学习资源专题)

通过上述案例展示让同学们思考:大学本是同学们一直憧憬、向往并为之努力奋斗的地方,他们为什么如此轻易地想放弃?

怎样才能成为一名优秀的大学生?

【教师点评】

党的十九大提出了“培养担当民族复兴大任的时代新人”的战略要求。大学生应该以有理想、有本领、有担当为根本要求,夯实综合素质基础,着力提升思想道德素质和法治素养,展现新的风貌、新的姿态,成为中国特色社会主义事业的合格建设者和可靠接班人,成为走在时代前列的奋进者、开拓者、奉献者。

第二节　时代新人要以民族复兴为己任

青年兴则国家兴,青年强则国家强。青年一代有理想、有本领、有担当,国家就有前途,民族就有希望。大学生是国家宝贵的人才资源,是民族的希望、祖国的未来,肩负着人民的重托、历史的重任。新时代的大学生朝气蓬勃、好学上进、视野宽广、开放自信,是可爱、可信、可为的一代。坚定理想信念,志存高远,脚踏实地,勇做时代的弄潮儿,大学生才能真正成为担当民族复兴大任的时代新人,承担起自己的历史使命和时代责任。

【课堂导入】

教师提问并由学生回答:如何做有理想有本领有担当的时代新人?我们先看一组案例。

【案例展示】

诚信自强,报效国家

王一硕,2003 年 7 月毕业于河南中医学院药学院,同年 8 月参加大学生志愿服务西部计划,服务于陕西省麟游县科技局,成为团中央等国家机关批准的首批大学生服务西部志愿者。服务期满后,又以优异的成绩考取了河南中医学院中药专业研究生。现兼任河南赫福荣生物制药有限公司总工程师、副总经理。

王一硕出生在贫穷的农民家庭,上大学交不起学费,学院为他争取了国家助学贷款。本来大学毕业时,他被导师推荐到北京中国中医研究院工作。可他因为感恩去了西部陕西省麟游县,那里是国家贫困县,自然条件恶劣,居民吃水都很困难,但他敢于挑战,在志愿服务期间,竭尽全力地为当地人民工作,取得很大的成绩,成为一名杰出的志愿者。

他说:“不管什么时候,在什么样的环境下,我都会不遗余力地奉献青春,践行志愿者精神。”

在服务结束后,为了实现自己还贷的承诺,他回到郑州,一边复习考研一边打工,还清了贷款。

王一硕表现出的是诚信自强,报效国家。

(来源:道客巴巴)

【案例展示】

南京航空航天大学硕士研究生胡铃心

他从小就对航空航天表现出了浓厚的兴趣。那时候,每当听到头顶上有飞机飞过的声音,他都会一个劲地从屋里冲出去,看上很久,然后就会暗自对自己说:“长大后,我也要设计飞机,设计出世界上最先进的飞机,让我的祖国不再受到欺负。”带着报效祖国的信念,他认真学习,刻苦钻研,以后在航空技术方面有了很多的发明,并多次获奖。

2005 年,胡铃心作为队长组建了航天创新团队,参加了“飞向未来——国际太空探索创新竞赛”。面对许多博士生、博士后等高水平的竞争对手,他们毫不气馁,最终以绝对优势获得了第一名,为祖国争光。

在大赛的颁奖晚会上,美国海茵荃会负责人 DULA 先生激动地握着胡铃心的手说:“这是我见到的特别好的作品,中国小伙子了不起!”

2004 年 3 月,胡铃心组建了南航迅杰创业团队并担任团队队长,将南航的微波快速修复技术科技成果推向市场。他们参加第四届挑战杯全国大学生创业计划竞赛,荣获全国金奖,并且引起了世界著名投资财团——美国财富联合投资集团的浓厚兴趣,与他们签订了投资意向书。

胡铃心取得很大的成就,2005 年他被评为全国时代先锋,接受了新华社、人民日报、中央电视台等多家媒体采访,2006 年 11 月,当选江苏省十一次党代会代表,并成为本次大会江苏省最年轻的代表和唯一的学生代表。

胡铃心的成功是在维护和实现国家与人民利益的过程中创造个人的辉

煌人生。

(来源:百度文库)

做有本领有担当的大学生,应从以下四个方面做起:

1. 道德高尚——人才的灵魂

在人的综合素质中居于首位。它主要包括自然观、人生观、道德观和价值观,其实质是一种人文精神,它使人能够正确地认识和处理人与自然、人与社会、人与他人、人与自己的关系,其核心是健全的人格。

【案例展示】

镭元素的发现者居里夫人

我们大家都熟知的著名的波兰籍科学家、镭元素的发现者居里夫人,在极其艰苦的环境中,为人类的进步做出了巨大的贡献,两次获得诺贝尔奖,然而她却是自己发现的放射性物质的最早牺牲者。

爱因斯坦著名的《悼念玛丽·居里》的演讲,通篇只有几百字,讲的却是居里夫人的道德品质而不是其科学功绩,使人难以想象这是在悼念一位伟大的科学家。爱因斯坦说:“在像居里夫人这样一位崇高的人物结束她一生的时候,我们不要仅仅满足于她的工作成果对人类已经做出的贡献,第一流的人物对于时代和历史进程的意义,在其道德品质方面,也许比单纯的才智成就更大。即使是后者,它们取决于品格的程度,也远超过通常所认为的那样。”爱因斯坦还说:“居里夫人的品德和热忱,哪怕只要有一小部分存在于欧洲的知识分子中间,欧洲就会面临一个比较光明的未来。”

(来源:道客巴巴)

我们在确定自身成长目标上首先不能缺少的是品德。

2. 智慧敏锐——人才的内涵

智是一种综合智力,或为才能。主要包括自学能力、选择能力(去伪存真、去粗取精、博采众长的能力)、思维能力(分析与综合、逻辑与形象、继承与创新的能力)、研究能力(探索未知的能力)、信息处理能力和表达能力。

【案例展示】

《南方日报》曾报道,有一个大专毕业的女大学生去微软中国分公司应聘,当时应聘的还有很多本科生、研究生和博士生,可谓强手如林,最后这位女大学生杀出重围，被微软公司录用为实习生，在实习期间，这位女大学生表现突出，实力强，被微软公司正式录用。

到微软这么有实力的公司工作，这是很多大学生梦寐以求的，这位大专毕业的女大学生凭借自己的实力，最后成功了。

通过上面案例，说明她的成功不能缺少的是才能。

3. 健全体魄——人才的基础

其内涵有两个方面：一是健全的体魄，二是健康的心理。

【教学互动】

有关数据显示，我国国民的身体素质（速度素质、耐力素质、柔韧性素质、爆发力素质、力量素质）连续10年下降，与2000年相比，我国青少年肥胖率增长近50%，城市男学生1/4为胖墩儿；青少年近视率从20%增长到31%。另据《中国青少年体质健康行为调查》初步调查显示，我国60%以上学生的居住环境不具备进行体育运动的条件；在休息和节假日的空闲时间，学生最喜欢做的三件事是：上网聊天和游戏、听音乐学唱歌和看电视，出去运动的不足30%。从青少年综合体质排名来看，我国在亚洲位居韩国、日本之后，名列世界第32位。为了促进大学生积极参与体育锻炼，提高身体素质，教育部和国家体育总局非常重视大学生身体素质，联合开展了“阳光长跑”活动。但是，在大学校园中“以车代步”的现象随处可见，一些同学骑着自行车停停走走完成规定任务。可见，大学生在成才观念上还存在片面认识。①

【教师点评】

以往我们仅仅注重身体的健康，而忽略了心理健康。联合国卫生组织给出的健康定义包括了身体的健康和心理的健康。所谓心理健康就是一种持续的心理状态，主要在这种情况下能做良好的适应，具有生命的活力，能充分发挥其身心的潜能。心理健康的人，能保持平静的情绪。敏锐的智能，适应社会环境的行为和气质。

【案例展示】

马加爵是云南大学生化学院生物技术专业2000级学生。2004年2月

① 详见：《2010年国民体质监测公报》。

13日在宿舍与同学打麻将发生纠纷,就因为这点小摩擦,他先后杀死四个同专业的男生而后逃亡,最后被抓捕。

【教师点评】

案例给我们的启示是:马加爵从小到大都处在一种压抑的状态中,他的内心始终是孤独的,但没有人能理解和安慰他,时间长了,他对世界对别人的看法就会产生扭曲。大学里,马加爵曾经被忽略的缺陷性格使他的发挥受到了限制,他无法被别人接受,他也总怀疑别人,积怨也就越深,最终导致他采取极端的手段进行报复。

从上述事例中,我们知道大学生要成才必须具备多方面的素质,也就是应具有良好的心理和身体素质,缺少一样,我们就不可能全面发展。

4. 赏美辨美——人才的展现

美育有助于培养人的创新思维,激发灵感,帮助我们开启智慧之门,培养人的高尚情操和良好的品格。

【案例展示】

我们要善于发现美,学会欣赏美,懂得分辨美丑。也许同学会问:"美在哪儿?"美就在身边。

地平线上升起的第一道曙光很美;秋天里比火要炽热的枫叶很美;黄昏的沙滩上散步的丹顶鹤很美。大自然的美无处不在,只要你有心去感受。

你看到路边那朵无名小花绽放了吗?

你看到阳光张开的那张笑脸了吗?

你听到雨点在你前行而擂鼓助威了吗?

走进大自然吧,你会发现大自然是多么的美,你就会对大自然充满爱,对生活充满激情。

法国著名雕塑家奥古斯特·罗丹说:"生活并不缺少美,而是缺少发现美的眼睛。"

(来源:豆丁网)

【教师小结】

在人的综合素质中,品质是方向,才能是核心,体质是基础。此外,我们还需特别强调的是品德在个人和社会发展中的作用。人的一生,需要德智体美素质的全面发展,德智体美方面的素质是相互联系,相互制约的统一。这四个方面均衡发展,才能成为有用之才。

生活并没有一定的格式,也不由什么事决定,只要你拨开眼前云雾,除去心灵枷锁,从平平凡凡的生活故事中体会一种轻松如风、畅快淋漓的感动,体味一种云开雾散的豁然开朗,笑着面对生活,那么,你就会有一颗感恩的心,感谢生活给你的一切,感谢你身边的每一个人。

下面就如何塑造当代大学生的崭新形象,列举两个案例作为参考。

【案例展示】

残缺的翅膀也要高飞①

叶超群,2004 年入读福建师范大学,是福建师范大学文学院文学专业学生,国际残疾人运动会乒乓球 TT7 级别的主力队员。他双手患先天性残疾,肌肉萎缩,手掌痉挛性连结、肘部曲卷、手腕僵直。他没有一双健全的手,却凭借这双手把自己送上铺满鲜花与掌声的领奖台。

2002 年参加韩国釜山亚运会,获得第八届远南残疾人运动会乒乓球 TT7 级别男子单打冠军以及团体亚军。

2003 年获得在中国南京举行的第六届全国残疾人运动会乒乓球 TT7 级别男子单打冠军以及团体第三名。

2005 年一年就收获了 6 枚乒乓球大赛的金牌。世界残疾人乒乓球锦标赛预选赛马来西亚站两枚中国台北站两枚(单双打)、福建省第五届残运会两枚。

【教师点评】

只有经历地狱般的磨炼,才能炼出创造天堂的力量;只有流过血的手指,才能弹出人间的绝唱。通向成功的道路往往并非成功本身闪耀着光芒,叶超群经过二十多年的风雨兼程才锻造了属于他的神话。他一路支撑着走向成功的蹒跚的足印告诉我们:人生因奋进而精彩,青年因理想而超越!

---

① 仲宣、叶超群:用残缺的翅膀高飞[J].时事报告(大学生版),2006:67-68.

【案例展示】

笑对苦难,自强不息

黄女士,武汉大学计算机学院2003级学生。她背着父亲上大学,孝女撑起一片天的感人事迹引起广泛关注。一直以来,她怀着一颗真诚而感恩的心,勤奋学习,乐观生活,呵护家人,自强自立,特别是在相依为命的父亲六次重病住院而又举目无亲的日子里,挑起了照顾父亲,坚持学习的重担,用意志和行动挽救着父亲的生命。她每天不仅要在学校、医院之间奔波,而且还要坚持两份家教与校内勤工助学工作,以维持基本生活,在此期间,她仍保持着学习成绩名列前茅,顺利通过了国家英语四级和六级考试,荣获国家奖学金,加入了中国共产党,并以优异成绩保送武汉大学计算机应用专业硕士研究生,先后被授予武汉大学"社会活动积极分子"、"优秀团员"、"武汉大学自强不息优秀大学生"、湖北省大学生"文华科技品学奖"、"湖北省自强不息优秀大学生"二等奖等荣誉称号。

她说:"可能在别人看来我的命运很曲折很不幸,但是我觉得我很幸运,因为我的身边总有一群人在支持和帮助我,他们给我春天般的温暖,让我觉得除了父亲外,我还有很多亲人,这世间的温暖与爱,更坚定了我的信念,我会将这些关爱铭刻在心,回报社会,报效祖国,将爱心传递下去!"

(来源:新浪博客)

【教师小结】

这两个大学生为我们展示了他们的不同的风采,为当代大学生树立了崭新的形象。今天的大学生要有崇高的理想信念,有高强的本领才干,勤奋学习,才能全面发展;有信念、有梦想、有奋斗、有奉献的人生,才是有意义的人生。青春至美是担当,青年的担当是决定人生价值的最大砝码,是影响时代发展进程的重要力量。

作为实现中华民族伟大复兴的生力军,大学生的担当精神体现为奉献祖国、奉献人民、尽心尽力、勇于担责,必须讲求奉献,实干进取,自觉树立国家意识、民族意识、责任意识,把个人前途命运与国家、民族的前途命运紧紧地联系在一起,在尽责集体、服务社会、贡献国家中实现人生理想和人生价值。

第三节　学习本课程的意义和方法

【课堂导入】

以师生互动方式导入课程。(PPT 图片文字,留给同学们思考与领悟的空间)“一颗小小的蒲公英种子,被草地上那个小女孩轻轻一吹,神奇地落在这里便不动了——这也许是夙缘。那一天,你们选择了我校这一片土。”

教师让学生畅谈进入大学后的感受(希望与失望,自信与自卑等情绪的相互交织)。学生发言后总结。(2 分钟)

让同学们在思考与回味中转入学习本课程的正题,带着困惑与渴求,体会学习思想道德修养与法律基础课对自己今后成长将意味着什么。

(一)课程的性质、特点与内容 ——解决“学什么”的问题

【课堂互动】

教师提出问题让同学们反思:作为学生,在什么情况下最能显示自己的品质和修养?是课内还是课外?(学生自由发言)

根据学生的思考,教师导入课堂。

大学阶段,是青年学生人生发展的重要时期,也是一个转折的关键时期。人生理想将在这里确立,未来的发展将在这里奠基,美好生活将在这里开始。合格的大学生不仅应具备坚实的科学文化基础和服务社会的真实本领——做好学问,而且还应具备坚定正确的政治方向、科学的思想方法、良好的道德品质和适应社会发展的心理素质。

课程性质:思想道德修养与法律基础课是一门融思想性、政治性、科学性、理论性、实践性于一体的思想政治理论课。

课程任务:本课程针对大学生成长过程中面临的思想道德和法律问题,开展马克思主义的世界观、人生观、价值观、道德观、法治观教育,引导大学生提高思想道德素质和法治素养,成长为自觉担当民族复兴大任的时代新人。

教学要求:学习本课程,有助于大学生领悟人生真谛,坚定理想信念,践行社会主义核心价值观,做新时代的忠诚爱国者和改革创新的生力军;有助

于大学生形成正确的道德认知，积极投身道德实践，做到明大德、守公德、严私德；有助于大学生全面把握社会主义法律的本质、运行和体系，理解中国特色社会主义法治体系和法治道路的精髓，增进法治意识，养成法治思维，更好行使法律权利、履行法律义务，做到尊法学法守法用法，从而具备优秀的思想道德素质和法治素养。

(二)学习本课程的重要意义 ——解决“为什么学”的问题

【课堂互动】

教师让学生畅谈从小学到高中学习政治课最大的收获和曾经历过的难忘事件。

古人云：“修身，齐家，治国，平天下。”思想品德往小处看，关乎自己和身边的人；往大处看，关乎社会、国家。

思想道德修养与法律基础课是帮助树立正确的世界观、人生观、价值观、道德观和法律观，打下扎实的思想道德和法律基础，提高自我修养的课程，对于促进大学生德智体美全面发展具有重要意义。

【案例展示】

20 名大学生被“炒鱿鱼”

重庆理念科技产业有限公司招聘了 21 名大学生。让人始料未及的是，在随后不到 4 个月的时间里，该公司陆续开除了其中的 20 名本科生，仅仅留下了一名大专生。据该公司反映，这些大学生被开除的主要原因是他们的自身素质和道德修养不能胜任公司的人才需求。

第一批被公司除名的是两名来自某重点大学的计算机高才生。他们在第一次与客户谈完生意后，将价值 3 万多元的设备遗忘在出租车上。面对经理的批评，两人却振振有词地说：“对不起，我们是刚毕业的学生。学生犯错是常事，你就多包涵吧。”两人终因修养不够、“言多语失”而被开除。据记者了解，像这两名本科生一样，其余十几名本科生被开除的主要原因也是与个人修养缺失有关。

第三个被公司“扫地出门”的一名本科毕业的女学生，喜欢睡懒觉，上班经常迟到，还在工作时间上网聊天，经多次警告仍置若罔闻，最终被公司“开回家”。

另有3名大学生因“张狂”而被“卷了铺盖”。他们在与客户吃工作餐时,夸夸其谈,大声喧闹,弄得客户和公司领导连交谈的时机都没有。席间,更有一名男生张嘴吐痰,一口痰刚好落在了客户的脚边,惊得客户一下子从凳子上跳了起来。该男生却像什么事都没有发生一样继续吃饭。结果可想而知。最让人难以接受的是,有一次,公司老总带领公司员工到外地搞促销,在海边租了一套别墅,有20多间客房,但员工有100多人,很多老员工甚至老总都只能睡在过道上。而有些新来的大学生却迅速给自己选定好房间,然后锁上房门独自看电视。这些学生好几次走出房门看见长辈睡在地上,竟都视而不见,不吭一声。此事又让几名大学生丢了饭碗。

最后被开除的一名男生,他没与对方谈妥业务就飞到南京,让公司白白花了几千元的飞机票。当领导问及此事,他却不依不饶:“我没错,是他们变卦,你是领导我也不怕!”

该公司老总就此事评论说,这件事可以给大学生们提个醒,大学生应该注重自己的道德修养,把握好处事分寸,从各方面提高自己的综合素质。“做事要先做人”,这是一句很古老的话,但它永不过时。

（来源:中国青年报）

通过上述案例展示,让同学们思考:大学生的道德修养对于自身发展有什么影响?

就同学发言内容,老师先不做结论,给出案例互动交流。(5分钟)

【案例展示】

让美德占据心灵

一位哲学家带着他的弟子坐在郊外的一片旷野里。哲学家问身边的弟子该如何除去周围长满的杂草。弟子们十分惊愕,没有想到一直探讨人生奥妙的哲学家,最后一课竟会问这么简单的问题。于是,他们给出了各种答案,有的说用铲子就够了,有的说用火烧,有的建议在草上撒上石灰,还有的说要斩草除根,只要把根挖出来就行了。哲学家听完,站起身说:“课就上到这里,你们回去后,用各自的方法除去一片杂草,没除掉的,一年后,再来除草。”

一年后,他们都来了,不过原来相聚的地方已不再是杂草丛生,而是变成了一片长满谷子的庄稼地。弟子们围着谷子地坐下,等着哲学家的到来,可是哲学家始终没有来。几十年后,哲学家去世,弟子们在整理他的言论时,私自在书的最后补了一章:要想除掉旷野里的杂草,方法只有一种,那就是在上面种庄稼。同样,要想让灵魂无纷扰,唯一的方法就是用美德去占据它。

(来源:上学吧)

让学生思考与讨论:①你会用什么方法去除杂草?②你认为大学生的精神家园应该由什么东西占据?

【教师点评】

从以上文字和同学们的踊跃发言可以得出结论,那就是去除精神家园杂草的唯一方法就是用"美德"去占据它,这"美德"就是平时所说的责任、道德、理想、信念、爱国、爱心、爱情、亲情、友情、公德、守纪……这些恰恰是同学们学好本课程内容可以收获的美德,也是同学们成长成才所应具备的综合素质。

思想道德修养与法律基础课就是为培养大学生道德素质和法律素养而设立的课程,帮助大学生正确处理好做人和做学问、成人与成才的关系。

(三)学习本课程的方法——解决"怎样学"的问题

加强思想道德与法律修养,要继承和发扬中华民族优良的传统修养方法以及在中国革命、建设、改革中形成的修养方法,尤其要认真学习中国特色社会主义理论体系,积极投身建设中国特色社会主义的伟大事业,充分发挥主观能动性,消除对"思想道德修养与法律基础"课存在的心理误区,积极进行自我修养。

大学与中学比较,最大的区别在于知其所以然,在于学习的目的是能灵活运用所学的理论知识解决我们在成长成才过程中碰到的种种问题,切实有助于同学们成长成才。

应从以下方面解决"怎样学"的问题:

1. 会用——奠定扎实的理论基础

本课程是以马克思主义思想政治教育学科为支撑的,因此运用马克思主义的基本原理分析和解答大学生普遍关心的人生、理想、道德、民主、法制、纪律等方面的问题是本课程把握的重点。

2. 管用——切实做到理论联系实际

本课程知识面甚广，包含丰富的人生哲学、伦理道德和法律知识，在学习中加强道德修养，培养法律素质，提高精神境界，扎实自身本领，是为了更好地投身于我国改革开放和社会主义现代化建设的实际中去；在知识学习的同时，要积极主动地向人民群众学习、向英雄模范人物学习、向身边的榜样学习，从实际生活中汲取丰富的精神营养，真正做到理论与实际相结合。

3. 慎独自省——注重知行统一

加强思想道德和法律修养是知、情、意、行辩证统一过程，只有通过个人的主观努力和亲身实践，在学中做，在做中学，慎独自守，才能达到提高自己思想道德素质和法律素质的学习目的。

【案例展示】

李开复给中国学生的三封信：大学四年应这样过

第一封：大学是人一生中最为关键的阶段

大学：人生的关键。第一次开始追逐自己的理想、兴趣；第一次独立参与团体和社会生活；第一次有机会在学习理论的同时亲身实践；第一次不再由父母安排生活和学习中的一切，而是有足够的自由处置生活和学习中遇到的各类问题，支配所有属于自己的时间。

这可能是你最后一次可以将大段时间用于学习的人生阶段。如果毕业后不继续深造，这将是你一生中最后一次有机会系统性地接受教育，最后一次能够全心建立你的知识基础。

从入学的第一天起，你就应当对大学四年有一个正确的认识和规划。为了在学习中享受到最大的快乐，为了在毕业时找到自己最喜爱的工作，每一个刚进入大学校园的人都应当掌握七项学习目标：学习自修之道、基础知识、实践贯通、兴趣培养、积极主动、掌控时间、为人处事。只要做好了这七点，你就能成为一个有潜力、有思想、有价值、有前途的快乐的毕业生。

第二封：自修之道——从举一反三到无师自通

大学生应该充分利用图书馆和互联网，培养独立学习和研究的本领，为适应今后的工作或进一步的深造做准备。首先，除了学习老师规定的课程以外，大学生一定要学会查找书籍和文献，以便接触更广泛的知识和研究成果。其次，在书本之外，互联网也是一个巨大的资源库，大学生们可以借助搜索引擎在网上查找各类信息。除了搜索引擎以外,网上还有许多网站和社区也是很好的学习园地。

大学四年是易迷失方向的时期。大学生必须有自控的能力,让自己交些好朋友、学些好习惯,不要沉迷于对自己无益的习惯(如网络游戏)里。一位积极、主动的中国学生在“开复学生网”上劝告其他同学:“不要玩游戏,至少不要玩网络游戏。我所认识的专业水平比较高的大学朋友中没有一个玩网络游戏的。沉迷于网络游戏是对于现实的逃避,是不愿面对自己不足的一面。我认为,要脱离网络游戏,就得珍惜自己宝贵的大学时间,找到自己感兴趣的方向,做一些有意义并能给自己带来满足感的事情。”

第三封:为人处事——培养友情,参与群体

很多大学生入校时都是第一次离开父母,离开自己生长的环境。进入校园开始集体生活后,如何与同学、朋友以及社团的同事相处就成为大学生学习内容的一部分。大学是大家最后一次可以在相对宽松的环境中学习、培养、训练如何与人相处的机会。在未来,人们在社会里、在工作中与人相处的能力会变得越来越重要,甚至超过了工作本身。所以,大学生要好好把握机会,培养自己的交流意识和团队精神。

离开大学时,只要做到了这些,你最大的收获将是“对什么都可以拥有的自信和渴望”。你就能成为一个有潜力、有思想、有价值、有前途的中国未来的主人翁。

(来源:开复学生网)

让学生课后思考:读了李开复给大学生的信,你有什么感触?

【教师小结】

大学生活是人生的一个新起点,如何经营你的大学生活将有可能直接决定你未来的命运,而关键就在于你是否有过谨慎的思考,认真地对待。在你毕业的时候你能直接看到精心经营背后的直接效益:物有所值还是物超所值。

【教学实践】

教师根据需要可在下面的内容中单选或多选。

1. 安排一次主题演讲活动，参考题目：

(1)《自信》

(2)《学习与玩耍》

2. 召开一次新生座谈会。要新生谈谈入学后的感想和情绪，谈谈自身素质状况和进一步提高素质的设想，谈谈在大学阶段的素质发展目标。（教师自己安排时间）

3. 作业：要求每位学生写一篇《大学随想》。

4. 听听"过来人"是怎么说的：(1) 听学长学姐们怎么说；(2) 人生赢家的大学生活。

第五章

人生的青春之问

【教学目的和要求】

面对世界的深刻复杂变化，面对信息时代各种思潮的相互激荡，面对纷繁多样的社会现象，面对学业、情感、职业选择等多方面的考量，通过本节学习使学生学会在科学理论指导下树立正确的人生观，把自己的人生追求同国家发展进步、人民伟大实践紧密结合起来，通过不懈努力实现人生价值。

【教学重点与难点】

1. 正确认识人生目的对人生实践的重要作用。

2. 树立科学的人生观。

3. 正确把握人生价值的评价标准、评价方法。

4. 创造有价值的人生。

第一节　人生观是对人生的总看法

怎样才能不虚度人生，这是萦绕在每一位大学生心头的青春之问。习近平同青年大学生座谈时强调："要树立正确的世界观、人生观、价值观，掌握了这把总钥匙，再来看看社会万象、人生历程，一切是非、正误、主次，一切真假、善恶、美丑，自然就洞若观火、清澈明了，自然就能做出正确判断、做出正确选择。"大学生思考和规划自己的人生之路，首先要学会科学看待人生的根本问题，认识个人与社会的辩证关系，掌握人生观的基本理论。

一、人生与人生观

人的生命历程不同于其他动物的生命过程，人不仅要维系自身的生存和繁衍，还要生产、交往、创造，在极为丰富的社会生活中观察、思索、判别和选择。

人生观就是人们关于人生目的、人生态度、人生价值等问题的总观点和总看法。

（一）正确认识人的本质

思考人生，树立正确的人生观，首先需要对“人是什么”和“人的本质是什么”等问题有科学的认识。

通过希腊神话的故事回答：“人是什么？”

【案例展示】

古老的希腊神话斯芬克斯之谜是这样讲述的：斯芬克斯是希腊神话中狮身人面兽，传说她在古埃及的底比斯城郊外守着路口，对过路者提出一个谜语，猜不中的就要被她吃掉。这个谜语就是：“什么动物早晨四条腿走路，中午两条腿走路，傍晚三条腿走路？”谜底是什么呢？从那里经过的俄狄浦斯猜出了谜底。俄狄浦斯回答：“是人。在生命的早晨，他是个尚未学会行走的孩子，只能在地上爬行，手足并用，所以，看上去像是四条腿走路；到了生命的中午，儿童长大成人，他身强体壮，仅靠两条腿就可以行走自如；到了生命的傍晚，他年老体衰，必须借助拐杖走路，这手杖就成了老年人的第三条腿了。”俄狄浦斯答对了。斯芬克斯羞愧坠崖而死。

（来源：新浪博客）

让学生思考：人的本质是什么？怎样的人生才更有意义？

【教师点评】

领悟人生真谛，就需要对“人是什么”有一个认识。斯芬克斯之谜，其实就是人的谜、人的生命之谜。伴随着关于人生的思考，人总是会从价值的角度对人怎样生活算是有意义、才算是“值得”的问题加以把握，确立自己的人生观。因而，弄清人生价值的含义、内容、评价标准、实现方式等问题，以便引导青年学生树立起正确的人生价值观,对个体人的一生都有着十分重要的意义。

人的本质是什么?人的本质不是单个人所固有的抽象物,在其现实性上,它是一切社会关系的产物。

人对自我的认识,既是一个古老的问题,又是一个常新的问题。在中外思想史上,许多思想家对此都从不同的角度提出了自己的见解,其中不乏真知灼见,为科学揭示人的本质提供了大量的思想资料。马克思运用辩证唯物主义和历史唯物主义的立场、观点和方法,揭开了人的本质之谜。他指出:"人的本质不是单个人所固有的抽象物,在其现实性上,它是一切社会关系的总和。"这一论断,使人的本质问题在人类历史上第一次得到了科学的说明。

【案例展示】

故事一

1920 年,在印度加尔各答附近的一个山村里,人们在打死了一只狼后,在狼窝里发现了两个由狼抚养大的女孩:大的有 8 岁,后被取名为卡玛拉;小的有 2 岁,取名为阿玛拉,但因其体弱,不久死去。这是世界上发现的首例狼孩。由于她们自幼远离人类社会,在狼窝里长大,所以一切生活习性都与狼别无二致。比如,她们不会直立行走,只能用四肢爬行,白天睡觉,晚间出来活动,怕光、怕火,不吃素食和熟食,只吃生肉,而且不是用手拿着吃,而是放在地上用牙齿撕咬,她们也不会说话,只会像狼一样引颈长嚎。在孤儿院人员的耐心抚育下,卡玛拉用了两年的时间才学会站立,6 年才会走路,到 1929 年她死时,一共学会了 45 个词和几句简单的话,智力水平仅相当于 4 岁儿童。后来,社会上又发现过几起狼孩和猪孩,徒具人形,而不具有人的本质。

(来源:豆丁网)

故事二

迪福笔下的鲁滨孙漂流到一个荒岛,在严重缺乏淡水、食物的恶劣环境下,还面临着安全、卫生、动物的威胁和自然灾害等严峻考验。但鲁滨孙最终凭借努力和运气克服了环境生存了下来。

教师通过对比两个故事,让学生思考并进行讨论:狼孩与鲁滨孙相比,结果为什么不一样？这表明了什么？

【教师小结】

教师通过对比两个故事得出结论：人的属性包括自然属性和社会属性。其中，社会属性是人的本质属性。

人的生命过程不同于其他动物的生命过程，它不仅是一个自然过程，还包含着极为丰富的社会内容。人不仅活着，还要生产、交往、创造，形成一定的人生价值目标，以一定的人生观指导自己的行为，赋予人生这样或那样的意义。成就什么样的人生，是服务人民、奉献社会、事业有成，还是庸碌无为、贪图私利甚至卑鄙邪恶，在很大程度上取决于人们有什么样的人生观。

（二）人生观的主要内容

1. 人生观含义

人生观是人们在实践中形成的对于人生目的和意义的根本看法，决定着人们实践活动的目标、人生道路的方向和对待生活的态度，是世界观的重要组成部分。

人生观决定着人生道路的方向，也决定着人们行为选择的价值取向和用什么样的方式对待实际生活。每个人都会对“做什么人”和“怎样做人”的问题形成一定的认识，无论自觉与否，都会在这种认识的影响下实践自己的人生。因此，有什么样的人生观就会有什么样的人生。人的生命只有一次，理应严肃认真地思考人生，努力领悟人生的真谛，选择正确的人生道路，树立崇高的人生追求，实现应有的人生价值。

2. 人生观的主要内容

人生观包括人生目的、人生态度和人生价值。

人生目的：回答“人为什么活”。

人生态度：回答“人应该怎样活”。

人生价值：回答“人怎样活才有意义”。

人生目的是指生活在一定历史条件下的人在人生实践中关于自身行为的根本指向和人生追求。人生态度是指人们通过生活实践形成的对人生问题的一种稳定的心理倾向和精神状态。人生价值是指人的生命及其实践活动对于社会和个人所具有的作用和意义。这三个方面相互联系、相辅相成，统一为一个有机整体。

3. 人生观的核心

人生目的是人生观的核心，它决定了人生态度和人生价值。

【视频欣赏】

2004 年感动中国人物——徐本禹(一个普通人不普通的人生之路)

通过视频学生课堂思考：你认为徐本禹身上有哪些令人感动的地方？

人生目的在人生实践中的作用如何？

【教师评析】

大学生徐本禹在生活方面是一位贫困生，但是他的精神世界却是那么富有和感人。原因就在于他确立了正确的人生目的，因而就能以社会和人民的利益为重，把社会需要与个人发展结合起来；就能以积极乐观的、奋发有为的人生态度对待生活中的困难和挫折，以对社会高度的责任感承担起那份原本不属于自己的责任，把满腔热忱无私奉献给了贫困山区孩子们的教育事业。

人生目的决定走什么样的人生道路：人生目的既规定了人生活动的大方向，又是人生行为的动力源泉。

人生目的决定持什么样的人生态度：不同的人生目的会使人采取不同的人生态度。

人生目的决定选择什么样的人生价值标准：正确的认识目的会使人懂得人生的价值在于"奉献"。

(三)人生观与世界观

人生观是世界观在对待人生问题上的具体体现，是世界观的重要组成部分。世界观是人们对生活在其中的世界以及人与世界之关系的总体看法和根本观点。

世界观与人生观的关系：世界观决定人生观；人生观影响世界观。

【案例展示】

米奇·阿尔博姆之《相约星期二》

"人生的意义在哪里"，这是二十岁左右的人最爱问的问题。到了三四十岁，人大多已经很"入世"了，不屑或不敢再问这样的问题。但是，在一些意想不到的时刻，它还会悄然从心底冒出，让你黯然神伤。这千古之问，有谁能说得清楚呢？就是那些大哲学家，他们的回答也常常十分高妙却并不解决我们平凡人的问题。一位老人，在临终之前，通过他的学生，向我们提供了一份人生的答卷。

这位叫莫里的社会心理学教授，在七十多岁时患上了一种叫作 ALS 的病。这种病从腿部神经麻痹开始，一点点向上蔓延，直至使人不能再呼吸为止。这是一种残酷的绝症——灵魂将眼睁睁地看着躯体一点点死去。但莫里决定带着尊严、勇气、幽默和平静活下去。他和他十六年前的学生，已经成为专栏作家、记者的米奇相约，每个星期二见一次面，一起讨论“生活的意义”，包括“死亡”“恐惧”“衰老”“欲望”“婚姻”“家庭”“社会”“原谅”“有意义的人生”这些重要的课题。从第一次相约到最后一次见面，这样的讨论持续了 14 个星期。米奇眼看着他的老师一次比一次衰弱，直到葬礼来临。

临终的老人都说了些什么呢？如果你期待着微言大义的话，你可能会失望的。

他说，人生最重要的是学会如何施爱于人，并去接受爱。他说，要有同情心，要有责任感。只要我们学会了这两点，这个世界就会美好得多。他说，如果你想对社会的上层炫耀自己，那就打消这个念头，他们照样看不起你；如果你想对社会底层炫耀自己，也请打消这个念头，他们只会嫉妒你。身份和地位往往使你无所适从，唯有一颗坦诚的心方能使你悠悠然面对整个社会……

这些极为朴实的话，使我忽然明白了，人生的谜底其实可能很简单。

但莫里老人并不简单。就在病魔和死神拼命撕扯着他的时候，他还能谈笑风生。谈到死后火化，他对家人说：“千万别把我烧过了头。”谈到墓地，学生说：“我会去，但到时候就听不见你说话了。”莫里笑了：“到时候，你说，我听。”莫里以自己最后的存在，论证了人性的美好。一个普通的美国老头，一些普通的话语和生活细节，但是读完却让你怅然良久，这就是《相约星期二》。

（来源：豆丁网）

根据案例请同学们思考并引入新课：你认为人的一生有什么意义？

根据案例内容，教师小结。

【教师小结】

正确的人生观就是人生罗盘的代名词，有了它我才能顺利远航。从小的方面讲,我想首先要做的是要有高尚的道德情操,古人所说的"勿以恶小而为之,勿以善小而不为""积善成德"就是这个道理。

二、个人与社会的辩证关系

人是社会的人,每一个人都存在和活动于具体的、基于特定历史的现实社会当中。人生的内容与复杂多样的社会关系和社会活动密不可分。个人与社会的关系问题是认识和处理人生问题的重要着眼点和出发点。

个人与社会是对立统一的关系,两者相互依存、相互制约、相互促进。

个人与社会的关系,最根本的是个人利益与社会利益的关系。

人的社会性决定了人只有在推动社会进步的过程中,才能实现自我的发展。

【案例展示】

三峡大移民——正确认识个人利益与社会利益的统一关系

2002年度感动中国人物特别大奖授予了舍小家为大家的三峡移民,奖杯由中国三峡博物馆永久收藏。

10年移民的风风雨雨,把库区人民无私奉献的博大胸怀展现得淋漓尽致。10年移民的坎坷历程,把库区儿女的心血汗水铸成一座永恒的世纪丰碑。舍小家,顾大家。50多万搬迁移民用自己的奉献写下了三个大字:为国家。

深明大义的是移民,无私奉献的是移民,可亲可敬的是移民,值得大书特书的是移民!

离开难舍难分的故土,亲手拆掉祖祖辈辈居住过的老屋,砍掉自己亲手培育起来的果树……在已搬迁的57万多移民中,像这样动人的故事数也数不清。移民们为了三峡工程的建设,舍小家,顾大家,用自己的无私奉献写下了三个大字:为国家。

在历经10年的三峡移民中,当年走进三峡的外来人的后裔们又以舍家为国的壮举,续写了壮丽的三峡历史,为三峡文化增添了新的内涵。

数十万搬迁移民和数万移民干部用10年的艰辛和心血铸就成一座丰碑:三峡大移民。

在三峡大移民这座丰碑上,既铭刻下了库区干部和移民在近4000个日日夜夜中所上演的可歌可泣、威武雄壮的“历史剧”,更刻下了激励后人不畏艰险、不怕困难、勇往直前、敢破世界难题的三峡大移民精神。

站在这座“丰碑”前,我们不能不为三峡移民那种舍小家,顾大家,无私奉献为国家的博大胸怀而顿生敬意。

站在这座“丰碑”前,我们不能不为移民干部们那种宁可苦自己、绝不误移民的高尚情怀而感动。

三峡大移民这座“丰碑”不仅让国人感到骄傲,也让全世界瞩目!

(来源:新华网)

问题:如何处理个人与社会的关系?

通过案例老师评析。

【教师评析】

个人与社会的关系,归根到底是个人利益与社会整体利益的关系。个人与社会都有生存和发展的需要,个人生存和发展的需要体现在社会关系中就是个人利益,社会生存和发展的需要体现在社会关系中就是社会整体利益。

在社会主义社会中,个人利益与社会整体利益在根本上是一致的。社会整体利益是所有个人利益的有机统一,它体现了个人的根本利益和长远利益,是个人利益得以实现的基础和保障。

个人应当自觉地维护自己身处其中的社会的整体利益,当个人利益与社会利益发生矛盾时,个人利益要自觉服从社会利益。

第二节　正确的人生观

人生观的主要内容包括人生目的、人生态度和人生价值。人生目的是人生观的核心,是人的生命存在和发展的总目标。它决定着人生的方向,并制约人生的态度和价值取向。

人生目的是对“人为什么活着”这一人生根本问题的认识和回答,是人在人生实践中关于自身行为的根本指向和人生追求。

一、科学高尚的人生追求

【课堂互动】

通过事例让学生讨论:人活着是为了吃饭,还是吃饭为了活着?

根据学生讨论内容,教师评析。

【教师评析】

“人为什么活着”,是古今中外人类所面临的共性问题。因为人类作为高级智能动物,与一般动物的最大区别在于人类的活动是有目的的。任何一个正常的人,他的各种活动都要受一定目的和意识的支配。

高尚的人生目的总是与奋斗奉献联系在一起。大学生只有把自己的人生目的与国家前途、民族命运、人民幸福联系在一起时,才能自觉自愿地把自己的一生奉献于利国利民的事业。

【案例展示】

大连市公汽联营公司驾驶员黄志全,在行车途中突发心脏病,在生命的最后一分钟里,他做了三件事:把车缓缓地停在路边,并用生命的最后力气拉下了手动刹车闸;把车门打开,让乘客安全地下车;将发动机熄火,确保了车和乘客的安全。之后,他趴在方向盘上,最终停止了呼吸。

(来源:上学吧)

通过此案例让学生思考与讨论:黄志全表现出怎样一种人生价值观?谈谈你的感受。

【教师点评】

一名普通人在生命的最后一分钟里渴望做什么?同学们可能有不同的答案,但作为一名公交司机,在生命的最后一分钟里做出了难以想象的事情,首先想到的是他人的安全,为人民着想,造福人民是高尚人生观的充分体现。

二、积极进取的人生态度

没有积极进取的人生态度,再崇高的人生目标也难以真正实现。走好人生之路,需要大学生正确认识、处理生活中各种各样的困难和问题,保持认真务实、乐观向上、积极进取的人生态度。

(一)人生态度的含义

指人们通过生活实践形成的对人生问题的一种稳定的心理倾向和基本意愿。

在人生态度的形成过程中起主要作用的有三种心理要素:认知、情感、意志。

有一个良好的心态,把困难当作机会,用积极的心态每天鼓励一下自己,并坚定地走自己的路。你越是往前,你的机会就越多。

(二)人生态度与人生观关系

一个人有什么样的人生观就会有什么样的人生态度,当一个人对自己的人生观做出了某种明确的选择,实际上就在主要方面决定了他将如何对待生活,决定了他在实践中将以怎样的方式处理各种人生问题。反过来,一个人对人生的态度如何,往往又制约着他对整个世界和人生的看法,从而对个人的世界观、人生观产生重要的影响。

人生态度是人生观的重要内容;人生态度是人生观的表现和反映。

消极悲观、低俗庸碌、倦怠沉沦的人生观之表现:凡事无所谓;浮生如梦;及时行乐;今朝有酒今朝醉;看破红尘;等等。

【案例展示】

《最后一片叶子》的故事

美国作家欧·亨利在他的小说里讲了一个故事:病房里,一个生命垂危的病人从房间里看见窗外一棵树上的叶子,在秋风中一片片地掉落下来。病人看着眼前的萧萧落叶,身体也随之每况愈下,一天不如一天。她说:“当树叶全部掉光时,我就要死了。”一位画家得知后,用彩笔画了一片叶脉青翠的树叶挂在树枝上。最后一片叶子始终没有掉下来。就因为生命中的这片绿叶,病人竟奇迹般地活了下来。

(来源:豆丁网)

【教师评析】

人生可以没有很多东西,唯独不能没有希望。希望对于人类生活具有重要价值。有希望之处,生命就生生不息。希望缘于正确的人生态度。

(三)端正人生态度

【案例展示】

播放视频：澳大利亚的尼克·胡哲(Nick Vujicic)天生没有四肢，医学不能解释他残障的原因，更不可思议的是，骑马、打鼓、游泳、足球，他样样皆能。他拥有两个学士学位，是企业总监，更于2005年获得“澳大利亚年度青年”。他为人乐观幽默、坚毅不屈，热爱鼓励身边的人，25岁就已踏遍世界各地，接触逾百万人，激励和启发他们的人生。

(来源：优酷)

【教师小结】

上面的视频告诉我们以下道理：

1. 人生须认真

以认真的态度对待人生，就是要严肃思考人的生命应有的意义，明确生活目标和肩负的责任，既要清醒地看待生活，又要积极认真地面对生活。不可得过且过、放纵生活、游戏人生，否则就会虚掷人生，误入歧途。

2. 人生当务实

要从人生的实际出发，以科学的态度看待人生，以务实的精神创造人生，以求真务实的作风做好每一件事。

不能好高骛远、空谈理想、眼高手低、浅尝辄止，否则就会脱离实际、一事无成。

3. 人生当乐观

只有热爱生活的人，才能真正拥有生活。乐观豁达、热爱生活、对人生充满自信，体现了对自己、对生活、对社会的积极态度，这种态度是人们承受困难和挫折的心理基础。不能消极悲观、畏难退缩，甚至颓废堕落、自暴自弃，更不能因此而轻生。

积极的人，像太阳，照到哪里哪里亮，消极的人，像月亮，初一十五不一样。想法和态度决定我们的生活，有什么样的想法和态度，就有什么样的未来。

4. 人生要进取

人生实践是一个创造的过程。适应历史发展的趋势，以开拓进取的态度迎接人生的各种挑战，才能不断领悟美好人生的真谛，体验生活的快乐和幸福。逆水行舟，不进则退。不能贪图安逸、满足现状、因循守旧、碌碌无为，否则人生就会失去应有的光彩。

三、人生价值的评价与实现

人生的意义，需要从人生价值的角度进行审视和评价。对人生价值及其相关问题的正确认识，是人们自觉朝着选定的目标努力，以全部的情感、意志、信念去创造有价值的人生的重要前提。

人的社会性决定了人生的社会价值。评价人生价值的根本尺度，是看一个人的实践活动是否符合社会发展的客观规律，是否促进了历史的进步。在今天，衡量人生价值的标准，最重要的就是看一个人是否用自己的劳动和聪明才智为国家和社会真诚奉献，为人民群众尽心尽力服务。客观、公正、准确地评价社会成员人生价值的大小，除了要掌握科学的标准外，还需要掌握恰当的评价方法。

（一）人生价值评价标准

正确对待人生价值，需要正确认识和把握评价人生价值的客观标准。

人生价值包括自我价值和社会价值。社会价值是指个体的人生活动对社会、对他人的贡献；自我价值是指个体的人生活动对自己的生存和发展所具有的价值，主要表现为社会对个人物质和精神需要的满足程度。两者既相互区别，又密切联系、相互依存，共同构成人生价值的矛盾统一体。一方面，人生的自我价值是个体生存和发展的必要条件；另一方面，人生的社会价值是实现人生自我价值的基础。

一个人的需要能否从社会中得到满足，在多大程度上得到满足，归根结底取决于他的人生活动对社会和他人的贡献，即他的社会价值。

一个人的人生价值实现与否，对人类发展有利与否，社会是有一把标尺来衡量的，为什么有的人实现了人生价值，有的人却没有完成其使命，这其中就涉及人生价值的科学选择，它是人生价值成败与否的一个重要前提。

【案例展示】

孩子高举国旗,跟着巨人脚步①

8月8日北京奥运会开幕式,中国代表团浩浩荡荡走进国家体育场“鸟巢”,旗手姚明的身旁走着另外一位小“旗手”。

“这个小男孩是谁?”当中国队最后出现在国家体育场的跑道上时,全场中国观众在鼓掌、大声叫好之时,不少人也都在四处打听与旗手姚明一起走在整支队伍前面的小男孩是谁。这位9岁的小男孩一手拿着奥运五环旗,一手拿着中国国旗,满脸笑容,大大方方地与姚明一起走在中国队的最前面。

原来,这位小“旗手”是来自四川地震灾区汶川县映秀镇渔子溪小学二年级学生林浩,他的头上,还有地震带来的伤痕。

9岁的林浩,是汶川县映秀镇中心小学二年级的学生。学习成绩很好的林浩,一直是班上的班长。

地震发生的那一刻,班上正在上数学课。林浩刚跑到教学楼的走廊上,就被楼上跌下来的两名同学砸倒在地。

“那个同学压在我背上,我怎么都动不了。当时,垮下来的楼板下,有一个女同学在哭,我就告诉她,不要哭,我们一起唱歌吧,大家就开始唱歌,是老师教的《大中国》。唱完后,女同学就不哭了。后来,我使劲爬,使劲爬,终于爬出来了。”

逃出来的林浩,并没有跑开,而是去救还压在里面的同学,“爬出来后,我看到一个男同学压在下面,我就爬过去,使劲扯,把他扯了出来,然后交给校长,校长又把他交给他妈妈背走了。后来,我又爬回去,把一个昏倒在走廊上的女同学背出来,交给了校长,她也被父母背走了”。

连续救了两个同学的林浩,再次跑进教学楼救人时,遇到垮塌的楼板,又被埋在了下面,“我使劲挣扎,后来,是老师把我拉出来的”。

林浩所在的班级共有32名学生,在地震中有10多人逃生。这其中,就包括林浩背出来的两个同学。

被问到为什么去救人时,林浩平静地说:“因为我是班长!如果其他同学都没有了,要你这个班长有什么用呢?”

---

① 转引自《新闻晨报》2008年8月9日第五版。

根据案例讨论思考：

一个人的人生价值是否取决于其身份、地位、财富、年龄、学识、相貌等因素?

评价一个人的人生价值,其标准应当是什么呢?

根据案例,教师点评。

【教师点评】

上述事实让我们深为小林浩的事迹所感动,一个年仅9岁的孩子之所以能够赢得我们每个人的钦佩尊敬,是因为他在大难面前所表现出的舍身救助他人的品质。其行为的意义,不仅仅是对两个生命的救助,更重要的是对一种高尚情操和良好道德品质的诠释,对整个社会精神文明意识的一种提升,体现了他自身对于他人和社会的巨大作用和积极意义。

【案例展示】

1982年,西安解放军第四军医大学的一名大学生张华因跳入化粪池营救一位不慎落入池中的老农而献出自己宝贵的生命。

张华的牺牲曾经引发了一场“人生价值如何衡量”的全国范围内讨论。

张华在生前曾对同学多次说过的一句话:“我们不仅要在外表上像个大学生,更重要的是在心灵上、道德上、知识上都是个大学生。”

这正是对人生价值观的一种科学阐释。对于此事件,人生的价值和意义不能仅用学识和物质贡献等因素来衡量。

【教师小结】

人生价值评价最根本的标准是人生的社会价值。社会对一个人的价值评判,主要是以个人对社会所做的贡献为标准,贡献越大,其社会价值也就越大;反之社会价值就越小。

(二)人生价值评价的根本尺度

人生价值评价的根本尺度是看一个人的人生活动是否符合社会发展的客观规律,双方通过实践促进了历史的进步。

(三)社会评价人生价值的普遍标准

社会评价人生价值的普遍标准是一个人用劳动以及通过劳动对社会和他人做出的贡献。

【案例展示】

白芳礼老人

曾经有人计算过,这些年来,白芳礼捐款金额高达35万元。如果按每蹬1公里三轮车收5角钱计算,老人奉献的是相当于绕地球赤道18周的奔波劳累。

白芳礼在接受记者采访时说:“我嘛都没干,又让上面重视了。”

“我是老劳模,嘛事就得多为国家做点事,多做点贡献……”

“我没文化,又年岁大了,嘛事干不了了,可蹬三轮车还成……孩子们有了钱就可以安心上课了,一想到这我就越蹬越有劲……”

“想想那些缺钱的孩子,我坐不住啊!我天天出车,24小时待客,一天总还能挣回二三十块。别小看这二三十块钱,可以供十来个苦孩子一天的饭钱呢!”

打定支教的主意,白芳礼对儿女们说:“我要把以前蹬三轮车攒下的5000块钱全部交给老家办教育。这事你们是赞成还是反对都一样,我主意定了,谁也别插杠了!”

白芳礼对南开大学老师说:“我这样一大把年岁的人,又不识字,没啥能耐可以为国家做贡献了,可我捐助的大学生就不一样了,他们有文化,懂科学,说不定以后出几个人才,那对国家贡献多大!”

白芳礼对支教公司受雇的员工说:“我们挣来的钱姓‘教育’,所以有一分利就交一分给教育……”

白芳礼对受助学生们说:“同学们放心,我身体还硬棒着呢,还在天天蹬三轮,一天十块八块的我还要挣回来”;“你们花我白爷爷一个卖大苦力的人的钱确实不容易,我是一脚一脚蹬出来的呀,可你们只要好好学习,朝好的方向走,就不要为钱发愁,有我白爷爷一天在蹬三轮,就有你们娃儿上学念书和吃饭的钱”。

白芳礼在等活间隙吃馒头,对认识他的围观群众说:“这有嘛苦?这馍是农民兄弟用一滴一滴汗换来的,人家扔了,我把它拾起来吃了,不少浪费些么!”

白芳礼对红光中学孙玉英老师说:“我不吃肉,不吃鱼,不吃虾,我把钱都攒着,给困难学生们。”

白芳礼在病中对关心他的市民们说："我挺好的，谢谢大伙惦着，等我出院了，还要支教去！"

老人临终前时断时续地说：感谢大家的关心。他表示，要是有来世，还将蹬三轮为年轻后生们播撒自己的爱心。

（来源：新浪博客）

通过案例分析与思考：白芳礼老人的事迹对我们有什么启示？

（四）评价人生价值应坚持的原则

（1）坚持努力有大小与贡献须尽力相统一。

评价人生价值，要把个人对社会的贡献同他的努力和职责相联系。

【案例展示】

北京有个开公共汽车的老司机，在工作岗位上，因为心脏病突然发作去世了，在他生命的最后一刻，他做了以下几件事：先把车停在路边，关闭了发动机，然后打开车门，目送所有乘客下车后，带着微笑，倒在了方向盘上。

有人认为他是一个尽职尽责的司机，他做了他该做的事，为人民做出了贡献。有人认为只有像比尔·盖茨、李嘉诚这种轰轰烈烈的人物，才实现了自己的人生价值，才活得有意义。

【教师小结】

社会中的绝大多数人都是普通的小人物，他们虽然渺小，做的都是普普通通的小事，但我们的社会发展离不开这些人。他们在为社会做贡献，我们要为他们的行为点赞。

（2）坚持物质贡献与精神贡献相统一。

（3）坚持完善自身与贡献社会相统一。

【案例展示】

大学生为救老农而牺牲

张华是第四军医大学七九级一名品学兼优的大学生。他说："一个人为着一个伟大理想而活着、战斗着，他就会成为一个崇高的人，就会从庸人的鼠目寸光中，从苟且偷安和贪生怕死中解救出来。"1982年，他为救一位落入粪池的69岁老农而牺牲。

张华牺牲后，他的英雄事迹在第四军医大学以及全国产生了强烈反响。

第四军医大学迅速掀起了学习张华的热潮,并使这项活动持续至今。张华所在的二大队改成了“张华大队”。十多年来,张华大队拥有三个百分之百:英语四级通过率百分之百;服从分配,自愿到祖国最需要的地方去的达百分之百;毕业生成才率百分之百。张华的生命在越来越多的人身上延续。

在学习张华的活动中,有位大学生投书报刊,提出“张华救老农值不值得”的疑问。他认为:“一个风华正茂的大学生舍身救一个年过花甲的老农,等于拿金子去换等量的石子,是毫不值得的。”

(来源:豆丁网)

问题:张华为救老农而牺牲值不值得?请予以评说。

【教师评析】

评价一个人的社会价值,不仅要看物质贡献,还要看精神贡献。毫无疑问,张华所创造的物质价值要远远大于69岁的老农所创造的物质价值,如果单从这一点来说,张华救老农确实有些不值。但这件事情所衍生出来的精神价值却是巨大的,它会激发越来越多的人向张华学习,从而为社会创造更多更大的价值。

第三节 创造有意义的人生

美好的人生目标要靠社会实践才能转化为现实。大学生要在科学高尚的人生观指引下,正确对待人生矛盾,自觉抵制错误观念,努力提升人生境界,成就出彩人生。

一、辩证对待人生矛盾

“看似寻常最奇崛,成如容易却艰辛。”大学生的人生成长之路还很长,未来前进途中,有平川也有高山,有缓流也有险滩,有丽日也有风雨,有喜悦也有哀伤。大学生要科学认识实际生活中的各种问题,勇敢面对和正确处理各种人生矛盾。

(一)树立正确的幸福观

【课堂导入】

设问:“你想成为幸福的人吗?”“想不付出任何代价而得到幸福?”

【案例展示】

材料1:苏轼仕途坎坷而壮心不已,蒲松龄面对落第却发愤创作,曹雪芹处境艰难仍不辍笔耕,安徒生屡遭失业而自强不息,奥斯特洛夫斯基身残志坚却潜心著作……这些都构成对学生进行挫折教育、引导学生正确对待挫折的生动教材。

材料2:“夫君子之行,静以修身,俭以养德。非淡泊无以明志,非宁静无以致远。”作家张承志的小说《北方的河》就曾经对她如何认知和面对生活中的缺陷起过不可磨灭的作用。

【教师小结】

由材料1我们得出正确的结论:幸福观是——吃得起苦、付出代价、自强不息、正确对待挫折,然后赢得幸福。(总结一下,就是先苦后甜)

由材料2我们得出正确的结论:幸福观是——淡薄、宁静,正确看待缺陷,不追求完美,然后赢得幸福。(总结一下,就是知足常乐)

幸福都是奋斗出来的。奋斗者是精神最为富足的人,也是最懂得幸福、最享受幸福的人。什么是人生的真正幸福,追求什么样的幸福,通过什么样的方式实现幸福,是大学生应该认真思考的人生课题。追求人生幸福,是人生的重要课题。

(二)树立正确的得失观

【课堂导入】

清朝唐孙华《闲居写怀》诗:“忧喜塞翁马,得失楚人弓。”塞翁马即塞翁失马故事,出自《淮南鸿烈集解》,比喻一时虽然受到损失,也许反而因此能得到好处。也指坏事在一定条件下可变为好事。楚人弓出自汉刘向的《说苑至公》。楚共王出猎,失掉弓箭,还说:“你们不必找寻了,拾到的反正是楚国的人。”比喻人的祸福、忧喜可以相互转换,坏事可以变为好事。

【教师小结】

如何认识和对待人生发展过程中的得与失这对矛盾,对一个人走好人生之路、实现人生价值有重要影响。大学生要以积极进取的态度去面对生活中的成败得失,使一时的成败得失成为人生的财富而不是人生的包袱。

首先,不要计较一时得失。在失意之际坚持不懈,在坎坷之时不断努力。

其次,不要满足于一时的成功。满足一时的成功会放下努力,造成最后的失败。

最后,不要拘泥于个人利益的得失。只有跳出对狭隘利益的计较,追求高尚的道义,才能赢得他人和社会的尊重。

(三)树立正确的苦乐观

【课堂导入】

“你认为人生最大的痛苦是什么?人生最大的快乐是什么?”

学生思考并发言。发言的基础上教师总结。

【教师评析】

古语说得好,“如释重负”;俗语亦说的是“心上一块石头落了地”。

什么事最快乐呢?自然是责任完了,算是人生第一乐事。

从个人对他人的责任(承诺未完、受人恩惠等),再延伸到对家庭、社会、国家,乃至对自己的所有责任,一旦应尽的责任没有尽,这种痛苦无法解脱。快乐之权操之在己。尽得大的责任,就得大快乐。承担社会责任,完成社会责任作为一件最大的乐事来谈,是积极进取的人生观。

毛泽东在《七律·长征》一诗中,用“红军不怕远征难,万水千山只等闲”,形象地写出了红军长征的艰苦卓绝,用“更喜岷山千里雪,三军过后尽开颜”的豪迈诗句,生动描述了红军夺取胜利的喜悦心情,阐明了苦与乐的辩证统一关系。“宝剑锋从磨砺出,梅花香自苦寒来”,奋斗是艰辛的,艰难困苦、玉汝于成。真正的快乐只能由奋斗的艰苦转化而来。不经历风雨怎能见彩虹,不经历人生的苦难,怎能享受到人生的乐趣?大学生在成长过程中,要准确把握苦与乐的辩证关系,努力做迎难而上、艰苦奋斗的开拓者。

(四)树立正确的顺逆观

顺境和逆境是人生历程中两种不同的境遇。

经典阅读:名人名言

祸兮福所倚,福兮祸所伏。(老子)

一切幸运并非没有烦恼,而一切厄运也并非没有希望。(培根)

在实现理想的过程中,无论是个体,还是集体,都要经历顺境与逆境的双重考验。如果没有正确对待的态度,无论顺境、逆境都容易让人做出错误判断。

【课堂互动】

以人生的境遇为主题开展课堂辩论会。

要求:把学生分为正反方二组,各组选出三名代表参与双方的辩论。

观点:顺境更容易出人才(正方);逆境更容易出人才(反方)。

时间:教师安排。

【教师小结】

用内因和外因的辩证统一规律分析。

人们都希望自己心中的理想能够转变为美好的现实,然而,现实中总会有许多的不如意阻碍着理想的顺利实现,这种冲突有时甚至很尖锐。纷繁复杂、多变的现实,给理想的实现造成了必须面对的种种困难与曲折。理想之路上不免有荆棘坎坷,要实现人生的美好的理想,我们需要有坚定不移的信念和百折不回的勇气。

正确对待理想中的顺境与逆境。迎高潮而快上,乘顺风而勇进,这是身处顺境的学问,是善于抓住机遇不断丰富与完善自己的方式;处低谷而力争,受磨难而奋进,这是身处逆境的学问,是将压力变成动力之所为。无论顺境还是逆境,其作用的结果都取决于当事者的世界观、人生观、价值观及人格品质——顺境时淡然,逆境时坦然。

(五)树立正确的生死观

树立正确的生死观。生命的历程是一个从生到死的过程,有生必有死,这是恒定不变的自然现象。生与死是贯穿人生始终的一对基本矛盾。从一定意义上说,正是因为生命短促,每个人只有一次生命,才更显示了人生的弥足珍贵。如何认识、对待生与死,体现了一个人人生境界的高低,更直接影响着他的实际生活。

大学生要意识到生命的宝贵,珍惜、保护自己和他人的生命,合理地规划,不让时间无谓地流逝。还要认识到,只有"生的伟大",才能"死的光荣"。大学生应当正确理解人生的意义和价值,确立高尚的人生价值追求,创造自己精彩的人生。

(六)树立正确的荣辱观

荣辱是一对基本道德范畴,“荣”即荣誉,是指社会对个人履行社会义务所给予的褒扬与赞许,以及个人所产生的自我肯定性心理体验;“辱”即耻辱,是指社会对个人不履行社会义务所给予的贬斥与谴责,以及个人所产生的自我否定性心理体验。

荣辱观是人们对荣辱问题的根本看法和态度,是一定社会思想道德原则和规范的体现和表达。大学生只有具备正确的荣辱观,明确是非、对错、善恶、美丑的界限。

【课堂互动】

欣赏剧。

要求:以组为单位,共分为5组(一组5~8人)。以“八荣八耻”内容为题材,每组自愿选择内容进行小编剧(内容不要重复),课外准备两周。

形式:教师安排时间并有选择性的课堂表演及交流。

效果:通过课堂表演与交流,使学生提高对社会主义荣辱观的正确认识,增强是非、对错、善恶、美丑的界限,努力做到实施社会主义荣辱观的自觉性。

【教师小结】

只有坚持社会主义荣辱观,才会在纷繁复杂的社会生活中明确应当坚持和提倡什么,反对和抵制什么,从而为自身判断行为得失,做出道德选择,确定价值取向,提供基本的价值准则和行为规范。

二、反对错误人生观

是非明,方向清,路子正,人们付出的辛劳才能结出果实,人生实践才能获得应有的价值和意义。由于受国内外各种错误思潮、腐朽观念等因素的影响,现实中还存在拜金主义、享乐主义和极端个人主义等种种错误观念和看法。这些错误人生观容易侵蚀大学生的心灵,不利于大学生树立科学高尚的人生观、价值观。大学生要学会思考、善于分析、正确抉择,认清这些错误思想观念的实质,警惕和自觉抵制它们的侵蚀。我们要坚决抵制以下几种错误的人生观:

(一)拜金主义

拜金主义人生观将金钱神秘化、神圣化,以追逐和获取金钱作为人生目的和生活的全部意义。

【案例展示】

天之骄子的沦落

经贵州省高级人民法院核准,犯下抢劫杀人大案的“大学生兄弟”黄中强、黄中国被执行死刑。21岁的黄中国和23岁的黄中强,分别系遵义师专和遵义医学院的学生。2月20日下午,黄中国与哥哥黄中强经过周密策划后,携带榔头、封口胶、手套等作案工具,以借麻将为由,敲开邻居苟玉兰家的门。入室后,二人用榔头将苟击倒,后又找来菜刀,猛割苟的左颈动脉,致苟死亡。两人从苟家抢走手机、传呼机、茅台酒、香烟等物和400元现金、三张储蓄卡后逃离现场。案发后,二被告人又多次给受害人丈夫打电话,以“告诉谁雇凶”为名索要8万元巨额现金。6月12日,遵义市中级人民法院以抢劫杀人罪分别判处黄中国、黄中强死刑,剥夺政治权利终身,并处没收个人全部财产。金钱、贪欲和不劳而获的思想把他们送上了断头台。临刑前,黄中强给他的父母写下遗书,书中充满了愧疚之意,对自己的人生表示了深深的悔恨,但为时已晚。

(来源:搜狐新闻)

【教师点评】

案例中的人物没有正确的价值观和人生观,追求的是拜金和享乐,违法违纪,把金钱作为衡量人生价值的唯一标准,最后走上不归之路。树立正确的人生观才能引领人们走上正确的道路。

【课堂互动】

以金钱是否是万能的为主题开展课堂辩论会。

古人说:“有钱能使鬼推磨”;“钱有两戈,伤尽古今人品”。今人说:“金钱不是万能的,但没有钱是万万不能的”。哲学家说:“金钱是一个债主,借你一刻的欢悦,让你付上一世的不幸。”史学家说:“道德是永存的,而财富每天都在更换主人。”

要求:同学们结合上面的几句话,谈谈你的理解,并说明理由。正反双方先派一名同学陈述自己的观点,先正方发言,后反方发言,双方各限时一分钟。然后进行自由辩论,正反双方必须交替发言,正方先开始,整体时间30分钟。

观点:金钱是万能的(正方);金钱不是万能的(反方)。

【教师小结】

易卜生(挪威)说:“钱能买来食物,却买不来食欲;钱能买来药品,却买不来健康;钱能买来熟人,却买不来朋友;钱能使你每天开心,却不能使你得到幸福。”拿破仑曾经拥有许多普通人想要的一切——荣耀、权力、财富,他却说:“我这一生从来没有过一天快乐的日子。”由此可见钱并不是万能的。从本质上看,它是固定充当一般等价物的商品,也正是由于货币的本质是一般等价物,能和其他一切商品相交换,并表现其他一切商品的价值,从一定意义看,货币是财富的象征,社会上才会有人对货币盲目地崇拜,痴狂去追求;从职能上看,他具有价值尺度、流通手段两个基本职能。

“壹基金”的提出,意思是:每个人每个月捐献一元钱,大家互相帮助万众一心,集合每个人很小的捐献,用你们的爱心让小捐献变为大慈善,去支援帮助那些需要帮助的人们。钱不能想怎么花就怎么花,也不能无节制地花。我们理性地对待金钱,通过合乎道德与法律的正当途径理直气壮地挣钱,把钱用到利于国家社会、利于他人的有益的地方,用到有利于自己发展、实现人生价值的地方。正所谓“君子爱才,取之有道,用之有度”。

(二)享乐主义

享乐主义人生观是一种把享乐主义作为人生目的的人生观,主张人生的唯一目的和全部内容就在于满足感官的需求和快乐。

【案例展示】

刘雪梅的快意人生

在父母和亲戚们的眼中,刘雪梅是一位品学兼优的好孩子。考上大学后,她所做的事却令亲人们不敢相信。父母省吃俭用,每月供给她五六百元的生活费。但她仍在2003年将近一年内,利用帮三姨的女儿找工作、帮四姨夫买房子等借口,共骗取亲戚们金钱高达42万元。刘用这些钱购买房子和男朋友同居,还购买家具和高档生活用品,频繁更换手机,经常开着自己购买的车子出入大商场和高档酒店。案发后,当记者采访刘雪梅为什么这样做时，她说都是为了男朋友，并还说："人人都是平等的，为什么你穿好的，吃好的，而我只能过中等家庭的生活？"这就是她诈骗的原因！

（来源：豆丁网）

问题：享乐主义人生观的危害是什么？

【教师小结】

在现实生活中，凡是受到这种享乐主义人生目的腐蚀的人，必然会贪图个人享受，追求吃喝玩乐，从而在人与人的关系上只顾自身需要和满足，损人利己，投机取巧，做出种种不道德的行为。更有甚者，许多贪污盗窃、违法乱纪的犯罪行为，究其原因，正是受了这种错误的人生目的的侵蚀和毒害。有的大学生沉溺于物质攀比，甚至不顾父母的经济承受能力，一味地向父母索取，这些都是享乐主义人生目的的具体表现。大学生要想做一个有崇高理想、高尚道德、有益于社会的人，必须抵制和克服享乐主义人生目的。

（三）极端个人主义

【案例展示】

一颗陨落的流星①

对美国中部平静、宁和的小镇衣阿华市来说，1991 年万圣节不啻一个"凶日"，一个名副其实的"鬼节"。翌晨，《衣阿华人日报》破例印出号外：一名枪手射杀四人、重伤二人后饮弹自尽。两名重伤者，一名在医院不治身亡，另一名颈部以下高位截瘫。《纽约时报》报道此事的消息末尾带了一笔："枪手是一名来自中国的留学生，他叫卢刚。"

卢刚出生于工人家庭，18 岁考入北京某大学物理系。1984 年，1981 级某班 3 人通过李政道主持的中美物理学交流计划（CUSPEA）考试，卢刚是其中之一。他在两门考试中得到了 197 分，突破他后来就读的美国衣阿华大学的纪录。卢刚 22 岁毕业后即以交换学生身份赴美攻读博士学位。他在衣阿华大学物理系留学，研究重点是太空等离子理论，属于现代物理学的尖端领域。由于这一领域的高度复杂性和狭窄性，全世界仅约 300 名科学家有能力

① 详见：1992 年 3 月 27 日《青年参考》"万圣惊魂——发生在衣阿华大学的惨剧"一文（有删改）。

涉足其中。卢刚对自己的课题研究非常专注,他试图借助电子计算机来寻求理论方面的突破。卢刚十分注重推理、求证和结论的精确、公允。卢刚做什么事情都要求做得特别好,从不马虎。

然而,“卢刚极孤僻”,读本科时,老师同学常这么说他。本科毕业前,班上同学成群结伙去龙庆峡,独不见卢刚。回校后照毕业合影,找卢刚还颇费了些劲。

卢刚到衣大物理系不久即从师于颇负盛名的理论天体物理学家戈尔兹教授。起初戈尔兹教授很欣赏自己的第一个中国弟子,他甚至给卢刚机会去欧洲进修、开会、游玩。系里对卢刚也十分器重,甚至在录取新的中国学生时,也常常参考他的意见。那段时间确实是卢刚最顺心遂意的时期。

可是,戈尔兹教授对卢刚的欣赏却如雪中观景,春天一到,顷刻冰消瓦解。人称戈尔兹研究兴趣广泛,不巧的是,他对卢刚的课题却显得有些鞭长莫及因而不感兴趣。卢刚夜以继日地紧张工作,却常遭到戈尔兹教授的训斥。

1987 年春天,戈尔兹麾下又多了一位中国学生——山林华。山林华来自安徽中国科技大学,小卢刚一岁,出身于浙江嘉兴农村一个种田人家。天生的精明、伶俐与后天艰苦环境的摔打、磨炼,造就了他在为人处世上特有的机警、灵活与成熟。在衣大,山林华很快也成为引人注目的人物。他同卢刚一样,被公认为系里“最优秀的学生”之一。山林华幸运地选择了与导师兴趣一致的实验性研究课题,他一开始就注意同戈尔兹进行某些学术合作。他那惯于吃苦的韧性和聪颖灵活的天赋,很快给戈尔兹以极好的印象。

后来,卢刚的博士论文答辩,第一次没能通过。令卢刚最不能忍受的是,山林华从另外一所大学转学到衣大已比卢刚晚了一年半,却早于卢刚提前毕业,并被确定为物理系参加学校评奖的候选人。

春天悄悄地过去了。卢刚终于毕业取得博士学位。但随之而来的是找工作的压力——经济萧条,财政紧缩,美国许多科研机构纷纷裁员,使该专业本就狭窄的就业前景变得更加暗淡。

在心理极度失衡的状态下,卢刚拿起枪,迈向了罪恶的深渊。被杀害的人中,有他的导师戈尔兹和同学山林华。国际科学界顿失多位栋梁之材。

深富道德感和自省传统的中国人对卢刚的罪愆无不震惊,遗憾……

【教师评析】

极端个人主义人生观是一切从个人出发,把个人的利益放在集体利益之上的人生观，它突出强调以个人为中心，否认社会和他人的价值，甚至不惜采用损人利己的方式来追求自己的人生目标。作为新时代大学生要坚决反对和驱逐以个人为中心的人生观，要担当新时代赋予的历史责任，应当与历史同向、与祖国同行、与人民同在，在服务人民、奉献社会的实践中创造有意义的人生。

三、成就出彩人生

【案例展示】

著名经济学家、北京天则经济研究所理事长茅于轼，在中国农业大学举办的以“面对西部，我们怎么办?”为主题的中国农业人才论坛上，作为嘉宾激励在座的同学说：“西部需要你们，你们也需要西部！”在同学们热烈的掌声中，这位74岁的长者，以自己的切身经历，告诫大家一定要树立到艰苦地区锻炼自己的意识。

茅于轼说：“1950年，我21岁，从上海交大机械系毕业。我的伯父茅以升当时任上海桥梁公司董事长，‘社会关系挺硬’，在上海找工作，一点问题也没有。但我主动去东北，在齐齐哈尔铁路局工作5年，任火车司机、技术员、工程员。那时的东北，比现在的西部还要荒凉。这一段时间，我知识上长进，经验上长进，毅力也长进，一生受用！”

（来源：人民网）

通过案例分析教师组织学生课堂讨论：作为新世纪的大学生，你将怎样去实现自己的价值?

【教师小结】

社会实践是人生价值真正的源头活水，是实现人生价值的必由之路。需要走与人民群众相结合的道路，要在为人民服务、实现人民群众利益的过程中实现人生价值；走与社会实践相结合的道路，才是实现人生价值的途径。茅于轼先生的经历和体验告诉大家，人只有在积极投身社会实践的过程中，才能不断丰富和发展自己，不断完善和超越自我，为自我的全面发展，人生价值的实现奠定坚实的内在基础。

（一）人生价值实现的条件

人生价值实现的条件包括社会客观条件、个人自身条件和个人的能力。

1. 实现人生价值要从社会客观条件出发

人生价值是在社会实践中实现的,人的创造力的形成、发展和发挥都要依赖于一定的社会客观条件。

人生价值目标要与符合人类社会发展规律的核心价值体系相一致。

社会主义核心价值观,是人们观察世界、判断事物的基本标准。

2. 实现人生价值要从个人自身条件出发

实现人生价值应从个体自身条件出发。个体自身条件主要包括:思想道德素质、科学文化素质、生理心理素质等。

应根据自身条件来确定自己的人生价值目标,客观地认识自己,是确定人生价值目标的重要前提。

3. 不断增强实现人生价值的能力和本领

个人的主观努力,在相当大的程度上决定着人生价值的实现程度。要全面提高自身的综合素质和能力,努力创造实现人生价值的良好条件。人生价值尤其是人生的道德价值的实现就在尽职尽责、奋发努力的过程中;实现人生价值要有自强不息的精神。

【案例展示】

差　别

两个同龄的年轻人同时受雇于一家店铺,并且拿同样的薪水。一个叫阿诺德的小伙子青云直上,而另一个叫布鲁诺的却原地踏步。对此布鲁诺很不满意老板的不公正待遇,终于有一天他到老板那儿发牢骚了。

老板一边耐心地听着他的抱怨,一边在心里盘算着怎样向他解释清楚他和阿诺德之间的差别。

“布鲁诺先生,”老板开口说话了,“您到集市上去一下,看看今天早上有什么卖的。”

布鲁诺从集市上回来向老板汇报说,今早到现在集市上只有一个农民拉了一车土豆在卖。

“有多少?”老板问。

布鲁诺赶快戴上帽子又跑到集上,然后回来告诉老板一共有四十口袋土豆。

“价格是多少?”

布鲁诺又第三次跑到集上问了价钱。

"好吧，"老板对他说，"现在请您坐到这把椅子上一句话也不要说，看看别人怎么说。"

老板让人叫来了阿诺德，也叫他去集市上看看有什么卖的。阿诺德很快从集市上回来了，并汇报说到现在为止只有一个农民在卖土豆，一共有四十口袋，价钱是多少多少，土豆质量很不错，他带回来一个让老板看看。这个农民一个钟头以后还会弄来几箱西红柿，据他看价格非常公道。昨天他们铺子的西红柿卖得很快，库存已经不多了，他想这么便宜的西红柿老板肯定会要进一些的，所以他不仅带回了一个西红柿做样品，而且把那个农民也带来了，他现在正在外面等回话呢。

此时老板转向布鲁诺，说："现在你肯定知道为什么阿诺德的薪水比你高了吧？"

（来源：豆丁网）

【教师小结】

故事讲述了布鲁诺开始与阿诺德同时受雇于同一个老板，拿着同样的薪水，但后来自己拿得不如阿诺德多，他不理解，只是抱怨，他的这种不理解实际上是对自己、对阿诺德缺乏认识，通过老板的有力说服、论证，布鲁诺明白了自己与阿诺德的差距所在，并为自己将来的进步打下了基础。这个故事告诫我们做任何事要靠自己的能力和本领，才能创造有价值的人生。

（二）在实践中创造有价值的人生

【案例展示】

企业用人看重大学生的价值取向

这是中国人民大学模拟人才招聘会上，大企业现场给学生们出的题。

你坐在船上，背着一个包袱。这个包袱里装着权利、健康、金钱和诚实。这个时候，河面上刮起了大风，为了保证你的安全，你必须扔掉一个包袱，这个时候，你会选择先扔哪一个呢？

贝尔实验室、宝洁（中国）有限公司、通用电气（中国）有限公司等一批知名企业的考官参加了模拟人才招聘会。通用公司的招聘人员直言："如果面试学生和企业的价值取向不相合，我们肯定会拒绝他！"

考官们表示,现代企业越来越要求员工的合作能力,如果一个人首先放弃了诚实,就等于放弃了和大家真诚交往的机会,放弃了社会责任,这样的人企业是不会要的。

在场的一位就业指导方面的专家表示,在大学生智商相差不大的情况下,考查学生的价值观是否和公司的理念相符,是企业招聘的趋势。大学生在走上社会之前,应该对自己的价值观有一个分析和评价,树立健康的价值观对未来发展是很重要的。

(来源:CSDN 博客频道)

根据案例老师点评。

【教师小结】

依靠自身的德行、知识、能力才是实现人生价值的必由之路。人的能力是人的本质力量的具体体现,人的能力的大小、高低,与个人先天的自然禀赋有一定的关系,但主要取决于后天的自觉训练和努力提高。这些方面缺一不可,这些构成了一个人素质的整体,缺少任何一个方面都可能导致畸形,从而制约着人生价值的实现。因此大学生要学会在实践中发现新知、运用真知,在解决实际问题的过程中增长才干,不断提高实践能力、创新能力,实现最大的人生价值,创造无悔的青春。

【教学实践】

安排一次主题演讲活动,参考题目:

(1)“我选择,我担当”

(2)“社会责任”

【课后练习】

1. 为什么要树立正确的人生观?

2. 如何理解人生目的、人生态度和人生价值的关系?为什么说人生目的是人生观的核心?

3. 根据马克思主义关于人与社会关系的原理说明人生的自我价值与社会价值的关系。

第六章

坚定理想信念

【教学目的和要求】

科学的理想信念,既是指引人们穿越迷雾、辨识航向的灯塔,也是激励人们乘风破浪、搏击沧海的风帆。通过本课学习,使学生坚定崇高信念,追求远大理想,为实现中国特色社会主义共同理想而奋斗的过程中实现个人理想。

【教学重点与难点】

1. 理想信念是精神之“钙”。

2. 个人理想与中国特色社会主义共同理想的关系。

3. 当代大学生应该树立正确的科学理想信念。

4. 在实践中化理想为现实。

【课堂导入】

老师与学生共同欣赏流沙河的诗歌《理想》。

【教师点评】

流沙河的这首关于理想的诗,深刻说明了理想的特征和作用。是的,理想信念是人的心灵的核心。大学时代,正是人生之舟起航之际,崇高的理想和信念将帮助我们扬起生命的风帆,伴随着我们走过人生之旅。

一个人如果只是空有理想,而不去追求,没有一种执着的精神,那么理想也永远只能是理想。大学生坚定科学信仰,追求远大理想,在为实现中国特色社会主义共同理想而奋斗的过程中实现个人理想,是自身成长成才的现实需要,也是国家和人民的殷切期盼。

第一节　理想信念的内涵及重要性

科学的理想信仰,是为实现中国特色社会主义共同理想而奋斗的过程中实现的个人理想,是自身成长成才的现实需要,也是国家和人民的殷切期盼。

【课堂导入】

通过下面案例进行课堂讨论。

【案例展示】

美国哈佛大学的一项调查

美国哈佛大学30年前曾对当时即将从哈佛大学毕业的一群意气风发的天之骄子做一项关于人生目标的调查,他们的智力、学历、环境条件都相差无几。结果是这样的:

27%的人,没有目标。

60%的人,目标模糊。

10%的人,有清晰但比较短期的目标。

3%的人,有清晰而长远的目标。

25年后,哈佛再次对这群学生进行了跟踪调查。结果是这样的:

3%的人,25年间他们为了实现既定的目标,几十年如一日,努力拼搏,积极进取,百折不挠,最终成了百万富翁、行业领袖或精英人物。

10%的人,他们的短期目标不断实现,成为各个领域中的专业人士,大都生活在社会的中上层。

60%的人,他们没有多大的理想和抱负,整日只知为生存而疲于奔命,但都没有什么特别的成绩,几乎都生活在社会的中下层。

剩下的27%的人,他们的生活没有目标,过得很不如意,长期在失败的阴影里挣扎,并且常常在埋怨他人、抱怨社会、抱怨这个"不肯给他们机会"的世界。

(来源:豆丁网)

【教师点评】

通过本案例可以帮助我们思考有理想、没理想的关系，长远理想与短期理想的关系，清晰的理想与模糊理想的关系。这些关系是确定人生目标的关键。

那么，到底什么是理想、信念，大学生应该树立怎样的理想信念，理想又将如何实现呢？今天，我们就来讨论理想与信念的问题。

一、什么是理想信念

理想信念是人类特有的精神现象。人既需要物质资料来满足生存需要，也需要理想信念来充实精神生活。正确坚定的理想信念，激励人们为一定的社会理想和生活目标而不断努力追求。

（一）理想的内涵与特征

1. 理想的内涵

理想是人们在实践中形成的、有实现可能性的、对未来社会和自身发展目标的向往与追求，是人们的世界观、人生观和价值观在奋斗目标上的集中体现。

在中国古代，理想叫作“志”，即志向。孔子讲“三军可夺帅也，匹夫不可夺志也”。

今天，理想从一般的意义上讲，是人们在实践中形成的、有可能实现的、对未来社会和自身发展的向往与追求，是人们的世界观、人生观、价值观在奋斗目标上的集中体现。

对理想定义的理解，要把握好三个关键词：指向未来、具有实现的可能性、奋斗目标。

2. 理想的类型

理想是多方面和多类型的，根据不同的标准，可分为个人理想和社会理想，近期理想和远期理想，生活理想、职业理想、道德理想和政治理想等。

从理想的内容上分有社会政治理想、道德理想、职业理想和生活理想四种。

从理想的对象上分，有个人理想和社会理想。二者的关系：社会理想决定制约个人理想，个人理想与社会理想目标一致实现的可能性就大，如果方向相反,就不易实现,实现了也会造成损害;个人理想体现社会理想,社会理想依赖于个体理想的实现。

3. 理想的特征

现实可能性;超前性;具体时代性;实践性。

理想都带有鲜明的时代特色。

【案例展示】

保尔·柯察金和比尔·盖茨是否都是英雄

电视连续剧《钢铁是怎样炼成的》播出后,曾在社会上引发强烈反响,青年中重新掀起了"保尔热"。而青年在传统理想教育中已不再仅仅扮演被动接受的角色,他们更多地将传统的时代英雄与现代社会中被人们推崇的风云人物相比较,希望从看似冲突的两类人物中找出共同点,拓展自己的思考空间,获得更多的人生启示。比尔·盖茨便是一个与保尔有着巨大精神反差却又能同时被中国青年认可的时代英雄。他们一个是战士,以牺牲精神和无私奉献而名垂青史;一个是知识经济时代的杰出人物,不仅为自己挣得财富和名声,更影响和改变了人类社会的生活和生产方式。

(来源:百度文库)

根据以上材料,学生思考:为什么保尔·柯察金和比尔·盖茨在今天能够同时成为当代中国青年钦佩不已的理想楷模?

(二)信念的内涵与特征

信念同理想一样,也是人类特有的精神现象。信念是人们在一定的认识基础上确立的对某种思想或事物坚信不疑并身体力行的精神状态。信念是认知、情感和意志的有机统一体,为人们矢志不渝、百折不挠地追求理想目标提供了强大的精神动力。

1. 信念的含义

信念是认知、情感和意志的有机统一体,是人们在一定的认识基础上确立的对某种思想或事物坚信不疑并身体力行的心理态度和精神状态。信念以认识为基础,以情感为关键,以意志为保证。

2. 信念的特征

1)执着性:信念因其执着而为信念。信念一旦形成,就不会轻易改变。

2）多样性：一方面，不同的人由于社会环境、思想观念、利益需要、人生经历和性格特征等方面的差异，会形成不同的信念；另一方面，同一个人也会形成不同类型和层次的信念，并由此构成其信念体系。在信念体系中，有高层次的信念与低层次的信念，盲目的信念与科学信念之分。

（三）理想和信念的关系

二者总是相互依存。理想是信念所指的对象，信念则是理想实现的保障。离开理想这个人们确信和追求的目标，信念无从产生；离开信念这种对奋斗目标的执着向往和追求，理想寸步难行。

【案例展示】

一个苹果赋予生命的力量

一场突然而至的沙暴，让一位独自穿行大漠的旅者迷失了方向，更可怕的是装干粮和水的背包都不见了。翻遍所有的衣袋，他只找到一只泛青的苹果。"哦，我还有一只苹果。"他惊喜地喊道。他攥着那只苹果，深一脚浅一脚地在大漠里寻找着出路。整整一个昼夜过去了，他仍未走出空阔的大漠。饥饿、干渴、疲惫却一起涌上来，望着茫茫无际的沙漠，有好几次他都觉得自己快要支撑不住了，可是看一眼手里的苹果，他抿抿干裂的嘴唇，陡然又添了些许力量。

顶着炎炎烈日，他已数不清摔了多少跟头了，只是每一次他都挣扎着爬起来，踉跄着一点点往前挪，他心中不停默念着："我还有一只苹果，我还有一只苹果……"

三天以后，他终于走出了大漠。那只他始终未曾咬过一口的青苹果，已干巴得不成样子，他还宝贝似的拿在手中，久久凝视着。强烈的生之信念和希望把他拉出了死亡的边缘。

（来源：第一范文网）

问题：如何理解信念的作用？

【教师点评】

有位诗人说得好："信心是半个生命，淡漠是半个死亡。"在生命的旅途中，我们常常会遭遇各种挫折和失败，会身陷某些意料之外的困境。这时，不要轻易地说自己什么都没有了，其实只要心头不熄灭一个坚定的信念，努力地去找,总会找到帮助自己渡过难关的那“一只苹果”,握紧它,就没有穿不过的风雨、涉不过的险途。

理想指引方向,信念决定成败。没有理想信念的人生,就像失去了方向和动力的小船,在生活的波浪中随处漂泊,甚至会沉没于急流之中。理想信念是人生发展的内在动力。在大学期间,大学生不仅要提高知识水平,增强实践才干,更要坚定崇高的理想信念。

二、理想信念是精神之“钙”

理想信念是人的精神世界的核心,是人精神上的“钙”。没有理想信念,理想信念不坚定,精神上就会“缺钙”,就会得“软骨病”。一个人精神上“缺钙”,就容易精神空虚甚至陷入精神荒漠,既不可能感受精神生活的丰满充实,更不可能承担时代所赋予的历史重任。

【课堂导入】

视频播放:三轮车夫11年考研路。

学生讨论:你对三轮车夫11年考研路有什么感想?(教师安排时间)

在学生思考讨论的基础上,教师导入课堂。

(一)理想信念指引的奋斗目标

【案例展示】

三个农民工砌墙的故事

三个农民工在砌一堵墙。有人过来问:“你们在干什么?”第一个人没好气地说:“没看见吗?砌墙。”第二人抬头笑了笑,说:“我们在盖一幢高楼。”第三个人边干边开心地哼着歌曲,他的笑容很灿烂,说:“我们正在建设一个新城市。”10年后,时间将三个人分出了层次:第一个人在另一个工地上砌墙;第二个人坐在办公室中画图纸,他成了工程师;第三个人呢,是前两个人的老板。

(来源:新浪博客)

通过材料让学生思考讨论:为什么站在同一起点的人,在今后却走出了不同的道路?真的是时间将他们分出层次来的吗?谈谈个人的看法。

上述问题由教师与学生互动得出答案。

【教师点评】

不同的理想信念,就有不同的人生规划,也就有了不一样的人生,或碌碌无为,或铸就辉煌。没有理想信念的人生,就像失去了方向和动力的小船,在生活的波浪中随处漂泊,甚至会沉没于急流险滩。大学时代,正是人生风华正茂之际,远大的理想和崇高的信念将帮助一代有为青年扬起生命的风帆,开辟和探索人生新的航程。

(二)理想信念提供前进动力

【案例展示】

别让自己的提醒晚到一步①

美国诺必塔小学的董事兼校长皮尔·保罗对所有的学生都是一视同仁的,在他的心目中根本没有什么“优生”和“差生”之别。因而,他对所有学生都给予热忱的鼓励,从而在他们心中竖起一面旗帜,而孩子确实是需要鼓励、需要有一面旗帜的。在他的学生中,有一位叫罗杰·罗尔斯的学生后来成为美国纽约州历史上第一位黑人州长。

罗杰·罗尔斯出生在纽约的大沙头贫民窟。那里环境恶劣,充满暴力。罗杰·罗尔斯所在的诺必塔小学的学生不与老师合作,旷课、斗殴,甚至砸烂教室黑板。皮尔·保罗想了很多办法来引导他们,可是没有一个是奏效的。后来他发现这些孩子都很迷信,于是在他上课的时候就多了一项内容——给学生看手相。他用这个办法来鼓励学生。

有一天,当罗尔斯从窗台上跳下,伸着小手走向讲台时,皮尔·保罗说:“我一看你修长的小拇指就知道,将来你是纽约州的州长。”当时,罗尔斯大吃一惊,因为长这么大,只有他奶奶让他振奋过一次,说他可以成长为五吨重的小船的船长。这一次,皮尔·保罗先生竟说他可以成为纽约州的州长,着实出乎他的预料。他记下了这句话,并且相信了它。

从那天起,“纽约州州长”就像一面旗帜飘在罗尔斯的心中,他的衣服不再沾满泥土,说话时不再夹杂污言秽语。他开始挺直腰杆走路,在以后的40多年间,他没有一天不按州长的身份要求自己。51岁那年,他终于成了

① 资料来源:厉尊《别让自己的提醒晚到一步》,中国纺织出版社2004年版。

州长。

在就职演说中,罗尔斯说:“信念值多少钱?信念是不值钱的,它有时甚至是一个善意的欺骗,然而你一旦坚持下去,它就会迅速升值。”信念,可以成为所有奇迹的萌发点;鼓励,能够成为一个人一生的动力。

思考:罗尔斯的人生信念对他的人生产生了什么影响?

【教师点评】

一句小小的鼓励,转化成一个孩子的信念。正是在这种信念的驱使下,故事的主人公以一名“州长”的标准严格要求自己,最终实现了自己儿时的理想。从一个顽劣的少年,到一个品行端正的有为州长,信念的价值就在于此。对于一个人来说,其一生不可能都是一帆风顺,万事如意的。在漫长的生活道路上,必然会遇到一些风浪、坎坷、逆境,理想信念就是战胜它们的力量之源。

(三)理想信念提高精神境界

理想在人的精神生活中居于主导地位。远大的人生理想能够形成坚定的人生信念和坚强的革命意志,使人在顺境中能够形成坚定的人生信念和坚强的革命意志,使人在顺境中能够奋发前进,在逆境中百折不回,甚至在死亡面前也毫无惧怕。科学信念的确立,会使个人感到生活充实,精神上、心理上能够得到满足和安慰。

【案例展示】

《大江歌罢掉头东》的故事

1917年9月周恩来东渡日本,开始留学日本的生活。出发时,他写下了《大江歌罢掉头东》:

大江歌罢掉头东,邃密群科济世穷。

面壁十年图破壁,难酬蹈海亦英雄。

此诗表现了青年时代的周恩来要为拯救中华而贡献出一切的豪迈气概。

【教师小结】

历史告诉我们,一个民族有个理想,就能号召人民、动员人民同心协力、团结奋斗。没有理想的民族是没有希望的民族。对于一个人来说,没有理想，精神无所寄托，生活毫无生气，青春就会枯萎，庸庸碌碌，虚度一生，甚至会悲观厌世，随时会在生活的大海中沉没。理想是一个人的灵魂，是人生大厦的支柱。科学崇高的理想，对大学生成长成才过程中起着重要作用。

第二节　崇高的理想信念

【课堂导入】

马克思在中学毕业论文《青年在选择职业时的考虑》中写道："如果我们选择了最能为人类谋福利而劳动的职业，那么，重担就不能把我们压倒，因为这是为大家而献身；那时我们所感到的就不是可怜的、自私的、有限的乐趣，我们的幸福将属于千百万人，我们的事业将默默地、永恒地发挥作用存在下去，而面对我们的骨灰，高尚的人们将洒下热泪。"①

高尔基说："一个人追求的目标越高，他的才力就发展得越快，对社会就越有益。"

罗素说："只有同这个世界结合起来，我们的理想才能结出果实；脱离这个世界，理想就不结果实。"

通过以上材料让学生分析与思考：今天在许多年轻大学生看来，理想不再只意味着革命和战斗，理想也可以是享受人生之快乐。在座的同学们怎么看待这个问题？

【教师点评】

实现美好理想是每一个社会的向往与追求，今天为实现中华民族伟大复兴的共同理想是我们的奋斗目标，今天我们要正确认识自身肩负的历史使命，确定科学的理想信念，为现阶段我国各族人民的共同理想而努力。

一、为什么要信仰马克思主义

坚定的理想信念，必须建立在对马克思主义的深刻理解上，建立在对历史规律的深刻把握上。马克思主义作为我们立党立国的根本指导思想，是近代以来中国历史发展的必然结果，是中国人民长期探索的历史选择，也是

① 《马克思恩格斯全集》第40卷，人民出版社2006年版，第7页。

由马克思主义严密的科学体系、鲜明的阶级立场和巨大的实践指导作用决定的。大学生只有确立马克思主义的科学信仰,才能真正确立崇高的理想信念,在错综复杂的社会现象中看清本质、明确方向,为服务人民、奉献社会做出更大的贡献。

【课堂导入】

视频欣赏:通俗理论对话节目《马克思是对的》

视频有《你好,马克思》《洞悉世界的眼睛》《不朽的〈资本论〉》《解放全人类的胸怀》《千年思想家》5 集,从中选择一或二集组织学生观看。

要求:写出观后感。

【教师小结】

通过观看这部《马克思是对的》电视节目让我们明白,马克思一生不为了钱、不为了权,只为了"为人类幸福而工作"这个信仰一往无前。追寻梦想的过程中他经历的贫穷,与后来的成就相比简直无法比拟。马克思也曾叛逆过、迷惘过、苦恼过,但他勤于读书、善于思考、坚持梦想、敢于批评、勇于实践、不畏苦难,一步一步朝着那个最初的梦想靠近。

从马克思身上我们看到了为了梦想奋斗拼搏的精神,当我们回顾马克思一生践行"为人类而工作"的理想信念,就更能理解习近平总书记所说的"不忘初心,方得始终"的深刻含义。对于我们当今时代的大学生来说,马克思的思想能为我们打开精神世界的大门,能让我们更好地去面对当今的社会,更好地去创造属于我们独特的人生!

确立马克思主义的科学信念应从以下几方面理解:

(一)马克思主义体现了科学性和革命性的统一

马克思主义是指引人民推动社会进步、创造美好生活的科学理论。它反映了无产阶级的革命本质和博大胸怀,以解放全人类为己任,为人类的进步和解放指明了正确方向,为人们认识世界和改造世界提供了科学的立场、观点和方法。

时代在变化,社会在发展,但马克思主义基本原理依然是科学真理。尽管我们所处的时代同马克思所处的时代相比发生了巨大而深刻的变化,但从世界社会主义五百年的大视野来看,我们依然处在马克思主义所指明的历史时代。这是我们对马克思主义保持坚定信心、对社会主义保持必胜信念的科学根据。

（二）马克思主义具有鲜明的实践品格

马克思主义不仅致力于科学解释世界，而且致力于积极改变世界。

在伦敦海格特公墓马克思的墓碑上，镌刻着马克思的一句名言："哲学家们只是用不同的方式解释世界，而问题在于改变世界。"（《马克思恩格斯文集》第一卷，人民出版社2009年版，第506页）这鲜明地表明了马克思主义重视实践、以改造世界为己任的基本特征。170年来，正是在马克思主义的指导下，社会主义由空想变成科学，由科学理论转变为社会实践。中国特色社会主义的成功实践，无可辩驳地证明马克思主义是认识世界和改造世界的强大思想武器，社会主义具有光明的未来。

（三）马克思主义具有持久生命力

马克思主义具有与时俱进的理论品格和持久生命力。作为一个开放的理论体系，马克思主义不但不排斥而且最能够吸收、提炼人类创造的一切科学知识和文明成果，并将其运用于推动社会历史的进步。马克思主义进入中国，既引发了中华文明的深刻变革，也走过了一个逐步中国化的过程。实践证明，马克思主义只要与本国国情相结合、与时代发展同进步、与人民群众共命运，就能焕发出强大的生命力、创造力和感召力。

【课堂互动】

近年来，一些大学生中存在马克思主义过时论，认为一百年前的马克思主义今天已经过时了。

请同学们一起来谈谈对上面说法的看法。（时间安排老师自定）

【教师点评】

大学生坚定马克思主义信仰，最重要的是学习和掌握马克思主义的立场、观点、方法，确立正确的世界观和历史观，准确把握时代发展潮流，以科学的理想信念指引人生前进的道路和方向。

马克思主义是党和人民事业不断发展的参天大树之根本，是党和人民不断奋进的万里长河之泉源。"对马克思主义的信仰，对社会主义和共产主义的信念，是共产党人的政治灵魂，是共产党人经受住任何考验的精神支柱。”(《习近平谈治国理政》第一卷,外文出版社 2018 年版,第 15 页)背离或放弃马克思主义,就会失去灵魂、迷失方向。

二、中国特色社会主义是我们的共同理想

有共同理想,才能有共同步调。在中国共产党领导下,坚持和发展中国特色社会主义,实现中华民族伟大复兴,必须树立中国特色社会主义共同理想。

(一)坚定中国特色社会主义信念

【课堂互动】

中国为什么选择社会主义?中国为什么高举中国特色社会主义伟大旗帜?

要求:

1. 通过课下查资料,找出中国选择社会主义的原因、背景;列出改革开放 40 年中国取得的伟大成就。

2. 学生发言并课堂交流。(时间安排老师自定)

【教师小结】

中国特色社会主义是科学社会主义,不是别的什么主义。历史和现实都告诉我们,只有社会主义才能救中国,只有中国特色社会主义才能发展中国。中国特色社会主义是当代中国发展进步的根本方向,是发展中国、稳定中国的必由之路。大学生要坚定中国特色社会主义信念,不断增强道路自信、理论自信、制度自信,成长为党和人民需要的有用之才。

(二)坚定对中国共产党的信任

中国共产党是中国工人阶级的先锋队,同时又是中国人民和中华民族的先锋队,是中国特色社会主义事业的领导核心。中国共产党自诞生之日起,就把为中国人民谋幸福、为中华民族谋复兴作为自己的初心和使命,并团结带领全国各族人民不懈奋斗,战胜各种艰难险阻,不断取得革命、建设、改革的伟大胜利。

【课堂互动】

中国共产党为什么“能”?

要求：

1. 通过课下查资料，列出中国共产党领导中国近百年历史的丰功伟绩。

2. 学生发言并课堂交流。（时间安排老师自定）

【教师小结】

当今中国，只有中国共产党，才能领导中国人民坚持和发展中国特色社会主义，才能担当起带领中国人民创造幸福生活、实现中华民族伟大复兴的历史使命。当代中国大学生，只有在中国共产党的领导下，同人民紧密结合，为祖国奉献青春，才能大有作为。

三、胸怀共产主义远大理想

共产主义是现实运动和长远目标相统一的过程。共产主义是崇高的社会理想，是关于无产阶级解放的学说，同时也是一种现实运动。共产主义远大理想既是面向未来的，又是指向现实的，不仅反映了人们对未来社会的美好向往，更是一个从现实的人出发，不断满足人的现实利益需求、推进人的全面发展、推动社会发展进步的历史过程与现实运动。

【课堂互动】

近年来，一些大学生对理想问题存在着片面和模糊的看法：

有的说："共产主义没有经过时间的检验，可望而不可即，太虚无了。"

有的说："在社会主义阶段宣传共产主义理想，脱离实际。"

有的又说："发展市场经济就是'一切向钱看'，讲共产主义太空洞，还是讲实惠为好。"

请同学们一起来谈谈对上面几种说法的看法。（时间安排老师自定）

【教师小结】

马克思主义科学预测了未来社会的理想状态，指明了人类社会的发展方向。共产主义只有在社会主义社会充分发展和高度发达的基础上才能实现。共产主义远大理想的最终实现是一个漫长、艰辛的历史过程，需要一代又一代人付出艰苦的努力。作为当代大学生，我们要正确认识共产主义远大理想和中国特色社会主义共同理想之间的关系。心中有信仰，脚下有力量。走好新时代的长征路，自觉做共产主义远大理想和中国特色社会主义共同理想的坚定信仰者、忠实实践者,为崇高理想信念而矢志奋斗。

第三节　在实现中国梦的实践中放飞青春梦想

【课堂导入】

克雷洛夫说:“现实是此岸,理想是彼岸,中间隔着湍急的河流,行动则是架在水上的桥梁。”

理想信念是一个思想认识问题,更是一个实践问题。确立了理想,就要有实现理想、把理想转化为现实的渴望。怎样实现理想?实践是使理想变为现实的桥梁和纽带。理想不等于现实,理想的实现往往要通过一条并不平坦的曲折之路,有赖于脚踏实地、持之以恒的奋斗。实践,只有实践,才是通往理想彼岸的桥梁。所以,青年大学生只有通过永不停息的实践活动,才能到达理想的彼岸。

一、理想与现实的关系

在追求理想的过程中,人们常常会感受到理想与现实之间的矛盾。需要正确认识理想与现实的关系。

【课堂互动】

近年来,有一种认识偏向是用理想来否定现实,当发现现实并不符合理想的时候,就对现实大失所望,甚至对社会现实采取全盘否定的态度。还有一种认识偏向是用现实来否定理想,在实现理想的过程中遇到困难时,就觉得理想遥不可及,还是“现实”一点好,甚至有人因此陷入拜金主义、享乐主义和极端个人主义的泥潭而不能自拔。

谈谈你对上面不同观点的看法。(时间安排老师自定)

【教师小结】

从下面三个方面提高认识:

第一,正确认识理想与现实的关系是实现理想的思想基础。

理想与现实是一对矛盾,理想与现实的关系是辩证统一的关系。一方面,理想与现实常常是有矛盾和差距的。理想来源于现实,但理想不等于现实；现实孕育着理想，是理想的基础。科学的理想是集中了现实中美的、善的、好的、有前途的东西加以整合而形成的，是现实的升华。另一方面，理想与现实又是统一的。因为现实中不仅存在着真善美的因素，是转化为理想的基础，而且过去的理想许多都已经成为今天的现实，那么，今天的理想同样可以成为明天的现实。

在理想与现实关系的问题上，我们要防止两种误区：一种是用理想否定现实；另一种是用现实否定理想。因为现实中还存在着不尽如人意的方面，认为理想是空想，对现实毫无作用放弃了对美好理想的追求。正是由于社会生活中还有这样或那样的问题和缺陷，是理想所要解决和完善的，我们的理想才有意义、才有价值。

第二，坚定的信念是实现理想的重要条件。

鲁迅说："在行进时，也时时有人退伍，有人落荒，有人颓唐，有人叛变，然而只要无碍于进行，则越到后来，这队伍也就越成为纯粹、精锐的队伍了。"

我们不仅需要远大的理想，而且要树立起坚定的信念。对自己所选择的理想坚定不移，坚信不疑。信念坚定者，顺境中能抵制名利、享乐的诱惑，逆境中能耐受寂寞、穷困的折磨。而信念脆弱者，在人生奋斗的道路上，随处都可能走上放弃理想的岔路。

第三，大学生为实现理想信念而努力。

【课堂互动】

《光荣啊！中国共青团》歌词

我们是五月的花海，用青春拥抱时代；我们是初升的太阳，用生命点燃未来。"五四"的火炬，唤起了民族的觉醒。壮丽的事业，激励着我们继往开来。光荣啊，中国共青团，光荣啊，中国共青团。母亲用共产主义为我们命名，我们开创新的世界。

回答：用团歌歌词突出理想信念对于青年大学生的特殊意义。

【教师小结】

追求远大理想、坚定崇高信念，是大学生健康成长、成就事业、创造生活、开创未来的精神支柱和前进动力。

引导大学生做什么人:在有理想、有道德、有文化、有纪律的四有新人的目标中,有理想放在突出的位置,做什么人,是同学们在学习生活中面对的人生课题,只有树立崇高的理想和信念,才能解答好这一重要的人生课题。

指引大学生走什么路:大学时期,同学们普遍面临一系列人生的课题,这些问题的解决,需要一个总的原则和目标,这就要确立科学崇高的理想和信念;对当代大学生而言,为什么学习的问题,是与走什么路、做什么人的问题紧密联系在一起的。同学们要把个人的奋斗志向同祖国和民族的命运相联系,使理想信念之花结出丰硕的成才之果。

(一)实现理想的长期性、艰巨性和曲折性

【案例展示】

古诗文欣赏:人生三大境界

昨夜西风凋碧树。独上高楼,望尽天涯路。(晏殊《蝶恋花》)

衣带渐宽终不悔,为伊消得人憔悴。(柳永《凤栖梧》)

众里寻他千百度。蓦然回首,那人却在灯火阑珊处。(辛弃疾《青玉案·元夕》)

让学生思考与讨论:对于这三大人生境界,你如何看待?

答案:①一心向往;②艰苦奋斗;③实现成功。

理想的实现必然有一个过程:观察、分析现实——设立目标——为实现目标做准备——主客观条件的改变可能引起目标的调整——落实计划、克服种种困难——实现理想。其中,每一个环节都是对一个人的人格、能力的综合考验,每一个环节都有可能花费几年甚至十几年的时间,尤其在实现社会理想中,更是如此。

(二)艰苦奋斗是实现理想的重要条件

实践是理想之舟,是理想转化为现实的根本途径。理想必须付诸实践才能成为现实,才有实际意义。实现理想的长期性、艰巨性和曲折性就意味着艰苦奋斗是实现理想的根本途径。

【课堂互动】

讨论:艰苦奋斗是老一辈的事,当代青年不需要艰苦奋斗。

你对这一观点是否赞成?为什么?(教师安排时间)

【教师小结】

艰苦是相对的，奋斗是绝对的；艰苦奋斗不能做表面化、片面化的理解，不能局限于特定条件下的艰苦生活状态；艰苦奋斗不但体现在物质生活上，更应体现在精神和意志方面。艰苦的本质是对奋斗状态的界定，而不是对生活状态的必然和永恒的要求。艰苦奋斗主要强调它所蕴含的那种奋发向上的精神状态、百折不挠的意志品质、自强不息的思想品格、绵延不绝的力量源泉。

【案例展示】

郎朗的成才道路上的一段经历

郎朗 3 岁时，表现出超常的音乐天赋。5 岁时他就立志要成为世界级的钢琴大师。为了他，父亲砸掉了自己铁饭碗，带郎朗到北京学艺，他们租住在一间又小又简陋的小平房，小郎朗每天清晨准时起来练琴，以至于邻居们都把他的琴声当作了起床的闹钟。有一天郎朗生病了没有起来练琴，楼里不少人也因此上班迟到了。8 岁的郎朗每天在钢琴上弹奏十二三个小时，但有一段时间，他的钢琴弹奏总得不到老师的认可，老师当着孩子的面说，连莫扎特的尾巴你都不明白，你们东北人傻大黑粗，你的脑子就是白开水。受到打击的郎朗不想学琴了，情绪激动的爸爸就让郎朗在跳楼自杀和学琴之间进行选择……

后来郎朗以总分第一的成绩考上了中央音乐学院附小。老师布置的作业他都能超额完成，还时常让老师加大他的学习量。郎朗在练琴时，把学习比他好的同学当作自己赶超的目标……

（来源：新浪博客）

通过案例思考问题：看了郎朗的故事，你有什么感想？

【教师小结】

我们说，不管通往理想的道路上有多大的困难，不管理想的目标离我们有多远，只要我们的理想是科学的，信念是坚定的，在脚踏实地不懈地奋斗中，美好的理想一定能够实现。

同学们，时光在流逝，理想在召唤！让我们的人生从此翻开新的一页，这一页就从《今日诗》开始吧！

今日复今日,今日何其少!今日又不为,此事何时了?人生百年几今日,今日不为真可惜!若言姑待明朝至,明朝又有明朝事。为君聊赋《今日诗》,努力请从今日始!

二、坚持个人理想与社会理想的统一

个人理想:指处于一定历史条件和社会关系中的个体对于自己未来的物质生活、精神生活所产生的种种向往和追求。

社会理想:指社会集体乃至社会全体成员的共同理想,即在全社会占主导地位的共同奋斗目标。

个人理想与社会理想的关系:实质上是个人与社会关系在理想层面的反映。个人与社会有机地联系在一起,二者相互依存、相互制约、共同发展。同样,社会理想与个人理想也不是彼此孤立的,它们之间相互联系、相互影响、相互制约。

【课堂互动】

以时事热点导入:习近平关于"中国梦"讲话视频中提出"每个人都有理想和追求,都有自己的梦想"。以此为内容,引导出国家梦想是全人民的梦想,个人理想与社会理想的概念。

展现两位人物的照片,让学生们思考:他们的理想各是什么?他们如何处理个人理想与社会理想的关系?

邓亚萍:为个人的理想实现,为祖国荣誉的实现,拼搏顽强。

丛飞:一名歌手,无私资助贫困儿童,积极投身于义工服务行业的事迹感动中国人物。

通过人物事迹启发学生自我的个人理想与社会理想如何处理。

【教师小结】

在现实中有无数个人物为我们树立了榜样。邓亚萍有拿冠军的个人理想,付出的汗水和辛酸是可以想象的,但为国争光拿下三连冠的第一人,这种社会理想今天也是引以为豪的;丛飞作为一名歌手,资助贫困儿童是他的个人理想,让更多的孩子能够上学是社会理想,丛飞的行动既实现了他的个人理想,更为实现社会理想做出了极大的贡献。这些体现了个人理想与社会理想的融合。

（一）个人理想以社会理想为指引

追求个人理想的实践活动都是在社会中进行的，正确的个人理想不是依个人主观愿望随意确定的，从根本上说它是由正确的社会理想规定的。同时，个人理想的实现，必须以社会理想的实现为前提和基础。因此，在整个理想体系中，社会理想是最根本、最重要的，而个人理想则从属于社会理想。

（二）社会理想是对个人理想的凝练和升华

社会是个人的联合体，社会理想与个人理想密不可分。社会理想不是凭空产生的，也不是由外在力量强加的，而是建立在众人的个人理想基础之上。强调个人理想要符合社会理想，并不是要排斥和抹杀个人理想，而是要摆正个人理想同社会理想的关系。当社会理想同个人理想有矛盾冲突的时候，有志气、有抱负的人可以做出最大的自我牺牲，使个人的理想服从于全社会的共同理想。

大学生建构正确理想可以从以下几方面着手：

第一，以劳动为基础，劳动和享受相统一。

第二，富裕的物质生活与高尚的精神生活相统一。

第三，个人的生活水准与社会的发展程度相适应。

三、为实现中国梦注入青春能量

每一个青年的前途离不开国家的前途，没有国家的前途也就没有青年的前途。大学生肩负实现中华民族伟大复兴中国梦的历史重任，只有把实现理想的道路建立在脚踏实地的奋斗上，才能放飞青春梦想，实现人生理想。

【案例展示】

驴子和骆驼

一只骆驼冒着酷暑穿过了沙漠，许多动物来道贺，驴子挤过人群采访骆驼："请问骆驼先生，您是靠着什么横穿沙漠的呢？"其他动物和驴子一样，希望从骆驼口中听到激动人心的豪言壮语，谁知，骆驼只是简单地回答："认准一个目标,一直往前走。”“就这么简单?”驴子有些失望。“是的,就是这样。”骆驼回答。

(来源:道客巴巴)

通过材料让学生思考:这个寓言故事对你有什么启发?

在实现中国梦的实践中放飞青春梦想应做好以下方面:

(一)立志当高远

【案例展示】

名人名言

作为确定的人,现实的人,你就有规定,就有使命,就有任务,至于你是否意识到这一点,那是无所谓的。(马克思)

不管时代的潮流和社会的风尚怎样,人总是凭着自己高尚的品质,超脱时代和社会,走自己正确的道路。现在,大家都在为汽车、房子而奔波、追逐、竞争。这是我们这个时代的特征,但是也还有不少人,他们不追求这些物质的东西,他们追求理想和真理,得到内心的自由和安宁。(爱因斯坦)

立志是一件很重要的事情。工作随着志向走,成功随着工作来,这是一定的规律。立志、工作、成功是人类活动的三大要素。立志是事业的大门,工作是登堂入室的旅程。这旅程的尽头就有个成功在等着,来庆祝你的努力的结果。(巴斯德)

中国传统文化中有许多励志警句:墨子说“志不强者智不达”,诸葛亮说“志当存高远”。这里的“志”具有双重含义:一是对未来目标的向往,二是实现奋斗目标的顽强意志。志向,就是理想信念;立志,就是确立理想信念。

周恩来中学时期就立下了“为中华崛起而读书”的志向,李四光、钱学森、邓稼先等老一辈知识分子,青年时期就立志用自己的聪明才智报效祖国。

社会中的每个人都有一定的理想,理想并不专属于青年,但对青年尤为重要。人生进入青年时期,生活之路刚刚开始,面临着一系列重要的生活课题,需要人生的指路灯,这就是理想。青年时期是理想的形成时期,是立志的关键阶段。有志者,事竟成;有大志者,人生事业才能辉煌。

（二）立志做大事

立志做大事有助于青年人自我完善。做大事不是借助大事扬名，而是需要大智慧、大度量、吃大苦。因此，做大事能磨炼一个人的心智和情怀。年轻人立志做大事，有利于开阔眼界、磨炼意志、增长智慧。立志做大事有助于青年人处理好社会理想和个人理想之间的关系，只有个人理想和社会理想相符时，个人理想才有得以实现的空间。今天的大学生只有把自己的个人理想与国家的发展联系起来，才能赢得足够的个人发展空间。

【案例展示】

奥运赛场上涌动的梦想

奥运赛场向来是展现梦想与超越、信念与坚持的地方，下面介绍两个出现在奥运赛场中的人物，看看从中我们可以获得怎样的启示。

镜头一：绰号“巴尔的摩子弹”“水怪”和“飞鱼”的迈克尔·菲尔普斯在北京奥运会勇得8金，创造了奥运史上的又一个奇迹。而这位被鲜花和奖牌包裹的游泳金童的成长并非一帆风顺。菲尔普斯小时候曾被诊断患了ADHD——注意力缺陷多动症，老师认为他“不可能做好任何事情”。本应该终生接受药物治疗的他在服药两年后，就不再服药了。他告诉妈妈，自己会解决好的。在教练鲍曼的回忆中，菲尔普斯从小就表现出了游泳智慧，在他的脑子里，他可以排除一切杂念，除了游泳。在师徒相处的日子中，最让鲍曼难以忘怀的是，虽然菲尔普斯患有注意力缺陷多动症，而且家庭也处于麻烦中，这些让常人想起来就很痛苦，但菲尔普斯却在最困难的时期，每周在泳池游10万米，一周7天不间断，甚至包括圣诞节。他说：“是的，我很享受训练，享受挑战，享受游泳的一切。也许参加奥运的压力很大，但我确实感觉兴奋，我为自己设置了很多目标，我希望能实现。”

镜头二：巴勒斯坦是一片仍被冲突和动荡困扰着的土地。游泳运动员扎奇娅是一名大学生，由于整个巴勒斯坦只有一个游泳馆，她只能利用周末到几十公里以外的公共泳池训练，而且每次最多只能练1小时。更糟糕的是，公共泳池的长度并不标准，只有15米，训练只相当于洗一次澡。2006年，扎奇娅曾到约旦参加一场比赛，那是她第一次在标准泳池里游泳。扎奇娅说，即使无法让巴勒斯坦旗帜在赛场升起，她也会向世界证明，巴勒斯坦人站在了奥运赛场上。“我只有一件专业泳装,训练的时候都不敢穿,担心一旦穿坏了就没法参加比赛了。这次去北京参加奥运会,我会面临许多强劲的对手,但我会向世界证明,巴勒斯坦人站在了奥运赛场上。没有游泳池,但我们不缺梦想。”

(来源:辽宁大学生在线联盟网)

问题:从上述驰骋在奥运赛场上的英雄身上,我们看到了什么?

理想和信念对于一个人的成功有着怎样的作用?

【教师评析】

本案例选取的是奥林匹克运动会中的一些真实故事的片断。奥林匹克运动从来是不缺乏梦想的,更不缺少为之拼搏为之奋斗的勇气。世界各地的运动员们用自己的故事来演绎着奥运传奇。这些无比生动的画面让我们看到了梦想的力量,看到了众多鲜活的生命在信念支撑下不断超越自我,创造奇迹。理想是基于现实而产生的能够在未来实现的目标,信念是实现目标过程中的坚定不移的心理和精神状态。科学的理想信念是当代大学生不断追求,勇于探索的力量之源,也是获得成功的动力所在。

(三)立志须躬行

千里之行,始于足下。实现理想的历程,应当从高处着眼,于细微处着手。没有踏踏实实的付出,再美的理想也只是空中楼阁。躬行,不仅仅是一种态度,更是具体的行动;不仅仅表现为行动,更需要智慧指引——看当前的智慧,看未来的智慧;做事的智慧,做人的智慧。

【案例展示】

从小确立目标

法国著名物理学家纪尧姆,在他11岁时,母亲带他到国际度量衡局去参观。讲解员在讲解标准器如何精确、如何稳定以后,小纪尧姆却严肃地说:“在任何情况下,这公尺总是这么长吗?千百年来,这标准米尺连一丝一毫的变化也没有吗?”这些问题连讲解员也回答不出来。从此,小纪尧姆就确立了自己的人生目标,一定要解决这个问题。一直到大学毕业之后,纪尧姆如痴如醉地整天忙碌在仪器旁。为了找到一种在外界温度下变化极小的物质,他甚至把心爱的结婚戒指也投进炉中融化了。经过几年的辛勤努力,他终于成功地研究出两种可作为标准量器材料的宝贵合金，为国际度量衡局解决了长期悬而未决的难题，从而获得了诺贝尔物理学奖。可见，人生目标对一个人的事业成功、人生价值有重大影响。

（来源：道客巴巴）

问题：人生目标如何才能实现？

【教师评析】

在论及理想信念时，海伦·凯勒有这样一句非常形象而生动的话："当一个人感觉到有高飞的冲动时，他将再也不会满足于在地上爬。"她接受了生命的挑战，创造了生命的奇迹。

从某种意义上说，人不是活在物质世界里，而是活在精神世界里，活在理想与信念之中。对于人的生命而言，要存活，只要一碗饭，一杯水就可以了；但是要想活得精彩，就要有精神，就要有远大的理想和坚定的信念。

【教师小结】

一个人在事业上所取得的成就，与他在青年时期就立下志向并不懈奋斗是分不开的。有志者，事竟成。青年应当不断学习，珍惜青春年华，立下符合社会需要、适合自身情况的远大志向和崇高理想。大学生要从现在做起，从身边小事做起，为理想的实现踏踏实实地学习，踏踏实实地锻炼，一步一个脚印地朝着理想的目标前进。中国梦是中华民族的振兴之梦，也是每一个大学生的成才之梦。中国梦让生活在这个时代的大学生与祖国人民一起共同享有人生出彩的机会，共同享有梦想成真的机会，共同享有同祖国和时代一起成长与进步的机会。

【教学实践】

制定自己的目标（理想）

我希望我大学毕业后做什么？

父母希望我将来干什么？

朋友常说我哪些方面不错？

老师认为我可以在这些方面发展自己：

我的长处是：

我的兴趣是：

我性格的弱点是:

综合考虑,我想将来朝这个方向发展:

为了实现它,我采取了分步走的办法(子目标)

第一步目标是:

第二步目标是:

第三步目标是:

第四步目标是:

第五步目标是:

【思考练习】

1. 谈谈理想信念对大学生成长成才的重要意义。

2. 如何认识中国特色社会主义共同理想与共产主义远大理想的关系?

3. 结合自身实际,谈谈在实现中华民族伟大复兴进程中大学生肩负的责任。

第七章

弘扬中国精神

【教学目的和要求】

实现中华民族伟大复兴的中国梦，必须弘扬中国精神，就是以爱国主义为核心的民族精神和以改革创新为核心的时代精神。通过本课教学，使大学生了解中国精神深刻内涵，深刻理解爱国主义是中华民族坚强团结在一起的精神纽带，改革创新始终是鞭策我们在改革开放中与时俱进的精神力量，明确当代大学生应担当民族复兴时代使命，努力做忠诚的爱国者和走在时代前列的奋进者，用实际行动展现出中国精神的青春风采。

【教学重点与难点】

1. 中国精神的基本内涵。

2. 正确认识爱国主义的科学内涵和基本要求。

3. 爱国主义的时代价值。

4. 努力做改革创新的生力军。

【课堂导入】

名言赏析：

1. 富贵不能淫，贫贱不能移，威武不能屈。（孟子）

2. 鞠躬尽瘁，死而后已。（诸葛亮）

3. 先天下之忧而忧，后天下之乐而乐。（范仲淹）

4. 天下兴亡，匹夫有责。（顾炎武）

问题思考:

1. 这些名人名言大家都非常熟悉。今天再一次读到它们,你心里有什么样的感受?

2. 这些名人名言都体现了什么思想?你发现这些思想有哪些内在联系?

3. 同学们还能举出哪些反映民族精神的名人名言或事例?它们都体现了怎样的民族精神?

学生在思考的基础上进入新课。

第一节　中国精神是兴国强国之魂

“人无精神则不立,国无精神则不强。精神是一个民族赖以长久生存的灵魂,唯有精神上达到一定的高度,这个民族才能在历史的洪流中屹立不倒、奋勇向前。”(《习近平谈治国理政》第2卷,外文出版社2017年版,第47–48页)中华民族能够在5 000多年的历史长河中生生不息、薪火相传,很重要的一个原因,就是拥有孕育于中华民族悠久辉煌历史文化之中的伟大的中国精神。中国精神作为兴国强国之魂,是实现中华民族伟大复兴不可或缺的精神支撑和精神动力。

一、重精神是中华民族的优秀传统

在漫长的历史进程中,中华民族不仅创造出光辉灿烂、享誉世界的中华文明,也塑造出独特的精神气质和精神品格,形成了崇尚精神的优秀传统。这一传统贯穿在中华民族筚路蓝缕的奋斗历程中,推动着中华民族的一路向前、发展壮大,是中华民族重要的精神标识。

【课堂互动】

(1)学生展示课前搜集的事例。各组代表将课前准备时搜集的展示民族精神的名人名言、历史故事等与全班同学交流、分享,通过交流,进一步感受民族精神的重大作用。

(2)多媒体展示:井冈山精神、长征精神、两弹一星精神、抗洪精神、航天精神、抗震救灾精神等图片。

【教师点评】

老师从同学们列举的这些名人名言中撷取几个中华民族奋斗的足迹。中华民族悠久辉煌的历史文化孕育了中国精神，涵养了伟大的民族精神和时代精神。中国精神作为兴国强国之魂，是实现中华民族伟大复兴不可或缺的精神支撑和精神动力。

（一）中华民族孕育了中国精神

首先，中华民族崇尚精神的优秀传统表现在对物质生活与精神生活相互关系的独到理解上。古人认为“不义而富且贵，于我如浮云”，“道德当身，故不以物惑”，“一箪食，一瓢饮，在陋巷，人不堪其忧，回也不改其乐”。在义利观上主张见利思义、以义制利、先义后利。在理欲观上主张导欲、节欲，强调用道德理性和精神品格对欲望进行引导和控制，时刻对私欲、贪欲保持警惕。

其次，中华民族崇尚精神的优秀传统也表现在中国古人对理想的不懈追求上。儒家把仁爱和谐视为最高的道德理想，为实现“仁”的理想即使献出生命也在所不惜，即“志士仁人，无求生以害仁，有杀身以成仁”。墨家把“兼相爱，交相利”作为理想，提倡为兴天下之利、除天下之害而摩顶放踵。正是因为有了这种理想主义情怀，无数志士仁人“为天地立心，为生民立命，为往圣继绝学，为万世开太平”，他们心怀天下，利济苍生，为追求道义、实现理想而上下求索。

再次，中华民族崇尚精神的优秀传统亦表现在对道德修养和道德教化的重视上。中国传统文化十分强调道德修养和道德教化，将“立德”置于“三不朽”（立德、立功、立言）之首，重视人的精神品格的养成。中国古人认为，“自天子以至于庶人，壹是皆以修身为本”，认为教化的目的是“明人伦”，是培养有道德的人。古代思想家们不仅对道德修养和道德教化理论进行了系统论述，而且提出了修身养性的具体方法以及家箴家训、乡规民约等教化方式。

最后，中华民族崇尚精神的优秀传统还表现为对理想人格的推崇。孔子讲:“知之者不如好之者，好之者不如乐之者。”孟子谓:“可欲之谓善，有诸己之谓信。充实之谓美，充实而有光辉之谓大，大而化之之谓圣，圣而不可知之之谓神。”这些思想都反映着对人生境界的看法，对高尚人生境界的尊崇和追求。关于理想人格,儒家把“君子”“圣人”作为自己的理想人格,道家推崇逍遥于天地之间的“真人”“至人”,近代启蒙思想家梁启超呼吁“新民”的理想人格。

(二)中国共产党是中华民族重精神优秀传统的忠实继承者和坚定弘扬者

早在革命战争年代,党就提出“全心全意为人民服务”的根本宗旨,始终强调“人是要有一点精神的”,要做“一个高尚的人,一个纯粹的人,一个有道德的人,一个脱离了低级趣味的人,一个有益于人民的人”。

习近平强调,民族复兴不仅表现为经济腾飞,更要有中国精神的振奋和彰显;只有物质文明建设和精神文明建设都搞好,国家物质力量和精神力量都增强,全国各族人民物质生活和精神生活都改善,中国特色社会主义事业才能顺利向前推进。

二、中国精神是民族精神和时代精神的统一

以爱国主义为核心的民族精神和以改革创新为核心的时代精神,构成了中国精神的基本内容。

(一)以爱国主义为核心的民族精神

1. 民族精神含义

民族精神是指一个民族在长期共同生活和社会实践中形成的,为本民族大多数成员所认同的价值取向、思维方式、道德规范、精神气质的总和。它集中体现了一个民族在一定的自然环境和社会历史条件下生存和发展的独特方式,反映了一个民族的心理特征、文化传统、精神风貌,是一个民族赖以生存和发展的精神支柱。

一个民族没有精神就没有文化的积淀,没有文化的积淀就没有精神的归宿。如果没有精神文化上的充实和丰盈,就不能说有真正幸福的生活和美好的人生。

2. 民族精神内涵

(1)伟大创造精神

在几千年历史长河中,中国人民始终辛勤劳作、发明创造,我国产生了老子、孔子、庄子、孟子、墨子、孙子、韩非子等闻名于世的伟大思想巨匠,发

明了造纸术、火药、印刷术、指南针等深刻影响人类文明进程的伟大科技成果,创作了诗经、楚辞、汉赋、唐诗、宋词、元曲、明清小说等伟大文艺作品,传承了格萨尔王、玛纳斯、江格尔等震撼人心的伟大史诗,建设了万里长城、都江堰、大运河、故宫、布达拉宫等气势恢宏的伟大工程。

【课堂练习】

请说出下列名言的作者:

“三军可夺帅,匹夫不可夺志”(　　)

“富贵不能淫,贫贱不能移,威武不能屈”(　　)

“天下为公”(　　)

“横眉冷对千夫指,俯首甘为孺子牛”(　　)

“先天下之忧而忧,后天下之乐而乐”(　　)

“文官不爱财,武将不惜命,则天下太平矣”(　　)

“人生自古谁无死,留取丹心照汗青”(　　)

(2)伟大奋斗精神

在几千年历史长河中,中国人民始终革故鼎新、自强不息,开发和建设了祖国辽阔秀丽的大好河山,开拓了波涛万顷的辽阔海疆,开垦了物产丰富的广袤粮田,治理了桀骜不驯的千百条大江大河,战胜了数不清的自然灾害,建设了星罗棋布的城镇乡村,发展了门类齐全的产业,形成了多姿多彩的生活。

【知识拓展】

《周易 · 象传 · 乾卦》中说“天行健,君子以自强不息”。意思是说,时间永恒地流逝,天体却运行不止,有德之人应当仿效天的这种精神,津津有味,勉励向前,永无终止。《易传》是对《易经》的解释和发挥,它一度被当作儒家圣人孔子所作,被列为十三经之一。

墨家也强调积极有为的思想。《墨子 · 非命下》中说“强必治,不强必乱”,“强必荣,不强必辱”,“强必富,不强必贫”等,强调自强精神。

(3)伟大团结精神

在几千年历史长河中,中国人民始终团结一心、同舟共济,建立了统一的多民族国家,发展了56个民族多元一体、交织交融的融洽民族关系,形成了守望相助的中华民族大家庭。特别是近代以后,在外来侵略寇急祸重的严峻形势下,我国各族人民手挽着手、肩并着肩,英勇奋斗,浴血奋战,打败了一切穷凶极恶的侵略者,捍卫了民族独立和自由,共同书写了中华民族保卫祖国、抵御外侮的壮丽史诗。

【案例展示】

视频分享:观看 2015 年 9 月 3 日纪念中国人民抗日战争暨世界反法西斯战争胜利 70 周年阅兵式。

【教师点评】

有这样一群人,70 多年前,他们是走上抵御外辱、保家卫国之路的勇士,在经历了血与火的洗礼后,他们依旧对国家和民族怀抱拳拳之心。今天,他们在这场阅兵式上,赢得最多的掌声和最高的敬意。他们是历史,也是现在。他们中既有抗日战争的亲历者,也有抗战老兵的后代,还有海外各行各业的佼佼者。当 300 余名抗战老兵组成的乘车方队经过天安门城楼时,苍苍白发,熠熠勋章,这群耄耋老人用微微颤抖的军礼表达着对祖国强盛的崇高敬意。

积淀在他们身上的赤子情怀和文化血脉,将助推整个中华民族走向共圆"中国梦"的未来。在这里,我们向抗战老兵、爱国侨胞两个群体特别致敬,不仅是为了重温历史、缅怀先烈,更重要的是,传承他们为民族尽忠义的担当。

(4)伟大梦想精神

【课堂互动】

让学生说出前后句内容一致的词语(答案在括号内):

"富贵不能淫、贫贱不能移、威武不能屈"的(坚贞刚毅)品质。

"夸父逐日、精卫填海、大禹治水、愚公移山"等(不屈不挠)的精神。

"因时而变、随时而制、与时偕行、与日俱新"等(与时俱进)的精神。

在几千年历史长河中,中国人民始终心怀梦想、不懈追求,深刻反映了中国人民勇于追求和实现梦想的执着精神。中国人民相信,山再高,往上攀,总能登顶;路再长,走下去,定能到达。近代以来,实现中华民族伟大复兴成为中华民族最伟大的梦想,中国人民百折不挠、坚忍不拔,以同敌人血战到底的气概、在自力更生的基础上光复旧物的决心、自立于世界民族之林的能力，为实现这个伟大梦想进行了 170 多年的持续奋斗。

（二）以改革创新为核心的时代精神

1. 时代精神含义

时代精神是一个国家和民族在新的历史条件下形成和发展的，是体现民族特质并顺应时代潮流的思想观念、价值取向、精神风貌和社会风尚的总和，是一种对社会发展具有积极影响和推动作用的集体意识。

随着改革开放和中国特色社会主义事业不断发展，改革创新成为当代中国的最强音，改革创新精神也由此成为时代精神的核心。

2. 时代精神及其主要体现

时代精神是民族精神的时代表达，体现了社会在一定历史时期的思想观念、价值取向、精神风貌和社会风尚。它反映社会进步的发展方向，引领时代的进步潮流，是社会的主旋律和时代的最强音。

【课堂互动】

让学生说出前后句内容一致的人物（答案在括号内）：

“雕刻火药的大国工匠”（徐立平）

在悬崖绝壁上书写精彩传奇的“当代愚公”（黄大发）

用生命叩响“地球之门”、让中国进入“深地时代”的战略科学家（黄大年）

勇担民族复兴大任的“天眼巨匠”（南仁东）

对党忠诚、心系群众、忘我工作、无私奉献的优秀县委书记（廖俊波）

爱生如子、甘做学生成长引路人的高校思想政治理论课教师（曲建武）

【教师点评】

以改革创新为核心的时代精神，是当代中国人民精神风貌的集中写照，是激发社会创造活力的强大力量。一个又一个“最美教师”“最美司机”“最美卫士”在中国大地上接连涌现，他们用爱心和善行，用坚守和执着，在危急时刻做出英雄壮举，在生死关头展现人间大爱，彰显出当代“最美中国人”的精神风采。一个个英雄群体用智慧、汗水甚至生命谱写的“女排精神”“载人航天精神”“奥运精神”、“伟大抗震救灾精神”等，更是挺起了中华民族的精神脊梁。这些都是中国人民在改革开放的伟大实践中体现出来的崭新精神风貌和高尚精神品格,是建设新时代中国特色社会主义、实现中国梦的强大精神动力。

(三)民族精神与时代精神的辩证统一

时代精神与民族精神又紧密相连,都是一个民族赖以生存发展的精神支柱。二者的有机结合构成了中国精神的基本内容。时代精神是在新的历史条件下形成和发展的,体现民族特质并顺应时代潮流的思想观念、行为方式、价值取向、精神风貌和社会风尚的总和,是一种对社会发展具有积极影响和推动作用的集体意识。

三、实现中国梦必须弘扬中国精神

中国精神是兴国强国之魂。实现中国梦,必须弘扬中国精神,以高扬的精神旗帜为指引,以强大的精神支柱为支撑,团结凝聚全体人民的智慧和力量,为实现中国梦而努力奋斗。

(一)凝聚中国力量的精神纽带

“大鹏之动,非一羽之轻也;骐骥之速,非一足之力也。”

习近平指出:“中国要飞得高、跑得快,就得依靠13亿人民的力量。”(《习近平谈治国理政》第1卷,外文出版社2018年版,第98页)弘扬中国精神,对于维系中华民族的生存与发展、维护国家统一和民族团结发挥着重要的凝聚作用。在当代中国,必须用中国精神引领各族人民心往一处想、劲往一处使,用13亿人的智慧和力量汇集起不可战胜的磅礴力量,为实现中华民族伟大复兴的中国梦而努力奋斗。

(二)激发创新创造的精神动力

创新始终是一个国家、一个民族发展的重要力量,也始终是推动人类社会进步的重要力量。推进新时代的伟大事业,必须有创新创造、向上向前的强大精神奋发力,勇于变革、勇于创新,永不僵化、永不停滞,使全体人民始终保持昂扬向上的精神状态,为实现中国梦注入强大的精神力量。

【案例展示】

视频欣赏:“大国工匠”或“超级工程”片段(老师安排)

(三)推进复兴伟业的精神定力

自觉弘扬中国精神,增强民族自尊心和自信心,坚定不移走自己的路,才能使全体人民在实现复兴伟业的征途中拥有坚如磐石的精神和信仰力量，不为困难吓倒，不为诱惑所动，不为干扰迷惑，坚定不移把我们的事业不断推向前进，直至光辉的彼岸。

【教师小结】

大学生是民族的希望和祖国的未来，要努力弘扬以爱国主义为核心的民族精神和以改革创新为核心的时代精神，将中国精神转化为青春行动，勇做弘扬和践行中国精神的时代先锋，为国家富强、民族振兴、人民幸福贡献自己的智慧和力量。

第二节　爱国主义及其时代要求

在中华民族5 000多年绵延发展的历史长河中，爱国主义始终是激昂的主旋律，始终是激励我国各族人民自强不息的强大力量。实现中华民族伟大复兴的中国梦，是当代中国爱国主义的鲜明主题。

一、爱国主义的基本内涵

爱国主义体现了人们对自己祖国的深厚感情，揭示了个人对祖国的依存关系，是人们对自己家园以及民族和文化的归属感、认同感、尊严感与荣誉感的统一。它是调节个人与祖国之间关系的道德要求、政治原则和法律规范，也是中华民族精神的核心。

【课堂导入】

播放录像:《2012年:香港保钓人士成功登岛》

根据录像内容让学生思考:看了此段录像后，你有何感触?

通过师生互动问题解答进入课程。

在我国历史上，爱国主义从来就是动员和鼓舞人民团结奋斗的一面旗帜，是各族人民共同的精神支柱，在维护祖国统一和民族团结、抵御外来侵略和推动社会进步中，发挥了重大作用。在爱国主义精神的激励下，我们的国家和民族自强不息，具有伟大的凝聚力和生命力。

(一)爱祖国的大好河山

祖国的河山在人们的心中占据着至高无上的地位。祖国的山山水水滋养哺育着她的子子孙孙。

【课堂导入】

诗词欣赏:《沁园春·雪》

北国风光,千里冰封,万里雪飘。

望长城内外,惟余莽莽;大河上下,顿失滔滔。

山舞银蛇,原驰蜡象,欲与天公试比高。

须晴日,看红装素裹,分外妖娆。

江山如此多娇,引无数英雄竞折腰。

惜秦皇汉武,略输文采;唐宗宋祖,稍逊风骚。

一代天骄,成吉思汗,只识弯弓射大雕。

俱往矣,数风流人物,还看今朝。

【教师点评】

毛泽东对祖国的山河进行了热情的讴歌,如此壮美的祖国,怎能不深深激荡起我们炽热的情感?试想,当我们泛舟西湖,欣赏那“欲把西湖比西子,淡妆浓抹总相宜”的美丽景色时;当我们置身戈壁,感受那“大漠孤烟直,长河落日圆”的广袤辽阔时;当我们登临泰山,领略那“会当凌绝顶,一览众山小”的磅礴气势时,我们的心中怎能不油然升起一种“江山如此多娇”的情怀呢?在很早的时候,我们的前人就把祖国大地比喻成“神州”,这是对祖国的热爱。

【课堂互动】

请在座的来自祖国各地的同学夸夸你家乡的美丽风光或谈谈旅游过程中的感受。

安排学生发言,以此表达对祖国家乡的热爱。

通过多媒体课件展示一组祖国风光美图——包括香港、澳门、台湾风光,最后2张为本校风景。

【教师小结】

爱国需要从爱学校、爱家乡的一草一木做起。“禾苗离土即死,国家无土难存”,祖国的大好河山,不只是自然风光,还是主权、财富、民族发展和进步的基本载体。因此,领土完整涉及国家的重大核心利益,每一个爱国者都会把“保我国土”、“爱我家乡”、维护祖国领土的完整和统一,作为自己的神圣使命和义不容辞的责任。

(二)爱自己的骨肉同胞

爱自己的同胞就是爱人民群众。对人民群众感情的深浅程度,是检验一个人对祖国忠诚程度的试金石。爱自己的骨肉同胞,最主要的是培养对人民群众的深厚感情,坚持以人民为中心的立场,始终紧紧地同人民群众站在一起。对骨肉同胞的爱,反映的是对整个民族利益共同体的自觉认同。

【案例展示】

材料1:“我荣幸地以中华民族一员的资格,而成为世界公民,我是中国人民的儿子,我深情地爱着我的祖国和人民。”——邓小平

请同学们思考:对人民群众感情的深浅程度是检验一个人对祖国忠诚程度的试金石,为什么?

材料2:展示图片。领袖在人民中间图片几幅;油画《父亲》《支前》;抗洪救灾、抗击雪灾、抗震救灾中的武警战士——最可爱的人等。

请同学们思考:大学生如何培养对人民群众的深厚感情?

(三)爱祖国的灿烂文化

文化是一个国家、一个民族的灵魂。文化传统常常被称为国家和民族的胎记,是一个国家民族得以延续的精神基因,是培养民族心理、民族个性、民族精神的摇篮,是民族凝聚力的重要基础。

【课堂互动】

请同学们举出你所知道的中华民族的灿烂文明,可以从文学名著、数学、天文学、建筑等方面来说。(简单讲述,教师自己安排时间)

【教师小结】

爱祖国的灿烂文化,就是要认真学习和真正了解祖国的历史,在充分理解和尊重的基础上,积极推动祖国优良历史文化传统的传承和发展。

(四)爱自己的国家

“家是最小国,国是千万家”,“没有国哪有家,没有家哪有我”。祖国的大好河山,自己的骨肉同胞,民族的灿烂文化,都是同我们的国家联系在一起的,我们每个人的发展也都时刻同国家的发展进步紧密关联。失去国家

的庇佑和保护,人们将失去成长和发展最基本的屏障和最坚实的依托。

【视频欣赏】

清华才子梁植的演讲:《我的偶像——邓稼先》

【案例展示】

一颗永远向着祖国的心

肖邦是一个伟大的音乐家,年轻时就已经很有名了。当时,波兰正遭受沙俄的侵略和蹂躏,他虽然热爱祖国,想留在国内,但残酷的现实会扼杀他的艺术才能,所以他接受了师友们的建议:到国外去深造,为祖国争光。在出国前的告别晚会上,朋友们送给他一个银瓶,里面装着波兰的泥土,勉励他不忘祖国。后来,由于波兰反动政府不让肖邦回国,他在法国、德国、英国等地颠沛流离了19年。那只装满泥土的银瓶也一直伴随着他。1849年,肖邦在巴黎一病不起。临终前,他对妹妹柳德维卡说:“我死后,波兰反动政府是不会允许把我的遗体运回华沙的。但你们至少要把我的心脏带回去。”肖邦病逝后,朋友们按照他的遗嘱,在他的墓穴里撒上了银杯里祖国的泥土,又把他的心脏带回华沙,保存在华沙的圣十字大教堂里。

(来源:道客巴巴)

【教师小结】

爱国主义的丰富性和生命力,正是通过它的历史性和具体性来表现的。爱自己的国家,维护国家安全和统一,捍卫国家的利益,为国家繁荣发展贡献自己的力量,是爱国主义的基本要求。今天我们既要承接了中华民族的爱国主义优良传统,又体现了鲜明的时代特征。爱国主义对我们的要求是献身于建设新时代中国特色社会主义伟大事业,献身于实现中华民族伟大复兴中国梦的实践,献身于促进祖国统一大业。

二、新时代的爱国主义

新时代的爱国主义赋予新时代的基本要求。弘扬新时代的爱国主义,必须团结全体社会主义劳动者、社会主义事业的建设者、拥护社会主义的爱国者、拥护祖国统一和致力于中华民族伟大复兴的爱国者,汇集起实现中国梦的磅礴力量。

（一）坚持爱国主义和社会主义相统一

我国爱国主义始终围绕着实现民族富强、人民幸福而发展，最终汇流于中国特色社会主义。祖国的命运和党的命运、社会主义的命运是密不可分的。只有坚持爱国和爱党、爱社会主义相统一，爱国主义才是鲜活的、真实的，这是当代中国爱国主义精神最重要的体现。

【案例展示】

“他抵得上五个师”钱学森

1934 年，钱学森以优异成绩考取赴美留学生，1943 年完成了美国第一个军事导弹的设计，1947 年 36 岁的钱学森成为麻省理工学院最年轻的终身教授。1949 年，钱学森已经是世界公认的力学界、核物理学界的权威和现代航空科学与火箭技术的先驱，工程控制论的创始人。美国学者撰文，说钱学森“是帮助美国成为世界一流军事强国科学家的银河中一颗明亮的星”，为美国在第二次世界大战中取得胜利做出了“无法估价的贡献”。

在外国虽然有优厚的生活待遇，但是钱学森听到新中国成立的喜讯后，更坚定了以自己的科学成就为祖国服务的决心。这引起了仇视新中国的美国政府的不满和愤怒。美国海军次长金布尔恶狠狠地说：“我宁可把这家伙枪毙了，也不能让他离开美国！无论在哪里，他都抵得上五个师！”不久，钱学森遭到美国 FBI 的非法逮捕。钱学森为坚持真理和正义进行了毫不妥协的斗争，他一心向往祖国，矢志不渝。

1955 年 9 月，在党和政府的关怀营救、美国友人的支持帮助下，饱经五年折磨的钱学森冲破了种种限制，终于回到了祖国的怀抱。回到北京的第二天清晨，他就和妻子蒋英带着两个孩子来到壮丽的天安门广场，面对巍峨的天安门城楼，他感叹道：“我相信一定能回到祖国，现在，我终于回来了。”

钱学森一回到祖国，就全身心地投入到中国导弹、核武器、火箭技术等研究试验工作中。1980 年 5 月 18 日，当我国向太平洋预定海域发射第一枚运载火箭获得圆满成功两年以后，大洋彼岸传来了回声。合众国际社播发的一篇题为《中国导弹之父——钱学森》的文章中写道：“正因为有了钱学森，中国才在 1970 年成功地发射了第一颗人造卫星。现在，由他负责研制的火箭,正在使中国成为同苏联、美国一样能把核弹头发射到世界上任何一个地方的国家。”

(根据网络资料整理)

【教师点评】

钱学森的爱国事迹让我们感动。被世界著名大学聘为终身教授,享受无尽的荣耀,这是多少人梦寐以求的梦想。可为了祖国的繁荣富强,钱学森放弃了这一切。钱学森的爱国言行,无疑凝聚着中华民族之魂,显示了爱国情感对志士仁人的感召力。

(二)维护祖国统一和民族团结

【课堂互动】

欣赏配乐诗朗诵《乡愁》

讨论:余光中把两岸人民的离别愁绪、分隔之苦写出来了,为什么一道浅浅的海湾就把两岸分隔那么多年?

【教师点评】

维护和推进祖国统一,是中华民族走向伟大复兴的题中之义。解决台湾问题、实现祖国完全统一,是不可阻挡的历史进程,也是全体中华儿女的共同心愿。和平统一最符合包括台湾同胞在内的中华民族的根本利益。

今天维护祖国统一和民族团结就是要从中华民族整体利益的高度把握两岸关系大局,在认清历史发展趋势中把握两岸前途,坚持增进互信、良性互动、求同存异、务实进取,促进两岸关系发展取得更多积极成果,努力增进两岸人民福祉,增进对两岸命运共同体的认知,不断拓宽两岸关系和平发展的道路。

(三)尊重和传承中华民族历史和文化

中华优秀传统文化是中华民族的精神命脉,其中蕴含着中华民族世世代代形成和积累的思想营养和实践智慧,是中华民族得以延续的文化基因,也是我们在世界文化激荡中站稳脚跟的根基。

【课堂互动】

请同学们分析和讨论:“历史是一面镜子,从历史中,我们能够更好看清

世界、参透生活、认识自己；历史也是一位智者，同历史对话，我们能够更好认识过去、把握当下、面向未来。”（习近平）

（简单讲述，教师自己安排时间）

【教师点评】

尊重和传承中华民族历史和文化，以时代精神激活中华优秀传统文化的生命力，延续文化基因，萃取思想精华，推进中华优秀传统文化创造性转化和创新性发展，在传承与创新中树立和坚持正确的历史观、民族观、国家观、文化观，增强做中国人的骨气和底气。抛弃传统、丢掉根本，就等于割断了自己的精神命脉。

（四）必须坚持立足民族又面向世界

中国的命运与世界的命运紧密相关。经过改革开放40年的发展，中国日益走近世界舞台的中央。当今社会越来越成为你中有我、我中有你的命运共同体。

1. 弘扬新时代的爱国主义，必须坚持立足民族，维护国家发展主体性

经济全球化是世界经济发展的必然趋势，但不等于全球政治、文化一体化。在经济全球化的条件下，国家仍然是民族存在的最高组织形式，是国际社会活动中的独立主体。只要国家继续存在，爱国主义就有坚实的基础。在参与经济全球化的过程中，必须坚定地捍卫自己国家的利益，这就更需要爱国主义的支撑。

2. 弘扬新时代的爱国主义，必须面向世界，构建人类命运共同体

新时代弘扬面向世界的爱国主义精神，意味着我们要有更加宽广的世界胸怀和全球视野，为维护人类共同利益、推动人类文明发展进步提供中国智慧，始终做世界和平的建设者、全球发展的贡献者、国际秩序的维护者。

坚持推动构建人类命运共同体，是新时代坚持和发展中国特色社会主义基本方略的重要内容。共同建设一个持久和平、普遍安全、共同繁荣、开放包容、清洁美丽的世界，是全人类的共同利益和共同价值追求。

三、做忠诚爱国者

【案例展示】

两位中国人的“爱国心”

[材料1]　2001年8月13日，小泉纯一郎以日本首相身份正式参拜供奉日军战犯亡灵的“靖国神社”，激起周边国家的强烈谴责。8月14日，旅日华人冯锦华携带9瓶油漆，只身前往“靖国神社”，趁警察巡逻的间隙，他在大门前的石狮前座上喷涂了“该死!”字样，一瓶尚未喷完就被警方逮捕，拘留21天后获得释放。12月10日，东京地方法院以“损坏器物罪”判处其有期徒刑10个月，缓刑3年，后被成功保释。“冯锦华事件”一时轰动海内外，“中国威胁论”“中国崩溃论”再度兴起，甚嚣尘上。有些海外媒体认为他是“极端民族主义分子”，是民族主义在中国蔓延的又一标志，也有观察家据此认为：中国的年青一代正陷入浓重的民族主义情结之中。而在《南方周末》、新浪网举办的“2001年度人物”评选网上投票中，冯锦华以47.5%的得票率高居榜首，众多网民称赞他是“民族英雄”“中国的脊梁”。

[材料2]　1995年，首届《侵华日军细菌战研讨会》在黑龙江省召开，三名来自浙江义乌的受害人，代表全村要求日本政府赔偿。这条消息激活了王选童年的记忆，结束了她在日本读书、工作的平静日子。日本是第二次世界大战中唯一使用生化、细菌武器的参战国。从1931年到1945年，侵华日军曾对我国除新疆、西藏和青海外的20多个省区发动大规模的细菌战至少36次，给中国人民带来巨大灾难，王选的故乡义乌崇山村有396人死于鼠疫，她的家族里有8人罹难。1996年，王选自告奋勇担任中国受害者诉讼原告团团长，控告日本政府的漫长诉讼开始了，她放弃在日本的高薪工作，耗尽百万家产，奔波于中日两国各地寻找证人，搜集证据……“我明白了揭露是为了记忆，而记忆并不是为了恨。站在法庭上，王选这个名字已经没有意义，我不仅仅是一名原告，我代表的是无数屈死的灵魂。”这个弱女子同日本政府进行了8年“嘴战”，她的背后是一群年逾古稀的日本细菌战受害者。她试图让人们明白：日本细菌战的真相不大白于天下，人类文明史将蒙辱。“只要有两个王选这样的中国女人，就可以让日本沉没。”美国历史学家谢尔顿如是说。2002年末，王选以最高票当选由《南方周末》读者评选的“2002

年度人物”，并入选中央电视台“感动中国2002年度十大人物”。2003年5月20日，王选第28次走上法庭，慷慨陈词：“在二审之际，就是要伸张原告作为人的权利和尊严，从而维护全人类的尊严；致力于揭露日本军国主义的罪恶，从而维护全人类的正义；致力于揭露侵略战争和细菌战的残酷，从而维护全人类的和平。”

（根据网络资料整理）

通过案例讨论：你如何认识和评价冯锦华和王选各自的行为？从中受到何种启示？

【教师点评】

冯锦华的行为，我们不能否认他是出自爱国之心，可以说，他对祖国的爱国热情炽烈、情真意切。可是，他过于偏激的做法不但没能取得好的效果，反而让中国的形象受到损害。而王选，为了给中国人讨一个说法，还历史一个真相，宁愿放弃高薪的工作，耗尽巨资，走上法庭据理力争、激昂陈词。她的行为感动了千千万万的中国人，也让日本东京法院承认第二次世界大战期间日军的行为是不人道的。这说明了爱国应当是一种理性的行为，而不是简单的情绪宣泄。因此，大学生应该将自己的爱国热情转化为学习的动力，通过努力学习，成长为国之栋梁，为建设祖国贡献自己的力量，这正是我们爱国的最好方式。

【课堂互动】

故事比赛（时间教师安排）

要求：事先做好课下准备，收集资料。

活动：讲述你身边的爱国行为。

【教师小结】

爱国既需要情感的基础，也需要理性的认识，更需要实际的行动。爱国不是简单的情感表达，而是一种理性的行为，要讲原则、守法律，以合理合法的方式来进行。只有把国家的安全、荣誉和利益放在高于一切的地位，始终做到爱国的深厚情感、理性认识和实际行动相一致，与祖国同呼吸、共命运，才是真正的爱国者。

（一）维护和推进祖国统一

维护统一、反对分裂是中华民族的爱国主义传统，也是新时期爱国主义的丰富内涵之一。因此，要做一个忠诚的爱国者，就必须尽自己所能，促进民族团结和祖国统一，这是中华民族的最高利益所在，也是我们每一个人应尽的责任和义务。

1. 推进祖国统一，必须保持香港、澳门长期繁荣稳定

香港、澳门与祖国内地的命运始终紧密相连，实现中华民族伟大复兴的中国梦，需要香港、澳门与祖国内地坚持优势互补、共同发展，需要港澳同胞与内地人民坚持守望相助、携手共进。要始终准确把握"一国"和"两制"的关系。"一国"是根，根深才能叶茂；"一国"是本，本固才能枝荣。

2. 和平统一最符合包括台湾同胞在内的中华民族的根本利益

从中华民族整体利益的高度把握两岸关系大局，从认清历史发展趋势中把握两岸前途，坚持增进互信、良性互动、求同存异、务实进取，促进两岸关系发展取得更多积极成果，努力增进两岸人民福祉，增进对两岸命运共同体的认知，不断拓宽两岸关系和平发展的道路。

【案例展示】

课堂上的交锋

一位原为记者的中国留学生，赴法国巴黎十二大学就读，第一堂对话课时就受到了教授的"挑战"。

教授："作为记者，请概括一下你在中国是如何工作的。"

留学生："概括来讲，我可以写我愿意讲的东西。"

教授精心设计了一个陷阱："我可以知道您来自哪个中国吗?"

"先生，我没听清楚您的问题。"

"我是想知道，您是来自台湾中国还是北京中国。"

霎时，全班几十双不同颜色的眼睛一齐扫向了中国留学生和一位台湾同学。中国留学生沉静地说："只有一个中国，教授先生，这是常识。"随后，那位台湾同学在教授和同学们的注视下也重复一遍说："只有一个中国，教授先生，这是常识。"

教授似乎不甘心，提出一个更大难度的问题："我实在愿意请教，中国富强的标志是什么，这儿坐了二十几个国家的学生，我想大家都有兴趣弄清楚这一点。"

中国留学生站起来，一字一板地说："最起码的一条是：任何一个离开祖

国的我的同胞,再不会受到像我今日承受的这类刁难。”

教授离开了讲台走向中国留学生,一只手放到他的肩上,轻轻地说:“我丝毫没有刁难你的意思。我只是想知道,一个普通的中国人是如何看待他们自己的国家的。”然后他大步走到教室中央大声宣布:“我向中国人脱帽致敬。”

(来源:豆丁网)

【教师点评】

从上面的案例,我们可以看出,拥护祖国统一不仅是生活在大陆的中国公民的责任,而且是包括港澳台同胞以及海外侨胞在内的全体中华儿女的责任。一个人,只有爱自己的祖国,时刻维护祖国的统一,才可能得到他人的尊重。就像案例中的两位留学生,面对教授的刁难,他们的回答异常坚定,最终赢得了教授的尊重。

推进祖国统一就是要求:

(1)坚持一个中国原则。两岸双方应始终坚持“九二共识”的共同立场,在巩固和维护一个中国框架这一原则问题上形成更为清晰的共同认知,并在此基础上求同存异。

(2)推进两岸交流合作。在两岸大局稳定的基础上,创造更加便利条件,拓宽合作领域,提高合作水平,产生更大效益,开创两岸关系和平发展新前景。

(3)促进两岸同胞团结奋斗。海峡两岸有着共同的血脉、共同的文化、共同的联结、共同的愿景,这是推动两岸关系相互理解、携手同心、一起前进的重要力量。

(4)反对“台独”分裂图谋。中国人民绝不允许任何人任何势力以任何方式把台湾从祖国分割出去。

(二)促进民族团结

处理好民族问题、促进民族团结,是关系祖国统一和边疆巩固的大事,是关系民族团结和社会稳定的大事,是关系国家长治久安和中华民族繁荣昌盛的大事。大学生都要像爱护自己的眼睛一样维护民族团结,像爱护自己的生命一样维护社会稳定,自觉做民族团结进步事业的建设者、维护者、促进者。

(三)增强国家安全意识

1. 确立国家安全观

以人民安全为宗旨,以政治安全为根本,以经济安全为基础,以军事、文化、社会安全为保障,以促进国际安全为依托,走出一条中国特色国家安全道路。

2. 增强国防意识

主要包括:规范忧患意识、国防目标意识、规范竞争意识、国防责任意识、国防法制意识和国防献身意识等。

3. 履行维护国家安全义务

我国宪法明确规定了公民维护国家安全的基本任务及相应的法律义务。

【案例展示】

某高校研究生周某,在海外学习期间被境外组织策反。归国后,他经常利用节假日期间以旅游为名,对一些军事禁区进行拍照、收集资料,以密件的方式提供给境外组织。后被国家机关逮捕。

(来源:人人文库)

【教师评析】

作为一名研究生,接受国家多年的培养,本应为国家做出贡献,但周某禁不住金钱、物质的诱惑,出卖了自己的国格。周某也为他的行动付出了沉重代价。大学生应自觉遵守和履行,尽职尽责,勇于担当;高举爱国主义旗帜,立报国之志、增建国之才、践爱国之行、为国家和民族做出贡献。

第三节　让改革创新成为青春远航的动力

改革创新是当代中国最突出、最鲜明的特点。大学生富有想象力和创造力,是改革创新的生力军,要在改革创新的实践中奉献祖国、服务人民、实现价值,让改革创新成为青春远航的强大动力。

一、创新创造是中华民族最深沉的民族禀赋

【案例展示】

中华文明之光

中国古代在天文历法、数学、农学、医学、地理学等众多领域取得过举世瞩目的成就。英国哲学家培根曾说:印刷术、火药、指南针,这些发明改变了整个世界事物的面貌和状态。资料显示,16世纪以前世界上最重要的300项发明和发现中,中国占173项,远远超过同时代的欧洲。此外,在诗词歌赋、绘画、书法等文学艺术领域,中国也为世界奉献了唐诗、宋词、元曲等诸多人类文明的瑰宝。中国在历史上长期处于世界领先地位,思想文化、社会制度、经济发展、科学技术以及其他许多方面对周边国家发挥了重要辐射和引领作用,中华文明对世界文明进步做出了巨大贡献,产生了深远影响。

学生思考:上述案例说明了什么?

【教师点评】

中华民族是富有创新精神的民族。我们的先民很早就提出了"苟日新,又日新,日日新","穷则变,变则通,通则久"等与创新创造有关的思想观念。在历史的漫漫长河中,变通求新、因革损益、革故鼎新、与时俱进、与日偕新等思想观念逐渐积淀为中华民族最深沉的民族禀赋。

二、改革创新是时代要求

在当代中国,社会发展离不开改革创新,改革创新是社会发展的重要动力,坚持改革创新是新时代的迫切要求。

【案例展示】

人物介绍屠呦呦

2015年12月10日,屠呦呦因开创性地从中草药中分离出青蒿素应用于疟疾治疗而获得当年的诺贝尔医学奖。这是在中国本土进行的科学研究首次获得诺贝尔奖。1968年,中药研究所开始抗疟中药研究,39岁的屠呦呦担任该项目组的组长。经过两年的研究对象筛选,并受到中国古代药典《肘后备急方》的启发,项目组将重点放在了对青蒿的研究上。

1971 年,在失败了 190 次之后,项目组终于通过低温提取、乙醚冷浸等方法,成功提取出青蒿素,并在接下来的反复试验中得出了“青蒿素对疟疾抑制率达到 100%”的结果。在没有先进实验设备、科研条件艰苦的情况下,屠呦呦带领着团队攻坚克难,面对失败不退缩,终于胜利完成科研任务。青蒿素问世 44 年来,共使超过 600 万人逃离疟疾的魔掌。未来,屠呦呦希望通过研究,让青蒿素应用于更多地方,为更多人带来福音。

(来源:百度文库)

【教师点评】

屠呦呦身上凸显的“中国精神”也体现在她的“以改革创新为核心的时代精神”上。青蒿素的发现不仅仅是中药学的成就,这更体现在传统的中医药学与现代实验医学巧妙而有机的结合。这种大胆的改革创新,符合现代医学发展的规律,也是当代医学界的精髓之一。屠呦呦的这种改革创新的时代精神,不仅令中国精神生辉,更让这种精神闪耀全世界。大学生要自觉树立敢为天下先的志向和信心,敢于担当、勇于超越,在攻坚克难中追求卓越,在改革创新中引领世界潮流。

三、做改革创新的生力军

青年时期是创新创造的宝贵时期。新时代的大学生置身于实现中华民族伟大复兴的时代洪流之中,应当以时代使命为己任,把握时代脉搏,迎接时代挑战,增强创新创造的能力和本领,勇做改革创新的实践者,将弘扬改革创新精神贯穿于实践中、体现在行动上。

(一)树立改革创新的自觉意识

改革创新,首先要求人们自觉增强改革创新的责任感,树立敢于突破陈规、大胆探索未知、勇于创新创造的思想观念,在实践中有直面困难的勇气,有突破难关的精神,锐意进取,奋力前行。

1. 增强改革创新的责任感

改革创新的责任感表现为一种不甘落后、奋勇争先、追求进步的责任感和使命感。改革创新充满艰辛、奉献甚至牺牲,没有强烈的责任感和使命感,很难支撑人们克服和战胜改革创新过程中的艰难曲折。

2. 树立敢于突破陈规的意识

陈规最易束缚人的思维和手脚,创新创造的过程往往充满艰辛。要创新,就要有强烈的创新意识,凡事要有打破砂锅问到底的劲头,敢于质疑现有定论,勇于开拓新的方向,攻坚克难,追求卓越。敢于大胆突破陈规甚至常规,敢于大胆探索尝试,善于观察发现、思考批判,不唯书、不唯上,只唯实,这是大学生在学习与实践中创新创造的重要前提。

3. 树立大胆探索未知领域的信心

创新就是要走前人没有走过的路。要创新,就要有强烈的创新自信。如果总是跟踪模仿,既谈不上创新,也是没有出路的。未知领域可能是人类认识的盲区,也可能是人类实践的处女地。未知常常令人心生怯意,人们常常因充满未知的风险而停下探索和求新的脚步,但未知领域也往往蕴含着发现的沃土和创新的机遇。

王安石在《游褒禅山记》中言:“而世之奇伟、瑰怪,非常之观,常在于险远,而人之所罕至焉,故非有志者不能至也。”青年应是常为新、敢创造的,理当锐意创新创造,不等待、不观望、不懈怠,勇做改革创新的生力军。

【教师小结】

大学生要不断增强以改革创新推动社会进步,在改革创新中奉献服务社会、实现人生价值的崇高责任感和使命感,以时不我待、只争朝夕的紧迫感投身改革创新的实践中。

(二)增强改革创新的能力本领

1. 夯实创新基础

改革创新之所以能够推陈出新,提出前人不曾提出的新思想,推出令世人敬仰叹服的新创造,一个重要的原因就在于改革创新者具有扎实的专业知识基础。缺乏深厚的专业知识积淀,盲目追求改革创新,往往容易流于不切实际的空想,或者是“无知者无畏”的蛮干。无视或轻视专业知识学习,不可能担负改革创新的重任。

2. 培养创新思维

创新思维与守旧思维的区别在于,守旧思维往往求同、模仿,创新思维则注重求异、批判而不甘落入窠臼和俗套;守旧思维被动回答问题,创新思维善于发现问题;守旧思维往往机械、线性、封闭,创新思维则灵活而开放,发散而多维;守旧思维提出的观点人们往往因熟悉而易于接受,创新思维则常常因“异想天开”而被怀疑甚至嘲讽。

3. 投身创新实践

实践出真知,实践长才干。当代大学生既置身于全球新一轮科技革命和产业变革兴起的历史机遇期,又置身于我国迈向现代化强国的历史新征程,应当在全面深化改革的伟大实践中深深体悟改革创新精神,增强改革创新的意识,锤炼改革创新的意志,增强改革创新的能力本领,勇做改革创新的实践者和生力军。

【案例展示】

创新人物——谭铁牛

谭铁牛现任中国科学院院士、英国皇家工程院外籍院士、发展中国家科学院院士和巴西科学院通讯院士;中央政府驻港联络办副主任、中国科学院自动化研究所研究员、博士生导师、智能感知与计算研究中心主任。

谭铁牛 1964 年出生在湖南茶陵县,升高中时考了全县第一名,因为家里穷交不起学费,茶陵县政府和县一中的领导为他减免了学杂费。谭铁牛认为这是他人生第一个重要转折点,没有党和政府的关怀,就没有他的今天。

1980 年考入西安交通大学信息控制工程系,1983 年加入了中国共产党,1984 年 7 月参加工作。后在英国帝国理工学院电子电气工程系图像处理专业博士研究生学习工作近 13 年,1996 年申请中国科学院“百人计划”并入选,随后放弃英国雷丁大学终身教职,1998 年初与妻子带着刚满周岁的儿子回国。他说:“是党和国家培养了我,我的根在中国,我的事业同样在中国。”谭铁牛回国后的收入虽然比在英国少多了,但他坚信自己的选择是正确的:“中国的发展和繁荣,要靠我们中国人自己,国运兴,事业兴,我的事业在中国。”

作为模式识别国家重点实验室主任和中科院自动化研究所所长助理的谭铁牛,瞄准国际学科前沿和国家发展的战略需要,开辟了生物特征人物识别与身份鉴定以及数字多媒体数据的水印化处理等新的研究方向。谭铁牛总是强调:“创新是科研的生命。”他的科研主要集中在 3 个方向:生物特征识别、图像视频理解和信息内容安全。他们建立的虹膜图像数据库已成为国际上最大规模的共享虹膜图像库,遍布 120 多个国家和地区的 15 000 多个研究团队申请共享使用并获得使用授权。2016 年 1 月,中国第一款量产虹膜识别手机问世。该机由谭铁牛课题组技术转化成立的高科技公司中科虹霸开发,类似虹膜识别技术系列产品,已被广泛用于信息和文件加密、终端解锁、煤矿安全生产、反恐防暴、金融安全、政务系统登录等多个领域。这些产品已占据中国国内虹膜识别市场 70% 以上的份额,还通过技术授权在国际上大规模应用于银行 ATM 取款机。

2016 年 5 月 14 日,时任中国科学院副院长的谭铁牛院士在位于中科院自动化所的模式识别国家重点实验室接受采访时说:"就在这里,我们开展了虹膜识别的研究,突破了国外对虹膜识别技术和产品的封锁,做出了拥有自主知识产权的设备。"

(根据网络资料整理)

【教师小结】

青年往往朝气蓬勃、思维活跃,好奇心强、求知欲盛,敢于尝试新生事物,这些都是有利于创新创造的重要条件。纵观世界历史,许多重要创造,都是产生于创造者风华正茂、思维最敏捷的青年时期。青年身上蕴藏着巨大的创造能量和活力。大学生应当珍惜人生中最具创新创造活力的宝贵时期,从扎实系统的专业知识学习起步和入手,勤于思考,善于发现,勇于创新,在创新创造中不断积累经验、取得成果、演绎精彩。

【教学实践】

要求:改革开放 40 年,在各行各业中涌现出了为中国社会主义建设发展做出贡献的好人好事。寻找一下你身边的最美人物或事迹。

形式:

1. 以宣传报形式在班上宣传。

2. 制作幻灯片等不同形式给同学们讲解。

【课后练习】

1. 中国精神的主要内容是什么? 如何弘扬中国精神?

2. 爱国主义的基本内涵与时代要求是什么? 如何做时代的忠诚爱国者?

3. 结合自身实际,谈谈大学生应如何走在改革创新的时代前列。

第八章

践行社会主义核心价值观

【教学目的和要求】

人类社会发展的历史表明，对一个民族、一个国家来说，最持久、最深层的力量是全社会共同认可的核心价值观。社会主义核心价值观是当代中国精神的集中体现，凝结着全体人民共同的价值追求。通过本课学习，帮助大学生深刻领会社会主义核心价值观的重要意义和科学内涵，自觉践行社会主义核心价值观，努力成为培育和弘扬社会主义核心价值观最积极、最活跃、最充分的青年先进代表。

【教学重点与难点】

1. 社会主义核心价值观是当代中国发展进步的精神指引。

2. 坚定价值观自信。

3. 扣好人生的第一个扣子。

4. 做社会主义核心价值观的积极践行者。

【课堂导入】

以设问方式进入课堂

问题：什么是核心价值观？

核心价值观在一个民族中有什么意义？

为什么说社会主义核心价值观是当代中国发展进步的精神指引？

核心价值观，承载着一个民族、一个国家的精神追求，体现着一个社会评判是非曲直的价值标准。也就是说,核心价值观是一定社会形态社会性质的集中体现,在一个社会的思想观念体系中处于主导地位,体现着社会制度、社会运行的基本原则和社会发展的基本方向。

第一节　全体人民共同的价值追求

全社会积极弘扬和践行社会主义核心价值观,才能汇聚起建设社会主义现代化强国和实现中华民族伟大复兴的中国梦的磅礴力量。

一、社会主义核心价值观的基本内容

核心价值观是一定社会形态社会性质的集中体现,在一个社会的思想观念体系中处于主导地位,体现着社会制度、社会运行的基本原则和社会发展的基本方向。

【案例展示】

第一组图片:中国近5年来经济发展和人民生活的现状。

第二组视频:党的十八大提出全面推进依法治国,加快建设社会主义法治国家。党的十九大召开以后,第十三届全国人民代表大会第一次会议顺利通过《中华人民共和国宪法修正案》。

第三组图片:志愿者服务活动场景。

【教师小结】

上面的组图和视频从不同侧面反映了社会主义核心价值观在国家、社会、公民的价值层面表达,体现了对国家的价值目标、社会的价值取向和公民的价值准则的诉求。

(一)社会主义核心价值观内涵

党的十八大明确提出了培育和践行社会主义核心价值观的根本任务。其内容是:

国家层面:富强、民主、文明、和谐。

社会层面:自由、平等、公正、法治。

公民层面:爱国、敬业、诚信、友善。

富强、民主、文明、和谐。这一价值追求回答了我们要建设什么样的国家的重大问题,揭示了当代中国在经济发展、政治文明、文化繁荣、社会进步等方面的价值目标,从国家层面标注了社会主义核心价值观的时代刻度。

自由、平等、公正、法治。这一价值追求回答了我们要建设什么样的社会的重大问题,与实现国家治理体系和治理能力现代化的要求相契合,揭示了社会主义社会发展的价值取向。

爱国、敬业、诚信、友善。这一价值追求回答了我们要培育什么样的公民的重大问题,涵盖了社会公德、职业道德、家庭美德、个人品德等各个方面,是每一个公民都应当遵守的道德规范。有了这样的价值追求,人们才能更好地处理个人与国家、社会、他人的关系,不断提升自己的人生境界。

【视频欣赏】

感动中国诚实守信人物——吴秀君

思考并讨论:

1. 诚实与信任之间的关系是什么?

2. 诚信的基础是什么?

学生回答后,教师肯定优点并指出不足之处。

【教师小结】

从以上两个问题的分析与思考中,我们可以得出这样的结论:社会主义核心价值观的诚信要求,是人生的价值追求。要做一个诚实守信的人,首先是尊重客观事实。坚持诚实,就会赢得信任。诚实是获得信任的前提,对人诚实自然会获得人们的信任;对人不诚实就会产生信任危机。

(二)社会主义核心价值体系与社会主义核心价值观的区别及关系

社会主义核心价值体系是:坚持马克思主义指导思想;确立中国特色社会主义共同理想;弘扬以爱国主义为核心的民族精神和以改革创新为核心的时代精神;树立社会主义荣辱观。

社会主义核心价值体系与社会主义核心价值观的区别:社会主义核心价值体系的功能主要在于确立社会主义核心价值观的灵魂、原则与依据;社会主义核心价值观是社会主义核心价值体系的内核,是对社会主义核心价值观体系的高度凝练和集中表达。

社会主义核心价值观和社会主义核心价值体系的关系:两者是紧密联系、互为依存、相辅相成的。社会主义核心价值观是社会主义核心价值体系的精神内核,它体现了社会主义核心价值体系的根本性质和基本特征,反映了社会主义核心价值体系的丰富内涵和实践要求,是社会主义核心价值体系的高度凝练和集中表达。同时,社会主义核心价值观与社会主义核心价值体系具有内在的一致性,都体现了社会主义意识形态的本质要求,体现了社会主义制度在思想和精神层面的质的规定性,是建设中国特色社会主义现代化强国、实现中华民族伟大复兴中国梦的价值引领。

二、当代中国发展进步的精神指引

【课堂导入】

视频播放

2012 年 11 月 29 日,习近平率中央政治局常委和中央书记处的同志来到国家博物馆,参观《复兴之路》展览的节选。

根据视频内容学生思考:

1. 中国梦的本质是什么?

2. 实现中国梦为什么要走中国特色社会主义道路?

【教师小结】

习近平指出:“中国梦的本质是国家富强、民族振兴、人民幸福。”国家富强、民族振兴、人民幸福与社会主义核心价值观三个层面是完全一致的。因此,弘扬共同理想、凝聚精神力量、引领道德风尚,形成全民族奋发向上、团结和睦的精神纽带,使我们的国家、民族、人民在思想上和精神上强起来,更好地坚持中国道路、弘扬中国精神、凝聚中国力量,需要社会主义核心价值观的精神指引。

(一)培育和践行社会主义核心价值观

培育和践行社会主义核心价值观是有效整合我国社会意识、凝聚社会价值共识、解决和化解社会矛盾、聚合磅礴之力的重大举措,是保证我国经济社会沿着正确的方向发展、实现中华民族伟大复兴的价值支撑,意义重大而深远。

(二)坚持和发展中国特色社会主义的价值遵循

中国特色社会主义是全面发展、全面进步的社会主义。它既需要不断完善经济、政治、文化、社会和生态文明等各方面的制度,也需要不断探索社会主义在精神和价值层面的本质规定性;既需要为人们描绘未来社会物质生活方面的目标,也需要为人们指出未来社会精神价值的归宿。

(三)提高国家文化软实力的迫切要求

【课堂互动】

学生思考并回答:什么是文化的力量?什么是文化软实力?如何提升中国文化软实力?(提前布置课下查资料,课堂回答)

【教师小结】

文化的力量是强大的,它可以唤起一个民族的觉醒,唤起一个民族的奋发向上,这就是精神的力量。当今世界,文化越来越成为综合国力竞争的重要因素,成为经济社会发展的重要支撑。文化软实力越来越成为争夺发展制高点、道义制高点的关键所在。文化软实力的竞争,本质上是不同文化所代表的核心价值观的竞争。提升文化软实力,有利于增进国际社会对中国的理解,扩大中华文化影响力,展示社会主义中国的良好形象;有利于增强社会主义意识形态的竞争力,掌握话语权,赢得主动权。

(四)增进社会团结和谐的最大公约数

历史和现实一再表明,只有建立共同的价值目标,一个国家和民族才会有赖以维系的精神纽带,才会有统一的意志和行动,才会有强大的凝聚力、向心力。习近平说:"我国是一个有着13亿多人口、56个民族的大国,确立反映全国各族人民共同认同的价值观'最大公约数',使全体人民同心同德、团结奋进,关乎国家前途命运,关乎人民幸福安康。"(《习近平谈治国理政》第1卷,外文出版社2018年版,第168页)

第二节　坚定价值观自信

一个民族、一个国家,坚定不移朝着目标前进的精神状态,就是一个民族、一个国家高度自觉自信的状态。坚定的核心价值观自信,是中国特色社会主义道路自信、理论自信、制度自信和文化自信的价值内核。

一、社会主义核心价值观的历史底蕴

在世界几大古代文明中，中华文明之所以能够没有中断并延续发展至今，一个重要原因就是中华民族有一脉相承的精神追求、精神特质、精神脉络。像这样的思想和理念，不论过去还是现在，都有其鲜明的民族特色，都有其永不褪色的时代价值。

【课堂互动】

要求收集老子、孔子、墨子等思想家提出的包括孝悌忠信、礼义廉耻、仁者爱人、与人为善、天人合一、道法自然、自强不息等的理念，如："民惟邦本""天人合一""和而不同"；"天行健，君子以自强不息""大道之行也，天下为公"；"天下兴亡，匹夫有责"；"君子义然后取""君子坦荡荡""君子义以为质"；"人而无信，不知其可也"；"德不孤，必有邻""仁者爱人""与人为善""己所不欲，勿施于人""出人相友，守望相助""老吾老以及人之老，幼吾幼以及人之幼""扶贫济困""不患寡而患不均"；等等。

通过对传统文化的核心价值观的讲述，使学生理解与认识中华优秀传统文化是涵养社会主义核心价值观的重要源泉，是中华民族的精神命脉。

【教师点评】

社会主义核心价值观不是无源之水、无本之木。深深地根植于中华优秀传统文化，是社会主义核心价值观历史底蕴的集中体现。当代社会主义核心价值观是对中国传统文化核心价值的继承和弘扬，并以新的时代特征进行创新与发展。同学们既要努力学习中国优秀传统文化精髓，继承和弘扬中华民族精神，更要站在时代的前沿发展和创新具有时代精神的中国文化。

二、社会主义核心价值观的现实基础

习近平指出："一个民族、一个国家的核心价值观必须同这个民族、这个国家的历史文化相契合，同这个民族、这个国家的人民正在进行的奋斗相结合，同这个民族、这个国家需要解决的时代问题相适应。"（《习近平谈治国理政》第1卷，外文出版社2018年版，第171页）

(一)中国特色社会主义建设是社会主义核心价值观的实践根据

社会主义核心价值观生成于中国特色社会主义建设实践,同当今中国最鲜明的时代主题相适应,是当代中国精神的集中体现,是中国特色社会主义本质规定的价值表达。它从价值观的层面,清晰地展现了我们所推进的中国特色社会主义建设的基本特征和根本追求,引领着中国特色社会主义建设铿锵前行。

(二)中国特色社会主义建设以无可辩驳的事实生动展示着社会主义核心价值观的生机活力

改革开放以来,我国的综合国力、人民的生活水平、国际竞争力和国际影响力都迈上了新台阶,彰显了中国特色社会主义的巨大优越性和强大生命力。同时,中国特色社会主义建设的新推进,也不断为社会主义核心价值观注入丰富而鲜活的时代内涵,提出弘扬和践行社会主义核心价值观的新任务新要求,并为社会主义核心价值观的弘扬和践行创造提供了广阔空间及有力的物质基础、制度保障和相应条件。

三、社会主义核心价值观的道义力量

真理的力量加上道义的力量,才能行之久远。社会主义核心价值观以其先进性、人民性和真实性而居于人类社会的价值制高点,具有强大的道义力量。

(一)社会主义核心价值观的先进性

社会主义核心价值观先进性,体现在它是社会主义制度所坚持和追求的核心价值理念。社会主义核心价值观反映着我国社会主义基本制度的本质要求,渗透于经济、政治、文化、社会、生态建设的各个方面,是我国社会主义制度的内在精神之魂。作为人类社会最为先进社会制度的本质规定在价值层面的集中反映,社会主义核心价值观代表着当今时代人类社会的价值制高点。

(二)社会主义核心价值观的人民性

社会主义核心价值观的人民性体现在它所代表的最广大人民的根本利益,反映的是最广大人民的价值诉求,引导着最广大人民为实现美好社会理想而奋斗。人民是历史的创造者,要践行全心全意为人民服务的根本宗旨,坚持以人民为中心、坚持人民当家做主,把人民对美好生活的向往作为奋斗目标。

(三)社会主义核心价值观的真实性

社会主义核心价值观的道义力量还源于它的真实性。人民当家做主的社会主义制度,则为社会主义核心价值观的真正实现奠定了根本的制度前提和制度保障,使得自由、民主、公正等价值观"不是装饰品,不是用来做摆设的,而是要用来解决人民要解决的问题的",成为真切、具体、广泛的现实。

第三节 做社会主义核心价值观的积极践行者

青年的价值取向,既关系着自己的健康成长成才,又决定着未来整个社会的价值取向。青年是引风气之先的社会力量。在全社会培育和弘扬社会主义核心价值观,需要大学生始终走在时代前列,成为社会主义核心价值观的坚定信仰者、积极传播者、模范践行者。

一、扣好人生的扣子

正确的价值观能够引导大学生把人生价值追求融入国家和民族事业,始终站在人民大众立场,同人民一道拼搏、同祖国一道前进,服务人民、奉献社会,努力成为中国特色社会主义事业的合格建设者和可靠接班人。

【课堂互动】

习近平指出:"这就像穿衣服扣扣子一样,如果第一粒扣子扣错了,剩余的扣子都会扣错。人生的扣子从一开始就要扣好。"(《习近平谈治国理政》第1卷,外文出版社2018年版,第172页)

问题分析:这句话的含义是什么?对我们有哪些启示?

【教师点评】

大学生在高校生活,少则三到四年,多则九到十年,正处在人生成长的关键时期,知识体系搭建尚未完成,价值观塑造尚未成型,情感心理尚未成熟,需要加以正确引导。这好比小麦的灌浆期,这个时候阳光水分跟不上,就会耽误一季的庄稼收成。青年的价值取向决定了未来整个社会的价值取向,而青年又处在价值观形成和确立的时期,抓好这一时期的价值观养成十分重要。

核心价值观的养成绝非一日之功。大学生要坚持由易到难、由近及远,从现在做起,从自己做起,努力把核心价值观的要求变成日常的行为准则,形成自觉奉行的信念理念,并身体力行大力将其推广到全社会去,为实现国家富强、民族振兴、人民幸福的中国梦凝聚强大的青春能量。

二、勤学修德明辨笃实

这就要在培育和弘扬的过程中,下好落细、落小、落实的功夫。对于大学生而言,就是要切实做到勤学、修德、明辨、笃实,使社会主义核心价值观成为一言一行的基本遵循。

(一)勤学

知识是树立社会主义核心价值观的重要基础。大学生正处于学习科学知识的黄金时期,要下得苦功夫,求得真学问,把学习作为一种精神追求、一种生活方式;磨砺道德品质,掌握真才实学,练就过硬本领。大学生要注重把所学知识内化于心,形成自己的见解,专攻博览,努力掌握为祖国、为人民服务的真才实学,让勤于学习、敏于求知成为青春远航的动力。

(二)修德

做人做事第一位的是崇德修身。"核心价值观,其实就是一种德,既是个人的德,也是一种大德,就是国家的德、社会的德。国无德不兴,人无德不立。"

【知识拓展】

不要做"湿鞋轿夫"式的人物

明人张瀚《松窗梦语》中有这样一个故事:明代哲学家王廷相一天乘轿刚好遇到大雨,轿夫恰巧穿了双新鞋,开始时,轿夫非常小心,总是"择地而行",怕弄脏新鞋,后来一不小心,踏进了泥水中,之后便"不复顾惜"了,无所顾虑地在泥水中走下去。王廷相感叹道:"居身之道,亦犹是耳,倘一失足,将无所不至矣!"

(来源:豆丁网)

由轿夫"择地而行"到"不复顾惜"的变化,也是一个人的蜕变过程。古人云:"夫祸患常积于忽微","不矜细行,终累大德"。

没有树立正确的荣辱观,没有做到"慎初",迈出了危险的第一步,以致最终"不复顾惜",踏上不归路。

一个人只有明大德、守公德、严私德,其才方能用得其所。大学生要立志报效祖国、服务人民,这是大德,养大德者方可成大业。同时,还得从做好小事、管好小节开始起步;踏踏实实修好公德私德,学会劳动、学会勤俭,学会感恩、学会助人,学会谦让、学会宽容,学会自省、学会自律。

(三)明辨

培育和践行社会主义核心价值观,要增强自己的价值判断力和道德责任感,辨别什么是真善美、什么是假恶丑,自觉做到常修善德、常怀善念、常做善举。大学生一定要正视价值观选择和道德责任感,强化判断,善于明辨是非,善于决断选择,旗帜鲜明地弘扬真善美、贬斥假恶丑,树立正确导向,澄清模糊认识,匡正失范行为,形成激浊扬清、抑恶扬善的思想道德舆论,自觉做良好道德风尚的建设者、社会文明进步的推动者。

(四)笃实

道不可坐论,德不能空谈。于实处用力,从知行合一上下功夫,核心价值观才能内化为人们的精神追求,外化为人们的自觉行动。

《礼记》中说:"博学之,审问之,慎思之,明辨之,笃行之。"青年有着大好机遇,关键是要迈稳步子、夯实根基、久久为功。"天下难事,必作于易;天下大事,必作于细。"成功的背后,永远是艰辛努力。青年要把艰苦环境作为磨炼自己的机遇,把小事当作大事干,一步一个脚印往前走。滴水可以穿石。只要坚韧不拔、百折不挠,就一定能取得成就。

【教师小结】

社会主义核心价值观是崇高的,又是平凡的;它是理想的,又是现实的。它就在我们的身边,天天面对,事事相关,需要从自己做起,从点滴做起。作为新时代的大学生只有把社会主义核心价值观内化为信念,才能做到真信、真做;只有把社会主义核心价值观落实于行动,社会才能处处洋溢正气、正义。

【教学实践1】

问题:当代大学生如何践行社会主义核心价值观?(课下安排,课堂交流)

要求:同学们从学校大门进校,一路从不同的地方,寻找校园里关于“核心价值观”的小细节,编成小故事,在课堂上给同学们讲述。

【教学实践2】

校园文明情况调查(课外活动)

目的要求:通过开展校园文明情况调查,了解校园文明状况,明确大学生养成良好文明行为习惯的重要性,不断提升自身的文明道德素质。

具体内容要求:

(1)结合第七章内容以个人或小组(不超过3人)的形式,通过开展对校园文明情况进行调查的形式,形成调查报告,不少于2 000字。

(2)对身边不文明现象通过图片、漫画、手抄报等形式进行展示教育活动,每人至少上交一种材料。

【课后练习】

1. 谈谈对社会主义核心价值观的基本内容的理解。

2. 为什么要增强价值观自信?

3. 大学生应如何自觉践行社会主义核心价值观?

第九章

明大德　守公德　严私德

【教学目的和要求】

大学时期是个体道德意识形成和发展的一个重要阶段，在这个时期形成的道德观念对大学生一生影响很大。通过本课学习使学生了解道德本质及学习道德理论，树立正确的道德观，自觉传承中华传统美德和中国革命道德，积极吸收借鉴人类优秀道德成果，遵守公民道德准则，在投身崇德向善的实践中不断提高道德品质。

【教学重点与难点】

1. 掌握道德的本质、功能及道德的变化发展。

2. 正确对待和弘扬中华民族传统道德。

3. 正确把握社会主义道德建设的核心和原则。

4. 公民道德准则的基本要求。

5. 积极投身崇德向善的道德实践。

【课堂导入】

问题思考：道德是什么？

有一次，苏格拉底与一位青年学生讨论道德问题。苏格拉底问这位青年："人人都说要做有道德的人，你能不能告诉我什么是道德呢？"那位青年回答说："做人要忠诚老实，不能欺骗人，这是大家都公认的道德行为。"

苏格拉底再问："你说道德就是不能欺骗人，那么在和敌人交战的时候，我方的将领为了战胜敌人,取得胜利,总是想尽一切办法欺骗和迷惑敌人,这种欺骗是不是道德的呢?”那位青年回答道:“对敌人进行欺骗当然是符合道德的,但欺骗自己人就是不道德的了。”

苏格拉底接着问道:“在我军和敌人作战时,我军被包围了,处境困难,士气低落。我军将领为了鼓舞士气,组织突围,就欺骗士兵说,我们的援军马上就到,大家努力突围出去。结果士气大振,突围成功。你能说将军欺骗自己的士兵是不道德的吗?”那位青年回答说:“那是在战争的情况下,战争情况是一种特殊的情况。我们在日常生活中不能欺骗。”

苏格拉底接着问道:“在日常生活中,我们常常会遇到这种情况,儿子生病了,父亲拿来药儿子又不愿意吃。于是,父亲就欺骗儿子说,这不是药,是一种好吃的东西,儿子吃了药病就好了。你说这种欺骗是不道德的吗?”那位青年只好说:“这种欺骗是符合道德的。”

苏格拉底又问道:“不骗人是道德的,骗人也是道德的,那么什么才是道德呢?”那位青年回答说:“你把我弄糊涂了,以前我还知道什么是道德,我现在不知道什么是道德了。那么您能不能告诉我什么才是道德呢?”苏格拉底笑着回答道:“其实,道德就是道德本身。”

(来源:新浪博客)

通过案例组织学生问题讨论:人为什么需要道德?换一种提法,人是否能过一种没有道德的生活?或者说,人是否在没有道德的情况下能获得幸福生活?

如果说能力是一个人在社会生存的硬件设施的话,那么道德品质便是软件设施。能力固然重要,但没有道德做后盾的能力只是一种盲目的付出。一个人,只有遵守道德才能规范自己的行为,使社会生活有秩序地进行。而大学时期是人生道德意识形成、发展和成熟的一个重要阶段。

第一节　道德及其变化发展

道德是以善恶为评价方式,主要依靠社会舆论、传统习俗和内心信念来发挥作用的行为规范的总和。

一、什么是道德

作为人类社会特有的一种社会现象，道德是人类社会发展到一定阶段的必然产物。准确把握道德的起源和本质，是大学生建立正确的道德认知的前提。

（一）道德的起源

在我国古代，“道”和“德”原本分开使用，产生于不同时代，具有不同的含义。

马克思主义关于道德的起源有以下说法：

1. 劳动是人类道德起源的第一个历史前提

劳动将人与动物区分开来，创造了人、社会和社会关系，也创造了道德。劳动创造了道德主体。劳动在创造人的同时也形成了人与人的关系。

2. 社会关系是道德赖以产生的客观条件

在生产生活的实践活动中，人类必然要发生各种各样的人际交往和社会关系。社会关系的形成和发展产生了调节各种关系特别是利益关系的需要，道德恰恰是适应社会关系调节的需要而产生的。

3. 人的自我意识是道德产生的主观条件

人只有在社会实践中，充分意识到自我作为社会成员与其他动物的根本区别，意识到自我在社会中的角色与地位，意识到自我与他人或集体不同的利益关系，并由此产生调节利益矛盾的迫切要求时，道德才得以产生。

（二）道德的本质

道德属于上层建筑的范畴，是一种特殊的社会意识形态。正确理解道德的本质，应该把握经济基础对道德的决定作用，以及道德在一定条件下对经济基础的能动作用。

道德的本质：道德作为一种特殊的社会意识形态，归根到底是由经济基础决定的，是社会经济关系的反映。

1. 道德是反映社会经济关系的特殊意识形态

道德的产生、发展和变化，归根结底根源于社会经济关系。其一，道德的性质和基本原则、规范反映了与之相应的社会经济关系的性质和内容。有什么样的社会经济关系，相应地就有什么样的道德。其二，道德随着社会经济关系的变化而变化。其三,道德是一种社会意识。其四,作为社会意识的道德一经产生,便有相对独立性。

2. 道德是社会利益关系的特殊调节方式

道德是一种调整人与人、人与社会、人与自然以及人与自身之间关系的特殊的行为规范。这种行为规范与法律规范、政治规范的不同之处在于它是用善恶标准去评价,依靠社会舆论、传统习俗、内心信念来维持的,因此是一种非制度化的、柔性的规范。

3. 道德是一种实践精神

作为实践精神,道德是一种旨在通过把握世界的善恶现象而规范人们的行为并通过人们的实践活动体现出来的社会意识。作为实践精神,是特殊的意识信念、行为准则、评价选择等方面的总和,是调节社会关系、发展个人品质、提高精神境界等活动的动力。

二、道德的功能

道德作为人类的社会生活发展到一定阶段的必然产物,源于人的社会生活需要,又服务于人的社会生活需要。道德在人类社会中居于特别重要的地位,具有特殊的功能和作用。

(一)道德的功能

道德的功能,一般是指道德作为社会意识的特殊形式对于社会发展所具有的功效与能力。道德的功能是多元的,同时也是多层次的。

1. 道德的认识功能

指道德反映社会关系特别是反映社会经济关系的功效与能力。道德往往运用善恶、荣辱、义务、良心等范畴,反映人类的道德实践活动和道德关系,从中揭示社会道德发展的趋势,为人们的行为选择提供指南。

【课堂互动】

学生讨论:如果在地铁、公交车上给他人让座是一种美德,然而不让座,就是做错了吗?

根据学生的发言,教师评议。

【教师小结】

道德的社会作用是巨大的,它以善与恶、美与丑的具体形象,告诫人们应该做什么,不应该做什么,唤起人们的自觉性和积极性。

道德行为不仅于促使个人道德品质的形成,更主要的是在社会中推行一定的道德原则和规范,对一个社会和一个民族的道德面貌和道德水平的形成具有重大的推动作用。

2. 道德的规范功能

指在正确善恶观的指引下,规范社会成员在社会公共领域、职业领域、家庭领域的行为,并规范个人品德的养成,引导并促进人们崇德向善。从道德的特征来说,道德和法律一样,都是通过规范人的行为发挥作用。

3. 道德的调节功能

【课堂互动】

辩论赛

题目:“老人摔倒是扶还是不扶?”(老师安排时间)

规则:围绕这一话题,选出正反双方。

效果:辩论没有对错之分,主要是通过辩论的形式让大家针对有分歧的观点进行头脑风暴,在有效学习思想道德修养与法律基础课的同时,提升学生的综合能力。

【教师小结】

道德通过评价等方式,指导和纠正人们的行为和实践活动,协调社会关系和人际关系的功效与能力。道德评价是道德调节的主要形式,社会舆论、传统习俗和人们的内心信念是道德调节所赖以发挥作用的力量。道德功能中主要解决的是道德“知”和道德“行”的问题。即不仅要知道什么是道德,更重要的是要履行道德行为。

(二)道德的作用

道德的作用是指道德的认识、规范、调节、激励、导向、教育等功能的发挥和实现所产生的社会影响及实际效果。

道德的作用主要表现在:

(1)道德为经济基础的形成、巩固和发展服务,是一种重要的精神力量。

(2)道德对其他社会意识形态的存在有着重大的影响。

(3)道德通过调整人们之间的关系维护社会秩序和稳定。

(4)道德是提高人的精神境界、促进人的自我完善、推动人的全面发展的内在动力。

(5)在阶级社会中,道德是调节阶级矛盾和对立阶级之间开展阶级斗争的重要工具。

三、道德的变化发展

道德同其他社会意识形态一样,不是千古不变的。

原始社会的道德——奴隶社会的道德——封建社会的道德——资本主义社会的道德。

纵观道德发展的历史,进步与落后、善良与邪恶、顺利与曲折交织其中,使得数千年来的道德现象纷繁复杂、矛盾重重。但不管这个进程多么复杂,人类道德的发展是一个曲折上升的历史过程。人类道德发展的历史过程与社会生产方式的发展进程大体一致,这是道德发展基本规律。

人类道德进步的主要表现是:道德在社会生活中所起的作用越来越重要,对于促进社会和谐与人的全面发展的作用越来越突出;道德调控的范围不断扩大,调控的手段或方式不断丰富;道德的发展和进步成为衡量社会文明程度的重要尺度。

第二节　吸收借鉴优秀道德成果

中华传统美德是中华文化的精髓,蕴含着丰富的思想道德资源;中国革命道德是对中华传统美德的继承和发展,是中华民族极其宝贵的道德财富。大学生应当自觉继承并弘扬中华传统美德和中国革命道德,同时以开放的胸怀和视野吸收借鉴人类文明的有益道德成果,不断深化对社会主义道德的认识。

【课堂导入】

名人名句

富贵不能淫,贫贱不能移,威武不能屈,此之谓大丈夫。(孟子)

穷则独善其身,达则兼济天下。(孟子)

先天下之忧而忧,后天下之乐而乐。(范仲淹)

中华民族具有这样的精神品格追求:刚健有为、自强不息、开放兼容、厚德载物、与时俱进、人文日新。这里包含了我们中华民族的精神,也包含了中华民族优良道德传统,这是我们一笔宝贵的精神财富。今天我们继承它为社会主义道德服务有重大的意义。

一、传承中华传统美德

所谓中国传统美德,是在长期社会实践中逐渐凝聚起来的民族精神之所在,是中华文化的精髓,蕴藏着丰富的思想道德资源。

(一)传承中华传统美德的基本精神

1. 重视整体利益,强调责任奉献

【知识拓展】

优良道德传统中有深厚的文化底蕴,道中有文,文以载道。子曰:“小子何莫学夫诗?诗,可以兴、可以观、可以群、可以怨,迩之事父,远之事君;多识于鸟兽草木之名”。(《论语·阳货》)

《诗经》:“被之僮僮,夙夜在公。”

《书经·周官》:“以公灭私,民其允怀。”

贾谊《治安策》:“国而忘家,公而忘私。”

文天祥:“人生自古谁无死,留取丹心照汗青。”

顾炎武:“天下兴亡,匹夫有责。”

2. 推崇“仁爱”原则,注重以和为贵

【知识拓展】

樊迟“仁”,子曰“爱人”。(《论语·颜渊》)

孟子:“亲亲而仁民,仁民而爱物。”

墨子:“兼爱。”“天下之人皆相爱,强不执弱,众不劫寡,富不侮贫,贵不傲贱,诈不欺愚。”

韩愈《原道》:“博爱之谓仁。”

朱熹:“爱之理,心之德。”并以生释仁。

3. 提倡人伦价值,重视道德义务

【知识拓展】

“五教”说:父义、母慈、兄友、弟恭、子孝。

“五伦”说:父子有亲、君臣有义、夫妇有别、长幼有序、朋友有信。

“五常”说:仁、义、礼、智、信。

四大德目:忠、孝、节、义。

4. 重视道德修养,塑造理想人格

【知识拓展】

范仲淹:“先天下之忧而忧,后天下之乐而乐。”

孟子:“富贵不能淫,贫贱不能移,威武不能屈。”

5. 强调道德修养,注重道德践履

【知识拓展】

“水火有气而无生,草木有生而无知,禽兽有知而无义。人有气、有生、有知、亦且有义,最为天下贵也。”(《荀子·非相篇》)

孔子认为圣人是理想中的人,有操守的君子是现实的人。他们之间又是联系的,君子的“成仁”正是“成圣”的内在精神。

“博学之,审问之,慎思之,明辨之,笃行之”。(《礼记 · 中庸》)

【教师小结】

中华传统美德博大精深,很多思想已深入到全民族的思维方式、价值观念、行为方式和风俗习惯之中。传统美德蕴藏的中国智慧,既可以为我们今天的道德建设提供有益启发,为治国理政提供有益启示,也为解决当代人类面临的道德难题提供了重要启迪。

(二)中华传统美德的创造性转化和创新性发展

弘扬中华传统美德,必须通过科学分析与鉴别,吸取精华,赋予新的内涵,努力推动中华传统美德的创造性转化和创造性发展。

1. 加强对中华传统美德的挖掘和阐发

弘扬中华传统美德,必须通过科学的分析和鉴别,把其中带有阶级和时代局限性的成分剔除出去,把其中具有当代价值的道德精神发掘出来,总结传统美德中丰富的思想道德资源,对中华传统美德的德目、观点进行新的诠释和激活,结合现代生活赋予其新的时代内涵,努力推动中华传统美德的创造性转化和创新性发展。

2. 用中华传统美德滋养社会主义道德建设

坚持古为今用、推陈出新的原则，为社会主义道德建设提供丰厚的道德资源，赋予社会主义道德和共产主义道德以鲜明的民族特色。

3. 在对待传统道德的问题上，要反对两种错误思潮

一种是复古论，认为道德建设的最终目标就是要恢复中国“固有文化”，形成以中国传统文化为主体的道德体系。另一种是虚无论，认为中国传统道德从整体上来说在今天已经失去了价值和意义，必须从整体上予以全盘否定。

二、发扬中国革命道德

传承和发扬中国革命道德，是弘扬中华传统美德的应有之义，是加强社会主义道德建设的客观需要，也是激励大学生锤炼优良道德品质的必然要求。

（一）中国革命道德的形成与发展

中国革命道德是指中国共产党人、人民军队、一切先进分子和人民群众在中国新民主主义革命和社会主义革命、建设与改革中所形成的优良道德。中国革命道德萌芽于五四运动前后，发端于中国共产党成立以后蓬勃发展的伟大工人运动和农民运动，经过土地革命战争、抗日战争、解放战争以及社会主义革命、建设与改革的长期发展，逐渐形成并不断发扬光大。

中国革命道德是一种精神力量。它是马克思主义与中国革命、建设和改革的伟大实践相结合的产物，是对中国优良道德传统的继承和发展，是中华传统美德新的升华和质的飞跃，是中华民族极其宝贵的道德财富。

（二）中国革命道德的主要内容

中国革命道德具有丰富而独特的内涵，既包括革命道德的原则、要求、态度、修养、风尚等方面，也包括革命理想、革命精神等方面，具有丰富的内容。

1. 为实现社会主义和共产主义理想而奋斗

【课堂互动】

夏明翰在《就义诗》中写下“砍头不要紧，只要主义真。杀了夏明翰，还

有后来人"这样的豪言壮语,方志敏在《可爱的中国》中发出"敌人只能砍下我们的头颅,决不能动摇我们的信仰"的坚定誓言。坚持社会主义和共产主义理想信念的不屈不挠的精神,是革命道德的灵魂。

学生思考后谈谈对上述两句诗的理解。

【教师小结】

这些革命先烈之所以能够排除万难、坚持斗争、无私无畏、不怕牺牲,就是因为他们有坚定的社会主义、共产主义的理想和信念。

2. 全心全意为人民服务

【课堂互动】

讲故事:毛泽东在1944年9月为纪念革命战士张思德写下《为人民服务》一文的背景及意义。

【教师小结】

我们党强调一切革命者都要想到大多数人民的利益,彻底地为人民的利益工作。可以说,全心全意为人民服务作为贯穿中国革命道德始终的一根红线,是中国共产党在中国革命实践中的一个伟大创造,对中国的革命、建设、改革事业,产生了极其重大的推动作用。

3. 始终把革命利益放在首位

【课堂互动】

邓小平说:"为了国家和集体的利益,为了人民大众的利益,一切有革命觉悟的先进分子必要时都应当牺牲自己的利益。"在个人利益与革命利益发生矛盾时,要"以革命利益为第一生命,以个人利益服从革命利益"。

学生思考后谈谈对上述两句话的理解。

【教师小结】

共产党人和革命者从事革命活动的目的就是要为革命利益而奋斗,在个人利益与革命利益发生矛盾时,要"以革命利益为第一生命,以个人利益服从革命利益"。只有始终把革命利益放在首位,才能极大地激发革命者为集体而献身的斗志,使革命队伍形成前所未有的向心力和凝聚力,才能使革命事业不断蓬勃向前发展。

4. 树立社会新风,建立新型人际关系

树立社会新风,建立新型人际关系是中国革命道德在社会生活层面的要求。

中国革命道德的传扬,引导建立新型家庭关系和培育良好家风,提升人民群众的文明水准和道德风貌,树立社会新风尚具有重要作用。

5. 修身自律,保持节操

中国共产党对党员个人修养的要求是修身自律,保持节操。具体是以中国革命事业为重,严于律己,谦虚谨慎;淡泊名利,清正廉洁;襟怀坦荡,光明磊落;始终保持高风亮节,展现出高尚的人格力量。

(三)中国革命道德的当代价值

中国革命道德内容丰富、历久弥新,既是中国共产党领导全体人民实现民族独立、人民解放的精神支撑和思想武器,又对于我们走好新时代的长征路,实现中华民族伟大复兴仍然具有极其重要的现实意义。

【课堂互动】

让学生们查阅资料:红船精神、井冈山精神、苏区精神、长征精神、延安精神、西柏坡精神的内涵。

学生一一回答查阅资料的内容,然后老师讲解。

【教师小结】

大学生发扬革命道德、传承红色基因,就要深入了解中国社会和中国革命的历史,了解中国共产党人带领广大人民群众进行革命斗争的艰苦实践,真正体会中国革命道德的本质内涵、历史意义和当代价值,自觉同各种歪曲历史、诋毁英雄的历史虚无主义思潮做斗争,努力在坚持和发展中国特色社会主义伟大进程中创造无愧于时代、无愧于人民、无愧于先辈的业绩。

三、借鉴人类文明优秀道德成果

人类文化和文明发展进步的过程表明,一种文化能够通过与其他文化交流碰撞和冲突融合而保持其生命力,是实现自我更新和自我发展的重要条件。因此,一个国家或民族的道德进步,既要注意在文明交流中坚守自身优秀道德传统,也要在文明互鉴中积极吸收其他有益道德成果。

(一)从道德形成和发展的过程来看

每一个民族或国家都有自己优良的道德传统,都对促进道德的发展做出过不同程度的贡献。从古至今,历代思想家都十分重视伦理道德问题,对道德品质、道德评价、道德教育和道德修养等进行了有益的探讨,其中不乏超越时代、国家、民族乃至阶级界限的真知灼见,为人类道德进步提供了丰富资源。

(二)借鉴和吸收人类文明优秀道德成果,必须秉承正确的态度和科学的方法

要坚持马克思主义立场、观点、方法,在道德问题上把握好共性和个性、抽象和具体、一般和个别的关系。不同的道德文明体现了各自的生活方式、人生态度、价值信仰和行为方式,但不同民族或国家之间仍然会面临某些共同的问题,形成一些具有共性的道德认识。

(三)坚持以我为主、为我所用,批判继承其他国家的道德成果

不同道德文明的产生、发展和演化,都要依托一定的社会历史条件。在吸取人类优秀道德文明成果的问题上,既要大胆吸收和借鉴人类道德文明的积极成果,又必须掌握好鉴别取舍的标准,善于在吸收中消化,把人类文明优秀道德成果变成自己道德文明体系的组成部分。

第三节　遵守公民道德准则

公民道德建设,对于提高人民思想觉悟、道德水准、文明素养,提高全社会文明程度,具有重要作用。弘扬社会主义道德,必须坚持以为人民服务为核心、以集体主义为原则,推进社会公德、职业道德、家庭美德、个人品德建设。

一、社会主义道德的核心和原则

【课堂导入】

1. 组织学生观看电影《焦裕禄》

学生思考:(1)电影中最感人的有哪些?你认为什么是焦裕禄精神?

(2)焦裕禄的人格力量对我们有哪些启发?如何做一个为党为人民无私奉献的好党员?

2. 阅读《雷锋日记》(节选)

1960 年 10 月 21 日

今年吃过早饭,连首长给了我们一个任务,上山砍草搭菜窖。……劳动到了 12 点,大家拿着自己从连里带来的盒饭,到达了集合地点,去吃中午饭。当时,我发现王延堂同志坐在一旁看着大家吃,我走到他面前,他没有带饭来,于是我拿了自己的饭给他吃,我虽饿一点,但让他吃饱,这是我最大的快乐。

1961 年 9 月 11 日

我是主人,是广大劳苦大众当中的一员,我能帮助人民克服一点困难,是最幸福的。

1961 年 10 月 20 日

人的生命是有限的,可是,为人民服务是无限的,我要把有限的生命,投入到无限的“为人民服务”之中去。

1959 年 11 月 2 日

我学习了毛主席的著作以后,懂得了不少道理,心里感到特别亮堂,工作越干越有劲,只觉得有股劲永远也使不完。——我要永远地记住:一滴水只有放进大海里才能永远不干,一个人只有当他把自己和集体融合一起的时候才能有力量。力量从团结来,智慧从劳动来,行动从思想来,荣誉从集体来。

通过上述材料,教师组织学生问题讨论(时间由教师自行安排):

(1)读完《雷锋日记》你的感想是什么?

(2)你认为雷锋精神的精髓是什么?

(3)你认为雷锋精神过时了吗,为什么?

【教师点评】

焦裕禄精神、雷锋精神是社会主义道德建设中的标杆,它的内涵丰富,但主要的精神内涵是廉洁奉公、心系群众、执政为民,体现一名共产党员和无产阶级先锋战士为党和人民无私奉献的崇高社会主义道德精神,是我们今天的大学生的光辉榜样。

(一)为人民服务是社会主义道德的核心

为什么为人民服务是道德的核心问题,决定并体现着道德建设的根本性质和发展方向,规定并制约着道德领域中的所有道德现象。

1. 为人民服务是社会主义经济基础和人际关系的客观要求

在社会主义条件下,权利与义务统一于人民自己身上。每个社会成员既是社会主义的劳动者又是社会主义的建设者,在为他人服务的同时又是为自己而工作。只有社会分工不同,没有高低贵贱之分。全体人民通过社会分工来实现共同利益。

2. 为人民服务是社会主义市场经济健康发展的要求

【课堂互动】

以往报纸电台经常报道许多雷锋式的人物,他们做了好事不留名,甚至故意隐名埋姓。但在市场经济条件下,许多人做了好事不仅留名,而且索取回报,如许多拾金不昧者拿到失主自愿给出的酬金。这就带来一个争论:做好事是否应当留名,或索取回报?

一些人认为,做好事不应留名,因为道德行为是一种善举,如果你为了出名或者其他目的做好事,你的行为本身的道德价值便会大打折扣,有时即便是一个善举,也不值得人们赞扬或效仿。

而另一些人认为,要求做好事不留名,或者不取任何回报,未免对好人太苛刻,而且对全社会而言,这种要求也没有必要,因为社会需要宣传这些好人好事,如果好人不留姓名,或者没有任何回报,岂不是达不到宣传目的,起不到鼓励更多的人做好事吗?

(来源:新浪博客)

教师组织学生讨论:如果你做了好事,希望留名或索取回报吗?(讨论时间在5~10分钟)

【教师小结】

道德行为本身是一种善举,做好事是发自自我的愿望而帮助他人的一种行为,如果故作声势做事而达到某种目的的需要是背离了道德行为的要求。社会主义道德对市场经济具有价值导向作用。社会主义市场经济本质上要求为人民服务,它存在于人们的一切经济活动和社会生活规范中。每个市场主体都要有为人民服务的思想，自觉积极地为人民服务、为社会服务，更好使市场主体把自身的特殊利益同国家和人民的共同利益结合起来。

3. 为人民服务体现着社会主义道德建设的先进性要求和广泛性要求的统一

【课堂互动】

“每个人的力量是有限的，但只要我们万众一心、众志成城，就没有克服不了的困难；每个人的工作时间是有限的，但全心全意为人民服务是无限的。”（《习近平谈治国理政》第 1 卷，外文出版社 2018 年版，第 5 页）

学生思考并回答此句的含义。

【教师点评】

不同的职业，不同的工作性质，对为人民服务有不同的要求。但一个有道德的人、一个具有为人民服务意识的人，必定会有为他人服务、为社会献身的精神，会时时处处想到别人，想到社会，想到国家，从而能够推己及人、与人为善，服务他人、奉献社会，使他人能够因自己的所作所为而得到益处，使社会可以因自己的努力而发生积极改变。只要一个人对社会、对他人尽了心、尽了力、尽了职，他的言行就具有道德价值。

（二）集体主义是社会主义道德建设的原则

集体主义是调节国家利益、社会整体利益和个人利益关系的基本原则。

根据我国现阶段经济社会生活和人们思想道德的实际，将集体主义分为三个层次的道德要求：一是无私奉献、一心为公，这是集体主义的最高层次，是共产党员、先进分子应努力达到的道德目标；二是先公后私、先人后己，这是已经具有较高社会主义道德觉悟的人能够达到的要求；三是顾全大局、遵纪守法、热爱祖国、诚实劳动，这是对公民最基本的道德要求。

社会主义集体主义原则的根本指导思想，就是正确处理好集体利益和个人利益的关系：

1. 集体主义强调国家利益、社会整体利益和个人利益的辩证统一

【课堂互动】

“一方面，个人离不开集体，集体把每个劳动者的智慧和力量凝聚在一起，形成巨大的创造力。另一方面，集体是由若干个人组成的，不调动个人

的积极性,也就不会有集体的创造力。集体与个人,即'统'与'分',是相互作用、相互依赖、互为前提的辩证统一关系。只有使二者有机地结合起来,才能使生产力保持旺盛的发展势头,偏废任何一方,都会造成大损失。"(习近平《摆脱贫困》,福建人民出版社 1992 年版,第 144 页)

学生思考并举例说明此句的内涵。

【教师小结】

在社会主义社会中,国家利益、社会整体利益和个人利益也是不能分割的。国家利益、社会整体利益体现着个人根本的、长远的利益,是所有社会成员共同利益的统一。同时,每个人的正当利益,又都是国家利益、社会整体利益不可分割的组成部分。国家社会的兴衰与个人利益得失息息相关。在现实生活中,国家利益、社会整体利益和个人利益是相辅相成的,不是靠抑制一方来发展另一方,而是要力求做到共同发展、相互增益、相得益彰。

2. 社会主义集体主义强调集体利益高于个人利益

【课堂互动】

要求:利用电子工具搜索"个人与集体的名人言论",学生抢答。

举例:团结就是力量。——谚语

单丝不成线,独木不成林。——俗语

人心齐,泰山移。——谚语

众人拾柴火焰高。——民谚

二人同心,其利断金。——《易经》

万人操弓,共射一招,招无不中。——《吕氏春秋》

民齐者强。——荀况

【教师点评】

在个人利益与国家利益、社会整体利益发生矛盾冲突,尤其是发生激烈冲突的时候,必须坚持国家利益、社会整体利益高于个人利益的原则,即个人应当以大局为重,使个人利益服从国家利益、社会整体利益,在必要时做出牺牲。集体主义要求个人为国家、社会做出牺牲并不是任意的,只有在不牺牲个人利益就不能保全国家利益、社会整体利益的情况下,才要求个人为国家利益、社会整体利益做出牺牲。

3. 社会主义集体主义强调重视和保障个人的正当利益

集体主义重视和保障个人的正当利益是集体主义思想的应有之义。只有在国家、社会中个人才能获得全面发展，才可能有个人自由。

【课堂互动】

有人认为，集体主义是对个人的压制，是对个性的思想束缚，是与集体主义的本意相违背的。此类观点你同意吗？

学生分析回答。

【教师小结】

集体主义促进和保障个人正当利益的实现，使个人的才能、价值得到充分的发挥。对于集体主义来说，只有个人的价值、尊严得到实现，个人的正当利益得到保证，集体才能有更强大的生命力和凝聚力。集体主义重视个人利益的实现，但这并不等于说，任何个人不分场合不分时间的利益需求，都应该无条件得到满足。社会主义集体主义所重视和保障的是个人的正当利益，而不是任何性质的个人利益，对于损人利己、损公肥私的行为，集体主义不但不保护，而且强烈反对和禁止。

二、社会公德

社会公德与公共生活密切相关，公共生活需要道德规范来约束和协调。社会公德作为社会公共生活中应当遵守的行为准则，在维护公共秩序方面具有重要的作用。

【课堂导入】

没有公民道德，社会就会灭亡；没有个人道德，他们的生存也就失去了价值。因此，对于一个美好的世界来说，公民道德和个人道德是同样必要的。（罗素）

【课堂互动】

公德剧场

小品：《弘扬公德新风，倡导文明行为》（题目可以让学生自拟）

具体做法：提前一周把任务布置给学生，要求每班表演关于社会公德的正反两方面的小品各一个，每班班长和学习委员负责。在讲第四章时，课前拿出 10 ~ 15 分钟时间让学生表演,表演完成后,首先请学生点评,进而引导学生谈出他的体会和所受到的启发,最后老师点评,引入新课。

(一)公共生活与公共秩序

公共生活领域随着经济社会的不断发展而逐渐扩大,这是人类社会发展的必然趋势。在经济全球化加速发展的当代社会,公共生活日益成为社会成员生活的重要组成部分。

通过学生回答讨论引入课程。

1. 公共生活

公共生活与私人生活相对,公共生活是人类在社会公共场所进行的活动。其具有以下四个特征:

(1)活动范围的广泛性。公共生活的场所和领域不断扩展、空间不断扩大,特别是网络使公共生活进一步扩展到虚拟世界。

(2)活动内容的开放性。公共生活是由社会成员共同参与、共同创造的公共空间,它涉及的活动内容是开放的。

(3)交往对象的复杂性。随着科学技术的迅猛发展,人们在公共生活中的交往对象不再局限于熟识的人,而是进入公共场所的任何人,这就增加了人际交往信息的不对称性和行为后果的不可预期性。

(4)活动方式的多样性。当代社会的发展使人们的生活方式发生了新的变化,人们可以根据自身的需要及年龄、兴趣、职业、经济条件等因素,选择和变换参与公共生活的具体方式。

【课堂导入】

问题解答

(1)在公共场合要不要把手机铃声设成震动?接听手机的时候用不用照顾周围人的情绪?怎样对待垃圾短信和短信陷阱?如何面对有侮辱色彩的彩信铃声?

(2)如何构建和谐宿舍、和谐班级、和谐校园?

2. 公共生活需要公共秩序

公共秩序是由一定规则维系的人们公共生活的一种有序化状态,主要包括工作秩序、教学秩序、营业秩序、交通秩序、网络秩序等。公共生活领域越扩大,对公共秩序的要求就越高。有序的公共生活是社会生产活动的重要基础,是提高社会成员生活质量的基本保障,更是社会文明的重要标志。

【课堂互动】

问题讨论:有序的公共生活对我国社会主义建设的意义是什么?

【教师点评】

社会公德和公共秩序就是要求人们在公共生活中知荣明耻,自觉履行社会公德和法律义务。它是锤炼人的思想品德,提升人生境界的重要途径,也是促进社会和谐的必然要求。身为当代大学生,我们更有责任为维护社会和谐而贡献自己的一份力量。

(二)公共生活中的道德规范

公共生活中的道德规范,即社会公德,是指人们在社会交往和公共生活中应该遵守的行为准则,是维护公共利益、公共秩序、社会和谐稳定的起码的道德要求,涵盖了人与人、人与社会、人与自然之间的关系。

【案例展示】

图片展示,社会公德缺失的后果。

社会公德缺失包括违章驾驶、翻越围栏、随地吐痰、插队、乱刻乱画等现象。

通过 PPT 展示,学生思考讨论:你认为公共生活应该遵守什么样的秩序?

【案例展示】

白线的约束力

几个人驾车,从澳大利亚的墨尔本出发,去往南端的菲利普岛(澳洲著名的企鹅岛)看企鹅归巢的美景。从车上的收音机里他们得知,企鹅岛上正在举行一场大规模的摩托车赛。估计在他们到达企鹅岛之前,摩托车赛就要结束,到时候会有成千上万辆汽车往墨尔本方向开。由于这条路只有两车道,所以他们都担心会塞车,而错过观赏的最佳时间。

担心的时刻终于来了。离企鹅岛还有 60 多公里时,对面蜂拥而来大批的车流。其中有汽车,还有无数的摩托车。可是他们的车却畅通无阻!

后来他们终于注意到对面驶来的所有车辆,没有一辆越过中线!这是一个左右极不“平衡”的车道,一边是光光的道路,一边是密密麻麻的车子。

然而没有一个“聪明人”试图去破坏这样的秩序,要知道,这里是荒凉的澳洲最南端,没有警察,也没有监视器,有的只是车道中间的一道白线,看起来毫无约束力的白线。这种“失衡”的图景在视觉上似乎丝毫没有美感可言,可是却令人渐渐地感受到了一种震撼。

(来源:豆丁网)

通过案例问题思考:这个案例给了我们什么样的启示?

【教师点评】

俗话说得好,“无规矩不成方圆”,社会就是一个由人与人组成的大家庭,如果每个人都只按自己的意愿行事,而不顾及他人的感受,那么这个社会便会成为一盘散沙,一片混乱。特别是在公共场合没有任何监视的条件下能做到自律慎独体现一个人的道德修养水平。

1. 文明礼貌

【课堂互动】

团体活动“社会公德大 PK”(分为游戏规则、体验分享,最后教师总结)

游戏规则:

(1)学生每人准备一张 16K 纸,一分为二;做 4 张长纸条,4 张短纸条。

(2)长纸条上面写上遵守社会公德的表现;短纸条上面写上违反社会公德的表现。

(3)每人都与小组内其他成员 PK,方式是剪刀、石头、布,赢的人得到对方的长纸条,输的人得到对方的短纸条。当小组成员中出现有人手里都是长纸条或短纸条时,小组活动结束。

全体学生以诤友小组为单位进行“社会公德大 PK”,每组手里都是长纸条或短纸条的同学参加班级分享。

体验分享:

每组手里都是长纸条或短纸条的同学参加班级分享,请他们大声地读出纸条上的内容,并且在读的时候前面加上一个“我”字,然后问这些同学的感受。

结果:

通过班级分享的环节,我们发现手里都是长纸条的同学,读的时候声音洪亮、底气十足,他们自己也倍感自豪;而手里是短纸条的同学明显底气不足，有羞耻感，这说明学生是知道在社会生活中哪些行为是正确的、值得赞赏的，哪些是错误的、要进行改正的。

没有参加班级分享的同学，手里既有长纸条也有短纸条，这才是社会大众在社会公德方面的真实现状，每个人的身上都有表现好的和不好的地方，好的方面我们要发扬光大，不好的方面要及时改正，做到“扬长避短”。

结合团体活动的内容，让学生逐步总结出社会生活需要的公德规范：“文明礼貌、助人为乐、爱护公物、保护环境、遵纪守法”，倡导大家做践行社会公德的典范。

【教师点评】

文明礼貌是调整和规范人际关系的行为准则，与我们每个人的日常生活密切相关。文明礼貌是路上相遇时的微笑，是与人相处时的尊重，是沟通感情的桥梁。它反映着一个人的道德修养，体现着一个民族的整体素质。

2. 助人为乐

【视频欣赏】

在线观看：放映四个感人的公益广告片。

宣扬和感怀人类的美德

“爱心的传递”——睡觉前妈妈给儿子洗了脚，然后又给自己的妈妈洗脚，这个情节让孩子看在眼里，小小年纪的他给妈妈打来一盆洗脚水，稚嫩的童声“妈妈，请洗脚”。孩子第一次也给自己的妈妈洗脚了。看来爱心是可以传递的。

“公德比赛——让座篇”——一辆行驶的公车上，只有一位老人在站着，其他坐着的乘客大多是年轻人，但是他们都不愿意将自己的座位让给老人，而且互相推诿：“你让吧”，“不，你离她近，你让吧”，“凭什么呀”，“我不想让”……画面文字：“让座其实没这么麻烦。”最后，一位小伙子站起来主动把座位让给了老人。画外音：“公德比赛今天起正式开赛。”

“举手之劳——晨跑篇”——一个小伙子在晨跑的过程中非常乐于助人，帮人推车，捡球，当看到地上的易拉罐，动作潇洒地用脚踢到垃圾箱中，不料差了一点，易拉罐落在旁边了，这时又一位晨跑的姑娘把它捡起来，丢进垃圾箱中。这些举手之劳，体现了我们爱人爱己的良好道德。片尾字幕：

关心别人,快乐自己。

“举手之劳——大众篇”——轻松的背景音乐,路人甲将马路上的井盖盖好,避免了交通事故。路人乙捡起地上的香蕉皮扔进垃圾筒中,路人丙和丁扶起倒下的指路牌。这些举手之劳,带给我们自己和别人方便。片尾画外音:“举手之劳,我们能做的还有很多。”

(来源:豆丁网)

问题思考:怎样在生活中提高社会公德意识?

【教师点评】

在公共生活中,每个人都会遇到困难和问题,总有需要他人帮助和关心的时候。把帮助他人视为自己应做之事,是每个社会成员应有的社会公德,是有爱心的表现。“赠人玫瑰,手有余香。”

3. 爱护公物

对社会共同劳动成果的珍惜和爱护,是每个公民应该承担的社会责任和义务,它既显示出个人的道德修养水平,也是社会文明水平的重要标志。如果社会公共财物遭到破坏,社会的利益就会受到损害。

4. 保护环境

生态环境保护是功在当代、利在千秋的事业。人类发展活动必须尊重自然、顺应自然、保护自然,否则就会遭到大自然的报复。

5. 遵纪守法

遵纪守法是全体公民都必须遵循的基本行为准则,是维护公共生活秩序的重要条件。在社会生活中,每个社会成员既要遵守国家颁布的有关法律、法规,也要遵守特定公共场所和单位的有关纪律规定。全面依法治国需要每个人都遵纪守法,树立规则意识。

【案例展示】

窃信事件:中科大天才少女被开除

2005 年 4 月 1 日,对于位于合肥的中国科技大学的许多师生来说是窒息的一天。当天下午,该校召开校长工作会议,决定开除该校少年班 19 岁大四女生马蕾蕾(化名)学籍。因为许多中科大的学生在帖子中指责马蕾蕾窃取本校同学来自国外大学的邀请信(offer),并冒名用 E-mail 破坏同学的留学申请。

网上热评“马蕾蕾事件”

19岁的马蕾蕾，是中国科技大学少年班物理专业的大四学生，她今年申请了包括美国明尼苏达大学（UMN）在内的数所国外大学。当她得知同班女生陈馨（化名）已被明尼苏达大学接收后，抢先从信箱里窃取了陈馨的大学邀请信。并冒名陈馨用E-mail和美国校方联系，拒绝了陈馨的留学邀请，同时推荐了她自己。陈馨因迟迟没收到明尼苏达大学的正式邀请，发信询问美国校方，才发现已被人冒名拒绝了邀请。经过陈馨和班系师生的调查、取证，很快就查明真相：正是同一个班上的马蕾蕾在捣鬼。

此事在3月底一经曝光，又不断有人发帖指证马蕾蕾还窃取了其他人的留学邀请信，具体数量目前难以统计。于是有学生发表联名公开信，要求严惩肇事女生。

校方决定开除窃信女生

中科大校方于4月1日下午在科大BBS上发表了对马蕾蕾事件的情况说明，情况说明中称：3月31日，经违纪学生家长和本人要求，考虑在校压力过大，以避免意外事件发生，经向校有关领导请示，同意其回家等待处理结果。4月1日下午，学校召开校长工作会议，会议决定对马蕾蕾同学给予开除学籍处分。校方同时表示，对受害同学希望通过司法途径维护自己的正当权益，将给予尊重和协助。

中科大少年班系主任陈卿教授前天表示，这件事只是个别情况，科大少年班20多年来从来没有出过这样的事情。

马蕾蕾在校期间很优秀

据近日中科大BBS上的帖子介绍，马蕾蕾15岁时就以优异的成绩考入赫赫有名的中科大少年班，在大学期间表现突出，担任学生干部，被评为2003～2004年度优秀团员，而且事发前已经收到美国纽约州立石溪大学的邀请信。这样在校表现优秀的学生为何走上这样一条自毁锦绣前程的歧路？

据马蕾蕾3月29日发表在中科大BBS上的“悔过书”来看，心理狭隘对她做出此事有直接原因。她在“悔过书”中写道：“我的心理一度处于狭隘的状态。由于对周围发生的好多事情的极端看法，让我对生活、对人都很失望。我开始怀疑,甚至憎恨周围的人。我便在没有考虑严重后果的情况下,用这种很伤害人的行为做了不该做的事。我憎恨自己的这种行为,并为此感到羞耻。”

她离校时表示知道自己错了

对于马蕾蕾的处理意见,中科大师生存在两种不同看法。绝大多数人认为这不但对受害人造成极大的伤害,而且会严重影响中国学生在国际上的良好形象,让北美、欧洲的著名大学误判中科大及中国学生的品行,对以后国外大学接收中国学生极为不利,因此主张严惩。也有少数人认为,少年班的学生年纪偏小,心智还不成熟,要给她改过自新的机会,因此主张从轻发落。

而据马蕾蕾室友 HelloLucia 介绍,马蕾蕾离开学校时情绪稳定,但是寡言,临走时她表示真的知道自己错了,准备回去待一年,再从头开始。

(来源:搜狐新闻)

根据案例内容让学生思考讨论:

(1)德才兼备是对人才素质的简明概括。马蕾蕾 15 岁就以优异的成绩考入赫赫有名的中科大少年班,可惜的是,由于道德的缺失,她未完成四年学业就被开除学籍。结合案例及实际,谈谈道德素质对人的发展的重要性。

(2)你认为在大学生中的公德应该表现在哪些方面?当代大学生应如何增强公德意识?培养自己的遵纪守法意识?

(3)结合马蕾蕾的所作所为,谈谈你对“以团结互助为荣,以损人利己为耻”荣辱观的理解。

【教师小结】

养成一个习惯,形成一种行为;养成一种行为,形成一种性格;养成一种性格,形成一种命运。因此我们在任何环境下都要记住:道德规范——应当或不应当怎样;法律规范——必须或不准许怎样。

(三)网络生活中的道德要求

网络生活中的道德要求,是人们在网络生活中为了维护正常的网络公共秩序需要共同遵守的基本道德准则,是社会公德在网络空间的运用和扩展。

【案例展示】

［材料1］ 2006年底,我国互联网上大规模爆发“熊猫烧香”病毒及其变种,该病毒通过多种方式进行传播,并将感染的所有程序文件改成熊猫举着三根香的模样,同时该病毒还具有盗取用户游戏账号、QQ号等功能。一经面世就迅速出现数百个变种,不断入侵个人电脑,感染门户网站,对互联网用户安全造成了严重破坏。《瑞星2006安全报告》将其列为十大病毒之首,在《2006年度中国大陆地区电脑病毒疫情和互联网安全报告》的十大病毒排行中一举成为“毒王”。

这轰动全国的“熊猫烧香”病毒制造者就是李俊,已被逮捕。李俊系武汉市新洲区阳逻街人,中专毕业,毕业后参加过网络技术职业培训班,凭借他的聪明才智,成为网络编辑高手,可是他的才能没用在正道上,给社会带来很大的危害,也把自己给害了。

（根据网络资料整理）

［材料2］ 北京检察院以盗窃罪批捕首位大学生黑客。犯罪嫌疑人卢某,案发时系北京某大学计算机应用专业的大二学生。2000年6月开始,卢某利用上网下载的黑客软件,破译并盗取了北京某公司的上网账号及密码,并开始使用此“免费”账号上网。不仅如此,为满足自己的虚荣心或混个“好人缘”,卢某先后将此上网账户及密码向多人传播,有时还得意地告诉他们:“这账号是黑下来的,要钱就可以上。”同时,卢某还在网上二手货市场打出了“绝对超值,100元可上网150小时的广告”,并留下了自己的联系办法,致使用过此账号的人竟达1 000多名,给该公司造成47万元的损失。去年10月份公安机关将卢某抓获归案。

网络是把双刃剑,当前网络活动中存在的诸多问题,已经对社会公共生活秩序和公共安全产生了极大的危害。

（来源:豆丁网）

［材料3］ 近日,全国互联网大会发出倡议,全国互联网从业人员、网络名人和广大网民都应坚守“七条底线”,营造健康向上的网络环境,自觉抵制违背“七条底线”的行为,积极传播“正能量”,为实现中华民族伟大复兴的中国梦做出贡献。

（来源:答案网）

根据材料回答问题:

(1)有人说,“网络就应该是自由的地方,想说什么就说什么”,对此你有什么看法?

(2)为构建网络文明,营造和谐健康的网络环境,作为网民的你应怎样参与其中?

【教师小结】

上述材料,要求大学生在享受网络便利的同时,应遵守必要的网络义务;有言论的自由,但不得利用言论侮辱、诽谤他人,侵犯他人的合法权益;凡是不承担责任的行为都是犯罪的行为,都要受到法律的制裁。

【课堂互动】

教师提问设计:同学们平时都在网上干什么呢?引导学生主要从三个方面深入交流。

(1)玩游戏

问题回答:你玩过什么游戏?玩的时候有什么感受?心情怎样?有没有收获?

(2)利用网络查资料

问题回答:你查过哪些资料?你觉得上网查资料和其他方法有什么不一样?用词语来描述一下。

(3)QQ 的使用

【课堂互动】

问题回答:你都有哪些好友?你通常和爸爸妈妈都聊什么内容。你通常和老师、同学都聊什么?陌生人加你怎么办?为什么?

学生交流,自由发言。

设计意图:本活动主要以上网“玩游戏”“查资料”“使用 QQ”三个方面为切入点深入交流。原因有:①这三个方面是学生上网的主要目的,聊起来感兴趣。②因为痴迷于游戏,不正当使用 QQ,使许多未成年人受到伤害,甚至走上犯罪道路。并且在活动二中学生探讨的就是痴迷于网游带给自己及其家人的伤害的案例,为此留下了伏笔。③网上学习成为人们主要便捷的学习方式。旨在告诉学生利用网络可以有效学习,而不是简单的玩电脑。

学生交流，自由发言。

【教师点评】

痴迷于网络游戏对于一个孩子的毒害是至深的。长期痴迷于暴力游戏，严重影响到身心健康，虚拟的世界改变了他的性格。我国政府为了挽救沉迷于网络的孩子，也成立了一些机构，比如春雷教育等，还成立一些专门戒掉网瘾的学校等。大学生应当遵守网络生活中的道德要求，成为营造清朗网络空间的正能量。要正确使用网络工具，健康进行网络交往，自觉避免沉迷网络，养成网络自律精神。

三、职业道德

职业：是指人们由于社会分工所从事的具有专门业务和特定职责，并以此作为主要生活来源的社会活动。

职业生活：则是人们参与社会分工，用专业的技能和知识创造物质财富或精神财富，获取合理报酬，丰富社会物质生活或精神生活的生活方式。

职业生活中的道德规范，不仅对各行各业的从业者具有引导和约束作用，而且也是促进社会持续健康、有序发展的必要条件。

【课堂导入】

一个男子骑着自行车撞倒了一位女士，一名记者拍下了这一幕，他未经当事人同意，将照片发表在报刊上。

问题：这种做法是否正确？

【教师点评】

这是一种对当事人不尊重的表现。作为一名记者，拍下他人的照片应当获得当事人的同意后再发表。无论任何职业都必须遵守职业道德，树立更高的职业观念、态度、纪律与作风。

（一）职业生活与劳动观念

人类是劳动创造的，社会是劳动创造的。劳动没有高低贵贱之分，任何一份职业都很光荣。

【课堂导入】

普通劳动者都可以在宽广的舞台上实现自己的人生价值。许多劳动模范都有平凡而感人的事迹,如“蓝领专家”孔祥瑞、“金牌工人”窦铁成、“新时期铁人”王启明、“新时代雷锋”徐虎、“知识工人”邓建军、“马班邮路上的信使”王顺友、“白衣圣人”吴登云、“中国航空发动机之父”吴大观等。

教师从中选择 1 ~2 例劳动模范感人的事迹讲解。

【教师点评】

职业生活中,必须牢固树立“劳动最光荣、劳动最崇高、劳动最伟大、劳动最美丽”的观念,通过劳动创造更加美好的生活。无论从事什么劳动,都要弘扬工匠精神,干一行、爱一行、钻一行。只要踏实劳动、勤勉劳动,在平凡岗位上也能干出不平凡的业绩。一切劳动者,只要肯学肯干肯钻研,练就一身真本领,掌握一手好技术,就能立足岗位成长成才,就能在劳动中发现广阔的天地,在劳动中体现价值、展现风采、感受快乐。

(二)职业生活中的道德规范

职业生活中的道德规范即职业道德,是指从事一定职业的人在职业生活中应当遵循的具有职业特征的道德要求和行为准则,涵盖了从业人员与服务对象、职业与职工、职业与职业之间的关系。职业道德的基本要求如下:

1. 爱岗敬业

爱岗敬业就是要干一行爱一行,爱一行钻一行,精益求精,尽职尽责。反映的是从业人员对待自己职业的一种态度,也是一种内在的道德需要。它体现的是从业者热爱自己的工作岗位、对工作积极负责、敬重自己所从事职业的道德操守,是从业者对工作勤奋努力、恪尽职守的行为表现。

【案例展示】

装一把心锁

老锁匠技艺高超,可惜年事已高,为了不使技艺失传,他准备把手艺传给徒弟。徒弟甲、乙两人都异常聪明,老锁匠无法取舍,最后决定以一场考试来决定衣钵传人。考试内容就是让两个徒弟去打开两个相同的保险柜,谁用的时间最短就可能得到老锁匠的真传。徒弟甲轻而易举地打开了保险柜,徒弟乙在极短时间内也打开了,但似乎稍逊于徒弟甲。老锁匠没有立即表态,只是若有所思地问徒弟甲:“保险柜里面有什么?”徒弟甲兴奋地说:

“里面全是钞票，一百元一张的。”老锁匠接着又问徒弟乙同样的问题，徒弟乙支吾了半天，才木讷地说：“你只让我开锁，所以没有看里面有什么。”结果，老锁匠让徒弟乙继承了衣钵。为什么选徒弟乙呢？老锁匠说：“我收徒弟就是要把他培养成一个高超的锁匠，必须做到心中只有锁而无其他，否则心有私念就会起贪心。因为，登门入室对锁匠而言易如反掌，如果以此为获利捷径，最终违法犯罪，害人害己。我们修锁的人，心上要有一把不能打开的锁。”

（来源：新浪博客）

【教师点评】

从案例中同学们都认识到不管从事什么工作，都要讲求操守，要信守承诺，要遵纪守法；具备这些品质的人才会受到社会、用人单位的欢迎。

2. 诚实守信

在职业道德中，诚实守信是对从业者的道德要求。它不仅是从业者步入职业殿堂的通行证，体现着从业者的道德操守和人格力量，也是在行业中扎根立足的基础。职业道德中的诚实守信，要求从业者在职业活动中诚实劳动、合法经营、信守承诺、讲求信誉。

【案例展示】

在德国逃票之后

有一名在德国留学的中国留学生，他毕业时成绩优秀，当他在德国求职时，却被多家大公司拒绝。于是他决定选择一家小公司求职，没想到，仍然被拒绝。在万般无奈之下，他带着困惑，小心翼翼地询问原因，没想到德国人给这位中国留学生看了一份记录，记录他乘坐公共汽车曾三次逃票被抓住。中国学者还说：“德国抽查逃票一般被查到的概率是万分之三。这位高才生居然被抓住三次逃票，在严肃的德国人看来，大概是永远不可饶恕的。”

（来源：道客巴巴）

通过案例教师组织学生思考问题：此案例对你有何启发？怎样在实践中践行诚实守信的原则？

现实中，有一种观点认为，诚信是一种理想化美德，现实生活中做不到，讲诚信者往往吃亏。另一种观点认为，我是讲诚信的，但别人不讲，我也只好不讲了。

谈谈当代大学生为什么要树立诚信品质,在生活中我们应该怎么做?

【教师点评】

诚信包含诚实和守信两个方面。诚实是守信的基础,守信是诚实的外在表现。

诚信是做人的基本准则,也是公民道德的一个基本规定,它不分国度与地域,生活在现实中的每一个人都应遵守诚实守信。拥有诚信的人,才可以创造更多的社会财富,才可以拥有更完美的人生。以诚信换取诚信,以诚信换取成功。希望每个同学在人生职业生涯中做到:我诚信,我光荣;我诚信,我自尊;我诚信,我成功。言必信,行必果。

3. 办事公道

指从业人员在职业活动中做到公平、公正、不谋私利,不徇私情,不以权损公,不以私害民,不假公济私。

4. 服务群众

指在职业活动中一切从群众的利益出发,为群众着想,为群众办事,为群众提供高质量的服务。

5. 奉献社会

指从业人员在自己的工作岗位上树立奉献社会的职业精神,并通过兢兢业业的工作,自觉为社会和他人做贡献。

【案例展示】

2015 感动中国年度人物官东

主人公叫官东,男,安徽宣城人 ,1990 年 5 月生,2011 年加入中国共产党。海军工程大学潜水员。

2015 年 6 月 1 日,“东方之星”号客轮在长江中游湖北监利水域翻沉。官东主动请缨加入海军工程大学抢险救援分队。6 月 2 日抵达救援现场后,他第一个跳入水中,面对水流湍急、能见度极低的双重考验,官东首先在船舱内发现朱红美老人,他一边耐心安抚老人的情绪,一边帮她穿戴好装具,最终成功将其救出,这是第一位被成功救出的生还者。14 时 15 分,官东再次下水,在机舱部位找到了船员陈书涵。面对体力严重透支,陷入绝望的陈书涵，官东毫不犹豫地将自己的装备给了陈书涵，自己冒着生命危险仅靠轻潜装具支撑。撤退时，他身上的信号绳被缠住，危急之下，官东割断信号绳，与水面彻底失联。官东在黑漆漆的舱内摸索近20分钟，终于找到出舱口，怎料，一个暗流瞬间将他卷入深水区，而此时，装具里的氧气即将耗尽，官东果断丢掉所有装具，憋着一口气猛地往上游。由于上升速度过快，刚出水的官东双眼通红、鼻孔流血。面对大家的赞许，这个帅气的“90后”小伙儿，没有多言。因为在他看来，这是军人应有的担当。

（来源：中国应届毕业生网）

【教师点评】

军人是坚强的，他是大山；军人是宽广的，他是大海；军人是飞翔的鹰，从天到地都充满他战斗的勇气；军人是奔腾的豹，每一步都洋溢他生命的气息；军人还是诗，为我们诠释男儿深情；军人更是歌，把真爱播撒在祖国每一寸土地上。

（三）树立正确的择业观和创业观

就业是最大的民生。就业牵涉大学生自身和千家万户的利益，也影响国家和社会的发展。每个大学生都要面临就业的现实。树立正确的择业观和创业观，对于大学生顺利走进职业生活具有重要的现实意义。

【课堂导入】

如果有人问你，你五年之后的工作会在哪里，你怎么回答？你会摇头、茫然，还是会自信地告诉别人，我早就定下了五年计划，相信自己一定能做到某个位置？如果你的回答是后者，那么应该恭喜你，因为你已经懂得了做职业规划，说明你踏出了成功的第一步。但是我们发现，在现实生活中，更多人只是在抱怨：“五年已过去了，可我还是老样子。”

如果你还在抱怨，如果你希望改变，那么请你来一次——职业规划。对我们大学生而言，职业规划应该从何时开始？大三？大一？还是更早？

【案例展示】

有职业规划能少走弯路

小李说：“我从高一就开始搜集关于物理专业的信息，高三填志愿时目标也很明确，知道自己想干什么和要干些什么。可能有些人会想专业无所谓,能考上就行了,到时不喜欢就再转专业。但其实转专业是很难的,要求高不说,如果两个专业之间联系不大,那还要从大一重新读起。我觉得职业规划从初中开始都不算早,如果说是因为备考,没时间对自己进行职业规划,那只不过是借口。现在信息这么发达,只要在生活中稍微留意一下,都能通过很多渠道获得相关信息,根本不会影响到学习。有职业规划可以少走很多弯路,特别是选课的时候会更有针对性。比如我以后想从事纳米技术研究,想到国外去继续学习,那我选课的时候就会围绕这个目标去选择,因为很多国外的大学都很看重你之前所研究的领域是否是相关的,如果是,那对于入学和申请奖学金都是有帮助的。”

(来源:豆丁网)

结合内容观看视频。

【视频欣赏】

心理访谈:《职业生涯规划》

【教师小结】

大学生如何做好职业规划,如何才能获得理想的职业,怎样才能被社会所承认、被用人单位所接纳,是摆在我们每个大学生面前的一个重要课题。那么,要做好职业规划,做好择业准备,首先要认清当前就业形势,树立就业信心。

1. 树立崇高的职业理想

【课堂互动】

读经典谈感受

青年马克思在谈到选择职业理想时曾经写道:“如果我们选择了最能为人类而工作的职业,那么,重担就不能把我们压倒,因为这是为大家做出的牺牲;那时我们所享受的就不是可怜的、有限的、自私的乐趣,我们的幸福将属于千百万人,我们的事业将悄然无声地存在下去,但是它会永远发挥作用,而面对我们的骨灰,高尚的人们将洒下热泪。”马克思这种崇高的职业理想,值得大学生择业和创业时去学习和追求。

2. 服从社会发展的需要

择业和创业固然要考虑个人的兴趣和意愿,同时也要充分考虑现实的可能性和社会的需要,把自己对职业的期望与社会的需要、现实的可能结合起来。

【课堂互动】

问题解读

(1)你心目中好工作的标准是什么?

(2)你择业的标准是什么?(找工作时最看重的是什么?)是收入(薪水福利)、职位,还是专业?或者是看重这个公司的环境或所处的地理位置?或者是要考虑你的个人兴趣、性格,或者社会地位,或者有没有发展空间和前景,还是自我价值的实现,等等。

把上面影响你择业的因素由重要到次要排列起来(安排2分钟让学生做一做)。

3. 做好充分的择业准备

有一句话说得好:“最好的职业并非总是有最佳的人选取得,但总是由准备得最充分的人获得。”那么,择业,你准备好了吗?我们应该从哪些方面来做好择业准备呢?

素质是立身之基,技能是立业之本。大学生有了真才实学,才能在未来适应多种岗位。

【教师小结】

家长们都望子成龙,在他们心里,“龙”就至少要达到白领阶层,或是政府公务员,这是中国家庭普遍存在的看法。大学生们要改变择业观念,要使自己的期望必须符合国情,合理定位。

首先,在择业时,要有一个合理的定位:面对现实、面向未来、合理取舍。具体表现在:

(1)在处理物质与精神的关系问题上,我们要“求物质,重精神”;

(2)在处理生存与发展的关系问题上,我们要“先生存,再发展”;

(3)在处理近利与远景的关系问题上,我们“不要急功近利,要从长计议”。

其次,在择业时,要把国家需要、社会责任和个人价值有机统一起来。

4. 培养创业的勇气和能力

创业是通过发挥自己的主动性和创造性,开辟新的工作岗位、拓展职业活动范围、创造新业绩的实践过程。

【课堂导入】

问题:当鱼与熊掌不能兼得时,当职业的价值内涵不能完全满足你的标准时,你可以舍去什么? 不可以舍去什么?(讨论安排5分钟)

讨论后得出结论:

(1)要有积极创业的思想准备。

(2)要有敢于创业的勇气。

(3)要提高创业的能力。

【教师小结】

大学生不仅要树立正确的择业观,还应当树立正确的创业观。要有敢于创业的勇气,只有勇敢地接受创业的挑战,破除依赖心理和胆怯心理,才能敢于创业、善于创业,做一个真正的创业者。要充分考虑自身的条件、创业的环境等各种现实的因素,努力提高自主创业的能力。

(四)自觉遵守职业道德

树立良好的职业道德,规范自己的职业行为,为将来在职场走得更远做好铺垫。

职业生活是否顺利、是否成功,既取决于个人的专业知识和技能,更取决于个人的职业道德素质。应从以下几方面修养和锤炼:

1.学习职业道德规范

通过学习职业道德规范,提高自己的职业认知能力、判断能力和正确的价值理念。通过职业道德知识的不断学习,将职业道德修养纳入人生成才的规划中,为今后走向工作岗位打下良好基础。

2.提高职业道德意识

职业道德素质的提高,不能仅仅停留在知识层面上,应提高到自觉意识的层面,才能将职业道德内化为自身的素质。大学生应当以职业道德模范为榜样,积极进取、甘于奉献,为服务社会打下良好的准备。

3.践行职业道德能力

在艰苦中锻炼是成才的必要条件,社会实践是锻造人才的熔炉。

名句欣赏:

“宝剑锋从磨砺出,梅花香自苦寒来。”

“千淘万漉虽辛苦，吹尽狂沙始到金。”

“不经历风雨怎能见彩虹。”

“无限风光在险峰。”

“人生的精彩不在于拿了一副好牌，而在于能打好一副坏牌。”

【案例展示】

大学生擦鞋擦出亮丽人生

在人们的传统观念里，擦鞋这个职业收入低下、地位卑微，甚至被排列在72行之外。一位大学生却放着白领不做，当上了擦鞋匠，而且擦鞋的事业越做越大，后来在全国开起了连锁店。这个“怪人”就是“罗记星级擦鞋”连锁店总店的创始人罗福欢。

罗福欢说他擦过的鞋已不下10万双。回首创业路，他感慨良多。曾经的理想已经变成了现实：创造了家资百万的财富，创立了全国数一数二的品牌，开起了连锁店，与大品牌建立了合作模式…… 事业走上了坦途的罗福欢并没有停滞下来，他又有了新的理想：不仅要把擦鞋店做成知名品牌，还要努力将其推向世界。

（来源：豆丁网）

【教师小结】

古人云：“天道酬勤。”上天只会回报用勤劳与汗水获得成功的有志之士，决不会青睐“等、靠、要”的机会主义者和守株待兔之徒。若心存侥幸与幻想，而用有限的青春等待机会，这是奢侈的浪费。

今天我们用知识来武装自己，明天我们用实践去迎接新的挑战。相信自己吧！成功将属于每一位同学。

四、家庭美德

事业成功，往往与美好的爱情和美满的婚姻家庭密切相关。从恋爱到缔结婚姻和建立家庭，是人生需要经历的阶段。

（一）注重家庭、家教、家风

家庭是社会的基本细胞，是人生的第一所学校。不论时代发生多大变化，生活格局发生多大变化，都要重视家庭建设，注重家庭、家教、家风。

1. 注重家庭

【课堂互动】

视频点播:“实话实说”栏目《长大不容易》

通过视频点播让学生进行问题讨论:

(1)看了《长大不容易》后的感受,新时期我们应该怎样做子女?

(2)谈谈人格的独立性在情感生活中的地位。

【教师小结】

家庭和睦则社会安定,家庭幸福则社会祥和,家庭文明则社会文明。国家好,民族好,家庭才能好。国家富强,民族复兴,人民幸福,不是抽象的,最终要体现在千千万万个家庭的幸福美满之上,体现在亿万人民生活的不断改善之上。

2. 注重家教

【课堂互动】

独立意识过强的丽丽经常与父母争吵,从学习到买衣服、交朋友,丽丽都要自己拿主意;只要父母稍有干涉,她就对父母大喊大叫,甚至发展到拒绝与父母交流。在父母的妥协下,丽丽开始“自由自在”地决定自己的事情。但是丽丽和父母都很痛苦,小时候丽丽与父母无话不谈的亲密感觉再也找不到了。

问题回答:

(1)丽丽与父母发生矛盾和冲突的现象表明她具有一种什么心理?怎样认识这种心理?

(2)丽丽和父母都想找回过去那种亲密无间的感觉,却苦于不知怎么做,请你给他们分别支招。(各支3招)

(3)共建好家庭,作为子女将如何做?

【教师小结】

父母之爱是一座山,让你的身心即使承受风霜雨雪也稳重坚定;父母之爱是一片大海,让你的灵魂即使遇到电闪雷鸣依然仁厚宽容;父母之爱是一道光辉,让你的心灵即使濒临黑暗也能看见光明大道。

家庭是人生的第一个课堂,父母是孩子的第一任老师。家庭教育涉及很多方面，但最重要的是品德教育，是如何做人的教育，也就是古人说的“爱子，教之以义方”，“爱之不以道，适所以害之也”。家庭环境对下一代的影响很大，往往可以影响一个人的一生。注重家教，应该把美好的道德观念从小就传递给孩子，引导他们有做人的气节和骨气，帮助他们形成美好心灵，促使他们健康成长。

3. 注重家风

【课堂互动】

比比家风

(1)列出下列家风，同学讨论。

1)从小，爸爸就教我念“正直谦德振家声”。

2)我家长期实行“光盘行动”。

3)我家的家风是“自己的事自己做”。

4)我家的家风是“麻将东风”。

(2)让学生描述“我的家风”，大家共享。

【教师小结】

家风是指一个家庭或家族的传统风尚或作风。良好的家风，对家庭成员的个人修养产生着重要的作用，也对整个社会道德风尚的形成产生着重要的影响。家风好，就能家道兴盛、和顺美满；家风差，难免殃及子孙、贻害社会，正所谓“积善之家，必有余庆；积不善之家，必有余殃”。《诫子格言》《颜氏家训》《朱子家训》等，都是在倡导一种家风。大学生要继承和弘扬优良家风，促进家庭和谐。

(二)恋爱、婚姻家庭中的道德规范

【课堂导入】

人生两大主题：事业与爱情。

爱情是大学生校园生活的永恒话题！对于爱情，每个人都有自己的理论，每个人都有自己的观点。我们自己如何看待爱情？

先让学生们相互交流和讨论，然后老师再深入引导。

爱情是一对男女基于一定的社会基础和共同的生活理想，在各自内心形成的相互倾慕，并渴望对方成为自己终身伴侣的一种强烈、纯真、专一的感情。

爱情的三个要素:性爱、理想、责任。

性爱——两性之爱。两性之间的一种具有专一性、排他性、强烈的、纯真的、特殊的“情爱”。

理想——赋予爱情深刻的社会内涵,是爱情生长的内在根据。

责任——是爱情得以长久的重要保障,是坚贞爱情的“试金石”。

男女双方培养爱情的过程或在爱情基础上进行的相互交往活动,就是人们日常所说的恋爱。恋爱作为一种人际交往方式,也必然要受到道德的约束。恋爱是建立幸福婚姻家庭的前奏,恪守恋爱中的道德规范关系到未来婚姻家庭生活的幸福。

1. 恋爱中的道德规范

主要有尊重人格平等、自觉承担责任和文明相亲相爱。

【课堂互动】

让学生谈谈恋爱中的道德。

(1)请学生谈几例“最令我感动的爱情故事及其感动我的原因”。

(2)引导学生欣赏歌曲《心雨》《迟到》《浪漫的事》和诗朗诵《致橡树》,并分析其中的寓意。

(3)问题讨论:如何看待校园里不文明的恋爱行为?(课件展示校园各种不文明恋爱行为的图片)

【视频欣赏】

(1)短片:《大学四年之恋爱宝典》之女生必读

(2)心理访谈:《爱情花开》《初恋时我们不懂爱情》

【教师小结】

爱情是美好的,但爱情本质上不仅仅是浪漫的感情体验,更是一种责任,一种由性爱、理想、责任等多种因素交织在一起的复杂的精神现象,是一个严肃的人生课题。怎样理解爱情,把爱情放在什么位置,奉行什么样的爱情准则,树立什么样的恋爱婚姻家庭观是每一个大学生必须面对和思考的现实问题。

恋爱道德要求:尊重人格平等;自觉承担责任是爱情道德的核心;文明

相亲相爱;互爱、专一是前提;自尊、自爱、自重是爱情道德的主要内容。

2. 家庭美德规范

以尊老爱幼、男女平等、夫妻和睦、勤俭持家、邻里团结为主要内容,在维系和谐美满的婚姻家庭关系中具有重要而独特的功能。

【视频欣赏】

心理访谈:《婆媳过招》

家庭是社会的基本细胞,是人生的第一所学校。每个人都应该自觉遵守家庭美德,重视家庭、注重家教、注重家风,促进家庭生活的和谐与幸福。

(三)树立正确的恋爱观与婚姻观

大学时代是人生美好的时光。爱情的艳丽花朵,要精心照料才会绽放得更加绚烂多彩。对大学生来说,如果在大学时代与爱情相逢,那就要用心呵护,倍加珍惜。处理好恋爱中的各种关系,是对爱情的祝福,也是对自己的祝福,更是对未来人生幸福的祝福。

树立正确的恋爱观与婚姻观应从下面几方面做到:

1. 不能误把友谊当爱情

有些同学在与异性的交往中,不能准确区分友谊与爱情两种性质不同的情感体验,给双方增添许多烦恼。异性之间要理智地把握好友谊与爱情的界限,异性之间完全可以建立和保持健康的友谊。

2. 不能错置爱情的地位

有些同学把爱情放在人生最高的地位,奉行爱情至上主义,沉湎于感情缠绵之中。这样的恋爱观,很容易导致对人生目标的误解,对需要将主要精力用于学习上的大学生来说危害尤大。

【案例展示】

陈某,女,21 岁,某学校学生。入学时比较内向,除了宿舍同学及个别同学外,较少与他人交流;平时遇到不开心的事情均是用哭来发泄。大二时,陈某交有一男友,对他用情专一且付出很多,后因男友用情不专而分手。失恋给陈某带来极大的伤害,为此陈某经常哭泣。同班的同学感觉到了她的变化,几位关系较好的同学开导陈某,但见效不大;进而陈某不稳定的情绪给宿舍的同学带来了困扰,舍友表示每次愉快情绪经常因陈某的哭泣而被破坏;此时,陈某与宿舍同学之间的人际关系已相对紧张,成绩也出现滑坡现象。作为辅导员,更是注意到了她的改变,主动找陈某谈心,了解到陈某现在有大量的情绪和认知困扰。爱情上虽失意,却不由常沉浸在过去的恋爱时光,心里极度矛盾与痛苦,不知如何从失恋中走出来;失恋也导致了学业上的荒废,不知如何进入学习状态,心里非常着急;陈某自身也认识到自己心理承受能力较差,导致与班上同学,甚至是舍友的关系越来越差。陈某还说,自己从小与爷爷奶奶一起居住,由他们抚养长大,父母长年在外打工,对她的关心相对较少。尤其是母亲一直强烈要求她不要与男生交往,造成她不与父母交流在校的感情生活,也导致她与母亲之间存在一定的矛盾。

(来源:豆丁网)

【教师点评】

像陈某的情况并不是个例,而是在部分学生中都存在的问题。大学生要树立正确的恋爱观,无论是在自己心中勾画出一个脱离现实的恋爱偶像,还是只追求外在形象,或者只看重对方的经济条件,或者仅仅把恋爱看成是摆脱孤独寂寞的方式,都无法产生真挚的感情,也得不到真正的爱情。

3. 不能只重过程不顾后果

责任是爱情得以长久的重要保障,是坚贞爱情的试金石。自愿担当的责任,丰富了爱情的内涵,提升了爱情的境界。如果“不在乎天长地久,只在乎曾经拥有”,把爱情当成游戏,既会伤害对方,也会伤及自己。

4. 不能因失恋而迷失人生方向

恋爱过程是恋爱双方互相熟悉和情感协调的过程,恋爱成功与失败都是正常现象。大学生应该正确对待失恋,做到失恋不失志,失恋不失德,不影响学业和生活,不丧失对爱的憧憬和追求。

树立正确的恋爱观,大学生还要处理好这样几种关系:

一是恋爱与学习的关系。学习是大学生的主要任务,大学生应把爱情作为奋发学习的动力,同时还应把是否有利于促进学习作为衡量爱情价值的一个重要而特殊的标准。

【案例展示】

在执着追求事业的过程中赢得爱情

某工学院起重机专业的小张,在临毕业那年,她的同班同学又是同乡的小沈向她表露了爱慕之心，其恳切之情与日俱增。小张虽对小沈的学业和为人都较钦佩，但又感到还不完全是自己“理想”中的“他”，因而也就控制着与小沈之间感情的发展速度。

情况在毕业前一个月发生了变化。当时新疆某部队来招人，要在起重机专业挑选一名最优秀的毕业生，参军搞国防科研。根据各方面考察，小沈是比较合适的。当系领导和部队同志找小沈谈话询问他本人志愿时，小沈果断表示，接受挑选，服从分配，愿去新疆。小张得知这一消息后急忙找到负责学生工作的庄老师，原来小张对小沈已有感情，眼看就将从此分开，长久控制在心底的情感，因小沈的这一果断行动，反被激涌上了心头。小张悄悄表示，如有可能她也愿意参军去新疆。后因某种原因而未成。这样，毕业分配时，小张被分到安徽工厂，小沈去了新疆部队。

毕业三个月后，小张在写给她信赖的庄老师的信中诉说她的矛盾与苦恼：家中父母得知小沈已去新疆，坚决不同意她再同小沈发展感情，并急于就近为她介绍男朋友，而小沈又频频来信情意绵绵。自己现在应该怎么办？庄老师给小张回了一封长信，鼓励她勇敢按自己心中所想的去做。并告诉她要能理解做父母的心情，他们主要是怕女儿将来生活受苦。但只要她自己感到能和小沈这样的人在一起生活，再艰苦也是幸福的，那么，父母也会同意的。小张把自己的想法和决定告诉了父母。父母见女儿和小沈的感情已深，也就同意了。

一年后，小沈根据国防科研的需要考取了某工学院硕士研究生。1982年，小张与小沈结婚。同年，小沈在通过硕士学位答辩后，又考取了国防科技大学的博士研究生。1985年，他作为国防科技大学的一个博士生，毕业后被留校任教。

（来源：道客巴巴）

【教师小结】

从小张与小沈感人的故事中，可以看到他们的爱情是在执着追求事业的过程中赢得的。他俩很好地处理了爱情与学业、事业的关系。他们坚持学业第一，爱情第二。追求事业，珍惜爱情的理念，值得当代大学生学习和思考。

二是恋爱与关心集体的关系。恋爱中的双方不应把自己禁锢在两个人的世界中。脱离集体,疏远同学,会妨碍自身的全面发展与进步。

三是恋爱与关爱他人和社会的关系。爱的情感丰富博大,不仅有恋人之爱,还有对父母之爱、对兄弟姐妹之爱、对社会和国家之爱。只专注于对恋人的爱而忽视对他人和社会的爱,这样的爱情就会显得自私和庸俗;相反,对他人和社会具有爱心则会使爱情变得高尚和稳固。

【课堂互动】

学生思考回答:爱情是不是自我封闭的二人世界?

【教师点评】

很多人会认为爱情是一个可以离开外界的纯粹的俩人世界,这是错误的理解。许多谈恋爱的大学生,一旦有了恋爱对象,就开始和室友、和同学、和集体拉开距离,只是沉静在两个人的世界里,和室友的聊天没有了,和班上同学的接触没有了,集体的活动不参加了,社团组织的活动没兴趣了,等等。这种不正确的恋爱态度,会让恋爱者失去很多很多的其他方面的机会。如果是这样的话,用一个只有两人的爱情关系来代替所有其他关系,或者大部分其他关系,是一个并不正确的选择。所以,恋爱时期,不可以将自己和对方封闭起来,而是要更积极地参与到其他的社会关系之中去。当然可以两人同时参加,这样一个机会也许就会变成两个机会,对双方今后的人生也许都会有很大的帮助。

五、个人品德

个人品德是通过社会道德教育和个人自觉的道德修养所形成的稳定的心理状态和行为习惯。它是个体对某种道德要求认同和践履的结果,集中体现了道德认知、道德情感、道德意志、道德信念和道德行为的内在统一。

(一)个人品德及其作用

1. 个人品德是经济社会发展进程中重要的主体精神力量

社会道德和法律要求只有内化为个人品德,才能成为现实的规范力量。个人品德提升的过程也是能动地作用于社会道德和法律的过程,它能够为社会道德和法律的发展进步创造条件、提供动力。

2. 个人品德是个体人格完善的重要标志

在个人的素质结构中，个人品德是一个非常重要的组成部分，才智等其他素质的完善和成就，也离不开品德力量的支持。一方面，个人品德决定着一个人在实际生活和社会实践中的行为选择，以及对各种关系的协调和处理，直接显示出个人境界和素质的高低；另一方面，个人品德又为自我整体素质的修养、锻炼和完善规划目标指明方向，为个人成长提供指引和调控。

3. 个人品德对道德和法律作用的发挥具有重要的推动作用

个人品德是经济社会发展进程中重要的主体精神力量。社会是由通过各种不同的社会关系联结起来的社会成员组成的，社会道德状况也是由相互影响的每个社会成员的个人品德体现出来的。

【案例展示】

1920 年，有个 11 岁的美国男孩在他家门前的空地上踢足球时，一不小心，踢出去的球将邻居家的窗玻璃打碎了。愤怒的邻居向他索赔 12.5 美元。男孩向父母诉说了实情并希望父母承担自己还承担不了的责任。但一直很宠爱他的父亲却让他为自己的过失负责。男孩为难地说："我哪有那么多的钱赔人家？"父亲把 12.5 美元交给了儿子，但他对儿子说："你一年后要把钱还给我。因为承担自己的过错是一个人的责任，是责任你就不可能选择逃避。"从此，男孩靠艰苦的打工生活用半年的时间挣足了这笔"天文数字"，把钱还给了父亲。后来，在男孩的一生中，遇到了多次必须做出选择的情况，每次他都选择负担起自己的责任，从不逃避。终于，他养成了承担责任的习惯：承担家庭责任，他赢得了亲情和爱心；承担工作责任，他培养了正义感和勇气。因此，他拥有了成功的人生。他就是把美国从经济衰退中带出来的总统：罗纳德·里根。

（来源：道客巴巴）

通过案例让学生们问题讨论：结合以上材料及自身经历（至少举一实例），谈谈你对"责任"的理解。

【教师点评】

个人品德是一个养成过程，它需要不断地在生活中锤炼和提升，才能实现个人的自我完善。个人品德的提升，还可以通过自身的影响和带动，为社会道德的发展进步开辟道路、提供动力。

(二)掌握道德修养的正确方法

【案例展示】

福特的故事

美国有个叫福特的人,他大学毕业后,去一家汽车公司应聘。和他同时应聘的三四个人都比他学历高,当前面几个人面试之后,他觉得自己没有什么希望了。但既来之,则安之。他敲门走进了董事长办公室,一进办公室,他发现门口地上有一张纸,弯腰捡了起来,发现是一张废纸,便顺手把它扔进了废纸篓里,然后才走到董事长的办公桌前,说:“我是来应聘的福特。”董事长说:“很好,很好!福特先生,你已被我们录用了。”福特惊讶地说:“董事长,我觉得前几位都比我好,你怎么把我录用了?”董事长说:“福特先生,前面三位的确学历比你高,且仪表堂堂,但是他们眼睛只能‘看见’大事,而看不见小事。你的眼睛能看见小事,我认为能看见小事的人,将来自然能看到大事,一个只能‘看见’大事的人,他会忽略很多小事,是不会成功的。所以,我才录用你。”从此以后,福特开始了他的辉煌之路,直到把公司改名,让福特汽车闻名全世界。也许很多人都会觉得,这张废纸不重要,但看见小事的人能看见大事,而只能“看见”大事的人,不一定能看见小事,这是很重要的教训。

(来源:新浪博客)

【教师点评】

一个人的道德修养体现在他的世界观、人生观、价值观,也体现在工作、生活和社会交往上,体现在一言一行。提高个人道德修养,就是处理好道德要求与个人选择能力和践行能力之间的矛盾,处理好思想品质中新旧道德观念之间的矛盾,引导人格完善与发展。

1. 学思并重的方法

通过虚心学习,积极思索,辨别善恶,学善戒恶,以涵养良好的德性。在提升个人品德的过程中,首先要善于学习各种道德理论和知识,尤其是社会主义道德理论和知识。同时要善于思考,并且把善于学习和善于思考有机地统一起来。

孔子说“学而不思则罔,思而不学则殆”。只有坚持既不断学习又深入思考的修养方式，才能对人为什么要讲道德、讲什么样的道德和怎样讲道德形成全面而深刻的认识，产生道德智慧，过有意义的生活。

2. 省察克治的方法

通过反省检验以发现和找出自己思想与行为中的不良倾向，并及时对它们进行抑制和克服。

在日常生活中，我们要经常在自己内心深处用道德标准检查、反省，找出那些坏毛病、坏思想、坏念头并加以纠正。自我反省，是自我认识错误、自我改正错误的前提。

曾子说："吾日三省吾身，为人谋而不忠乎？与朋友交而不信乎？传不习乎？"善于反省自己的言行，并对错误加以克治，才能使自己的德性不断完善。

3. 慎独自律的方法

在无人知晓、没有外在监督的情况下，坚守自己的道德信念，自觉按道德要求行事，不因无人监督而恣意妄为。慎独就是一种关于个人善于独处、乐于隐处、慎于微处，于独处、隐处、微处自觉坚守道德情操的修炼功夫。自律是"慎独"达致的一种自觉自为的修养境界。自律即是一种自我认识、自我约束、自觉控制的个人修养方法。

《礼记·中庸》中说："道也者，不可须臾离也，可离非道也。是故君子戒慎乎其所不睹，恐惧乎其所不闻。莫见乎隐，莫显乎微。故君子慎其独也。"品德高尚的人在没有人看见的地方也能谨慎做人处事，在没有人听见的地方也能有所戒惧和敬畏，严格要求自己。

4. 知行统一的方法

把提高道德认识与躬行道德实践同一起来，以促进道德要求内化为个人的道德品质，外化为实际的道德行为。

在言与行的关系上，孔子主张"听其言而观其行"。他告诫学生，衡量人的品德不能只听其言论，更应看其实际行动。他认为学习的目的在于"行道"，"君子学以致其道"，"行义以达其道"。只有"行"才能使"道"变为现实。

道德修养并不是脱离实际的闭门思索，而是人们联系社会实践在道德上的自我反省和自我升华。

5. 积善成德的方法

即通过积累善行或美德，是指巩固强化，以逐渐凝结成实践优良的品德。

《荀子·劝学》中说："不积跬步，无以至千里；不积小流，无以成江海。骐骥一跃，不能十步；驽马十驾，功在不舍。锲而舍之，朽木不折；锲而不舍，金石可镂。"我们应该注重平时的坚持和孜孜不倦的努力，"勿以恶小而为之，勿以善小而不为"。

在个人品德修养方面坚持，坚持，再坚持，就一定能够不断提高自己的精神境界和道德素质。

(三)锤炼高尚道德品格

大学生锤炼高尚道德品格，就要在知情意信行等方面加强道德修养，提高道德实践能力，自觉讲道德、尊道德、守道德，自觉明大德、守公德、严私德。

1. 应注重增强道德判断能力

学会理性地辨析、讲求道德，形成正确的道德认知和道德观念。形成正确的道德认知和道德判断，最根本的就是要坚持以唯物史观的基本原理来看待道德。

2. 激发正向的道德认同和道德情感

【案例展示】

六尺巷道

张英的家人修治府第，因地界的问题与邻居发生了争执，两家在当地都是名门望族，谁也不甘示弱。张英知道此事后，修书一封劝解家人，内容为："千里修书只为墙，让他三尺又何妨。万里长城今犹在，不见当年秦始皇。"张英的家人接信后依照他的意思，在原地界上让出来三尺土地，以示不再相争。邻居看到张家这样处理此事，自觉也有不妥之处，遂仿效张家也让出来三尺土地。于是就有了六尺宽的巷道。一时间，两家处理问题的做法传为美谈。

问题：上述案例告诫我们什么道理？

【教师点评】

家喻户晓的小故事包含了深刻的道理：对美德的尊崇，真正把外在的社会道德规范内化为心悦诚服的自律准则。今天大学生在道德修养中激发正向的道德认同与道德情感。增强社会责任感、国家认同感、民族归属感、时代使命感,在与祖国同呼吸、与民族同步伐、与人民心连心的高尚情怀中,陶冶道德情操。

3. 强化坚定的道德意志和道德信念

在道德认知向道德行为转化的过程中,道德意志和道德信念是关键环节。道德意志和道德信念是人们在践履道德原则、规范的过程中表现出的自觉克服一切困难和障碍的毅力,通过道德意志和信念的坚守,道德行为才能体现出恒久性。

第四节　向上向善、知行合一

高尚道德品格的形成重在实践,贵在坚持。大学生投身崇德向善的道德实践,就要向道德模范学习,培养志愿服务精神,大力弘扬时代新风,强化社会责任意识、规则意识、奉献意识。

一、向道德模范学习

榜样的力量是无穷的。道德模范主要是指思想和行为能够激励人们不断向善且为人们所崇敬、模仿的先进人物。道德模范既包括在一定社会道德实践中涌现的符合特定道德理想类型的人物,又包括人们日常生活中能够近距离感受的具有积极道德影响的人物。

【课堂互动】

请大家自己在网上搜集近两年道德模范的先进事迹。

要求:选取一位最令你感动的人物,阐述一下你感动的原因并谈谈作为当代大学生该如何做一个有责任、有担当的高素质公民。

【教师小结】

在我们这个社会,我们这个时代,先进人物不断涌现,他们的业绩、精神和品质是我们取之不尽、用之不竭的力量源泉。我们要从自我做起,从身边事做起,从小事做起。积极从道德模范身上获取前进的动力,做社会良知的守望者、积极传播者和践行者。

二、参与志愿服务活动

志愿服务是指志愿贡献个人的时间及精力，在不求任何物质报酬的情况下，为改善社会、促进社会进步而提供的服务。志愿服务是培育和弘扬社会主义核心价值观的重要载体。

(一)志愿服务的精神是奉献、友爱、互助、进步

奉献精神是精髓。志愿服务所体现出来的这种自愿地、不计报酬地服务他人和参与社会公益事业的奉献精神，有助于传递社会关爱、弘扬社会正气、形成向上向善、诚信互助的良好社会风尚。

(二)志愿服务已经成为大学生参与社会实践、成长成才的重要舞台

【课堂互动】

用 PPT 展示一组图片：农村扶贫开发、城市社区建设、环境保护、大型活动、抢险救灾、社会公益等大学生志愿服务活动的场景。

用 PPT 展示一组图片：关爱空巢老人、留守儿童、困难职工、农民工及其子女、残疾人等帮助社会弱势群体送温暖、献爱心的场景。

学生谈谈自己的看法。

【教师小结】

每位同学都要积极参与教育、科技、文化、卫生等帮扶行动，多参与城乡清洁、绿色出行、低碳环保、美化家园等社会实践活动，在社会的大熔炉中锻炼自己，是人生成长成才的重要舞台。

三、引领社会风尚

良好的社会风尚是人们在社会道德实践中逐渐形成起来的。大学生投身崇德向善的道德实践，要弘扬真善美、贬斥假恶丑，做社会主义道德的示范者和引领者，促成知荣辱、讲正气、做奉献、促和谐的社会风尚。

(一)知荣辱

何谓荣辱？荣：光荣、荣耀、荣誉，就是指社会对个人履行社会义务所给予的褒扬与赞许以及个人所产生的自我肯定性心理体验。辱：可耻、羞辱、耻辱，就是指社会对个人履行社会义务所给予的贬斥与谴责以及个人所产

生的自我否定性心理体验。

什么是荣辱观？荣辱观是人们对荣辱问题的根本看法和态度，是一定社会思想道德原则和规范的体现和表达。“荣”或“辱”不仅是人们在进行自我评价时自我产生的自尊或自愧的心理体验，而且是指社会对人们的思想行为进行评价时形成的褒奖或贬抑。

社会主义荣辱观是人们在依据社会主义核心价值观念进行自我评价和社会评价活动中形成的关于“荣”或“辱”观念的总和。社会主义荣辱观的主要内容：

以热爱祖国为荣，以危害祖国为耻；以服务人民为荣，以背离人民为耻。

以崇尚科学为荣，以愚昧无知为耻；以辛勤劳动为荣，以好逸恶劳为耻。

以团结互助为荣，以损人利己为耻；以诚实守信为荣，以见利忘义为耻。

以遵纪守法为荣，以违法乱纪为耻；以艰苦奋斗为荣，以骄奢淫逸为耻。

荣辱观对个人的思想行为具有鲜明的动力、导向和调节作用。社会风尚同荣辱观紧密相连，两者相互影响、相互作用。一个社会有什么样的荣辱观，也必然有什么样的社会风尚；反过来，一个社会有什么样的社会风尚，生活于其中的人们也就会形成什么样的荣辱观。

【知识拓展】

名人名言

每个社会集团都有它自己的荣辱观。（恩格斯）

每个地区、部门、单位以至个人，他们应得的荣誉，都要以对革命事业和人民群众所做的贡献如何作为衡量的标准。特别是共产党员应该把为共产主义而奋斗和为人民服务作为无上光荣的天职，以无私奉献为最大的荣誉。（毛泽东）

以热爱祖国贡献全部力量建设社会主义祖国为最大的光荣，以损害社会祖国利益、尊严和荣誉为最大天职。（邓小平）

要在全党和全社会大力提倡高尚的社会主义思想道德和中华民族的优良传统，以艰苦奋斗、勤俭朴素为荣，以铺张浪费、奢侈挥霍为耻。（胡锦涛）

【案例展示】

清代学者朱起凤

资料:清代学者朱起凤年轻时在一家书院教书,因为没弄清“首施两端”和“首鼠两端”两词通用,而错判学生的作文,遭到众人的奚落。他知羞耻而发愤图强,潜心于词语研究,编制了300多万字的《辞通》,为汉语言文字的发展做出了重要贡献。

(来源:人人文库网)

【教师点评】

一个民族的繁荣发展,不仅仅需要经济的富足,更需要“彰善瘅恶”的精神。加强社会主义荣辱观教育,就是引导人们增强耻感意识,明荣辱之分,做当荣之事,拒为辱之行。大学生应以正确的荣辱观为指导,坚定正确的行为导向,产生正确的价值激励,助推全社会形成知荣明辱的良好道德风尚。将社会主义荣辱观转化为自己内在的道德品质和行动习惯,成为自己生存发展的内在需要和为人处世的基本准则。

(二)讲正气

讲正气,就是坚持真理、坚持原则,坚持同一切歪风邪气做斗争。大学生须有一腔浩然正气,才能无所畏惧地前进,才能不屈不挠地为国家、为社会建功立业。要做到讲正气,在日常生活中就要洁身自好、严于律己,自觉远离低级趣味;积极维护社会公共秩序,抵制歪风邪气,敢于伸张正义、见义勇为,坚决同践踏社会道德风尚的一切行为做斗争。

(三)做奉献

【课堂互动】

情感体验

播放音频:歌曲《爱的奉献》(只要人人都献出一点爱,世界将变成美好的人间……)

(四)促和谐

促和谐就是要促进自我身心的和谐、个人与他人的和谐、个人与社会的和谐、人与自然的和谐等。大学生要用和谐的态度对待人生实践,使崇尚和谐、维护和谐内化为自己的思想意识和行为习惯，推动人与人之间、人与社会之间融洽相处，实现人与自然之间友好共生。

【教师小结】

有责任，就意味着要奉献。社会是由一个个的人构成的集合体，脱离了人，便没有社会。社会需要人们对其负起责任。要有奉献精神，能传递社会温暖，能够拉近人与人之间的距离，建立和谐的人际关系和稳定的社会秩序，促进社会健康有序地发展。“德厚者流光”，大学生要在奉献社会中积极发光发热，使我们的社会更加美好和幸福。

【教学实践1】

1. 调研校园社会公德状况，并以小组为单位写出报告（照片、视频均可，下次课展示）。

2. 针对调研中发现的校园的公德问题：起草“社会公德倡议书”，让遵守社会公德的行为在我院蔚然成风！

【教学实践2】

《修养是人的第二身份——告别陋习，走向文明》

1. 课题的准备

（1）材料的准备

1）收集有关修养的古今中外的故事。

2）通过上网，到图书室查阅资料，了解一下修养的真正含义。

3）通过调查，了解陋习的种种现象。

4）通过上网，查资料，找到有关修养的文章、诗歌、顺口溜等。

5）制作“优秀文明学生”“最佳创意奖”“最佳表演奖”等奖章。

（2）组织建设

要求学生自愿报名参加本课题活动。为了便于管理，把这些学生分成小组，小组长由竞选产生。

（3）拟订方案

为了使“修养是人的第二身份——告别陋习，走向文明”这一课题有序地开展，引领学生拟订活动方案，教师指导学生分阶段进行，要写清每个阶段的时间、任务、目标，所需要的条件等，然后让学生在讨论的基础上拟订方案。

2.活动过程

【主题活动】

修养与生活,修养与学习

(1)组织学生以小组为单位,通过上网和到图书室查阅资料。探究修养的真正含义,以及对人们的生活、学习的影响。

(2)学生交流汇报。

【课后练习】

(1)阐述道德的本质、功能和作用。

(2)怎样理解为人民服务是社会主义道德的核心?

(3)社会主义市场经济下的集体主义与个人主义的关系怎样?

(4)如何正确认识吸收借鉴古今中外优秀道德成果?

(5)请谈谈对社会公德、职业道德、家庭美德、个人品德的基本要求的理解。

(6)大学生应如何投身崇德向善的道德实践?

第十章

尊法　学法　守法　用法

【教学目的和要求】

建设法治中国，离不开每个公民的参与和推动。通过本课教学，帮助学生领会马克思主义法学理论，深刻理解社会主义法律的本质特征和运行机制，整体把握中国特色社会主义法律体系、法治体系和法治道路的精髓，培养法治思维，尊重和维护法律权威，依法行使权利与履行义务，担当民族复兴大任，努力提高法治素养，以实际行动带动全社会崇德向善，努力做尊法学法守法用法的模范。

【教学重点与难点】

1. 社会主义法律本质和中国特色社会主义法律体系的特征。

2. 我国宪法的基本原则与制度。

3. 中国特色社会主义法治体系主要内容。

4. 走中国特色社会主义法治道路的基本要求。

5. 培养法治思维。

6. 认识行使法律权利与履行法律义务的关系。

【课堂导入】

运用案例方式把学生引入课程教学活动。

[材料1]

我没偷东西

卢某系北京某大学计算机专业的学生。2000 年 6 月,从网上下载了黑客软件,破译并盗取某公司上网账号与密码。并且向好友与同学广泛传播此账号与密码,还得意地告诉他们“这账号是黑下来的,不付钱就可以上。”致使 1 000 多人使用该账号,造成该公司 16 万多元的经济损失。当卢某因涉嫌盗窃罪被追究刑事责任时,他竟以并没有偷东西为由替自己辩解。

(来源:豆丁网)

[材料2]

聪明反被聪明误

大学生孙某,平时钻研侦探小说,颇有心得,要与警察一比高低。开始盗窃宿舍财物。他每次作案都控制财物的价值,在法律规定的数额较大的标准以下,以免构成盗窃罪。并在每次作案时,都戴上手套,用拖把抹去足迹。当他被抓,警察告诉他,他多次作案,累计盗窃金额巨大,已构成盗窃罪时,他悔之晚矣。

(来源:豆丁网)

知法绝不是对法律一知半解,它不仅要求对法律条文有完整准确的理解,而且要求对法律精神,法治原则有一个正确的认识,同时要有一个健康的法律心理。

法律是约束我们日常行为规范的准则,学习法律,严格遵守法律,并且善用法律武器维护我们自身的权益,是我们当代大学生不可或缺的素养。

第一节　社会主义法律的特征和运行

我国社会主义法律是党的主张和人民意志的共同体现,是维护人民利益和公民权利的有力武器,是国家机关、社会组织和全体公民的活动规则和行为准绳。

一、法律及其历史发展

【课堂导入】

课程讨论

讨论:现实生活中,有着太多太多的“规矩”,有些同学认为很烦,但有些又是必需的,那么同学们就来说说生活中有哪些规矩吧!(举例说说身边的规矩)

通过分析,理解我们的生活离不开法律规则,体验法律的重要性 。

在漫长的文明演进中,法律发挥着特殊的社会规范作用。认识法律的含义及其历史,是掌握法律基本原理、形成法治观念的基础。

(一)法律的含义

1. 法律的词源

【知识拓展】

《说文解字》说:“灋,刑也。平之如水,从水;廌所以触不直者去之,从去。”

在古代文献中,“法”除与“刑”通用外,也往往与“律”通用。《唐律疏议》明确指出:“法亦律也,故谓之律。”

从词源看,汉字“法”意指“公平”“裁判”“罚罪”和“规范”,含实体和程序两种含义。

“法”与“律”连用,作为一个独立合成词,主要是近现代的用法。在西方,含有“法”“法律”语义的词更为复杂。有学者认为,法指的是永恒的、普遍有效的正义原则和道德公理;法律指由国家机关制定和颁布的具体行为规则。

2. 法律的含义及特征

法律的定义为:法律是由国家制定或认可并以国家强制力保证实施的,反映由特定社会物质生活条件所决定的统治阶级意志的规范体系。

法律的特征:

(1)法律是由国家创制和实施的行为规范。

(2)法律由一定的社会物质生活条件所决定。

(3)法律是统治阶级意志的体现。

(二)法律的历史发展

法在发展过程中,呈现出一种历史阶段性,表现为不同历史类型。人类历史上出现过四种不同类型的法:奴隶制法律、封建制法律、资本主义法律、社会主义法律。

马克思在《家庭、私有制和国家的起源》中说,法不是从来就有的,也不是永远存在的。法是随着私有制、阶级和国家的产生而产生的,是阶级社会的特殊社会现象。法的产生和发展经历了漫长的过程。

1. 奴隶制法律

奴隶社会经济结构中,奴隶主阶级占有生产资料和作为生产劳动者的奴隶。因此奴隶制法律是奴隶主阶级意志的反映。

特征:一是有明显的原始习惯残留痕迹;二是否认奴隶的法律人格;三是刑罚方式极其残酷;四是确认自由民之间的等级划分。

2. 封建制法律

在封建社会的经济结构中,封建地主阶级占有生产资料,同时不完全占有作为生产劳动者的农奴或农民。因此封建制法律是封建地主阶级意志的反映。

特征:一是肯定人身依附关系;二是封建等级制度;三是维护专制王权;四是刑罚严酷、野蛮擅断。

3. 资本主义法律

资本主义法律是以资本主义生产关系为经济基础建立起来的,反映资产阶级的意志和利益。

原则:①私有财产神圣不可侵犯原则;②资本主义市场经济相适应的契约自由原则;③与资本主义民主政治相适应的法律面前人人平等原则。

4. 社会主义法律

社会主义法律是新型的法律制度,是建立在以生产资料公有制为基础,以按劳分配为原则,以劳动者共同占有生产成果为特征,以共同富裕为目标的生产关系基础上的,反映广大劳动人民的意志。

特征:一是以公有制为基础;二是以消灭剥削、消除两极分化、实现共同富裕为历史使命;三是法律面前人人平等。

二、我国社会主义法律的本质特征

我国社会主义法律,即中国特色社会主义法律。它是党的主张和人民共同意志的体现,是维护人民利益和公民权利的法律武器,是国家机关、社会组织和全体公民的活动规则和行为准则。从本质上说,我国社会主义法律是中国特色社会主义制度的重要组成部分,是党领导人民当家做主的制度保障。

(一)从体现的意志看,我国社会主义法律是党的主张和人民意志的统一

我国是中国共产党领导下的社会主义国家,人民是国家的主人,制定法律的权力属于人民。党领导人民制定宪法法律,党领导人民实施宪法法律,党自身必须在宪法法律范围内活动,这就是党的领导力量的体现,也是我国社会主义法律最本质特征的具体表现。

(二)从实质内容看,我国社会主义法律是科学性与先进性的统一

我国社会主义法律科学性与先进性主要体现在三个方面:

一是坚持以辩证唯物主义和历史唯物主义的世界观、方法论以及中国特色社会主义法治理论为指导。

二是善于借鉴我国传统法律和外国法律的成功经验。

三是立法体制、立法程序和立法技术能适应时代发展而不断改革与创新,确保立法的质量和水平。

三、我国社会主义法律的运行

我国社会主义法律的运行具有鲜明的中国特色。法律的运行是一个从创制、实施到实现的过程。这个过程主要包括:

(一)法律的制定(立法)

法律制定是指有立法权的国家机关,依照法定职权和程序、制定规范性法律文件的活动,是法律运行的起始性和关键性环节。根据宪法规定,全国人民代表大会及其常务委员会行使国家立法权,负责宪法和法律的制定、修改、废止和解释工作。

(二)法律的执行(执法)

在广义上,法律执行是指国家机关及其公职人员,在国家和公共事务管理中依照法定职权和程序,贯彻和实施法律的活动。在狭义上,法律执行则是指国家行政机关执行法律的活动,也被称为行政执法。行政执法是法律实施和实现的重要环节。

(三)法律的适用(司法)

法律适用是指国家司法机关及其公职人员依照法定职权和程序适用法律处理案件的专门活动。在我国,司法机关是指国家审判机关和检察机关。人民法院代表国家行使审判权,人民检察院代表国家行使法律监督权。其他任何国家机关、社会组织和个人,不得行使国家司法权。

(四)法律的遵守(守法)

法律遵守是指国家机关、社会组织和公民个人依照法律规定行使权力和权利以及履行职责和义务的活动。守法是法律实施和实现的基本途径。一切组织和个人都必须遵守宪法和法律,任何公民享有宪法和法律规定的权利,同时必须履行宪法和法律规定的义务。

【教师小结】

大学生学习社会主义法律,要在理解法律及其历史发展的基础上,准确把握社会主义法律的本质特征和运行机制,正确认识中国特色社会主义法律的发展规律和时代价值,不断增强建设社会主义法治国家的责任感和使命感。

第二节　以宪法为核心的中国特色社会主义法律体系

中国特色社会主义法律体系是由多个法律部门组成的有机统一整体,是中国特色社会主义永葆本色的法制根基,是中国特色社会主义创新实践的法制体现,是中国特色社会主义兴旺发达的保障。

一、宪法是国家的根本法

宪法是治国安邦的总章程,是党和人民意志的集中体现,是中国特色社会主义法律体系的核心,在全面依法治国中具有突出地位和重要作用。

(一)我国宪法的形成和发展

1954 年第一届全国人大一次会议通过的《中华人民共和国宪法》,我国以文献形式确定国家根本法。我国现行宪法 1982 年 12 月 4 日公布施行,1988 年、1993 年、1999 年、2004 年修改。2018 年 3 月,十三届全国人大一次会议根据党的十九届二中全会提出的建议,审议通过了《中华人民共和国宪法修正案》。

(二)我国宪法的地位

1. 我国宪法是国家的根本法,是治国安邦的总章程,是党和人民意志的集中体现

维护宪法尊严和权威,是维护国家法制统一、尊严、权威的前提,也是维护最广大人民根本利益、确保国家长治久安的重要保障。

2. 我国宪法是国家各项制度和法律法规的总依据

我国宪法具有最高的法律地位、法律权威、法律效力,具有根本性、全局性、稳定性、长期性。一切法律、行政法规、地方性法规的制定都必须以宪法为依据,遵循宪法的基本原则,不得与宪法相抵触。

3. 我国宪法规定了国家的根本制度

我国宪法确立了工人阶级领导的、以工农联盟为基础的人民民主专政的国体,确立了社会主义制度是中华人民共和国的根本制度,确立了人民代表大会制度的政体,确立了中国共产党领导的多党合作和政治协商制度、民族区域自治制度以及基层群众自治制度,确立了公有制为主体、多种所有制经济共同发展的基本经济制度和按劳分配为主体、多种分配方式并存的分配制度。

【案例展示】

中国宪法第一案

1990 年,原告齐玉苓参加中考,被济宁市商业学校录取为 1990 级财会班的委培生,但是原告就读的滕州市第八中学在收到录取通知书后,直接将它送给了和原告同级的陈晓琪。陈晓琪遂冒用原告姓名在该校财会班就读直至毕业,后被分配到银行工作。直至 1999 年年初,原告才得知自己已经被

冒名10年。原告认为,上列被告侵犯了其姓名权和受教育权,请求其赔偿经济损失16万元和精神损失40万元。

审判历程

一审:原告姓名权被侵犯,陈晓琪和陈父应负主要责任,其他被告也应承担责任。原告主张的受教育权是一般人格权范畴,本案证据表明原告放弃了此项权利,侵权不能成立。

法院判决:被告陈晓琪停止对原告姓名权的侵害,向原告赔礼道歉并按各自份额赔偿35 000元精神损害费。

上诉:主张受教育权也被侵害,应当得到赔偿。

最高人民法院批复:陈晓琪等以侵犯姓名权的手段,侵犯了齐玉苓依据宪法规定所享有的受教育的基本权利,并造成了具体的损害后果,应承担相应的民事责任。

二审:依据宪法第46条做出判决:被告陈晓琪停止对齐玉苓姓名权的侵害并赔礼道歉;赔偿原告因受教育的权利被侵犯造成的直接经济损失7 000元;精神损害赔偿费50 000元。2001年11月20日,齐玉苓案执行完毕。

(来源:道客巴巴)

【教师点评】

“公民的受教育权利就是这样一种在宪法上有明确规定而又没有具体化为普通法律规范上的权利。”本案当事人的受教育权则属于民法理论难以包容的权利,明显属于宪法规定的公民的基本权利。受教育权作为一个法学概念,属于宪法学的范畴,它一般规定于宪法法典中,如我国宪法第46条,“中华人民共和国公民有受教育的权利和义务”。

(三)我国宪法的基本原则

1. 党的领导原则

中国共产党是中国特色社会主义事业的领导核心。党的领导是人民当家做主的根本保证,是中国特色社会主义最本质的特征,是中国特色社会主义制度最大优势。

2. 人民主权原则

主权是指国家的最高权力。在我国,人民当家做主是社会主义民主政治的本质和核心。我国宪法体现了人民主权原则,强调国家的一切权力属于人民。

3. 尊重和保障人权原则

我国宪法将“国家尊重和保障人权”规定为一项基本原则，对公民的基本权利和自由做出全面规定，依法保障公民的生存权和发展权。

4. 社会主义法治原则

我国宪法明确规定实行依法治国，建设社会主义法治国家。

5. 民主集中制原则

民主集中制是集中全党全国人民集体智慧，实现科学决策、民主决策的基本原则和主要途径。我国宪法规定，中华人民共和国的国家机构实行民主集中制原则。

（四）我国宪法确立的制度

1. 宪法确立的基本政治制度

（1）国体——人民民主专政制度

人民民主专政是我国的国体。我国《宪法》第1条规定：“中华人民共和国是工人阶级领导的、以工农联盟为基础的人民民主专政的社会主义国家。”另外我国《宪法》明确指出爱国统一战线是我国人民民治的重要保障。

（2）根本政治制度——人民代表大会制度

人民代表大会制度是中国社会主义民主政治最鲜明的特点，是人民当家做主的重要途径和最高实现形式，是社会主义政治文明的重要制度载体，是我国根本的政治制度。

人民代表大会制度是我国的政权组织形式。政权组织形式又称政体。

国体决定政体，政体体现国体。

（3）基本政治制度——中国共产党领导的多党合作和政治协商制度、民族区域自治制度和基层群众自治制度

共产党领导、多党派合作，共产党执政、多党派参政是中国共产党领导的政党制度的基本特色，是我国政治制度的一大优势。这一制度符合中国国情，反映了中国共产党同各民主党派长期共存、互相监督、肝胆相照、荣辱与共的关系。

基层群众自治制度是城乡基层群众在党的领导下，依法直接行使民主权利，管理基层公共事务和公益事业，实行自我管理、自我服务、自我教育、

自我监督的一项基本政治制度。

民族区域自治制度是中国共产党和各族人民的一个伟大创造。

2. 经济制度

基本经济制度是指一国通过宪法和法律调整以生产资料所有制为核心的各种基本经济关系的规则、原则和政策的总和。我国《宪法》规定:“中华人民共和国的社会主义经济制度的基础是生产资料的社会主义公有制,即全民所有制和劳动群众集体所有制。但是非公有制经济是社会主义经济的重要组成部分。”

【案例展示】

经济社会与法:新闻——山西“黑砖窑”事件

临汾市中级人民法院认为:被告人衡庭汉、王兵兵为谋取私利,采用雇人看守等方法剥夺他人人身自由,强迫劳动,其行为已构成非法拘禁罪,并致一人重伤,应在三年以上十年以下量刑。被告人赵延兵、衡明阳、刘东升受雇于他人看管民工,剥夺他人自由,其行为已构成非法拘禁罪,赵延兵、刘东升还随意殴打他人,应从重处罚。被告人刘东升犯罪时未满十八周岁,应从轻处罚。被告人衡明阳、刘东升在非法拘禁中处于从属地位,系从犯。被告人衡庭汉指使看管人员对偷懒不干活或逃跑民工进行殴打,被告人赵延兵受衡庭汉授意故意伤害他人并致人死亡,被告人行为已构成故意伤害罪。对衡庭汉、赵延兵应以非法拘禁罪和故意伤害罪数罪并罚。

依法判决:①被告人赵延兵犯故意伤害罪,判处死刑,剥夺政治权利终身;犯非法拘禁罪,判处有期徒刑三年,决定执行死刑,剥夺政治权利终身。②被告人衡庭汉犯故意伤害罪,判处无期徒刑,剥夺政治权利终身;犯非法拘禁罪,判处有期徒刑十年,决定执行无期徒刑,剥夺政治权利终身。③被告人王兵兵犯非法拘禁罪,判处有期徒刑九年。④被告人衡明阳犯非法拘禁罪,判处有期徒刑二年。⑤被告人刘东升犯非法拘禁罪,判处有期徒刑二年。

(来源:道客巴巴)

【教师点评】

上述案例体现了我国法律保护保障人民的根本经济利益,对违法犯罪分子进行严厉的惩办和制裁。

二、我国的实体法律部门

我国根据现行法律规范所调整的社会关系及其调整的方法不同，分为不同的法律部门。实体法律部门包括宪法相关法、民法商法、行政法、经济法、社会法、刑法。

（一）宪法相关法

宪法相关法是与宪法相配套、直接保障宪法实施和国家政权运作等方面的法律规范。主要包括国家机构的产生、组织、职权和基本工作原则方面的法律，维护国家主权、领土完整、国家安全、国家标志象征的法律，保障公民基本政治权利等方面的法律。

（二）民法商法

民法是调整平等主体的自然人、法人和非法人组织之间的人身关系和财产关系的法律规范，遵循民事主体地位平等、自愿、公平、诚信、公序良俗、有利于节约资源和保护生态环境等基本原则。

商法是调整平等主体之间商事关系的法律规范，是与民法并列并互为补充的部门法。商法遵循民法的基本原则，同时秉承保障商事交易自由、等价有偿、便捷安全等原则。

（三）行政法

行政法是调整行政关系的法律规范的总称。具体来说，它是调整国家行政机关在履行其职能过程中所发生的行政机关与其他国家机关之间、行政机关内部、行政机关与其他社会组织之间、行政机关与个人之间的各种社会关系的总称。

（四）经济法

经济法是国家从社会整体利益出发，对经济活动实行干预、管理或者调控的法律规范，是国家对市场经济进行适度干预和宏观调控的法律手段和制度框架，旨在防止市场经济的自发性和盲目性所导致的弊端。

（五）社会法

社会法是调整劳动关系、社会保障、社会福利和特殊群体权益保障等方面的法律规范，遵循公平和谐与国家适度干预原则，通过国家和社会积极履行责任，对劳动者、失业者、丧失劳动能力的人以及其他需要扶助的特殊人群的权益提供必要的保障，维护社会公平，促进社会和谐。

(六)刑法

1. 刑法的概念

刑法是规定犯罪与刑罚的法律规范。它通过规范国家刑罚权，惩罚犯罪，保护人民，维护社会秩序和公共安全，保障国家安全。

2. 刑法的基本原则

(1)罪刑法定原则:“法律明文规定为犯罪行为的，依照法律定罪处刑；法律没有明文规定为犯罪行为的，不得定罪处刑。”

(2)法律面前人人平等原则:“对任何人犯罪，在适用法律上一律平等。不允许任何人有超越法律的特权。”

(3)罪责刑相适应原则:“刑罚的轻重，应当与犯罪分子所犯罪行和承担的刑事责任相适应。”

3. 我国刑法规定犯罪概述

(1)犯罪的概念:犯罪是指严重危害社会，触犯刑法并应受刑罚处罚的行为。

(2)犯罪构成要件:犯罪客体、犯罪的客观方面、犯罪主体和犯罪的主观方面。

【案例展示】

王某一日酒后驾车，将行人李某撞成重伤，王某把李某抱上车，把车开到郊外，再把李某放下后离去，李某在数小时后死去。

问:王某的前后行为构成什么犯罪?

根据刑法犯罪的主观方面分析:前者交通肇事罪，后者故意杀人罪。

犯罪的主观方面包括犯罪的故意和犯罪的过失。

1)犯罪的故意。犯罪的故意，是指行为人明知自己的行为会发生危害社会的结果，并且希望或者放任这种结果发生的一种主观心理态度。“明知”就是“预见到、认识到”;“会发生”包括必然发生和可能发生。它包括直接故意和间接故意。所谓直接故意，是指行为人明知自己的行为必然或者可能会发生危害社会的结果，并且希望这种结果发生的心理态度。所谓间接故意，是指行为人明知自己的行为可能发生危害社会的结果，并且放任这种结果发生的心理态度。

2)犯罪的过失。犯罪的过失是与犯罪的故意相并列的犯罪的主观罪过形式之一,是过失犯罪的主观心理态度。根据《刑法》条文的规定,犯罪的过失是指应当预见自己的行为可能发生危害社会的结果,因为疏忽大意而没有预见,或者已经预见而轻信能够避免,以致发生这种结果的心理态度。按照犯罪过失心理态度的不同内容,刑法理论上把犯罪的过失分为疏忽大意的过失和过于自信的过失两种类型。前者指行为人应当预见到自己的行为可能发生危害社会的结果,因为疏忽大意而没有预见,以致发生这种结果的心理态度;后者指行为人预见到自己的行为可能发生危害社会的结果,但轻信能够避免,以致发生这种结果的心理态度。

【案例展示】

驾驶员吴某酒后驾车,因神志恍惚,将人行道上的行人杨某撞成重伤。为了不让后面的来车发现肇事而得以争取时间顺利逃脱,吴某将流血不止的杨某抱入路边小树丛中,杨某因出血过多于1小时后死亡。吴某赶紧往东逃逸,路遇红灯,又发现一辆边三轮正由南向北行驶,为尽快远离肇事现场,吴某想赶在边三轮之前过马路,由于紧张,将边三轮驾驶员陈某撞成重伤,并被交警发现。吴某慌不择路,拐进一胡同,突见路边一摊位边站着一个小女孩。因车速过快,又因眼睛不时盯着反光镜注意后面的警车,便将该摊位撞翻,并将摊位旁的小女孩丁某撞死。吴某惊恐万状,继续加速行驶,突然前方又出现一辆三轮车挡住去路,吴某放慢车速,猛按喇叭,见三轮车车夫毫无反应,又听见警车声越来越近,突然加速,将三轮车车夫撞死。试分析吴某各个阶段的主观心理。

根据刑法分析:①吴某对行人杨某被撞成重伤是疏忽大意的过失。②对杨某的死亡是间接故意。③吴某对边三轮驾驶员陈某的重伤是疏忽大意的过失。④对女孩丁某的死亡是间接故意。⑤吴某对三轮车夫的死亡是直接故意。

(来源:豆丁网)

(3)故意犯罪过程中的停止形态

故意犯罪在其发生、发展和完成犯罪的过程及阶段中,因主客观原因而停止下来的各种犯罪状态,包括:

1)犯罪既遂形态。是故意犯罪的完成形态,指行为人所故意实施的行为已经具备了某种犯罪构成的全部要件。

2)犯罪预备形态。是故意犯罪过程中未完成犯罪的一种停止状态,指行为人为实施犯罪而开始创造条件的行为,由于行为人意志以外的原因而未能着手犯罪实行行为的犯罪停止形态。

3)犯罪未遂形态。指行为人已经着手实施具体犯罪构成的实行行为,由于其意志以外的原因而未能完成犯罪的一种犯罪停止形态。

4)犯罪中止形态。指在犯罪过程中,行为人自动放弃犯罪或者自动有效地防止犯罪结果发生,而未完成犯罪的一种犯罪停止形态。

【案例展示】

[材料1]　犯罪嫌疑人潜入他人住室行窃,忽闻脚步声,以为是屋主返回,慌忙逃遁,不得已而停止了犯罪行为。

问题:犯罪嫌疑人构成什么犯罪?如何处理?

根据刑法犯罪形态分析:犯罪嫌疑人构成犯罪预备;按犯罪未遂处理。

[材料2]　钱某与范某婚后感情不和,争吵不断。一日,二人又因琐事相互埋怨,在撕打中,范某动手打了钱某两巴掌,钱某遂生出杀心,并于当日下午吃饭时将老鼠药放入饭中。范某吃过后即恶心、呕吐,继而倒在地上痛苦呻吟。钱某见状十分惊慌,后悔不该投毒杀夫,忙向邻人呼救。在邻人的帮助下,钱某将范某送到医院。经抢救,范某脱险。

问题:①钱某的行为构成何罪?②应当如何处罚?

根据刑法犯罪事实分析:①钱某的行为构成故意杀人(中止)罪。钱某在犯罪过程中,自动有效地防止了犯罪结果的发生,属于自动有效地防止犯罪结果发生的犯罪中止。②《刑法》第二十四条第二款规定:"对于中止犯,没有造成损害的,应当免除处罚;造成损害的,应当减轻处罚。"本案中,由于被害人范某脱险,则可对钱某免除处罚。

(根据网络资料整理)

4.我国《刑法》规定排除犯罪的事由

排除犯罪的事由是指行为人所实施的外表似乎符合某种犯罪构成而实际对社会有益的行为。我国刑法只规定正当防卫和紧急避险两种排除犯罪性的行为。

(1)正当防卫

正当防卫必备条件:

1)必须是为了使国家、公共利益、本人或者他人的人身、财产和其他权利免受正在进行的不法侵害而实行防卫。不是出于这一目的,不能成立正当防卫。如防卫挑拨行为、保护非法利益而实施的行为、相互的非法侵害行为都不属于正当防卫。

2)必须是对不法行为进行的防卫。

3)必须是对正在进行的不法行为进行的防卫。

4)必须是对不法行为者本人实施的防卫,而不能对不法行为者以外的第三人实施防卫。

5)正当防卫不能明显超过必要限度。

【案例展示】

一天晚上,陈某从同学家归来,路过一条偏僻的胡同时,从胡同口处跳出一个持刀青年黄某。黄某把刀逼向陈某并让他交出钱和手表。陈某扭头就跑,结果跑进了死胡同,而黄某持刀紧随其后,慌乱害怕中,陈某拿起墙角的一根木棒,向黄某挥去,黄某应声倒下。陈某立即向派出所投案,后经查验,黄某已死亡。

问题:陈某的行为是正当防卫还是防卫过当?为什么?

法律分析:陈某的行为是正当防卫。根据刑法第20条第3款规定:对正在进行的行凶、杀人、抢劫、强奸、绑架以及其他严重危及人身安全的暴力犯罪,采取防卫行为、造成不法侵害人死亡的,不属于防卫过当,不负刑事责任。本案中,陈某对正在进行持刀抢劫的黄某采取防卫行为,将之打死,属于正当防卫。

(来源:找法网)

正当防卫必须同时具备上述条件,缺少其中任何一个条件都不是正当防卫。因此,防卫挑拨、互殴行为、假想防卫、防卫不适时、防卫过当等,都不是正当防卫,应承担相应的法律责任。

【案例展示】

[材料1]　孙明亮,男,19岁。某晚孙明亮和蒋小平去看电影。见郭鹏祥及郭小平、马忠全三人纠缠少女陈某、张某。孙明亮和蒋小平上前制止,

与郭鹏祥等人发生争执。蒋小平打了郭鹏祥一拳,郭鹏祥等三人逃跑。孙明亮和蒋小平遂将陈某、张某护送回家。此时郭鹏祥、郭小平、马忠全召集其友胡某等四人,结伙寻找孙明亮、蒋小平,企图报复。发现孙明亮、蒋小平,郭鹏祥猛击蒋小平数拳。蒋小平和孙明亮退到垃圾堆上。郭鹏祥继续扑打,孙明亮掏出随身携带弹簧刀向郭鹏祥左胸刺了一刀,郭鹏祥当即倒地;孙明亮又持刀空中乱划了几下,便与蒋小平乘机脱身。郭鹏祥失血过多,送往医院途中死亡。

问题:孙明亮的行为是否属于正当防卫?应否负刑事责任?

法律分析:孙明亮的行为属于防卫过当,不是正当防卫,应当依法负刑事责任。

理由是:

①孙明亮具备正当防卫的条件。郭鹏祥等人拉扯纠缠少女被孙明亮等人制止后,又返回寻衅滋事,继续实施不法侵害,孙明亮等人有权进行正当防卫。

②孙明亮的防卫行为明显超过了必要的限度,造成了重大损害、属于防卫过当。郭鹏祥等人虽然实施了不法侵害,但强度较轻,只是用拳头殴打,而孙明亮防卫时则使用弹簧刀向郭鹏祥的胸部刺一刀,将其刺死,其防卫的手段、强度都明显超过了不法侵害人所实施的不法侵害的手段、强度,并且造成了不法侵害人死亡的重大损害结果,属于防卫过当。

③本案不适用刑法规定的对于正在行凶、杀人、抢劫、强奸、绑架以及其他严重危及人身安全的暴力犯罪,采取防卫行为。造成不法侵害人伤亡的,不属于防卫过当,不负刑事责任的规定。因为郭鹏祥的侵害行为没有达到严重危及人身安全的程度,仍属于比较轻微的不法侵害行为。

④根据我国刑法的规定,防卫过当的,应当负刑事责任,但是应当减轻处罚或者免除处罚。

[材料2]　被告人由某,女,29岁,农民。1998年3月15日,村民承某见由某的丈夫外出打工,当晚窜入由家,欲行强暴,由某挣扎中摸到枕下一把剪刀,然后不顾一切往承某身上猛刺。承某胸部、腹部多处被刺当场死亡。

问题:由某的行为是否是防卫过当?

法律分析:本案中,被告人由某,当自己的性权利和人身安全受到严重侵害的时候,为了自救将承某当场刺死,其行使的是特别防卫权,属于正当防卫,而不是防卫过当,依法不负任何刑事责任。

依据《中华人民共和国刑法》第20条,为了使国家、公共利益、本人或者他人的人身、财产和其他权利免受正在进行的不法侵害,而采取的制止不法侵害的行为,对不法侵害人造成损害的,属于正当防卫,不负刑事责任。正当防卫明显超过必要限度造成重大损害的,应当负刑事责任,但是应当减轻或者免除处罚。

对正在进行行凶、杀人、抢劫、强奸、绑架以及其他严重危及人身安全的暴力犯罪,采取防卫行为,造成不法侵害人伤亡的,不属于防卫过当,不负刑事责任。

(来源:找法网)

防卫过当与正当防卫是两个既有本质区别又有密切联系的概念:

1)防卫过当在客观上有危害性,在主观上有罪过。从总体上说是一种非法侵害行为,这是区别于正当防卫的本质特征也是刑法规定防卫过当负刑事责任的根据。

2)防卫过当与正当防卫一样,都具有行为的防卫性,这是它们的密切联系之所在。成立防卫过当,必须是在不法侵害正在进行,为了制止不法侵害保护合法权益,针对不法侵害人的前提下进行的。只有正当行为明显超过必要限度造成重大损害的,才使防卫由正当变为过当,由合法变为非法。基于防卫过当的特殊性,刑法明文规定对于防卫过当行为应当减轻或者免除处罚。

此外,鉴于严重危及人身安全的暴力性犯罪的严重社会危害性以及其对被害人的潜在性严重的危害后果,刑法规定了无过当防卫权,即对正在进行的行凶、杀人、抢劫、强奸、绑架以及其他严重危及人身安全的暴力犯罪,采取了防卫行为,造成不法侵害人伤亡的,不属于防卫过当,不负刑事责任。当然,特别防卫权的行使,有严格的法律限制的。

(2)紧急避险

1)紧急避险必须是为了使国家、公共利益、本人或者他人的人身、财产和其他合法权益免受正在发生的危险而采取的。

2)紧急避险必须是对正在发生的危险而采取的措施。

3)紧急避险必须是在迫不得已的情况下实施的措施。

4)紧急避险不能超过必要限度造成不应有的损害。

【知识拓展】

正当防卫与紧急避险的异同

紧急避险和正当防卫都是为了保护国家、公共利益、本人或者他人的人身、财产和其他权利,而给他人的某种权利或者利益造成一定的损害,同属于正当行为。但是二者又有着明显的区别。总体而言,正当防卫反映的是合法权益与不法侵害之间的矛盾,而紧急避险反映的则是两个合法权益之间的冲突。具体而言,两者既有一定的相同之处,又有相当的差异。

两者的相同点在于:

第一,目的相同。两者都是为了保护国家、公共利益、本人或者他人的人身、财产和其他权利。

第二,前提相同。两者都必须是合法权益正在受到侵害时才能实行。

第三,责任相同。两者超过法定的限度造成相应损害后果的,均应负刑事责任,但应减轻或者免除处罚。

两者的不同点在于:

第一,危害的来源不同。正当防卫的危害来源仅限于人的不法侵害行为;而紧急避险的危险来源,既可以是人的不法侵害行为,也可以(甚至大多数情况下)是自然灾害、动物的侵袭,以及人的生理、病理的原因等。

第二,行为的对象不同。正当防卫只能损害不法侵害者的利益,而紧急避险则是损害第三者的合法权益。

第三,行为的限制不同。正当防卫的实行,只要有正在进行的不法侵害就可以,不论防卫人是否有条件采取逃跑、报警、劝阻等方法制止不法侵害,不要求迫不得已;紧急避险则只能在没有任何其他方法排除危险的情况下,迫不得已而实施。

第四,行为的限度不同。正当防卫的必要限度,是制止不法侵害所必需,只要所造成的损害与不法侵害可能造成的损害不过于悬殊即可,因而正当防卫所造成的损害,既可以小于,也可以大于不法侵害行为可能造成的损害;而紧急避险所造成的损害,则只能小于所避免的损害,不能等于甚至大于所避免的损害。

第五,主体的限定不同。正当防卫是每个公民的法定权利,是人民警察执行职务时的法定义务;紧急避险则不适用于职务上、业务上负有特定责任的人。

(来源:110 网)

5. 刑罚制度

(1)主刑:是对犯罪分子适用的、只能单独使用的主要刑罚。包括管制、拘役、有期徒刑、无期徒刑和死刑。

(2)附加刑:是补充主刑适用的,既可以附加主刑,又可以单独适用的刑罚。包括罚金、剥夺政治权利、没收财产和驱逐出境(适用于外国人)。

(3)刑罚的裁量

量刑是人民法院对于犯罪分子依法裁量决定刑罚的活动。对于犯罪分子决定刑罚应当根据犯罪事实、性质、情节和对于社会的危害程度,依照刑法有关规定判处。

【材料阅读】

2015 年 8 月 29 日,《刑法修正案(九)》草案表决稿在全国人大常委会第 16 次会议上通过,并于 11 月 1 日起施行。此次通过的《刑法修正案(九)》废除了备受争议的嫖宿幼女罪。今后对此类行为一律适用刑法中关于奸淫幼女的以强奸论,从重处罚的规定。另外,《刑法修正案(九)》还就社会长期关注的虐童、猥亵男童、收买被拐卖儿童以及校车事故等问题进行了重点关注。

【教师点评】

近年来,随着社会的迅速发展,一系列侵犯未成年人权益的行为需要纳入刑法进行规制,不适应未成年人权益保护的行为需要从法律中删除。《刑法修正案(九)》迎合了时代的潮流,适时对侵犯未成年人权益的行为进行了规制,并删除了不适应对未成年人进行保护的规定,从正反两个方面加大了针对未成年人犯罪行为的打击力度。

6. 犯罪种类

我国刑法按照犯罪行为所侵犯的同类客体将犯罪分为 10 类。又对各类犯罪以及各种具体犯罪依各类各种犯罪的社会危害程度予以排列。

三、我国的程序法律部门

我国的程序法包括诉讼法程序和非诉讼法程序。

(一)诉讼法

诉讼法是规范国家司法机关解决社会纠纷的法律规范，主要包括:刑事诉讼法、民事诉讼法、行政诉讼法。

(二)非诉讼程序法

非诉讼程序法是规范仲裁机构或者调解组织解决社会纠纷的法律规范，主要包括:仲裁法、人民调解法。

【教师小结】

大学生要理解我国宪法地位和确立的基本原则，全面了解我国法律体系的构成，懂得各个法律部门及重要法律的基本功能，深化对法治中国的制度认知，增强推动法治中国建设的实践本领。

第三节　建设中国特色社会主义法治体系

社会主义法治体系建设，需要全体成员共同参与。大学生应在理解中国特色社会主义法律体系的基础上，深入学习中国特色社会主义法治理论，把握建设中国特色社会主义法治体系的核心要义。

一、建设中国特色社会主义法治体系意义

全面依法治国，是国家治理的一场深刻革命。全面依法治国的总目标就是建设中国特色社会主义法治体系、建设社会主义法治国家。

(一)中国特色社会主义的本质要求和重要保障

新时代中国特色社会主义的总任务是实现社会主义现代化和中华民族伟大复兴，在全面建成小康社会的基础上，分两步走，在21世纪中叶建成富强民主文明和谐美丽的社会主义现代化强国。中国特色社会主义法治体系为这一总任务的实现提供了推动力量和制度保障。

(二)推进国家治理体系和治理能力现代化的重要举措

推进国家治理体系和治理能力的现代化，要适应时代变化，既改革不适

应实践发展要求的体制机制、法律法规，又不断构建新的体制机制、法律法规，使各方面制度更加科学、更加完善。建设中国特色社会主义法治体系，能够有效推进党、国家、社会各项事务治理制度化、规范化、程序化，能够有效提高党科学执政、民主执政、依法执政水平。

（三）全面依法治国的总抓手

建设中国特色社会主义法治体系是总揽全局、牵引各方的总抓手，必须从依法治国、依法执政、依法行政共同推进和法治国家、法治政府、法治社会一体建设方面，对法治中国建设做出战略部署和总体安排。

二、建设中国特色社会主义法治体系的主要内容

建设中国特色社会主义法治体系，就是在中国共产党领导下，坚持中国特色社会主义制度，贯彻中国特色社会主义法治理论，形成完备的法律规范体系、高效的法治实施体系、严密的法治监督体系、有力的法治保障体系，形成完善的党内法规体系。

三、全面依法治国的基本格局

【案例展示】

2008 年 9 月甘肃等地陆续报告多起婴幼儿泌尿系统结石病例。导致这些婴幼儿患病的主要原因是患儿服用的三鹿牌婴幼儿奶粉中含有过量的三聚氰胺。三鹿牌部分批次婴幼儿奶粉中含有过量的三聚氰胺，是为增加原料奶或奶粉的蛋白含量而人为加入的。公安部门对“毒奶粉”事件进行彻查，对在原料奶中掺入三聚氰胺十九位不法分子刑事拘留，并对三鹿集团原董事长、总经理田文华刑事拘留。

（来源：新浪博客）

通过案例请学生思考并讨论：我国为什么要依法打击这类行为？除了经济领域外，其他领域的违法犯罪活动为什么也要依法严厉打击？

【教师点评】

市场经济本质上是法制经济。依法治国，是发展社会主义市场经济的客观需要。社会和谐，保证国家长治久安，才能维护人民群众的经济、政治、

文化利益,从根本上实现人民当家做主。

(一)科学立法

立法是法治的龙头环节。科学立法以完善宪法为核心的中国特色社会主义法律体系,坚持以民为本、立法为民理念,把公正、公平、公开原则贯穿立法全程。

(二)严格执法

严格执法在于建设职能科学、权责法定、执法严明、公开公正、廉洁高效、守法诚信的法治政府。推行政府权力清单制度,建立行政机关内部重大决策合法性审查机制,建立重大决策终身责任追究制度及责任倒查机制。提高执法力度,建立健全行政裁量权基准制度等。

(三)公正司法

公正是法治的生命线,是司法活动最高的价值追求。完善依法独立公正行使审批权和检察权制度,建立领导干部干预司法活动、插手案件处理的记录、通报和责任追究责任,建立健全司法人员履行法定职责保护机制。完善人民陪审员制度,构建开发、动态、透明、便民的阳光司法机制。完善人民监督员制度,监督检查机关查办执法活动。对因违法违纪被开除公职的司法人员、吊销执业证书的律师和公证员,终身禁止从事法律职业。

(四)全民守法

【案例展示】

手机短信

手机短信中使用一些不文明、不健康的语言。多数人都认为其“失德”2006 年 6 月,昆明西山警方依据《中华人民共和国治安管理处罚法》对一蔡姓男子发送“黄短信”骚扰他人处以 200 元罚款。

法律分析:行为违反公共秩序,显然违背社会公德。如果越出一定限度,则为违法。如果行为情节显著严重,还可能逾出一般违法的界限而触犯刑律(犯罪)。根据最高人民法院和最高人民检察院联合出台的司法解释,对于发送淫秽短信数量超过 200 条的,可依法处以 3 年以上的有期徒刑并处相应罚金。

【教师小结】

全民守法以增强全民法治观念，推进法治社会建设。建设法治文化，树立全社会法治意识。完备法律服务体系，推动公共法律体系建设。完善法律援助制度，健全司法救助体系。建立健全各种法律渠道，做到依法维权和化解各种纠纷。完善立体化社会治安防控体系，保障人民生命财产安全。

【课堂互动】

设置一组连线题，让学生根据自己的生活经验加以判断，下面行为适用于何种法律。

杀人抢劫	《森林法》
乱砍滥伐	《大气污染防治法》
超标排放废气	《治安管理处罚条例》
上学路上被狗咬伤	《刑法》
父母不让我按时入学	《九年义务教育法》
小郑学习受干扰	《消费者权益保护法》
小叶买了劣质皮鞋	《劳动法》
小静五一期间加班	《环境噪声污染防治法》

【教师小结】

大学生应在理解中国特色社会主义法律体系的基础上，深入学习中国特色社会主义法治理论，把握建设中国特色社会主义法治体系的核心要义。

第四节　坚持走中国特色社会主义法治道路

中国特色社会主义法治道路，明确了建设社会主义法治国家的性质和方向，是社会主义法治建设成就和经验的集中体现，是中国特色社会主义道路在法治领域的具体体现，是建设社会主义法治国家的正确道路。

一、坚持中国共产党的领导

党的领导是中国特色社会主义最本质的特征，是社会主义法治最根本的保证。法是党的主张和人民意愿的统一体现，党和法、党的领导和依法治国是高度统一的。全面依法治国,方向要正确,政治保证要坚强,不能把党的领导和依法治国二者对立起来。

坚持党的领导,不是一句空的口号,必须具体体现在党领导立法、保证执法、支持司法、带头守法上。

二、坚持人民主体地位

在社会主义法治国家,人民是依法治国的主体和力量源泉,坚持人民主体地位是依法治国的基本原则。必须把人民当家做主贯彻到依法治国的全过程之中,保证人民的广泛参与。

人民权益要靠法律保障,法律权威要靠人民维护。

坚持人民主体地位,必须坚持法治建设为了人民、依靠人民、造福人民、保护人民,以保障人民根本权益为出发点和落脚点,保证人民依法享有广泛的权利和自由、承担应尽的义务,维护社会公平正义,促进共同富裕,为保证人民当家做主提供坚实的法治基础。

三、坚持法律面前人人平等

平等是社会主义法律的基本属性,是社会主义法治的基本要求。坚持法律面前人人平等,要求公民不分民族、种族、性别、职业、家庭出身、宗教信仰、教育程度、财产状况、居住期限等,都应当平等享受公民权利、平等履行公民义务。

坚持法律面前人人平等,要坚决反对特权思想和特权现象。

四、坚持依法治国和以德治国相结合

法治和德治,是治国理政不可或缺的两种方式,如车之两轮或鸟之两翼,忽视其中任何一个,都将难以实现国家的长治久安。只有让法治和德治共同发挥作用,才能使法律与道德相辅相成,法治与德治相得益彰,做到法安天下,德润人心。

(一)正确认识法治和德治的地位

法治是治国理政的基本方式,依法治国是基本方略,法治具有根本性、决定性和统一性,强调对任何人都一律平等,任何人都必须遵守法律;德治是治国理政的重要方式,以德治国就是在全社会培育、弘扬社会主义核心价值观和社会主义道德。

(二)正确认识法治和德治的作用

法治和德治作用的相同性:法治和德治对社会成员都具有约束作用,法律规范和道德规范也都具有必须遵守的性质。

法治和德治作用的不同性:两者约束作用的内在要求、表现形式、承担后果不同。法治以国家强制力为后盾,主要依靠法律的预测作用、惩罚作用、威慑作用、预防作用对公民和社会行为进行约束,并对违反法律的行为追究法律责任;德治通过人们的内心信念、传统习惯、社会舆论等进行道德教化,并对违反道德的行为进行道德谴责。

【案例展示】

20 多棵萝卜的赔偿

某年山东省日照市一次110特别行动中,公安人员追歹徒到男青年家的菜园里,并发生了搏斗。公安人员最终制服了歹徒。正当公安人员押着歹徒准备离开时,甲对着众多记者和摄影机突然提出,要求公安人员赔偿被损害的20多棵萝卜。此事经媒体报道后,社会舆论一片哗然,邻居谴责说:"公安人员是为了抓坏人,是为了大家,甲作为新时代的青年,不应当要求赔偿20多棵萝卜。"当事公安人员也表示不可理解,说:"当时我们一个同事身负重伤,鲜血直流,可甲居然提出赔偿他20多棵萝卜。"甲所在单位专门召开了会议批评甲。

(来源:豆丁网)

通过案例组织学生问题讨论:人们为什么对甲的行为都只从道德而没有从法律视角去评价呢?

【教师点评】

上述案例说明,人们的意识和观念还局限于道德领域,缺乏法律意识和法制观念;学习法律后,就应当树立相应的法律意识和法制观念。以法律为准绳思考和处理法律问题。

(三)正确认识法治和德治的实现途径

坚持依法治国和以德治国相结合,这是全面推进依法治国必须遵循的重要原则。今天我们建设社会主义法治国家,必须贯彻和落实好这一重要原则,坚持一手抓法治、一手抓德治,实现法律和道德相辅相成、法治和德治相得益彰。既重视发挥法律的规范作用,又重视发挥道德的教化作用。

(四)推动法治和德治的相互促进

1. 强化道德对法治的支撑作用

坚持依法治国和以德治国相结合,应重视发挥道德的教化作用,提高全社会文明程度,为全面依法治国创造良好人文环境;在道德体系中体现法治要求,发挥道德对法治的滋养作用,努力使道德体系同社会主义法律规范相衔接、相协调、相促进;在道德教育中突出法治内涵,注重培育人们的法律信仰、法治观念、规则意识,引导人们自觉履行法定义务、社会责任、家庭责任,营造全社会都讲法治、守法治的文化环境。

2. 把道德要求贯彻到法治建设中

以法治承载道德理念,道德才有可靠制度支撑。法律法规要树立鲜明道德导向,弘扬美德义行,立法、执法、司法都要体现社会主义道德要求,使社会主义法治成为良法善治。要把实践中广泛认同、较为成熟、操作性强的道德要求及时上升为法律规范,引导全社会崇德向善。要坚持严格执法,弘扬真善美,打击假恶丑。要坚持公正司法,发挥司法断案惩恶扬善功能。

3. 运用法治手段解决道德领域突出问题

法律是底线的道德,也是道德的保障。要加强相关立法工作,依法加强对群众反映强烈的失德行为的整治。比如,对突出的诚信缺失问题,既要抓紧建立覆盖全社会的征信系统,又要完善守法诚信褒奖机制和违法失信惩戒机制,使人不敢失信、不能失信;对见利忘义、制假售假的违法行为,要加大执法力度,让败德违法者受到惩治、付出代价。

五、坚持从中国实际出发

建设法治中国,必须从我国实际出发,同完善和发展中国特色社会主义制度、推进国家治理体系和治理能力现代化相适应,既不能罔顾国情、超越阶段,也不能因循守旧、墨守成规。

坚持从实际出发,就是要突出法治道路的中国特色、实践特色、时代特色。构建符合中国实际、具有中国特色、体现社会发展规律的社会主义法治理论和话语体系，为依法治国提供理论指导和学理支撑。

【教师小结】

走中国特色社会主义法治道路，必须坚持中国共产党的领导，坚持人民主体地位，坚持法律面前人人平等，坚持依法治国和以德治国相结合，坚持从中国实际出发。

第五节　培养法治思维

尊法、学法、守法、用法，必须养成良好的法治思维和行为方式，做到在法治之下，而不是法治之外，更不是法治之上。

一、法治思维及其内涵

法治思维内涵丰富、外延宽广，它将法律作为判断是非和处理事务的准绳，要求崇尚法治、尊重法律，善于运用法律手段协调关系和解决问题。

（一）法治思维含义

法治思维是指以法治价值和法治精神为导向，运用法律原则、法律规则、法律方法思考和处理问题的思维模式。法治思维是一种融法律的价值属性和工具理性于一体的特殊的高级法律意识。

法治思维包含以下几层含义：

法治思维以法治价值和法治精神为指导，蕴含着公正、平等、民主、人权等法治理念，是一种正当性思维；法治思维以法律原则和法律规则为依据来指导人们的社会行为，是一种规范性思维；法治思维以法律手段与法律方法为依托分析问题、处理问题、解决纠纷，是一种可靠的逻辑思维；法治思维是一种符合规律、尊重事实的科学思维。

（二）法治思维的基本内容

1. 法律至上

法律至上指宪法至上，表现为法律的普遍适用性、优先适用性和不可违抗性。

【案例展示】

情与法的冲突

农民工王斌余因父亲腿被砸断急需用钱,便找老板多次讨要工钱,未果。此后他找劳动部门,找法院,都无济于事。最终,走投无路的王斌余又折回包工头家讨薪,被骂成“像条狗”,遭到拳打脚踢。极度绝望和愤怒之下,他连杀4人,重伤1人,后到公安局投案自首。最近,他一审被判死刑。

(来源:豆丁网)

通过案例组织学生问题讨论:王斌余案的一个焦点问题是——王斌余该不该被判处死刑?

有两种法律判决法:

不应判处死刑:许多网民和法律界人士认为,不应当对王斌余处以极刑。一些法律学者认为,如权利保障机制低效,民众对有关权力机构失去信赖,致使弱者在走投无路时采取暴力性、“非理性”的行为以发泄心中不满。单方面严厉追究其刑事责任,是否公平?

应当判处死刑:对此,持相反立场的人则认为,王斌余行为虽有可悲悯之处,但是并不足以免除其死刑。也有人认为,被害人不应当替全社会承受制度性的悲剧。王斌余杀死的并非是欠他工钱的人,而是王斌余的工友和工友的亲属。那些同情王斌余并呼吁免除其死刑的人,是否漠视了他们的生命价值?

【教师点评】

在处理法律问题时,应该首先以法律为准绳来评价行为,是合法还是违法,是一般违法行为还是犯罪行为。有时候,我们会遇到法与理、法与情的冲突,即合理不合法、合情不合法。此时,应以法为先。即使某些法律规定不合理、不合情,也不能漠视、违背法律。大学生要准确把握法治思维的基本含义和特征,正确理解法治思维的基本内容,逐步培养法治思维,提高运用法治思维分析、解决问题的能力。

2. 权力制约

法律是约束权力最大的“笼子”,具有制约公权力的重要功能。权力制约分为权力由法定、有权必有责、用权受监督、违法受追究。

3. 公平正义

公平正义是指社会的政治利益、经济利益和其他利益在全社会成员之间合理、公平分配和占有。

公平正义主要包括:权利公平、机会公平、规则公平、救济公平。

4. 人权保障

人权的法律保障包括宪法保障、立法保障、行政保护和司法保障。

5. 正当程序

程序的正当,表现在程序的合法性、中立性、参与性、公开性、时限性等方面。

二、尊重和维护法律权威

尊重法律权威,既要尊重一般法律的权威,更要尊重宪法至上的权威。

【课堂互动】

材料:西方古代法治先驱亚里士多德曾讲过,法治的要素之一就是大家所服从的法律是制定的良好的法律。伯尔曼认为:“除非人们觉得,那是他们的法律。否则,他们就不会尊重法律。”

问题思考:上述的含义是什么?什么是良好的法律呢?

【教师小结】

良好的法律必须充分表达民意。只有当法律充分反映了社会成员的意志,社会成员才会对法律产生高度的认同,认识到法律并不是约束自己行为的羁绊,而是保护公民各种权利的手段,是自己生活中须臾不可分离的必需物。正因为法律是自己的,社会公众才会从内心尊重法律,法律也才真正具有权威性。

(一)法律权威的含义

法律权威是指法律在社会生活中的作用力、影响力和公信力,是法律应有的尊严和生命。法律是否具有权威,取决于四个基本要素:

一是法律在国家和社会治理体系中的地位和作用,只有法律占主导地位和起决定作用,法律才具有权威。

二是法律本身的科学程度,只有法律反映客观规律和人类理性,法律才具有权威。

三是法律在实践中的实施程度,只有法律在实践中得到严格实施和遵循,法律才具有权威。

四是法律被社会成员尊崇或信仰的程度,只有法律反映人民共同意愿且为人民真诚信仰,法律才具有权威。

【案例展示】

王某,某大学学生。一天,王某去书店买书时发现钱包被偷了。他全部的钱都放在钱包里,身上连坐车的钱都没有了。想到较近的朋友家借钱,可朋友搬家了,正在发愁时他接到一个用人单位面试的电话。这时一名妇女把自行车放在楼梯口没上锁就离开了。于是王某就想借用一下,趁主人不在,把自行车推走。车主很快过来发现自行车不见后往远处望去,看到一个小青年正骑着自己的自行车逃跑,于是大声喊抓小偷。王某东张西望的不正常举动早已引起一位大妈的注意。车主喊抓贼时,大妈及时用一盆水拦住了王的去路。车主赶了上来。王某一直强调这不是偷,是借用,并坚持要把车骑走,车主坚决不答应。大妈去报110,情急之下,王某拿出随身携带的水果刀威胁车主,骑车跑了。就这样,王某由一个受害者变成了一个偷盗者,最后变成了抢劫者。

(来源:上学吧)

问题:

(1)王某为什么会走上违法犯罪的道路?(安排学生思考发言)

(2)联系案例谈谈,大学生应该如何培养法律思维?维护法律的权威?

在学生思考和发言基础上,教师点评。

【教师点评】

案例中王某由一个大学生变成一个小偷最终成为一个抢劫犯,是不注意思想道德修养和法律意识淡薄的结果。当自己东西被偷,有很多方法解决,但绝不能选择偷别人的东西这种违法的行为来“解决”自己的问题,更不应该由偷变成抢,使一般违法行为上升为严重的犯罪行为。我们遇到类似问题时一定要选择既不违反道德更不能违反法律的手段解决问题。

(二)尊重和维护法律权威的重要意义

全体社会成员尊重社会主义法律权威,不仅是保证法律发挥作用的基本前提和要求，也是保障个人平安幸福的底线和红线。尊重和维护法律权威，对全面依法治国至关重要。

一是社会主义法治观念的核心要求和建设社会主义法治国家的前提条件。树立法律权威，就是树立党和人民共同意志的权威；捍卫法律尊严，就是捍卫党和人民共同意志的尊严。

二是对于推进国家治理体系和治理能力现代化、实现国家的长治久安极为重要。法律权威是国家治理的坚实基础和关键。

三是实现人民意志、维护人民利益、保障人民权利的基本途径。我国法律保护和实现的是人民的根本利益。从本质上讲，尊重和维护法律权威，就是尊重和维护人民的根本利益和其他合法权益的具体实践，也是尊重和保障人权的具体实践。

四是维护个人合法权益的根本保障。在法治社会，只有依靠有权威的法律。有权威的法律能够威慑人、警示人、保护人，防范违法犯罪行为，能够增强个人的安全感。

（三）尊重和维护法律权威的基本要求

1. 信仰法律

一切法律中最重要的法律，既不是刻在大理石上，也不是刻在铜表上，而是铭刻在公民的内心里。应当相信法律、信奉法律，树立崇尚法律、信仰法律的牢固观念，增强对法律的信任感、认同感。对法律常怀敬畏之心，常思敬重之情。法律必须被信仰，否则形同虚设。

2. 遵守法律

【案例展示】

某省监考人员泄漏英语四、六级考试题案一审宣判

2004 年 6 月发生的某省监考人员泄漏全国英语四、六级考试题案在当地人民法院进行了一审宣判，参与此案的 7 名被告人因犯故意泄漏国家秘密罪受到法律制裁。

某职业技术学院从 2002 年下半年开始取得国家大学英语四、六级考试考点资格。2004 年 6 月 17 日 11 时许，该学院外语系副主任、考点主考官陈某和该学院原外语系干事李某在某学院签收领回密封好的 2004 年 6 月 19

日的全国大学英语四、六级考试试卷及听力磁带，但李某没有按规定将试卷和听力磁带进行保密保管，而是存放在该学院外语系办公室的铁皮柜内，自己一个人保管铁皮柜的钥匙。当天13时许，李某私自开启密封试卷袋，从中取出一份四级考试A卷试题和听力磁带，授意该学院外语系教师甘某、张某分别按照试卷做出试题答案。陈某知道这些情况后，没有予以制止。后来，李某安排两名教师拿部分考试题的内容和已做出的答案于本学院开办的培训班上给将要参加6月19日上午全国大学英语四级考试的学员上辅导课。另外，陈某还主动与该市一家外语培训中心联系去上考前辅导课，于6月17日19时左右和甘某一起携带非法泄露的考题答案到这家外语培训中心，由甘某给将要参加6月19日上午全国大学英语四级考试的学员进行考前辅导。张某得到全国大学英语考试试题后，于6月18日上午将泄露的试题交给阮某，并让阮某继续抄写其尚未抄写完的试题答案。阮某得到试题和试题答案后，除了给罗某阅览外，还将试题复印了两份，自称每份以人民币1 500元买得，分别交给白某和梁某，并约定考试后付钱。因在此之前被告人苏某已多次联系梁某商谈购买本次全国大学英语考试试题，所以当阮某告知梁某已经得到试题时，当时在外地出差的梁某便委托别人到阮某处拿试题并送给苏某。苏某得到试题即复印了56份，然后卖给将要参加本次大学英语四级考试的几个大学生郑某、黄某等人，并约定考试后给钱。

由于被告人的行为，导致2004年6月19日的全国大学英语四级考试试题在开考前以不同的形式向考生泄露，破坏了国家考试制度的严肃性，造成了恶劣的社会影响。法院认为，被告人陈某、李某、甘某、张某，身为国家大学英语四、六级考试的主考官和考务工作人员，明知大学英语四、六级考卷为国家机密，也熟悉该项考试的考务纪律和考试组织程序，但为了单位办学和个人的利益，违反国家保密法的规定，故意泄露属国家机密的考卷考题以及考题答案；被告人阮某、梁某、苏某为了谋取非法利益，明知大学英语四、六级全国考试的考题和答案在开考前属于国家机密，仍通过不同手段非法获取并将其故意泄露给他人，情节严重。上述被告人的行为均已触犯了《中华人民共和国刑法》，构成故意泄露机密罪。

（来源：豆丁网）

通过案例让学生思考并讨论：

（1）国家大学英语四、六级考题是否属于国家机密？故意泄露国家秘密罪的构成要件有哪些？

（2）本案对你有何启示？

【教师小结】

处理问题、做出决定时，要先问问在法律上"是什么"和"为什么"，是否合法可行。在处理守法与违法的关系时，要防微杜渐，防止因小失大。在面临选择的重大关头，要依法冷静权衡，防止头脑发热或心存侥幸而铸成大错。

（三）服从法律

【案例展示】

天价医药费 住院67天花掉550万

患者翁文辉生前是黑龙江哈尔滨市一所中学的离休教师。1年前，74岁的翁文辉被诊断患上了恶性淋巴瘤。因为化疗引起多脏器功能衰竭，2005年6月1日，他被送进了哈尔滨医科大学第二附属医院的心外科重症监护室。在医院住了67天，光住院费就花去了将近140万，平均每天花去2万多。除了向医院交纳139万元的医疗费用外，他们又在医生的建议下，自己花钱买了400多万元的药品交给医院，作为抢救翁文辉急用 。医院却说：我们不但没有多收他还漏收了130多万。然而，高昂的花费没能挽回老人的生命。2005年8月6日，翁文辉因抢救无效病逝。在准备和医院结账时，翁家意外发现，在住院收费的明细单上，记载着病人使用过一种叫氨茶碱的药物，但翁文辉对氨茶碱有严重的过敏反应。翁家还发现，就在翁文辉去世后的两天里，医院竟还开出了两张化验单，共计收费64元。在2005年7月31日的收费账单上，可以看到，这一天医院收了翁文辉22 197元的血费。

2006年4月29日，中国卫生部、国务院纠风办通报了中央纪委、监察部、卫生部和黑龙江省纪委联合调查组对哈尔滨医科大学附属第二医院（简称哈医大二院）的查处。对违反规定乱收费及科室管理混乱等现象，给予哈医大二院院长、党委委员张岂凡，党委书记王国良，党委副书记、纪委书记杨慧撤销职务处分；给予副院长王太和、谭文华行政记大过处分；给予心外科ICU主任于玲范撤销心外科ICU主任职务处分，并吊销其医师执业证书；给予心外科 ICU 护士长郭晓霞、物价科科长高松、医务科副科长王璟璐撤销职务处分。对其他医护人员的违纪违规问题,由有关部门分别做出处理。对哈医大二院给予中止三级甲等医院称号 1 年的处理,限期进行整改,以观后效。责成医院向患者家属退还违规收取的费用并向患者家属赔礼道歉。哈尔滨医科大学、黑龙江省卫生厅对哈医大二院监管不力,责成其写出深刻检查。

(来源:道客巴巴)

【教师点评】

上述案件说明应当拥护法律的规定,接受法律的约束,履行法定的义务,服从依法进行的管理,承担相应的法律责任。所以真正的法律权威只能来自于人们自觉自愿的认同和推崇。当公众将法律规则和制度内化为一种内心的观念时,就会自觉认同和尊重法律的权威。

(四)维护法律

争当法律权威的守望者、公平正义的守护者、具有良知的护法者。大学生要遵法守规、抑恶扬善,做新时代的护法使者。

【案例展示】

提到董秀海,在缙云县大家几乎都有所耳闻。25 岁的董秀海在缙云县也是小有名气。董秀海 1996 年以优异的成绩考到清华大学,在清华大学经济系读完本科后,又成为该校政治学系硕博连读的学生,是该系(现为行政管理学院)行政管理学方面两名在读博士生之一。这个曾经是缙云县的骄傲,曾经是多少家长教育孩子的正面教材,多少中学生心中学习的榜样!

董秀海怎么会杀人?博士杀人缘于邻里纠纷。在村民和董秀海的同学眼中,董秀海是特别的勤奋聪明。在老师和同学的眼里是优秀、勤奋、理智这样的字眼来形容董秀海。在他们印象中,董秀海性格善良且温和,尽管有很强的自尊心,却从来不会和同学争吵。对董秀海涉嫌杀人一事,他的初、高中老师和同学都觉得匪夷所思,不敢相信!

勤奋和刻苦成就董秀海学业上的成功,而法律意识的淡薄却让他断送了自己的美好前程。

博士董秀海因为邻里纠纷,一时冲动杀人,断送了自己美好的前程,令人惋惜。这一案例告诫我们，博士生不仅要有渊博的文化知识，也应该培养自己的法治观念。

（来源：新浪网）

【教师点评】

上述案例说明，大学生不仅要遵法，还要守法和护法。学习和掌握法律知识，增强法律意识，提高运用法律的能力，是培养大学生法律素质的基本内容。不知法、不懂法，在没有法律的约束和制裁下造成的伤害和悲剧值得我们深思。

三、怎样培养法治思维

培养法治思维的方式主要把握好：学习法律知识、掌握法律方法、参与法律实践、养成守法习惯。

法治思维是一种习惯性思维，与长期自觉养成的生活习惯有很大关系。坚持从我做起，从身边做起，从具体问题做起，才能养成守法的习惯和法律思维。

【教师小结】

大学生要准确把握法治思维的基本含义和特征，正确理解法治思维的基本内容，逐步培养法治思维，提高运用法治思维分析、解决问题的能力。

第六节　依法行使权利与履行义务

什么是法律权利和法律义务，公民应该如何理解法律权利和法律义务的关系，如何依法行使法律权利和法律义务，以及滥用法律权利和违反法律义务后要承担什么法律责任等，是我们日常生活中经常遇到的法律问题。

【课堂导入】

张某是一个女大学生，长相较漂亮，因此也爱照相，一次在一家照相馆照了张艺术照，照得很满意，过了一段时间，她的一位同学告诉她，你的那张照片被放得很大，放在照相馆的橱窗里了做广告，张某就认为照相馆的行为侵犯了她的肖像权。她就跟照相馆交涉，提出两个处理方法，一是把照片从橱窗里拿下来,赔偿她3 000元精神损失费;另一个是与她补签一个肖像使用协议,使用期2年,费用是5 000元。后来经过双方协商后签了协议,照相馆使用她的肖像三年,支付3 000元钱。

(来源:豆丁网)

【教师点评】

上面两组案例说明了在日常现实生活中要保护自己的法律权利。知法、懂法,当自己的法律权利受到侵害后能通过法律途径寻求保护和救济。大学生要树立正确的权力观和义务观,妥善处理学习、生活遇到的法律问题和各项矛盾。

一、法律权利与法律义务

权利和义务是一对密不可分的社会关系组成部分,被法律规定认可的称为法律权利与法律义务。享有法律权利的社会主体称为权利人,承担法律义务的社会主体称为义务人。

(一)法律权利的含义和特征

1. 法律权利

是指反映一定的社会物质生活条件所制约的行为自由,是法律所允许的权利人为了满足自己的利益而采取的、由其他人的法律义务所保证的法律手段。权利的产生、发展和实现,都必须以一定的社会经济条件为基础。

2. 法律权利的特征

法律权利是各种权利中十分重要的权利,具有以下四个方面的特征:

(1)法律权利的内容、种类和实现程度受社会物质生活条件的制约。

(2)法律权利的内容、分配和实现方式因社会制度和国家法律的不同而存在差异。

(3)法律权利不仅由法律规定或认可,而且受法律维护或保障,具有不可侵犯性。

(4)法律权利必须依法行使,不能不择手段地行使法律权利。

（二）法律义务的含义与特征

1. 法律义务的含义

法律义务是指反映一定的社会物质生活条件所制约的社会责任，是保障法律所规定的义务人应该按照权利人要求从事一定行为或不行为以满足权利人利益的法律手段。

只有承担法律义务的人履行法律义务，享有法律权利的人才能实现自己的合法权益。

【课堂互动】

学生回答：如子女通过经常看望和提供财物等行为履行赡养父母的义务，这属于什么性质的法律义务？又如未经许可不得公开他人的隐私等，这又属于什么性质的法律义务？

【教师评析】

法律义务的履行表现为两种形式：一种是作为，是指义务人实施积极的行为，另一种是不作为，是指义务人不得实施某种行为，法律义务具有法定的强制性，违反法律义务必须承担法律责任。

2. 法律义务的特征

（1）法律义务是历史的。法律义务的内容和履行方式随着经济社会的发展和人权保障的进步而不断调整和变化。

（2）法律义务源于现实需要。一个国家或地区的制度性质、历史传统、文化背景、宗教信仰和安全形势等因素，会对法律义务的设定发生重要影响。

（3）法律义务必须依法设定。法律义务必须由具有法律职权的国家机关依照法律程序设定，其他国家机关不得对公民违法设定法律义务。

（4）法律义务可能发生变化。公民和社会组织承担的法律义务，在履行的过程中可能会因法定情形变更、消灭，或产生新的法律义务。

（三）法律权利与法律义务的关系

【课堂互动】

公交车上的法律与道德

公交车上来一老人，好心司机劝乘客让座，车上的年轻人都不起身。司机发火,熄火罢运,并扬言:今天不让座就不开车。

问题:根据实际情况谈谈自己的看法(老师安排互动时间)。

【老师点评】

法律是人类道德的底线。公交车上为老人让座是美好的道德行为,不让座只是不道德的行为,并不违反法律。司机的行为属于侵权行为,罢运侵犯了乘客的权利,这是法律所禁止的。法律义务是人们必须去做的事情,权利是法律赋予人们可以做也可以不做的事情。权利和义务是相对的也是相辅相成的,辩证统一的。

1. 法律权利与法律义务二者不可分割,相互依存

没有权利,义务的设定就失去了目的和根据;没有义务,权利的实现也就成为空话。

(1)法律权利和法律义务是相互依存的关系,法律权利的实现必须以相应法律义务的履行为条件;法律义务的设定和履行也必须以法律权利的行使为根据,不存在没有权利根据的法律义务。

(2)法律权利与法律义务是目的与手段的关系。离开了法律权利,法律义务就失去了履行的价值和动力;离开了法律义务,法律权利也形同虚设。

(3)有些法律权利和法律义务具有复合性的关系,即一个行为可以同时是权利行为和义务行为。

2. 法律权利与法律义务平等是现代法治的基本原则

(1)法律面前人人平等:不允许一些人只享受权利不承担义务,或者多享受权利少承担义务,另一些人只承担义务不享受权利,或者多承担义务少享受权利,反对任何形式的厚此薄彼。

(2)具体设定上平等:对于一个具体的民事侵权或者刑事犯罪行为设定法律义务,就必须与权利受到侵害的程度相适应,不能超出公正和平等的限度设定权利。

(3)权利与义务的实现要体现平等:要求权利人只能按照权利的内容行使权利,不能“得理不饶人”,向义务人提出过分要求。同样,义务人必须满足权利人的合法权益,不得逃避应当承担的法律义务。

二、依法行使法律权利

依法行使法律权利,是体现权利正当性和保障权利实现的充分必要条

件。人们行使任何权利、做任何事情都不能超越法律界限。

（一）我国宪法法律规定的基本权利

我国宪法法律规定了公民享有一系列权利，主要包括政治权利、人身权利、财产权利、社会经济权利、宗教信仰及文化权利等。

1. 政治权利

指公民参与国家政治活动的权利和自由的统称。它的行使主要表现为公民参与国家、社会组织与管理的活动。

2. 人身权利

指公民的人身不受非法侵犯的权利，是公民参加国家政治、经济与社会生活的基础，是公民权利的重要内容。人身权利主要包括：一是生命健康权，二是人身自由权，三是人格尊严权，四是住宅安全权，五是通信自由权。

【案例展示】

王刚上学期间，刻苦学习，关心集体，多次被评为“三好学生”。中学毕业后，他应征入伍，在部队，他刻苦训练，对工作认真负责，曾荣立三等功一次。复员后，他积极参加地方建设，业绩突出，担任部门负责人。在区人大换届选举时，他当选为区人大代表。在家里，他孝敬老人，教育子女，他的家庭被评为“五好家庭”。

（来源：豆丁网）

通过案例让学生思考讨论：王刚享有了哪些权利？履行了哪些义务？

【教师小结】

通过上述案例分析，宪法规定的权利主要有：受教育权、被选举权 、劳动权、荣誉权；义务：受教育、服兵役、劳动、赡养老人、抚养。案例主人翁履行了宪法规定的应有的权利与义务。

【课堂互动】

河南青年殷晓非在湖南娄底勇救轻生女而献身的壮举，深深感动了娄底人民。面对此类现象有几种说法：

1）要学习殷晓非舍己救人的奉献精神。

2）当他人落水时要及时大声呼救。

3）就地取材，利用绳子、木棍等工具在岸上施救落水者。

4)当他人落入深水时应该毫不犹豫地跳入水中施救。

你同意以上那种说法。(教师安排时间)

【教师小结】

对每一个人来说,生命和健康都是非常重要的。我国法律规定,公民享有生命健康权,不容他人侵犯。生命权是指维持生命存在的权利。拥有生命是人最基本、最原始的权利,享有生命权是人享有其他各项权利的前提。健康权是在公民享有生命权的前提下确保自身肉体健全和精神健全、不受任何伤害的权利。对个人来说,拥有健康权也是行使其他权利的基础,没有健康其他的一切都无从谈起。

3.财产权利

指公民、法人或其他组织通过劳动或其他合法方式取得财产和占有、使用、收益、处分财产的权利。财产权主要包括:一是私有财产权,二是继承权。

【案例展示】

小明和同学去看电影,看完电影出来,小明发现自己的自行车不见了。看着小明着急的样子,几个同学走上前来。

甲说:“旧的不去,新的不来,明天再让妈妈买一辆就行了。”

乙说:“要不然你也偷偷弄一辆骑走。”

丙说:“我们还是抓紧时间到附近派出所报案吧!”

小明站在原地,盘算着……

(来源:豆丁网)

请你运用公民要依法行使权利的有关知识,评析材料中几个同学的观点。

【教师小结】

公民的合法权利受到侵害,有权运用法律保护自己的权利,但必须采用合法的方式、按照法定程序进行,不能采取非法手段。

【案例展示】

在广东打工的李某在路边捡到一本电话簿,电话簿内有银行卡和银行卡密码。李某前往银行的自动取款机,分多次将卡内的存款尽数取走。警方侦破此案，李某被刑事拘留。

李某的行为属于什么犯法行为？

【教师点评】

这个案例在法律上，把捡到的别人的物品称为“拾得物”，拾得物包括拾得的遗失物、漂流物或失散的饲养动物。我国民法通则规定，遗失物、漂流物或失散的饲养动物应当归还失主，因此而支出的费用由失主偿还。上述李某的行为属于非法侵占他人的合法财产，应承担法律责任。

4. 社会经济权利

指公民要求国家根据社会经济的发展状况，积极采取措施干预社会经济生活，加强社会建设，提供社会服务，以促进公民的自由和幸福，保障公民过上健康而有尊严的生活的权利。主要包括：一是劳动权，二是休息权，三是社会保障权，四是物质帮助权。

5. 宗教信仰及文化权利

指公民依法享有的与宗教信仰活动和文化生活相关联的自由和权利的总称，主要包括宗教信仰自由、文化教育权等。

【课堂互动】

根据资料回答问题。

以下是两位父亲对孩子的教育方式。

1）第一位父亲对儿子说：“爸爸有钱让你读书，长大要当知识分子，爸爸就是吃了没有知识的亏。”

2）第二位父亲对儿子说：“爸爸没钱供你读书，你长大了要做生意挣钱，我就是吃了没钱的亏。”

根据上述问题你赞同哪位父亲的说法？你认为哪位父亲的教育方式更合理。为什么？

【教师点评】

父母应该尽到对子女家庭保护的责任，享有受教育权是法律赋予公民的基本人权。

文化教育权利是公民在文化和教育领域享有的权利。文化权利有个人的文化权利和集体的文化权利之分，前者如由任何科学、文学或艺术作品所产生的精神上和物质上的利益受到保护的权利;后者如少数民族群众享有保留和发展其文化特性及其文化的各种形式的权利。

(二)行使法律权利的界限

依法行使法律权利要求公民行使权利时应严格依据法律进行,以法律的相关规定为界限,超出这个边界就可能侵犯到他人的权利或者损害到国家、社会的利益。

1. 权利行使的目的

公民在行使法律权利时,不仅要在形式上符合相关法律的规定,也要符合立法意图和精神,不得违反宪法法律确定的基本原则,保障权利行使的正当性。

2. 权利行使的限度

任何权利的行使必须依照法律规定的限度来行使权利。我国宪法规定,公民在行使自由和权利的时候,不得损害国家的、社会的、集体的利益和其他公民的合法的自由和权利。

3. 权利行使的方式

权利行使的方式分为口头方式、书面方式和行为方式,有时口头方式和书面方式可以兼用。如,根据我国民事诉讼法规定,起诉应当向人民法院递交起诉状,但书写起诉状确有困难的,可以口头起诉,由人民法院记入笔录,并告知对方当事人。权利行使还可分为直接行使和间接行使,前者指权利主体直接行使权利,后者则指由其法定代理人或者委托代理人代为行使权利。

4. 权利行使的程序

由于一个人行使权利的过程可能就是另一个人履行义务的过程,所以程序正当原则同样适用于权利行使过程。

三、依法履行法律义务

法律权利的行使,必须伴随着法律义务的履行,但法律义务更需要由法律加以规定。义务法定,一方面是说义务的设定必须有法律依据,另一方面是说法定的义务应当履行,否则会承担不利的法律后果。

【课堂导入】

方成、方莹系兄妹。在方成14岁、方莹11岁的时候,母亲不幸去世。父亲为了再娶,视他俩为包袱,经常打骂,不给饭吃,不让回家。兄妹俩不堪父亲的虐待,经常不回家,父亲不但不把孩子找回来,还索性把家门锁上,永远不让孩子回来。兄妹俩有家不能归,无奈便离家出走,靠乞讨和捡破烂为生。现在方成兄妹长大成人,他们靠劳动致富,不仅盖上了新房,而且还买来了高档家电和家具,日子过得很富裕。方成父亲见子女日子过得挺红火,就要求方成兄妹俩每月付给30元赡养费,并说,如果不给,就到法院告他们虐待老人。

(来源:道客巴巴)

【教师点评】

方成的父亲在子女幼小,需要抚养教育,而他又有抚养能力的情况下,本应依法履行抚养义务。但方父为了自己再娶,嫌弃子女,经常打骂,逼迫子女离家出走,沿街行乞。这种行为不仅应受到道德的谴责,而且应受到法律的制裁。方父自己有抚养子女的能力,而故意不履行抚养子女的法律义务,却要求子女付给他赡养费。这种要求不符合权利义务一致性的原则,也不符合我国婚姻法的立法精神。因而他的请求,法院是不会支持的。我国宪法、婚姻法都有父母对子女有抚养教育的义务,子女对父母有赡养扶助的义务的规定。

(一)公民应履行的基本法律义务

1. 维护国家统一和民族团结

宪法和相关法律规定,禁止对任何民族的歧视和压迫,禁止破坏民族团结和制造民族分裂的行为;一切破坏民族团结和制造民族分裂的行为都将受到法律的追究。

2. 遵守宪法和法律

我国宪法规定了公民遵守宪法和法律的义务,还规定了若干具体义务,包括:保守国家秘密;爱护公共财产;遵守劳动纪律;遵守公共秩序;尊重社会公德。

3. 维护祖国安全、荣誉和利益

祖国安全是指国家的领土完整和主权不受侵犯,国家政权不受威胁。祖国安全是国家政权稳定和公民依法行使权利与自由的根本保障。维护祖国荣誉是指国家的声誉和尊严不受损害,对有辱祖国荣誉、损害祖国利益的行为给予法律制裁。

4. 依法服兵役

我国实行义务兵与志愿兵相结合、民兵与预备役相结合的兵役制度。我国公民都有义务依法服兵役。我国兵役法规定,每年12月31日以前年满18周岁的男性公民,应当被征集服现役。我国兵役法对服兵役的主体作了限制性规定。

5. 依法纳税

纳税是公民应该履行的一项基本义务。根据我国个人所得税法的规定,在中国境内有住所,或者无住所而在境内居住满一年的个人,从中国境内和境外取得的所得,依法缴纳个人所得税。自觉纳税是爱国行为,偷税等行为是违法的、可耻的。

(二)违反法定义务应当承担的法律责任

1. 民事责任

指由于违反民事法律规定、违约或者由于民法规定所应承担的一种法律责任。民事责任主要是财产责任,也可以是以人身、行为、人格等为责任承担内容的非财产责任;民事责任主要是一方当事人对另一方的责任;民事责任主要是补偿性的。在法律允许的条件下,民事责任可由当事人协商解决。

2. 行政责任

指因违反行政法或因行政法规定而应承担的责任。对行政违法者的制裁包括行政处罚和行政处分。行政处罚是由国家行政机关对违反行政法律规定的行政相对人所实施的法律制裁;而行政处分是指国家行政机关对违反法律规定的行政人员所实施的法律制裁。

3. 刑事责任

指行为人因其犯罪行为所必须承担的由国家司法机关代表国家依法所确定的否定性法律后果。即行为人实施刑事法律禁止的行为所必须承担的法律后果,负刑事责任意味着应受刑罚处罚。

【案例展示】

2001 年,孔某从四川外语学院毕业后成为西南农大外国语学院教师。当年12 月,她第一次监考大学英语四级考试,发现考题提前1 个小时就能到监考老师手中,何不利用这一漏洞“帮帮”那些想过关的考生呢?此后,孔某开始物色同伙——正在四川外语学院读书、准备考英语四级的胡某,及其班上的学生李某、陈某;四川外语学院的研究生杜某、徐某、谢某等三人被邀成为做考题的“枪手”。

在 2002 年 6 月至 2003 年 12 月的大学英语四级考试中,孔某提前领到试题,打电话将作文题目及要求告诉在网吧等候的杜某等人;与此同时,她将其中的 A、B 卷试题各一份抽出,交给等候在一旁的陈某拿到校门口附近的复印店“翻制”,复印后再把原题送还并放回试题袋中。拿到试题的复印件后,孔某事先安排好的 3 名研究生“各司其职”,半个小时左右,整个试卷除听力以外的题目就被全部做完。“枪手”做完考题后将答案传给一直在网上守候的胡某,胡某通过 QQ 将这些正确率极高的答案传到各买家手中。

重庆市公安局公共信息网络安全监察处经过缜密监察,于 2004 年 1 月将孔某抓获,其余涉案人员随后相继落网。在法庭审理过程中,他们均表示“没有想到触犯了法律”。孔某当庭称,第一次作案主要是想帮助和自己关系很好的胡某过关,后来发现有赚钱的机会便动了“邪念”,“当时我没想太多,只认为这种行为最多是违反校纪校规”。法院审理查明,从 2002 年 6 月开始到 2003 年 12 月止,孔某与 3 名在校大学生,先后 3 次提前拆封全国英语四级考试试卷,让人做出答案后,通过 QQ 传给买家,共收取违法所得21.68万元。

法院审理后认为,孔某、胡某、李某、陈某等人已构成故意泄露国家秘密罪。法院依法判处孔某有期徒刑 4 年;胡某有期徒刑 2 年;李某有期徒刑 1 年,缓刑 1 年;陈某有期徒刑 6 个月,缓刑 1 年;对查获的犯罪所用电脑、手机、传呼机等作案工具予以没收;对孔某等人的非法所得 21.68 万元予以追缴。

(来源:豆丁网)

【教师小结】

通过上述案例得出:权利与义务相辅相成。一方面,国家保障公民享有和行使权利,使公民真正认识到自己是国家的主人,就可以激发主人翁责任感,从而调动人们的积极性、主动性,使公民更自觉地履行义务;另一方面,公民自觉地履行义务,必然促进我国社会主义事业的发展,反过来又为公民享有和行使各种权利创造必要的条件。公民未能依法履行义务,根据情节轻重,应当承担相应的法律责任。大学生应依法行使权利和履行义务,妥善处理学习、生活中遇到的法律问题和各种矛盾,也是提高自己法治素养的途径。

希望每一位同学:做一名知法、懂法、守法、护法的优秀大学生!

【实践活动】

要求:本学期参加一次法律志愿者活动

结果:活动后写出总结与感想。

【课后思考与讨论】

1. 如何正确认识法律的本质特征?

2. 如何理解我国宪法的地位和基本原则?

3. 如何理解中国特色社会主义法律体系的主要内容?

4. 中国特色社会主义法治道路的核心要义是什么?

5. 如何理解依法治国和以德治国相结合?

7. 如何正确培养法治思维?联系实际谈谈如何维护法律权威?

8. 如何正确理解法律权利与法律义务的关系?

教学实践探索篇(下)

"毛泽东思想和中国特色社会主义理论体系概论"(以下简称"概论"课)是包括高职高专院校在内的所有本专科高校大学生必修的一门公共思想政治理论课程。它主要研究中国化的马克思主义,涉及哲学、政治经济学、科学社会主义等基本理论学科和其他相关学科的理论和知识,既有很强的理论性、创新性、综合性,又具有很强的应用性、实践性和针对性,是一门理论指导性与实践应用性兼具的课程,也是高职高专院校三门公共思政课中主干课程之一。

教学目标

根据中发〔2004〕16 号文和教职成〔2011〕12 号文的相关精神,本课程教学目标是,通过本课程教学,力求使学生达到:学懂、会用、真信、成才。

知识目标:学懂。帮助学生系统学习和掌握中国化马克思主义的形成发展、基本内容、精髓实质和科学的思维方法以及对指导中国革命、建设和改革的重大作用。

能力目标:会用。培养学生的实践应用能力,学会运用马克思主义的立场、观点、方法观察、分析问题,形成能够运用科学方法解决学习、职业和社会生活中实际问题的能力。

素质目标:优化和提升思想政治素质、职业道德素质、职业能力素质等综合素质,以培养面向生产、建设、服务、管理第一线需要的高端技能型专门人才。

政治目标:真信,立德树人。通过学习,不断增强"四个自信",坚定理想、信念、道路,正确认识时代责任和历史使命,为建设中国特色社会主义、实现中华民族伟大复兴的中国梦而奋发学习,成长为德才兼备、全面发展的中国特色社会主义合格建设者和可靠接班人。

教学内容①

高等教育出版社 2018 年修订出版的"概论"课教材共 14 章。其框架结构突出中国站起来、富起来、强起来的历史逻辑和理论逻辑;篇章布局由前言、正文(三个部分,十四章)、结束语组成。其中正文分为三个部分:第一部

---

① 参考秦宣.《毛泽东思想和中国特色社会主义理论体系概论(2018 年版)》修订说明,思想理论教育导刊,2018-06-15.

分用四章篇幅主要阐述了毛泽东思想;第二部分用三章篇幅阐述了邓小平理论、“三个代表”重要思想、科学发展观;第三部分用七章篇幅系统阐述了习近平新时代中国特色社会主义思想。

教学重点和难点

教学过程中,以马克思主义中国化为主线,以坚持和发展中国特色社会主义为主题,以习近平新时代中国特色社会主义思想为重点;难点是如何讲清中国特色社会主义理论体系中几大理论成果一脉相承而又与时俱进的关系?如何既全面展示邓小平理论、“三个代表”重要思想和科学发展观各个理论成果的全貌,又突出各个理论成果的重点和突出贡献?如何充分体现马克思主义中国化最新成果?如何准确、及时地推进还在继续发展中的习近平新时代中国特色社会主义思想的“三进”?如何把教材语言转换成鲜活的教学语言以增强教学的吸引力和感染力?如何理论联系实际,透彻解答现实热点、难点、疑点和焦点问题以及学生思想实际问题,并结合高职高专院校人才培养实际,将职业素养、职业规范、创业意识和创业精神融入“概论”课教育教学之中,有针对性地组织适合高职高专院校人才培养目标和教育特点要求的“概论”课教学。

教学方案设计

①在设计理念上,贯穿育人为本、德育为先、能力为重、全面发展精神,以学生为主体,理论教学与实践教学结合、“导”与“学”紧密结合,突出知识、素质、能力和立德树人的教学目标要求。②教学以专题形式或章节形式,根据教学大纲和教学内容有侧重地依次组织教学活动。③教学活动大体循着五个步骤即课前设问自主学习、课中教学研讨互动学习、课尾实习实训应用学习、课后归纳领悟总结学习,最后自然而然得出结论、内化成素质和能力。

每讲课前有设问,课中有教学互动点、课尾有实训应用,并将实践教学融于理论教学进程中,对应安排实践教学环节。

教学基本思路

围绕一个核心、贯穿一条主线、坚持一个主题、突出一个重点、追求一个目标。即以中国化的马克思主义为核心内容,以马克思主义中国化为主线,以坚持和发展中国特色社会主义为主题,以习近平新时代中国特色社会主义思想为重点,以实现中华民族伟大复兴的中国梦为目标。

教学特色

①突出主体性。在以人为本的理念下,优化、创新课堂教学模式,借助于课堂展示和交流,做足“导”与“学”功课,切实发挥学生主体性作用。内容上,根据教学大纲,结合高职高专教育特点,采取系统性与针对性结合、知识性与职业性结合、思想性和趣味性结合,按章节或专题优化设置教学互动点,构建“导”与“学”紧密结合的概论课教学体系和实践教学方案;灵活运用音像视频、演讲辩论、“新闻播报”、“时事点评”、热点剖析等方法引导学生积极参与教学,提高其学习“概论”课的主动性和积极性。②增强互动性。根据教学内容,结合学生特点,在制作多媒体课件上多下功夫,充分利用微信、班级信箱、校园网专栏等在师生间架设起常设的直接、无时空限制的教学互动平台,灵活选择、组合和运用多种教学方法,调动学生积极参与,增强教学互动。③彰显价值性。“概论”课课程价值是社会价值和个体价值的有机统一,“概论”课的教与学,既具有社会价值,又具有个人价值。通过教学引导、激励学生把实现自我价值和社会价值、个人理想和“中国梦”紧密结合,充分发挥该课的育人功能以实现其立德树人价值。④强化实践性。适应高职高专院校人才培养目标和培养模式的客观要求,理论教学与实践教学相结合、教学与人才培养和企业用人需求相结合,将实践教学贯穿于“概论”课教学活动全过程,构建融于课堂上下、学校内外教学活动全过程的多维立体、相互交融的良性互动实践教学体系。⑤方式方法上主要采用课前设问引导自主学习,课中讨论、释疑、互动学习,课尾实习实训交流学习,课后归纳、总结、感悟学习,最后得出学习结论的五步法组织教学。

第十一章

毛泽东思想及其历史地位

【课程导入】

当我们拿起将要学习的《毛泽东思想和中国特色社会主义理论体系概论》教材的时候,不禁会思考,毛泽东思想和中国特色社会主义理论体系是什么?它们是怎样产生的?二者之间的关系又是怎样的呢?

概括讲,毛泽东思想和中国特色社会主义理论体系就是“中国化的马克思主义”。在马克思主义中国化的过程中,实现了两次历史性飞跃,形成了两大理论成果:其一,毛泽东思想;其二,中国特色社会主义理论体系,包括邓小平理论、“三个代表”重要思想、科学发展观、习近平新时代中国特色社会主义思想。

这两大理论成果是既一脉相承又与时俱进的关系,毛泽东思想是在革命和建设的长期实践中,以毛泽东为主要代表的中国共产党人,根据马克思列宁主义基本原理,形成的适合中国情况的科学指导思想,是被实践证明了的关于中国革命和建设的正确的理论原则和经验总结,是中国共产党集体智慧的结晶。在毛泽东思想的引领下,中国共产党团结带领中国人民进行长期浴血奋战,打败日本帝国主义,推翻国民党的反动统治,完成新民主主义革命,建立了中华人民共和国,实现了中国从逾两千年封建专制统治向人民民主的伟大飞跃。新中国成立后,在毛泽东思想的指导下,中国共产党带领中国人民完成了社会主义革命,为中国进一步发展奠定了坚实基础,实现了中华民族由不断衰落到根本扭转命运、持续走向繁荣富强的伟大飞跃。

毛泽东思想作为马克思主义中国化的第一个重大理念成果，至今仍然闪耀着真理光芒。它让沉睡百年的“东方雄狮”站起来，引领中华民族伟大复兴一路向前。要读懂中华民族近代的苦难辉煌史，读懂中国共产党和中国人民的伟大奋斗史，离不开毛泽东思想这把金钥匙。

【教学目的和要求】

1. 了解毛泽东思想的形成和发展。

2. 对毛泽东思想的时代背景、历史依据、实践基础、主要内容、活的灵魂有基本的掌握。

3. 明确毛泽东思想的历史地位。

【教学重点与难点】

1. “毛泽东思想”这一科学概念的提出及其科学含义。

2. 毛泽东思想的形成与发展。

3. 怎样正确看待毛泽东和毛泽东思想。

第一节　毛泽东思想的形成和发展

【课前设问】

谈谈你眼中的毛泽东和毛泽东思想。

【课堂导入】

关于毛泽东，你了解他吗？你知道他有哪些伟绩吗？你眼中的毛泽东是怎样的？是运筹帷幄的领袖，还是和蔼可亲的长者？是文韬武略的智者，还是满腹经纶的诗人？大家都知道，毛泽东为中国共产党的缔造，为人民军队的缔造，为中华人民共和国的缔造，为中国人民的解放事业，为中国国际地位的确立和稳固立下了不可磨灭的功绩。直至今日，他的历史功绩、个人魅力和深刻的思想，依然影响着中国乃至世界。毛泽东同志之所以为广大人民所怀念，是因为他把自己的一生都奉献给了中国革命和建设事业，为中国人民和中华民族做出了巨大贡献。他的巨大贡献之一就是在带领中国人民进行革命和建设的长期实践中，推进马克思主义与中国具体实际相结合，创立了具有鲜明中国特色的科学指导思想——毛泽东思想。今天就让我们一起走近毛泽东,走进毛泽东思想。

播放视频《走近毛泽东》片段。

【课堂讨论】

结合播放的《走近毛泽东》视频和平时看到听到的,请同学们就课前预设问题进行探讨交流——谈一谈对毛泽东和毛泽东思想的了解与认识。

学生发言(略)。

【讨论小结】

由教师点评总结:

第一,同学们对毛泽东同志的生平事迹和毛泽东思想已经有比较多的了解,这为我们进一步深入学习奠定了良好的基础。

第二,同学们对毛泽东同志的个人魅力,比如说他坚强的意志、坚定的马克思主义信念、博大的胸怀、高远的理想等,已有较为深刻的认识,这些都是值得大家学习之处。

第三,能站在比较客观公正的立场看待毛泽东同志的功与过,这是一种正确的历史观。

第四,大家对毛泽东思想在中国革命和建设中的重大指导意义,已有较为深刻的认识与了解。特别是凝聚在毛泽东思想中的活的灵魂,无论过去、现在和将来都具有指导作用,永远不会过时,它在新的历史条件下更加焕发出新的生命力。

接下来,让我们一起继续探讨问题——毛泽东思想是什么?毛泽东思想形成发展的历史条件有哪些?

一、毛泽东思想形成发展的历史条件

1. 时代条件

毛泽东思想是适应无产阶级革命新生代的产物

2. 社会条件

毛泽东思想是近代中国社会革命运动发展的产物

3. 阶级条件

毛泽东思想是中国工人阶级的成长壮大及其领导革命斗争的需要

4. 思想理论条件

马克思列宁主义和中国优秀的传统文化为毛泽东思想的产生和形成准备了思想理论条件

5. 实践条件

中国共产党领导的中国人民进行革命和建设的伟大实践,是毛泽东思想形成和发展的实践基础

6. 主观条件

毛泽东和以毛泽东为代表的共产党人的个人因素是毛泽东思想形成的必不可少的主观条件

二、毛泽东思想形成发展的过程

(一)"毛泽东思想"这一科学概念的提出

"毛泽东思想"这一科学概念得到全党公认,并最终明确为指导思想,经历了一个酝酿的过程。

最早把毛泽东和他的思想连在一起使用的是党的理论工作者张如心。1941 年 3 月,他在《共产党人》杂志上发表了《论布尔什维克的教育家》一文中首次使用了"毛泽东同志的思想"这一提法。

1942 年 7 月 1 日,为纪念党诞生 21 周年,陈毅在发表的《伟大的二十一年》一文中首次使用了"毛泽东同志的思想体系"这一提法。

1942 年 7 月 4 日,刘少奇在《清算党内的孟什维主义思想》一文中,同时使用了"毛泽东同志的思想"和"毛泽东同志的思想体系"。

第一次明确使用"毛泽东思想"这一概念的是王稼祥。他在 1943 年 7 月 5 日的《解放军日报》上发表的《中国共产党与中国民族解放的道路》一文中首次提出"毛泽东思想"这个概念,他在文章中说:"毛泽东思想就是中国的马克思列宁主义,中国的布尔什维克主义,中国的共产主义。"

毛泽东思想这个概念由王稼祥同志首次提出后,逐步为党内许多同志所接受。党的一些文件和许多领导同志的讲话及文章中使用和论述毛泽东思想的情况,逐渐多起来。

1945 年 4 月,六届六中全会通过的《关于若干历史问题的决议》正式宣布:"党在奋斗的过程中产生了自己的领袖毛泽东同志,形成了中国化的马

克思列宁主义的思想体系——毛泽东思想。”

那么,毛泽东思想作为党的指导思想什么时候被确定下来的呢?

党的七大正式确定了毛泽东思想在全党的指导地位。1945 年 6 月,党的七大通过的《中国共产党党章》规定,“中国共产党,以马克思列宁主义的理论与中国革命的实践统一的思想——毛泽东思想,作为自己一切工作的指针”。由此,党的“七大”正式把毛泽东思想作为一个科学概念,作为党的指导思想确定下来(此乃我党第二次举旗,另五次为:一大、十五大、十六大、十八大、十九大)。这一确立至今,随着马克思主义中国化的历史进程和理论创新的与时俱进,毛泽东思想和邓小平理论、“三个代表”重要思想、科学发展观、习近平新时代中国特色社会主义思想一起,成为全党全国人民必须长期坚持的指导思想。

(二)毛泽东思想的形成发展过程

1. 萌芽时期(1921—1927,党的创立和大革命时期)

代表作:《中国社会各阶级的分析》和《湖南农民运动考察报告》。这一时期,党的历次代表大会、早期共产党人都对毛泽东思想的萌芽做出了重要贡献。

2. 形成时期(1927—1935,土地革命战争前中期)

代表作:《星星之火,可以燎原》和《反对本本主义》。这一时期,党在自身建设、人民军队建设、革命根据地建设、土地革命等方面都取得了丰富的经验,农村包围城市,武装夺取政权的革命道路已经基本形成马克思主义的思想路线已经提出来了,这标志着毛泽东思想已经开始形成。

3. 成熟时期(1935—1945,遵义会议后到抗日战争时期)

代表作:《中国革命战争的战略问题》《实践论》《矛盾论》《论持久战》《战争与战略问题》《〈共产党人〉发刊词》《中国革命和中国共产党》《新民主主义论》。从 1935 年的遵义会议到 1945 年的中共七大,是中国共产党历史上一个极不寻常的时期,也是毛泽东思想形成和发展过程中一个最值得称颂的时期,毛泽东思想在这个时期得到系统总结和多方面展开而达到成熟。党的七大的一个重要贡献就是第一次明确地把毛泽东思想确立为全党的指导思想,并庄严地写入党章。它标志着马克思主义中国化的进程实现了第一次历史性飞跃,也标志着中国共产党在政治上、思想上和组织上达到了空前的团结、统一和成熟。

4. 丰富发展或进一步发展时期(1945—1976,解放战争时期和中华人民共和国成立以后)

代表作:《目前形势与我们的任务》《在中国共产党第七届中央委员会第二次全体会议上的报告》《论人民民主专政》《论十大关系》《关于正确处理人民内部矛盾的问题》。在解放战争时期和中华人民共和国成立以后,毛泽东思想继续得到发展。中国七大以后特别是新中国成立以后,毛泽东思想的丰富与发展体现在中国革命和建设的各个领域,既有对已经形成了的新民主主义革命理论的丰富与完善,更有在新的实践基础上形成的关于社会主义革命与社会主义建设的正确理论原则和经验总结。

毛泽东思想是以毛泽东为主要代表的中国共产党人,从中国实际出发,应用马克思列宁主义普遍原理解决中国革命问题的科学成果。所以,毛泽东思想是以毛泽东为代表的中国共产党人集体智慧的结晶。第一,毛泽东思想是党和人民革命斗争经验的科学总结。革命的理论是对人民革命实践经验的概括和总结,毛泽东思想也是这样。党在长期的革命斗争中积累起来的丰富而独特的经验,是形成和发展毛泽东思想的最深厚的基础。第二,毛泽东思想凝结着党的许多卓越的领导人的心血。毛泽东思想是毛泽东的创造,也是党的许多卓越领导人的集体创造,正如马克思主义不单是马克思一个人的创造,其中也包含了恩格斯的重大贡献一样。第三,毛泽东思想还包括党中央的正确文件、指示和决议,都是包括毛泽东在内的党的领导人的集体智慧的结晶,是全党的宝贵精神财富,对毛泽东思想的丰富和发展发生过重大影响。

第二节　毛泽东思想的主要内容和活的灵魂

【课前设问】

如何完整准确地把握毛泽东思想?

【课堂导入】

毛泽东思想是一个完整的科学体系,既不能把毛泽东思想庸俗化,也不能把毛泽东思想教条化。习近平总书记在“纪念毛泽东诞辰 120 周年座谈会”上指出：“革命领袖是人不是神。尽管他们拥有很高的理论水平、丰富的斗争经验、卓越的领导才能，但这并不意味着他们的认识和行动可以不受时代条件限制。不能因为他们伟大就把他们像神那样顶礼膜拜，不容许提出并纠正他们的失误和错误；也不能因为他们有失误和错误就全盘否定，抹杀他们的历史功绩，陷入虚无主义的泥潭。”

毛泽东思想主要包含哪方面的内容？贯穿毛泽东思想的灵魂是什么？我们该如何理解毛泽东思想？带着这些疑问，我们开始下面的学习。

一、毛泽东思想的主要内容

（一）毛泽东思想的科学含义

主要依据：中共七大修改党章的报告、十一届六中全会《决议》和中共十二大党章三个文件。

其一，1945 年刘少奇在中共七大上《关于修改党章的报告》中指出：“毛泽东思想是马克思列宁主义的理论与中国革命的实践之统一的思想，毛泽东思想是马克思主义在目前时代的殖民地、半殖民地半封建国家民族民主革命中的继续发展，是马克思主义民族化的优秀典型，是中国的马克思主义，是中国人民完整的革命建国理论。”这一界定代表了当时党的认识水平。

其二，1981 年 6 月党的十一届六中全会通过的《关于建国以来党的若干历史问题的决议》对毛泽东思想的概括：“以毛泽东同志为主要代表的中国共产党人，根据马克思列宁主义的基本原理，把中国长期革命实践中的一系列独创性经验作了理论概括，形成了适合中国情况的科学的指导思想，这就是马克思列宁主义普遍原理和中国革命具体实践相结合的产物——毛泽东思想。”“毛泽东思想是马克思列宁主义在中国的运用和发展，是被实践证明了的关于中国革命的正确的理论原则和经验总结，是中国共产党集体智慧的结晶。我党许多卓越领导人对它的形成和发展都做出了重要贡献，毛泽东同志的科学著作是它的集中概括。”

其中不完善之处是毛泽东思想“是被实践证明了的关于中国革命的正确的理论原则和经验总结”一句中没有把“建设”写进去。中共十二大党章补充进去了“和建设”三个字，成为迄今为止对毛泽东思想科学内涵的最权威界定。

其三,1982 年中共十二大通过的《中国共产党章程》对毛泽东思想的概括:“以毛泽东同志为主要代表的中国共产党人,把马克思列宁主义的基本原理同中国革命的具体实践结合起来,创立了毛泽东思想。毛泽东思想是马克思列宁主义在中国的运用和发展,是被实践证明了的关于中国革命和建设的正确的理论原则和经验总结,是中国共产党集体智慧的结晶。”

根据上述三个文件,毛泽东思想的科学含义可以这样概括,其核心是把马克思列宁主义基本原理同中国革命和建设的具体实践相结合,其具体内涵主要包括三个方面:

一是从毛泽东思想和马列主义的关系来看,毛泽东思想是马克思列宁主义在中国的运用和发展。此句必须理解和掌握如下深层含义:作为中国化的马克思主义的毛泽东思想,它的创立者是中国共产党人;它的理论渊源、理论性质是马克思主义的,也是中国的,具有鲜明的中国特点和民族形式。

先说运用:

首先,必须运用。为什么必须运用马克思列宁主义、必须以马克思列宁主义做指导呢?《共产党宣言》发表以来的历史证明,马克思列宁主义的基本原理是科学的,是各国无产阶级政党行动的指南。否则,若没有科学理论的指导,就找不到通向胜利和成功的正确途径,这也是近代中国革命屡次失败证明了的。但是,任何国家的无产阶级政党在坚持马克思列宁主义一般原理的同时,必须根据本国革命和建设所处的社会历史条件和具体特点来运用它,并以新的内容丰富和发展它。特别是像中国这样的半殖民地半封建社会,一个以农民为主要群众、以反帝反封建为直接任务的东方大国,要完成民族民主革命,并向社会主义、共产主义社会迈进,这是一个非常特殊而困难的任务。这一任务的解决方法,无论在哪一部共产主义的书里或现实实例中都找不到,需要中国共产党人根据中国的具体情况来运用马克思列宁主义一般原理,并根据自己的经验加以创造。

其次,运用什么。运用是指中国共产党人运用马克思主义的立场、观点、方法解决中国革命的实际问题。立场、观点、方法又是指什么呢?简言之,就是“为无产阶级和全人类的大多数谋福利”的立场,实事求是、从实际出发,尊重和服从客观规律的观点,辩证地观察和思考问题的方法。

最后,如何运用。就是运用马克思列宁主义的立场、观点和方法来观察和分析中国实际,寻找并阐明中国革命和建设的发展规律;使马克思列宁主义由欧洲形式变成中国形式,用中国人民大众喜闻乐见的民族形式和语言说明中国革命和建设的理论和政策。毛泽东思想既体现了马克思列宁主义的基本原理(同马克思列宁主义是一脉相承的科学体系,它们在立场、观点和方法上,在宗旨、方向上,在基本原理上,是完全一致的),又包含了中华民族的优秀思想和中国共产党人的实践经验(是马克思主义在中国的具体化、民族化)。毛泽东思想就是以毛泽东同志为代表的中国共产党人把马克思列宁主义一般原理创造性地运用于中国具体实际的科学理论。

再说发展:

中国共产党人在运用马克思主义的立场、观点、方法解决中国革命实际问题的过程中,把马克思列宁主义与中国实际相结合,创造性地解决了中国革命的性质、对象、前途、命运等一系列问题,不仅在内容上为马克思列宁主义增添了许多新的理论原则和经验总结,而且在形式上使产生在欧洲的马克思主义以中国自己的民族形式表达出来,具有了鲜明的中国特色、中国风格、中国气派。这是中国共产党人的创造。

二是从毛泽东思想与中国革命和建设实践的关系看,毛泽东思想是被实践证明了的关于中国革命和建设的正确的理论原则和经验总结。此句揭示了毛泽东思想同中国革命和建设实践的密切关系,关键词是“正确”。

首先,来源于实践——实践是源泉、是基础。中国革命和建设的具体实践,是毛泽东思想赖以形成和发展的物质基础。

其次,实践验证——被实践证明是正确的。实践是理论的源泉,也是检验理论是否正确的唯一标准。在中国革命和建设实践基础上产生的毛泽东思想,只能是在回到指导中国革命和建设的实践中被证明是关于中国革命和建设的正确的理论原则和经验总结。凡是经不起实践检验、被实践证明是错误的理论观点和政治口号,无论是出自毛泽东本人的言论还是党的文件,都不能纳入毛泽东思想的科学体系,都不属于毛泽东思想。

最后,在实践中发展——毛泽东思想是随着实践的发展而发展的。实践发展无止境,理论创新就会永远在路上。

三是从毛泽东思想和党的领导集体的关系看,毛泽东思想是中国共产党集体智慧的结晶。此句有两重深层含义需要注意理解和把握:“集体智慧”——是毛泽东的,也是党和人民包括其他许多卓越领导人的。毛泽东思想是以毛泽东的名字命名的,毛泽东是毛泽东思想的主要创立者。但毛泽东思想不只是毛泽东个人的思想。毛泽东思想作为中国革命和建设的理论,是对全党和全国人民革命和建设的实践经验的科学总结,因而凝聚了党和人民的集体智慧。同时,在毛泽东思想形成和发展过程中,党的许多卓越领导人也做出了巨大贡献。

首先,是毛泽东的。毛泽东是毛泽东思想的主要创立者,毛泽东的科学著作是毛泽东思想的集中概括。毛泽东在各个历史时期撰写的重要科学著作,如《星星之火,可以燎原》《反对本本主义》《实践论》《矛盾论》《〈共产党人〉发刊词》《中国革命和中国共产党》《论反对日本帝国主义的策略》《论持久战》《新民主主义论》《论人民民主专政》等。龚育之《忆往:读毛和编毛》(《新华文摘》3/04 ,P90)中说:“他一般是不叫别人为他拟好现成的文稿和讲稿的。他总是自写文稿,自拟讲话提纲,讲话记录,秘书们帮他整理,他总是亲自过问并且反复修改。党内经历多一些的同志都知道这个情况。这些年境外不断有一些传言,我们这里也有人相信,说毛泽东哪篇哪篇著作是谁谁谁写的,说毛泽东哪部选集中有多大部分是别人写的。这全属无稽之谈。”《汪东兴回忆:毛泽东与林彪反革命集团的斗争》中讲,毛主席强调“做工作要靠自己动手,亲自看,亲自批。不要靠秘书,不要把秘书搞那么大的权。我的秘书只搞收收发发。文件拿来自己选,自己看,要办的自己写,免得误事。只有两个文件,当时因为身体不好,我口述,别人记录的,最后还是经过我自己修改印发的。其中一个就是《目前形势和我们的任务》”。

其次,也是党和人民包括其他许多卓越领导人的集体智慧。“集体智慧”具体体现在:

第一,它不是毛泽东一个人的思想。延安时期,毛泽东在讲到毛泽东思想时就说过:“这不是我一个人的思想,是千百万先烈用鲜血写出来的,是党和人民的集体智慧结晶。”1964 年 3 月,毛泽东在谈到《毛泽东选集》时说:《毛泽东选集》哪是我一个人的著作啊,《毛泽东选集》里的这些东西是群众教给我们的,是付出了流血牺牲的代价的。

第二,它是党和人民集体智慧的结晶。如《中国社会各阶级分析》是毛泽东总结党内、党外及农村革命经验的结晶,也是在吸收了其他领导人的重要意见后写成的;《论联合政府》是经中央领导核心反复讨论后由毛泽东起草并修改定稿的;《论十大关系》是毛泽东用了近两个月时间,集中听取中央三十四个部委的汇报,在广泛征求意见的基础上写成的。毛泽东后来回忆说:“那个十大关系怎么出来的呢?我在北京经过一个半月,每天谈一个部,找了三十四个部的同志谈话,逐渐形成了那个十条。如果没有那些人谈话,那个十大关系怎么会形成呢?不可能形成。”

第三,它集中体现在毛泽东著作中。如毛泽东同志关于社会主义革命和社会主义建设的重要思想,集中地体现在《在中国共产党第七届中央委员会第二次全体会议上的报告》《论人民民主专政》《论十大关系》《关于正确处理人民内部矛盾的问题》《在扩大的中央工作会议上的讲话》等主要著作中。

第四,还体现在党的文献中。党中央讨论、制定的一些经过实践检验证明是正确的文件,如党代会文件、决议等,也是包括毛泽东在内的党的领导人的集体智慧的结晶。

第五,许多领导人对毛泽东思想的形成和发展都做出了重要贡献。朱德、刘少奇、周恩来、邓小平、陈云等许多卓越领导人在各个不同时期对中国革命和建设的理论与实践有许多精辟的论述和独到的见解,都成为毛泽东思想的重要组成部分。例如,朱德关于军事工作的论述,刘少奇关于白区工作、党的建设和工人运动的论述,周恩来关于白区工作、统一战线、外交政策、科学文化和知识分子工作的论述,陈云关于经济工作的论述等,这些论述也丰富和发展了毛泽东思想。邓小平讲:“毛泽东思想不是毛泽东同志一个人的创造,包括老一辈革命家都参与了毛泽东思想的建立和发展。”(人民网,2013-12-19)

(二)毛泽东思想的主要内容(详见教材第6-11页)

毛泽东思想紧紧围绕中国革命和建设的主题,提出了一系列相互关联的重要的理论观点,构成了一个完整的科学思想体系。

一是新民主主义革命理论。

二是社会主义革命和社会主义建设理论。

三是革命军队建设和军事战略的理论。

毛泽东系统解决了如何把以农民为主要成分的革命军队建设成为一支无产阶级性质的、具有严格纪律的、同人民群众保持亲密联系的新型人民军队的问题。

四是政策和策略的理论。

五是思想政治工作和文化工作的理论。

六是党的建设理论。

除了上述几个方面外,毛泽东思想体系还包括关于国际战略和外交工作的理论等内容,都是党的宝贵精神财富。

二、毛泽东思想活的灵魂

(一)实事求是

实事求是,就是一切从实际出发,理论联系实际,坚持在实践中检验真理和发展真理。毛泽东指出:"'实事'就是客观存在着的一切事物,'是'就是客观事物的内部联系,即规律性,'求'就是我们去研究。"①

【教学互动】

[案例1]

脱帽敬礼赔不是

在延安时期,八路军的通信广播归三局管,三局许多干部战士是大后方或敌占区来的知识青年。在整风审干运动中,他们中不少人被错戴帽子。后来虽然做了甄别平反,但有些人仍然背着思想包袱。1945年春节,毛泽东请三局的干部战士到枣园,对大家说:"三局同志今天到这里来给我拜年,现在我给你们拜年,你们辛苦了。"说到不少人在运动中受委屈的事,毛泽东摘下帽子,恭恭敬敬地给大家鞠躬,然后风趣地说:"现在我把帽子拿下来了,赔一个不是,敬一个礼,那么受委屈的同志你们怎么办,你应该还一个礼吧?你不还礼,我这个帽子就只好老拿在手里……"看到这情景下面很多人都憋不住委屈而号啕大哭。

(来源:人民网文史)

① 《毛泽东选集》第三卷,人民出版社1991年版,第801页。

［讨论］　结合材料，被接见的干部战士为什么哭呢？是什么打动了他们？

学生发言（略）。

［点评］　同学们说得很对，是实事求是，是领袖坚持实事求是彰显的魅力。毛泽东当时就明确讲，我们党有一条规矩，叫作坚持真理，修正错误，一切从实际出发，凡是做对了的，就要坚持；凡是做错了的，就要纠正。对所有戴错帽子的同志，都要向他们承认错误，赔一个不是。为了中国革命的胜利，毛泽东作为党的最高领袖，能够实事求是、谦虚谨慎、真诚恳切地向同志们赔礼道歉，使同志们深受感动、分外敬佩，所以抑制不住内心的感动和敬佩之情。经过毛泽东在不同场合多次真诚的自我批评，许多同志化解了心中的怨愤，同志间的团结性增强了，心情舒畅了，这都归功于实事求是。

【教学互动】

［案例 2］

来个调查研究年

1958 年至 1960 年，我国国民经济进入严重困难的时期，全国人民的吃饭、穿衣都成了问题。不少地区都发生了浮肿病、人口外流和非正常残疾等严重情况。这种实际状况逐步透过“左”倾思想的封锁，反映到中央，反映到毛泽东那里。对此，毛泽东听说全国城镇居民的粮食和副食品削减定量供应时，也马上宣布要实行三不，即不吃肉、不吃蛋、吃粮不超定量，他曾连续七个月没有吃一口肉。当时，毛泽东的心情是十分沉重的，多次作自我批评。1960 年 11 月 28 日，他在为中共中央起草的一个发给全党的文件的批语中，以中央的语气写道：“毛泽东同志对这个报告看了两遍，他还想看一遍，以便从中吸取教训和经验。他自己说，他是同一切愿意改正错误的同志同命运，共呼吸的。他说，他自己也曾犯了错误，一定要改正。”在深刻自省的同时，中共中央和毛泽东重新提倡调查研究，希望能够以此来制定出一套迅速摆脱困境的方法，也以此来重新探索我国应如何走建设社会主义的道路。

1961 年 1 月 13 日，毛泽东在中央工作会议上着重提出了调查研究的问题。他指出：调查研究极为重要，今年要搞个实事求是年。我们党是有实事求是传统的，就是把马克思列宁主义的普遍真理同中国的实际相结合。抗日战争时期、解放战争时期,调查研究比较认真,情况明、决心大,解决问题的措施也比较有力。新中国成立以来特别是最近几年,调查研究工作不大做了,不大摸底了,大概是官做大了,我这个人就是官做大了,从前在江西那样的调查研究,现在就做得少了。请同志们回去大兴调查研究之风,一切从实际出发。在党的八届九中全会上,毛泽东再次强调,全党“要大兴调查研究之风,使今年成为调查研究年。”就在八届九中全会结束的时候,毛泽东重新看到了他30年前写的一篇文章《调查工作》(即后来的《反对本本主义》),这使他感到十分高兴。后来他把这篇文章印发下去,作为推动全党大搞调查研究、转变思想作风的有力武器。

[讨论] 怎样理解实事求是的内涵?

[点评] 1961年1月13日,毛泽东在中央工作会议上着重提出了调查研究的问题。毛泽东倡导大兴调查研究之风,对制定比较符合实际情况的政策,有效地纠正当时已经认识到的错误,恢复党的实事求是的优良传统,起了关键性的作用。

(二)群众路线

群众路线,就是一切为了群众,一切依靠群众,从群众中来,到群众中去,把党的正确主张变为群众的自觉行动。

【教学互动】

[案例]

谈三大志愿

我第二次回原籍探亲时,临行前的那天晚上,我向主席报告,并请主席指示。毛主席和我谈了很多话,其中讲道:一要保守国家机密,二不要和群众耍态度,三要宣传社会主义的好处,四要提高警惕,不要被反革命搞了,五要调查农村的情况。说完,主席就走到办公桌前坐下,提笔写了一份出差守则,内容是:“(一)保密,不要说这里的情况。(二)态度,不要摆架子。(三)宣传,解释建设工业和实行社会主义的好处。(四)警惕,不要上反革命分子的当。(五)调查,生产、征购、合作社、生活、对工作人员的意见。”主席写完交给我说,要把这五条守则传达给每个同志,每个人回家都要遵守。从那时起,我们就遵照主席的指示,把每次回家都作为调查研究、虚心向群众、向实际学习的好机会。我们每次探亲回来，主席都要亲自听我们的汇报和批阅我们写的调查报告。毛主席还要我们用通信的形式向家乡了解情况，他说：“只要你们每两个月写一次信，把回信给我，我就消息灵通了。”毛主席就是这样，善于通过各种途径、各种办法、随时随地作调查研究，了解社会各方面的情况，集中群众的经验和意见。1961 年 8 月在庐山，有一天主席和我聊天，谈他的志向，他说，我有三大志愿：一是要下放去搞一年工业，搞一年农业，搞半年商业，这样使我多调查研究，了解情况。我不当官僚主义，对全国干部也是一个推动。二是要骑马到黄河、长江两岸进行实地考察。我对地质方面缺少知识，要请一位地质学家，还要请一位历史学家和文学家一起去。三是最后写一部书，把我的一生写进去，把我的缺点、错误统统写进去，让全世界人民去评论我究竟是好人，还是坏人。说到这里，主席叹了一口气，又说：我这个人啊，好处占百分之七十，坏处占百分之三十，就很满足了。我不隐瞒自己的观点，我就是这样一个人，我不是圣人。

这是战争年代的毛泽东不曾有过的体验。在苏区，只要有几天战斗的间隙时间，他就会找来农民、商人、手工业者甚至地主，开调查会。本地的社会结构、风土人情乃至一块豆腐卖多少钱，哪家的水酒最受欢迎，土布和盐、洋火等日用品从哪里进的货，他都了如指掌。在延安，他光着头，穿着和农民几乎一样的棉袄，走在街上。来来往往各式各样的人和他打招呼，想停下来就停下来和他聊天，大到边区政策的建议、小到农民骂他的一句闲话，他都能声声入耳。那些时候，外有强大的敌人，飞机大炮围追堵截，一天也没有让人安生过；内有不同路线的纷争，夹杂着共产国际这个太上皇不停地指手画脚。二十八年无数的艰难曲折，毛泽东是兢兢业业走过来的。他走得扎实，从实践中来到实践中去，一步一个脚印，步步落在实处。他从不妄诞，从不虚言，就是和蒋介石的军事决战，也是到了辽沈战役后才最终提出来。

（摘自郭思敏编《我眼中的毛泽东》）

[讨论] 从毛泽东的三个愿望以及他当年在苏区的表现中你看到了什么？受到了什么启示？

学生发言(略)。

[点评] 从材料中我们看到了重视调查研究、始终注意密切联系群众和实事求是的毛泽东。第一段中下放两年半搞工业、农业、商业的调查研

究，骑马实地考察黄河、长江两岸，写一部披露自己优缺点、好坏由世人评说的书是毛泽东的三个愿望，也是毛泽东生前没能完全实现的三个志愿。其实这三个志愿，表达的都是毛泽东试图打破他和外界的阻隔，进而沟通中国社会实际层面的一种渴望。第二段中则是突出了他密切联系群众的工作作风，是那么的“接地气”。总体上看，毛泽东一直都十分注重调查研究和群众工作，敢于坚持实事求是的精神和善于走群众路线的做法，为全党树立了光辉典范。始终坚持实事求是，坚持密切联系群众的工作作风，对于当前指导我们和推动我们党各级领导干部深入基层，继承发扬党的优良传统和作风，具有重要的现实意义。

(三)独立自主

独立自主，就是坚持独立思考，走自己的路，就是坚定不移地维护民族独立、捍卫国家主权，把立足点放在依靠自己力量的基础上，同时积极争取外援，开展国际经济文化交流，学习外国一切对我们有益的先进事物。

【教学互动】

[案例1]

出示样图俄国“十月革命”中攻占冬宫、毛泽东领导秋收起义、“三湾改编”、革命队伍把红旗插到了井冈山上。

讲解如下：俄国十月革命的经验是首先攻打大城市，所以在大革命失败以后中国共产党也发动了一系列指向大城市的起义，如南昌起义、广州起义和秋收起义等。秋收起义在攻打长沙时遇到了很大的阻力，久攻不下，队伍损失严重。这时毛泽东根据形势当即做出停止攻打长沙、向文家市集结的决定，并在文家市召开了重要会议，议决先退萍乡，然后退往湘南方向。在三湾进行了著名的“三湾改编”，最后来到了井冈山。开辟了井冈山革命根据地，燃起了革命的星星之火。来到井冈山后，毛泽东客观分析了中国革命形势和特点，指出中国革命应该走农村包围城市的道路，中国新民主主义革命就是沿着这条道路走向胜利的。

[讨论] 同学们从这个例子中能得到什么启示或结论呢？

学生发言(略)。

[点评] 毛泽东没有从俄国的经验出发，而是从当时的革命形势和中国国情出发，果断放弃了攻打长沙计划，保存了革命实力，开辟了农村包围

城市的道路，引导革命走向最终的胜利。

［案例2］

农民问题的严重性①

我这回到湖南，实地考察了湘潭、湘乡、衡山、醴陵、长沙五县的情况。从一月四日起至二月五日止，共三十二天，在乡下，在县城，召集有经验的农民和农运工作同志开调查会，仔细听他们的报告，所得材料不少。许多农民运动的道理，和在汉口、长沙从绅士阶级那里听得的道理，完全相反。许多奇事，则见所未见，闻所未闻。我想这些情形，很多地方都有。所有各种反对农民运动的议论，都必须迅速矫正。革命当局对农民运动的各种错误处置，必须迅速变更。这样，才于革命前途有所补益。因为目前农民运动的兴起是一个极大的问题。很短的时间内，将有几万万农民从中国中部、南部和北部各省起来，其势如暴风骤雨，迅猛异常，无论什么大的力量都将压抑不住。他们将冲决一切束缚他们的罗网，朝着解放的路上迅跑。一切帝国主义、军阀、贪官污吏、土豪劣绅，都将被他们葬入坟墓。一切革命的党派、革命的同志，都将在他们面前受他们的检验而决定弃取。是站在他们的前头领导他们呢？还是站在他们的后头指手画脚地批评他们呢？还是站在他们的对面反对他们呢？每个中国人对于这三项都有选择的自由，不过时局将强迫你迅速地选择罢了。

组织起来

湖南的农民运动，就湘中、湘南已发达的各县来说，大约分为两个时期。去年一月至九月为第一时期，即组织时期。此时期内，一月至六月为秘密活动时期，七月至九月革命军驱逐赵恒惕，为公开活动时期。此时期内，农会会员的人数总计不过三四十万，能直接领导的群众也不过百余万，在农村中还没有什么斗争，因此各界对它也没有什么批评。因为农会会员能做向导，做侦探，做挑夫，北伐军的军官们还有说几句好话的。十月至今年一月为第二时期，即革命时期。农会会员激增到二百万，能直接领导的群众增加到一千万。因为农民入农会大多数每家只写一个人的名字，故会员二百万，群众

① 摘自《湖南农民运动考察报告》，节选自《毛泽东选集》（一九二七年三月）第一卷，人民出版社1991年版，第6-8页。

便有约一千万。在湖南农民全数中,差不多组织了一半。如湘潭、湘乡、浏阳、长沙、醴陵、宁乡、平江、湘阴、衡山、衡阳、耒阳、郴县、安化等县,差不多全体农民都集合在农会的组织中,都立在农会领导之下。农民既已有了广大的组织,便开始行动起来,于是在四个月中造成一个空前的农村大革命。

打倒土豪劣绅,一切权力归农会

农民的主要攻击目标是土豪劣绅,不法地主,旁及各种宗法的思想和制度,城里的贪官污吏,乡村的恶劣习惯,这个攻击的形势,简直是急风暴雨,顺之者存,违之者灭。其结果,把几千年封建地主的特权,打得个落花流水。地主的体面威风,扫地以尽。地主权力既倒,农会便成了唯一的权力机关,真正办到了人们所谓"一切权力归农会"。连两公婆吵架的小事,也要到农民协会去解决。一切事情,农会的人不到场,便不能解决。农会在乡村简直独裁一切,真是"说得出,做得到"。外界的人只能说农会好,不能说农会坏。土豪劣绅,不法地主,则完全被剥夺了发言权,没有人敢说半个不字。在农会威力之下,土豪劣绅们头等的跑到上海,二等的跑到汉口,三等的跑到长沙,四等的跑到县城,五等以下土豪劣绅崽子则在乡里向农会投降。

"我出十块钱,请你们准我进农民协会。"小劣绅说。

"嘻!谁要你的臭钱!"农民这样回答。

好些中小地主、富农乃至中农,从前反对农会的,此刻求入农会不可得。我到各处,常常遇到这种人,这样向我求情:"请省里来的委员作保!"

前清地方造丁口册,有正册、另册二种,好人入正册,匪盗等坏人入另册。现在有些地方的农民便拿了这事吓那些从前反对农会的人:"把他们入另册!"

那些人怕入另册,便多方设法求入农会,一心要想把他们的名字写上那农会的册子才放心。但他们往往遭农会严厉拒绝,所以他们总是悬心吊胆地过日子;摈在农会的门外,好像无家可归的样子,乡里话叫作"打零"。总之,四个月前被一般人看不起的所谓"农民会",现在却变成顶荣耀的东西。从前拜倒在绅士权力下面的人,现在却拜倒在农民权力之下。无论什么人,都承认去年十月以前和十月以后是两个世界。

"糟得很"和"好得很"

农民在乡里造反,搅动了绅士们的酣梦。乡里消息传到城里来,城里的绅士立刻大哗。我初到长沙时，会到各方面的人，听到许多的街谈巷议。从中层以上社会至国民党右派，无不一言以蔽之曰："糟得很。"即使是很革命的人吧，受了那班"糟得很"派的满城风雨的议论的压迫，他闭眼一想乡村的情况，也就气馁起来，没有法子否认这"糟"字。很进步的人也只是说："这是革命过程中应有的事，虽则是糟。"总而言之，无论什么人都无法完全否认这"糟"字。实在呢，如前所说，乃是广大的农民群众起来完成他们的历史使命，乃是乡村的民主势力起来打翻乡村的封建势力。宗法封建性的土豪劣绅，不法地主阶级，是几千年专制政治的基础，帝国主义、军阀、贪官污吏的墙脚。打翻这个封建势力，乃是国民革命的真正目标。孙中山先生致力国民革命凡四十年，所要做而没有做到的事，农民在几个月内做到了。这是四十年乃至几千年未曾成就过的奇勋。这是好得很。完全没有什么"糟"，完全不是什么"糟得很"。"糟得很"，明明是站在地主利益方面打击农民起来的理论，明明是地主阶级企图保存封建旧秩序，阻碍建设民主新秩序的理论，明明是反革命的理论。每个革命的同志，都不应该跟着瞎说。你若是一个确定了革命观点的人，而且是跑到乡村里去看过一遍的，你必定觉到一种从来未有的痛快。无数万成群的奴隶——农民，在那里打翻他们的吃人的仇敌。农民的举动，完全是对的，他们的举动好得很！"好得很"是农民及其他革命派的理论。一切革命同志须知：国民革命需要一个大的农村变动。辛亥革命没有这个变动，所以失败了。现在有了这个变动，乃是革命完成的重要因素。一切革命同志都要拥护这个变动，否则他就站到反革命立场上去了。

［讨论］《湖南农民运动考察报告》反映出毛泽东在革命初期的什么思想倾向？

学生发言（略）。

［点评］一切从实际出发，没有调查就没有发言权。

第三节　毛泽东思想的历史地位

【课前设问】

怎样看待毛泽东和毛泽东思想的历史地位？

【课堂导入】

回望毛泽东——介绍《毛泽东传》。

关于毛泽东——摘要介绍中外对毛泽东的评价(①中共七大的评价;②《关于建国以来党的若干历史问题的决议》的评价;③邓小平的评价;④江泽民的评价;⑤胡锦涛的评价;⑥习近平的评价;⑦毛泽东自己的评价;⑧党的理论工作者的评价;⑨国外的评价)。

习近平在《在纪念毛泽东同志诞辰120周年座谈会上的讲话》中指出:“毛泽东同志是伟大的马克思主义者,伟大的无产阶级革命家、战略家、理论家,是马克思主义中国化的伟大开拓者,是近代以来中国伟大的爱国者和民族英雄,是党的第一代中央领导集体的核心,是领导中国人民彻底改变自己命运和国家面貌的一代伟人。”“在为中国人民不懈奋斗的光辉一生中,毛泽东同志表现出一个伟大革命领袖高瞻远瞩的政治远见、坚定不移的革命信念、勇于开拓的非凡魄力、炉火纯青的斗争艺术、杰出高超的领导才能。他思想博大深邃、胸怀坦荡宽广,文韬武略兼备、领导艺术高超,心系人民群众、终生艰苦奋斗,为中华民族和中国人民建立了不朽功勋。”“毛泽东同志属于中国,也属于世界。他不仅赢得了全党全国各族人民爱戴和敬仰,而且赢得了世界上一切向往进步的人们敬佩。毛泽东同志的革命实践和光辉业绩已经载入中华民族史册。他的名字、他的思想、他的风范,将永远鼓舞我们继续前进。”

视野拓展——和同学们一起讨论——从成长过程看毛泽东。力求通过讨论给正在成长的青年学生以启迪和思考。

【课堂互动】

根据毛泽东传记等材料,请同学们讨论:从成长过程看青少年时代的毛泽东。

学生发言(略)。

老师点评总结:同学们以上发言都很好,大家各自从不同角度谈到了青少年时代毛泽东的追求和突出表现,比较集中的有这样几点:敢作敢为、胸怀大志、意志坚强、读书不休。

1)从青少年时起,他就是一个具有反叛精神、敢作敢为的人(体现在他抗恶少、抗地方恶势力、反抗黑暗统治的行为中)。

2）从青少年时起，他就是一个具有远大志向的大器之人（体现在他的诗中和小学、中学、大学老师对他的评语中）。

3）从青少年时起，他就以各种野蛮的方式强身健体，是一个勇于担当、意志坚强的人（日常锻炼的方式有：冷水浴、雪浴、雨浴、霜浴、日光浴、爬山、游泳等）。

4）从青少年时起，他就是勤学不辍、读书不休的人——终身学习的典范。

读书是他一生的最大嗜好，少年时代就喜欢读书；青年时代起，他立志探寻宇宙的大本大源，读尽天下书，大学时“从早之晚，读书不休”；革命战争年代他利用战争空隙争分夺秒地研读；社会主义建设时代更加嗜读，直至临终前还在坚持读，是个终生与书为伴的人。

他不仅喜读，而且善读。比如，他在学习中积累、提倡学要胜古人、积学贵有恒、书要反复读：“三复四温”、广收博览、系统钻研、勤动笔墨、学思结合、不闭门求学、学离不开问、要善于挤和钻、学习的目的在于应用、学而不厌等读书方法仍然值得今人学习与借鉴。

总体上看，自中国共产党七大以来的历次党代会、历届党中央都肯定了毛泽东思想在全党的指导地位和作用。比如，1981 年 6 月中共十一届六中全会通过的《关于建国以来党的若干历史问题的决议》就对毛泽东思想基本内容与指导意义做了科学总结和评价。“我们必须世世代代地用准确的、完整的毛泽东思想来指导全党全军和全国人民，把党和社会主义事业，把国际共产主义运动的事业，胜利地推向前进。”之后，党中央始终坚持《决议》精神，并且在改革开放和现代化建设实践中，不断深化对毛泽东同志历史地位和毛泽东思想指导作用的认识。党的十二大至十九大都对此有重要论述和评价。党的核心领导人对毛泽东思想都给予了高度评价。邓小平一直强调“老祖宗”不能丢，他说，“毛泽东思想是马克思列宁主义在中国的运用和发展”，是“全党的指导思想”。“我们党用毛泽东思想教育了整整一代人，使我们赢得了革命战争的胜利，建立了中华人民共和国。”强调“毛泽东思想这个旗帜丢不得，丢掉了实际上就否定了我们党的光辉历史”。江泽民、胡锦涛、习近平三任总书记分别在纪念毛泽东 100 周年诞辰、110 周年诞辰、120 周年诞辰的重要讲话中，对毛泽东同志和毛泽东思想做出了权威的历史评价。其中关于毛泽东思想,习近平总书记的纪念讲话,代表了党中央的最新评价和最高评价。他总结说“马克思列宁主义、毛泽东思想一定不能丢,丢了就丧失根本”。“毛泽东思想以独创性理论丰富和发展了马克思列宁主义。毛泽东思想教育了几代中国共产党人,它培养的大批骨干,不仅在新民主主义革命、社会主义革命、社会主义建设时期发挥了重要作用,也为开创新的历史时期和建设中国特色社会主义过程中发挥了重要作用。”具体而言(详见“概论课”教材第14-17页):①马克思主义中国化的第一个重大理论成果;②中国革命和建设的科学指南;③中国共产党和中国人民宝贵的精神财富。

【实训与应用】

阅读材料,思考问题。

[材料一]

毛泽东的“三落三起”

毛泽东波澜壮阔的一生中,有一段鲜为人知的“三落三起”经历。《解放军报》今日刊文称,1927年大革命失败之后,毛泽东从领导秋收起义开始,在实践中逐步摸索形成了“农村包围城市”的崭新革命理论,却遭到了中国共产党党内一些主张“城市中心论”的领导人的反对和打击,而这,正是造成毛泽东“三落”的根本原因。

第一“落”:被“开除中央临时政治局候补委员”

1927年秋收起义失利后,毛泽东迅速做出决断,停止向大中城市的进攻,带着队伍上山,转向敌人统治力量薄弱的农村地区。

上山,是当时唯一正确的选择,但中央却认为他“停止长沙暴动”,是“放任工农革命军退走”,是“临阵脱逃”。很快,毛泽东就被“开除中央临时政治局候补委员”。这就是毛泽东的“第一落”。

随着共产党领导的暴动一次次失败,人们才逐渐认识到毛泽东是正确的。毛泽东为中国共产党保存了实力,搞出一个工农武装割据的成功案例,他不仅让一些起义队伍有了归宿,而且为众多的起义队伍提供了榜样。中央对他的处分自然也就烟消云散。

第二“落”:落选前委书记离开红四军

毛泽东的“第二落”是红四军内部意见分歧的结果。由于红军处于初创时期,红四军内部对如何带兵打仗、如何发展壮大红军,爆发了大争论。在讨论中毛泽东一度成了少数派。中央特派员刘安恭甚至说他是“自创体系”,是“反中央派”。红四军召开党代表大会选举前委书记时,毛泽东落选了,只好离开红四军,到地方工作。直到几个月后,主持中央工作的周恩来做出裁决,对毛泽东提出的工农武装割据思想和关于红军建设的一些基本原则进行了肯定,毛泽东才被再次请回了红四军。

第三“落”:成为中央批判对象

毛泽东的“第三落”情况更为错综复杂,其最主要的原因是同当时的中央在认识上产生了根本分歧,即以什么方式实现中国革命胜利的问题。中央的意见仍以占领中心城市为主,实现革命在一省或数省的首先胜利。毛泽东则坚持他的工农武装割据思想。当时从苏联学习回来的一些中央负责人对此不屑一顾,讥讽毛泽东:“山沟”里出不了马克思主义!

很快,毛泽东又一次成了中央批判的对象,被派去做地方工作。1931 年 11 月的赣南会议,撤销了毛泽东中共苏区中央局代理书记和红一方面军临时总前委书记职务。1932 年 10 月的宁都会议,又撤销了毛泽东的军事领导职务。

1934 年,陷入敌人重重包围的红军被迫长征。在生死攸关的转折点上,历史选择了毛泽东,随着毛泽东在红军和中共中央的领导地位的确立,屡遭挫折的红军柳暗花明,从此开始了从胜利走向胜利的征程。

(来源:中国青年网)

结合上述材料,请讨论:

(1)从伟人毛泽东并不平坦的人生之路中我们能得到哪些感悟。

(2)应如何正确对待人生和职业选择中遇到的挫折?

[材料二]

天安门上的毛泽东像要永远保留下去

1980 年 8 月,中国外交部接到中国驻意大利大使馆传过来的一份特殊申请。意大利记者法拉奇向中国驻意大利大使馆提出申请,要求赴北京采访邓小平。

法拉奇是一位以善于抓住时机采访国际政坛风云人物而闻名世界的记者,曾采访过 20 多位国家元首和政要。她个性执着,提问题刁钻刻薄,异常尖锐,有时简直是挑衅性的,被许多政治家公认为“是很难对付的”。

1980年8月21日,在人民大会堂118厅,邓小平就如何评价毛泽东接受了法拉奇的采访。

法拉奇:天安门上的毛主席像是否要永远保留下去?

邓小平:永远要保留下去。尽管毛主席过去有段时间也犯了错误,但他终究是中国共产党、中华人民共和国的主要缔造者。拿他的功和过来说,错误毕竟是第二位的。他为中国人民做的事情是不能抹杀的。从我们中国人民的感情来说,我们永远把他作为我们党和国家的缔造者来纪念。

法拉奇:对西方人来说,我们有很多问题不理解。中国人民在讲起“四人帮”时,把很多错误都归咎于“四人帮”,说的是“四人帮”,但他们伸出的却是五个手指。

邓小平:毛主席的错误和林彪、“四人帮”问题的性质是不同的。毛主席一生中大部分时间是做了非常好的事情的,他多次从危机中把党和国家挽救过来。没有毛主席,至少我们中国人民还要在黑暗中摸索更长的时间。毛主席最伟大的功绩是把马列主义的原理同中国革命的实际结合起来,指出了中国夺取革命胜利的道路。应该说,在60年代以前或50年代后期以前,他的许多思想给我们带来了胜利,他提出的一些根本的原理是非常正确的。他创造性地把马列主义运用到中国革命的各个方面,包括哲学、政治、军事、文艺和其他领域,都有创造性的见解。但是很不幸,他在一生的后期,特别是在“文化大革命”中是犯了错误的,而且错误不小。

法拉奇:毛主席发动“文化大革命”到底想干什么?

邓小平:搞“文化大革命”,就毛主席本身的愿望来说,是出于避免资本主义复辟的考虑,但对中国本身的实际情况做了错误的估计。毛主席犯的是政治错误,这个错误被林彪、“四人帮”这两个反革命集团利用了。他们的目的就是要阴谋夺权。所以要区别毛主席的错误同林彪、“四人帮”的罪行。

法拉奇:你们对“四人帮”审判的时候,以及你们开下一届党代会时,在何种程度上会牵涉到毛主席?

邓小平:我们要对毛主席一生的功过做客观的评价。我们将肯定毛主席的功绩是第一位的,他的错误是第二位的。我们要实事求是地讲毛主席后期的错误。我们还要继续坚持毛泽东思想。毛泽东思想是毛主席一生中正确的部分。毛泽东思想不仅过去引导我们取得革命的胜利,现在和将来还应该是中国党和国家的宝贵财富。所以,我们不但要把毛主席的像永远挂在天安门前,作为我们国家的象征,要把毛主席作为我们党和国家的缔造者来纪念,而且还要坚持毛泽东思想。我们不会像赫鲁晓夫对待斯大林那样对待毛主席。

这次采访所产生的轰动效应,给国际社会传递了这样一个政治信息——中国共产党将一如既往地高举毛泽东思想的旗帜。所不同的是,中国共产党将从毛泽东的晚年错误中吸取教训,从而团结一致向前看,走一条中国特色社会主义的建设之路。

(来源:中国青年网)

结合上述材料,请思考讨论以下问题:

1. 结合材料一,谈一谈从伟人毛泽东并不平坦的人生之路中我们能得到哪些感悟。

2. 结合材料二,“天安门上的毛主席像要永远保留下去”,邓小平说这句话有什么深刻含义?谈一谈怎样正确评价毛泽东的历史功过。

3. 新形势下怎样坚持和运用好毛泽东思想活的灵魂?

第十二章

新民主主义革命理论

【教学目的和要求】

使学生了解和掌握新民主主义革命理论的形成、基本内容和意义，认识这一理论是中国革命实践经验的结晶，是中国革命胜利的指南，是马克思主义中国化的重要成果。

【教学重点与难点】

1. 新民主主义革命理论形成的时代背景和实践基础。

2. 新民主主义革命理论的主要内容。

3. 新民主主义革命的总路线和基本纲领。

4. 农村包围城市、武装夺取政权道路。

5. 统一战线、武装斗争、党的建设在中国革命中的作用及其相互关系。

第一节　新民主主义革命理论形成的依据

【课堂导入】

近代中国为什么会发生革命？

【课前设问】

1948 年 8 月，美国国务院发表的《美国与中国关系白皮书》给了这样的回答，中国革命发生的原因有两个：第一，中国的人口太多，没有饭吃；第二，西方新思想的传入激起了“骚动和不安”。这样的分析是否正确?

显然,美国国务院的《美国与中国关系白皮书》中的回答是错误的。

中国有一句老话:哪里有剥削和压迫,哪里就有反抗。正是中国人民深受压迫,才激起中国近代的反抗和革命。那么,中国人民受到了哪些压迫?进行了哪些抗争?今天我们就来了解关于这场革命的有关理论——新民主主义革命理论。

以毛泽东同志为主要代表的中国共产党人,反对把马克思主义教条化、把共产国际决议和苏联经验神圣化的错误倾向,坚持把马克思列宁主义基本原理与中国革命具体实际相结合,在总结中国革命经验的基础上,解决了中国革命面临的一系列重要问题,创立了独具特色的新民主主义革命理论。

毛泽东自从立志“改造中国与世界”的第一天起,就以其特有的风格出现在中国革命舞台上。在毛泽东几十年的革命生涯中,无论是“三湾改编”治军,还是“延安整风”治党;无论是“四渡赤水”,还是三大战役;无论是建立抗日民族统一战线,还是“宜将剩勇追穷寇”,都充分体现了毛泽东非凡的智慧和领导能力。以毛泽东为主要代表的中国共产党人探索并形成的新民主主义革命理论,正是毛泽东“独辟蹊径”的体现。

什么是新民主主义革命理论?它又是如何提出来的呢?让我们先来了解新民主主义革命理论的形成背景和形成过程。

一、近代中国国情和中国革命的时代特征

(一)近代中国国情

国情是指一个国家的社会性质、政治、经济、文化等方面的基本情况和特点,也是指一个国家某一时期的基本情况和特点。一方面指国家的情况,另一方面指国家的社会性质。毛泽东指出:“认清中国社会的性质,就是说,认清中国的国情,乃是认清一切革命问题的基本的依据。”

【课堂互动】

请同学们谈一下,怎样看待近代中国前后的社会性质?

同学发言……

教师点评:总结同学们的发言情况,再提出进入近代前后中国的社会性质是怎样的呢?

近代以前的中国——近代以前,中国是一个独立的封建国家,而且随着封建社会内部商品经济的产生和发展,已经孕育着资本主义的萌芽。如果没有外敌入侵,中国或迟或早会自然而然地步入资本主义社会。

在漫长的历史岁月中,我们的先人曾创造了居于世界前列的灿烂辉煌的古代文明。最突出的表现就是许多有重大意义的划时代的对人类社会产生重大影响的科学发明,是中国最早发明和最早开始实际使用的。如大家熟悉的四大发明中,东汉蔡伦发明的造纸术在 7 个世纪后才经中亚传入欧洲;雕版印刷术比欧洲早 800 年,公元 11 世纪中叶毕昇发明的活字印刷术比欧洲早了三四百年;指南针、火药的发明也是中国最早。此外,古代中国在天文、历法、地理、数学、农学、医学和人文科学的许多领域以及农业生产技术、建筑设计、交通运输等各个方面都遥遥领先。

中国的贡献举世公认。有这样几本书:

一是据 1975 年出版的《自然科学大事年表》统计,明朝以前(16 世纪前)世界上的重要发明和科学成就共约 300 项,其中中国就有 175 项,即占 57% 以上的世界重要发明和科学成就是由中国创造的。

二是元代时,意大利旅行家马可·波罗在他的《马可·波罗游记》中用这样的言辞称赞“杭州是世界上最繁华、最有钱的城市”。到什么程度呢?说杭州的繁荣实在难于言表。以至于《游记》出版后,在欧洲人的心目中,中国就像神话中的天堂,令人心驰神往。

三是四百多年前,罗马也出版了一本轰动一时的书——《中华大帝国史》。1585 年,门多萨所著《中华大帝国史》一经问世,立刻在欧洲引起轰动,《中华大帝国史》是 16 世纪有关中国自然环境、历史、文化、风俗、礼仪、宗教信仰以及政治、经济等情况最全面、最详尽的一部百科全书。此书采用理想化的手法,把当时的中国社会及政体描绘得完美无缺,还称道中国人“是一个沉静的和有才智的民族”而引起了欧洲知识界的极大兴趣和普遍关注,立即被译成许多种文字出版。尽管此书中对中国历史和社会的描述并不那么准确,但是它在当时引起的影响,深刻地反映了西方人发现了一种与欧洲社会完全不同但又具有极其顽强生命力的中国文化时的那种惊愕和激动。就像当时法国的大作家、哲学家米凯莱·戴·蒙泰涅在校阅读该书法文版时曾感慨地在书的扉页上写道的那样:“中国的历史告诉我们,世界该是多么辽阔而变化无穷，无论是我们的前人还是我们自己，都没有彻底了解它。”

四是美国著名史学家保罗·肯尼迪在《大国的兴衰》中这样写道：“在近代以前的所有文明中，没有一个国家的文明比中国更发达、更先进。”

五是英国剑桥大学凯恩斯学院院长李约瑟博士通过30多年对中国古代社会生产和科学技术历史发展的研究后指出：“中国的发明和发现，远远超过同时代的欧洲。特别是在十五世纪之前，更是如此。关于这一点，可以毫不费力地证明。”①

可是，随着历史浪涛的拍打，进入近代以后，中国落伍了。特别是清朝末期，衰落的封建王朝已是日落西山，走到了它的尽头。

近代以后的中国，逐渐成为各国列强侵略的对象。时间点上看，1840年鸦片战争以后中国社会性质开始发生变化——独立的中国逐步沦为半殖民地的中国；封建的中国社会逐步沦为半封建的社会。

鸦片战争后，列强相继入侵，封建统治腐败，中国逐渐沦为半殖民地半封建社会，这是近代中国最基本的国情。

一方面，帝国主义列强通过政治的、经济的、文化的手段，使中国在很大程度上半殖民化，沦为表面上独立、实际上受帝国主义列强共同支配的半殖民地国家。①政治上，列强自1840年起先后发动了两次鸦片战争、中法战争、甲午战争、八国联军侵华战争等，迫使中国签订了一系列不平等条约，割占了大片领土，掠取了中国的海关、司法、领海和外交主权。到中华人民共和国成立前，帝国主义列强强迫中国签订了1000多个不平等条约。在这些条约中，有三个条约对中国伤害最深，这就是《南京条约》《马关条约》《辛丑条约》。②经济上，帝国主义操纵了中国的经济命脉。主要通过勒索巨额战争赔款，控制中国的海关，开办银行，实行有条件借款等手段来实现。帝国主义通过不平等条约控制了中国的铁路、航运、海关、贸易，垄断了中国的金融和财政。《马关条约》以后，帝国主义对华资本输出，对中国进行超量的经济掠夺。③思想文化上，通过传教，办医院、学校、报纸和吸引留学生等方式实施文化侵略，麻醉中国人的精神。鸦片战争前，与鸦片同时输入中国的，

---

① 郝侠君，毛磊，石光荣：《中西500年比较》，中国工人出版社1989年版，第9页。

还有帝国主义国家的传教士,他们在中国建教堂,通过传教、办学、办报,对中国进行思想文化侵略,以实现他们从思想上奴役中国人民的目的。

另一方面,帝国主义的侵略虽然在一定程度上加速了封建社会自给自足的自然经济的解体,客观上为中国资本主义的发展创造了一定条件,但并不能使中国发展成为资本主义国家。一是封建制度的根基——地主阶级对农民的剥削仍然保持着,并且同买办资本和高利贷资本结合在一起,在中国社会经济生活中占据明显优势。二是中国民族资本先天不足,再加上帝国主义、封建势力、官僚资本的排挤,民族资本不可能在社会经济中占据主导地位。

半殖民地半封建社会,既不同于封建社会,也不同于资本主义社会,蕴含着特殊的社会矛盾和革命要求。在诸多社会矛盾中,占支配地位的主要矛盾是帝国主义和中华民族的矛盾、封建主义和人民大众的矛盾。而帝国主义和中华民族的矛盾,乃是各种矛盾中最主要的矛盾。近代中国社会的性质和主要矛盾,决定了近代中国革命的根本任务是推翻帝国主义、封建主义、官僚资本主义的统治。

【教学互动】

[案例]

南京条约①

1840 年英国借口林则徐在广州销毁鸦片、妨碍通商,派“远征军”对中国发动了第一次鸦片战争,1842 年 8 月英国侵略者乘战胜之威强迫清政府签订了《南京条约》。《南京条约》也称《江宁条约》,是中国近代史上第一个不平等条约。它是中国在英国侵略者的炮舰威胁下签订的,开创了资本帝国主义国家用条约形式掠夺和奴役中国人民的恶劣先例。《南京条约》共十三款,规定英国从中国取得许多特权,主要内容有:①割占香港;②勒索赔款;③五口通商;④协定关税;⑤废除行商制度。此外,条约没有谴责英商贩毒的罪行,反而说,林则徐勒令英国官员和商人交出鸦片并予以销毁,是错误的,中国必须给予赔偿。这实际上等于承认鸦片输入是合法的。《南京条

① 梁为楫,郑则民主编:《中国近代不平等条约选编与介绍》,中国广播电视出版社 1993 年版,第 15-16 页。

约》为掠夺奴役中国人民开了恶劣的先例，造成了严重的后果：其一，它使中国割地、赔款，丧权辱国。此后，中国逐渐丧失了独立的地位，开始由独立的封建国家变成半殖民地半封建国家。其二，《南京条约》的签订和实施，加速了外国资本主义对中国的经济侵略，破坏了中国自给自足的自然经济，中国开始卷入资本主义的世界市场，逐步沦为资本主义国家的商品销售场所和原料产地。其三，它对中国人民的生活带来了灾难性的影响。鸦片战争的巨额赔款和鸦片大量输入所产生的银荒，使清政府的财政危机日益严重，中国人民受到的毒害和负担更加沉重。

［讨论］

1. 中国是怎样由封建社会变为半殖民地半封建社会的？

2. 近代中国半殖民地半封建社会的主要矛盾和基本特点是什么？

［点评］ 1840 年英国发动了侵略中国的鸦片战争，强迫清政府签订了丧权辱国的《南京条约》。接着，西方列强相继侵入中国，中国的历史进程发生了改变，由封建社会一步一步地沦为半殖民地半封建社会。帝国主义和中华民族的矛盾、封建主义和人民大众的矛盾，成为近代中国半殖民地半封建社会的主要矛盾。中国半殖民地半封建社会的特点是：第一，封建时代的自给自足的自然经济被破坏了，但是封建剥削制度的根基——地主阶级对农民的剥削依然保留着，而且同买办资本和高利贷资本相结合，在中国社会经济生活中占有明显的优势。第二，民族资本主义有了一定的发展，并在中国政治、文化生活中起了较大的作用；但它没有发展成为中国社会经济的主要形式，它同帝国主义和封建主义有或多或少的联系。第三，皇帝和贵族的专制被推翻了，代之而起的先是地主军阀的统治，接着是地主阶级和大资产阶级联盟专政。第四，帝国主义不但操纵了中国的财政和经济命脉，而且控制着中国的政治和军事力量，是近代中国一切灾难和祸害的总根源。第五，由于帝国主义在中国划分势力范围，实行分裂政策，造成中国实际上不统一，中国的政治、经济、文化的发展，表现出极端的不平衡。第六，由于帝国主义和封建主义的双重压迫，中国人民尤其是农民日益贫困化以至大批破产，过着饥寒交迫和毫无政治权利的生活。中国人民贫苦和不自由的程度，是世界上罕见的。

（二）近代中国革命的时代特征

近代中国的社会性质和主要矛盾，决定了中国革命仍然是资产阶级民主革命。中国资产阶级民主革命不同于一般的资产阶级民主革命,经历了从旧民主主义革命向新民主主义革命的转变,具有鲜明的时代特征。

以俄国十月革命的胜利为标志,中国资产阶级民主革命的时代背景发生了根本转变:

1. 中国旧民主主义革命阶段

从鸦片战争到五四运动前,中国人民在不同时期和不同程度上进行的反帝反封建的斗争,属于旧民主主义革命的范畴。

十月革命的胜利开辟了世界无产阶级社会主义革命新纪元,标志着人类历史开始了由资本主义向社会主义转变的进程。十月革命胜利之后的中国资产阶级民主革命由原来属于旧的世界资产阶级民主革命范畴,属于旧的世界资产阶级民主革命的一部分,转变为属于新的资产阶级民主革命的范畴,属于世界无产阶级社会主义革命的一部分。

2. 旧民主主义革命向新民主主义革命的转变

从五四运动到中华人民共和国成立(1919—1949),是中国新民主主义革命阶段。

以五四运动为标志,中国资产阶级民主革命进入新民主主义革命的崭新阶段。受十月革命的影响,五四运动之后,革命的领导阶级是无产阶级,革命的指导思想是马克思列宁主义,革命的目标是建立各革命阶级联合专政的民主共和国,为社会主义做准备,因而,这个阶段的民主主义革命,已不是旧范畴的民主主义革命,而是新民主主义革命。

二、新民主主义革命理论的实践基础

(一)旧民主主义革命的失败呼唤新的革命理论

鸦片战争以来,为了挽救民族危机和社会危机,无数仁人志士不屈不挠、前仆后继,进行了英勇斗争。

从太平天国运动到辛亥革命,每一次的英勇斗争都对推动中国社会走向进步产生了一定的影响,但所有的斗争和探索终究没有摆脱失败的命运。

旧民主主义革命的失败呼唤新的革命理论的诞生。

(二)新民主主义革命的艰辛探索奠定了革命理论形成的实践基础

理论来源于实践。新民主主义革命理论是党在总结革命斗争正反两方面实践经验的基础上形成的。党在幼年时期,由于缺乏领导革命的实践经验,加之理论上的不成熟,在革命实践斗争中犯过一些错误,走过一些弯路。但党始终坚持以马克思主义为指导,注重把马克思主义的基本原理与中国革命实际相结合,善于总结革命的经验教训,把握中国革命的规律性,逐步从不成熟走向成熟。尤其是经历了大革命的失败及井冈山的革命斗争后,以毛泽东为主要代表的中国共产党人总结革命的经验教训,提出了“须知政权是由枪杆子中取得的”著名论断和“工农武装割据”思想,探索出了农村包围城市、武装夺取政权的革命道路,领导革命不断向前发展。到抗日战争时期,党历经长期的革命斗争考验,积累了丰富的革命实践经验,对中国革命的认识趋于成熟,逐步形成了系统化的适合中国国情的新民主主义革命理论。

【实训与应用】

每学年的第一学期都包含两个特殊的日子,即“九一八事变”和“南京大屠杀”。组织学生搜集关于“九一八事变”和“南京大屠杀”资料和图片,通过资料的搜集和宣传专栏的制作,培养学生收集资料的能力和动手策划制作的能力,加深对教材中关于新民主主义革命的首要对象——帝国主义相关理论和知识点的理解,培养学生的爱国主义情感和忧患意识。

第二节　新民主主义革命的总路线和基本纲领

【课前设问】

1. 怎样理解新民主主义革命的总路线?

2. 试比较新民主主义革命基本纲领与社会主义初级阶段基本纲领之异同。

【课堂导入】

[案例]

根据地民主开端——红绿票、投豆子

新民主主义革命时期,大量根据地的建立和发展为探索有中国特色的政治模式积累了很多宝贵的经验,尤其是抗日战争时期,在民族统一战线旗帜下,各抗日根据地的基层政权建设、对民主选举的尝试成为中国农村民主化的开端。

在根据地,共产党人首先解决的是农民对政治的冷漠态度问题,而农民这种冷漠,却不是简单地靠政治宣传和民族主义情绪的鼓动所能打破的,在很多地方老百姓对于"村干部"的印象是"从前那一批人得势,今天是这一批人得势"。他们依旧宛然台下政治的看客,冷漠地看着你方唱罢我登场,对农民们来说,无论谁当政,他们只有麻木地服从,这种状况,显然与动员全民抗战的目标相距甚远,要使支援和参加抗战成为他们的自觉行动,仅仅靠民族主义的宣传显然是远远不够的。比如平西山区的野三坡地区,长期与世隔绝,农民还穿着明朝时代的服饰,过着"不知有汉,无论魏晋"的生活,像这样的地方,任你说破嘴皮,恐怕也难以激发农民对日本侵略者起码的感性认识。

要抗日、要建立稳固的根据地,就必须取得农民的信任,就必须让农民在根据地当家做主,这其中,政权建设是非常关键的因素。乡村基层政权要取得农民的信任,应该是一个没有衙门气,让老百姓有亲切感,能最大限度地代表大多数农民说话,而不是只为穷苦农民或者富人说话的组织。它须是乡民日常纠纷的仲裁人,拥有一碗水端平的公正性。我们要做到这些,就要让农民在农村实现真正的普选,设立代表面最大的民意机构,这是根据地政权建设的应有之意。

红绿票法属于票选法的一种,具体施行是这样的,发给投票人额定的红绿票,而让候选人坐在台前,背对着投票者,每人背后一个票箱,红票意味着同意,绿票意味着反对,投票人对每个候选人只能投一种颜色的票。当场投票,当场开箱验票,红票多于绿票者当选(这种选举法带有农村寓褒贬之意,红绿票相当,此人不好不坏,如果绿票大大多于红票,那么这个人的人缘和人望都成问题了)。豆选法是根据地使用得最为普遍的一种选举法,其法以豆粒(什么豆子都可以,已经用过的有黄豆、绿豆和蚕豆不等)作为选票,每个投票人发给一定额数的豆粒,每粒表示一票。投票时让候选人坐在台前一排,背对着投票者,每人背后放一大海碗,投票人鱼贯而过,认为信得过的,就在他的碗里放下一粒豆子,豆多者当选。这种选举法在选举的隐蔽性上要差一些,尽管候选人当时看不见,但一个村的人,谁投了谁的票,一般是瞒不住的，但由于选举氛围比较好，主持人也比较公道，所以，因选举而报复的现象还是很罕见的。即便如此，农民投票时也有感到不好意思，怕得罪人的，投红绿票的时候将票搓成一个小小的团，紧紧捏在手里，投的时候让人看不出颜色，也有的将红票大张着，而绿票搓小或者干脆丢掉。投豆的时候，故意穿长袖子衣服，从每个碗边都划过去，让旁边的人看不清他到底投了谁的票。当然也发生过舞弊行为，有人为了当选，收买个别人口袋里装上很多豆子，投票时大把扔入碗内。这种土得掉渣的选举法当然比不得欧美发达国家的选举办法完善，执行的时候常常会出现许多问题，但是，在当时落后闭塞农村，面对一群识字无多甚至大多数不识字的农民（包括妇女和老人），这是所能采取的最适宜的选举方式了。

其实，那时的中国农民，尤其是根据地所在的偏僻山区的农民，并不知道什么叫作民主，冀中根据地的创始人吕正操说，他的部队某个团在开会讨论民主问题时，"一个团长的特务员说：'团长叫我干什么，我不干什么，就是民主。'"正规八路军尚且如此，农民甚至还不如他们，但是只要切实地告诉农民选举是怎么回事，选举出他们信得过的人主政，会带给他们什么好处，农民也是会很清醒地知道利害的，自然也会乐意选举出他们所信任的人。

通过这样朴素的选举方式，各个根据地都相继建立了农民满意的政权。在抗战时期，很多中外人士考察根据地，大多数人都认为根据地是中国最民主最清廉的地方，的确不是他们看走了眼。

（来源：道客巴巴）

新民主主义革命政治纲领的一个重要内容是要实现人民当家做主的愿望，要在中国实现民主化的理想。在以农民为主的国度里，要实现这个理想，必须激发农民参与政治的热情，必须在基层政权推行民选的政权机构。根据地是革命的大后方，如何建设真正受农民支持的根据地政权是摆在共产党人面前的一个迫切问题。在各个革命根据地，广大共产党人进行了伟大的民主实践，他们用最朴素最通俗的方式在农民中宣传选举，用最原始最简陋的方式（如红绿票、投豆子等）组织农民投票，不仅得到了农民的信任和支持，而且有力地保障了抗日战争的顺利进行，成为中国基层民主的伟大开端。

一、新民主主义革命的总路线

1939年12月,毛泽东在《中国革命和中国共产党》一文中首次提出了"新民主主义革命"的科学概念,并对新民主主义革命路线进行了最初的表述。1948年4月,毛泽东《在晋绥干部会议上的讲话》中增加了反对"官僚资本主义"的内容,形成了对新民主主义革命总路线的完整表述,明确提出"无产阶级领导的、人民大众的、反对帝国主义、封建主义和官僚资本主义的革命,这就是中国的新民主主义的革命,这就是中国共产党在当前历史阶段的总路线和总政策。"①这一表述既指明了中国革命的对象、动力、领导力量,也指明了中国革命的性质和前途。

(一)新民主主义革命的对象

第一,帝国主义是中国新民主主义革命的首要对象。

帝国主义的侵略、压迫和操纵是近代中国贫穷落后的总根源,直接阻碍了中国的经济发展和政治进步,推翻其压迫是中国走向独立和富强的前提。

列强侵略战争及不平等条约的签订——从1840年起,帝国主义列强先后发动了两次鸦片战争、中法战争、甲午战争、八国联军侵华战争等,并迫使中国签订了一系列不平等条约。据统计,从鸦片战争后到1949年新中国成立前,外国侵略者强强迫中国签订的不平等条约共计1182个。其中英国与清政府签订的不平等条约最多。据统计,1842—1901年清政府被迫与外国签订的不平等条约、协定达500多个。具体数目如下:

国别	英国	俄国	日本	法国	德国	美国	比利时
不平等条约、协定数	98	89	76	55	37	20	15
国别	葡萄牙	丹麦	意大利	西班牙	奥地利	荷兰	
不平等条约、协定数	11	9	7	4	3	3	

此外,还有同两个以上国家签订的不平等条约共86个。其中有3个条

① 《毛泽东选集》第4卷,人民出版社1991年版,第1316-1317页。

约对中国伤害最深，分别是《南京条约》《马关条约》和《辛丑条约》。

列强侵略和奴役给中国带来深重灾难：政治上侵占中国领土、破坏中国主权，经济上劫掠中国财富、操纵中国经济命脉，文化上践踏中华文明、实施奴化愚民政策。另外，列强在侵略过程中，杀人放火、抢劫财物、无恶不作、对中国人民犯下了滔天罪行，给中国人民带来无法估量的物质损失和精神伤害。

第二，封建主义是近代中国民族民主革命的又一主要对象。

封建地主阶级是帝国主义统治中国和封建军阀实行专制统治的社会基础，封建剥削制度、封建专制统治是经济现代化和政治民主化的主要障碍，是中华民族前进道路上的拦路虎。

第三，官僚资本主义也是中国革命的对象。

官僚资本主义是依靠帝国主义、勾结封建势力、利用国家政权力量发展起来的买办的封建的国家垄断资本主义，它对广大劳动人民的残酷剥削和对民族工商业的巧取豪夺，严重束缚了中国社会生产力的发展。

总体上看，中国革命对象是帝国主义、封建主义和官僚资本主义。但在不同历史阶段，随着主要矛盾的不同，主要敌人也有所不同。在国共合作的大革命时期，革命的主要对象是帝国主义支持下的北洋军阀；在土地革命战争时期，革命的主要对象是国民党新军阀；在抗日战争时期，革命的主要对象是日本帝国主义；在解放战争时期，革命的主要对象是帝国主义支持下的国民党反动派。

（二）新民主主义革命的动力

新民主主义革命的动力，就是新民主主义革命总路线中所说的“人民大众”，包括无产阶级、农民阶级、城市小资产阶级和民族资产阶级，其中，无产阶级是最基本的动力，农民是中国革命的主力军。

【教学互动】

［案例］

毛泽东与农民

1893 年 12 月 26 日，毛泽东出生在湖南湘潭的一个普通农民家庭。农民出身的毛泽东一生同农民感情深厚。

毛泽东出生之时,正是清王朝衰败之时,国家积贫积弱,人民生活困苦。毛泽东家境稍宽,但他从小目睹农民的苦难,总是力所能及地帮助比自己困难的乡亲。活生生的现实深深触动着毛泽东,也促使他思考中国的出路,思考如何解决中国农民的苦难。少时家乡农民勇敢的抗争,又使毛泽东看到了蕴藏在人民群众中的巨大威力。长沙饥民暴动的消息,更是给他"留下了深刻的印象""始终忘不掉""影响了我的一生"。在长沙饥民暴动的影响下,毛泽东在家乡当众列举族长违反族规私卖秋谷的丑事,迫使族长放了无辜佃户,交出秋谷,取得了领导农民斗争的第一次胜利。

"要使全国老百姓都有饭吃",这是毛泽东革命的最初奋斗目标。怀着这样的目标,他走出韶山冲,当别人热衷于搞各种时髦运动的时候,毛泽东的目光却盯向农村,投向农民。为了引导农民走上革命道路,培养农民运动骨干,毛泽东大办农民运动讲习所。1926 年,毛泽东在广州主办了第六期农民运动讲习所;北伐战争开始后,他又担任中共中央农民运动委员主任,领导全国农运;1927 年初,毛泽东担任全国农民协会总干事,在武汉创办了中央农民运动讲习所。在毛泽东的领导下,湖南农民运动迅猛发展,成为全国农民运动的中心。

毛泽东深知,农民最关心的是土地问题,解决这一问题,出路只有一条,就是搞土地改革。土地革命是中国革命的基础和主要内容,在整个民主革命过程中,毛泽东为了解决农民"吃饭"的问题,不断进行土地革命实践。在井冈山的"打土豪分田地"是土地革命的起点,随着红军、革命根据地的发展,土改便随之拓展。1928 年毛泽东总结了相应的土地革命经验,制定了我党历史上第一个土地法《井冈山土地法》,规定农民有土地使用权。1929 年,毛泽东根据中央六大决议并结合实际经验,制定了《兴国土地法》,使闽西根据地出现了"收拾金瓯一片,分田分地真忙"的局面。到 1930 年春,在闽西纵横三百多里的地区内,八十余万贫苦农民分得了田地。全民族抗战时期,为了扩大抗日民族统一战线,无法满足农民无偿分配土地的愿望,毛泽东提出了关怀农民的折中措施,实行减租减息。为了减轻陕北农民的负担,还发动军队搞了轰轰烈烈的大生产运动,使部队和机关 1943 年以后分别达到自给或部分自给。进入解放战争后,毛泽东及时调整土地政策,把减租减息改为"没收地主土地,分配给农民"的政策。在著名的《关于清算减租及土地问题的指示》中，毛泽东明确指示：“各地党委必须明确认识解决解放区的土地问题是我党目前最基本的历史任务，是目前一切工作的最基本环节。必须以最大的决心和努力，放手发动与领导目前的群众运动来完成这一历史任务。”到1947年，全解放区已有三分之二的地区解决了土地问题，在农村发生了翻天覆地的变化的情况下，党中央又及时发布《中国土地法大纲》，“废除封建性及半封建性剥削的土地制度，实行耕者有其田的土地制度”。

到1952年冬，土改工作在全国范围内基本完成，共有三亿多无地少地的农民，无偿获得了约七亿亩土地的生产资料，彻底废除了两千多年封建剥削的土地制度，消灭了地主阶级，农民在政治上、经济上真正彻底翻了身。

毛泽东真正关怀着农民，农民也以实际行动证明着自己的力量。

在毛泽东的领导下，中国农民成了中国革命的重要力量，走出了一条农村包围城市的康庄大道。毛泽东看到了中国不适合搞城市武装暴动，革命应从城市转向农村。中国共产党确定了依靠贫雇农、团结中农、限制富农的土地革命路线，广大农民积极投身于土地革命，井冈山的熊熊烈火，燃遍了祖国大江南北。抗战时期，中国农民顾全大局，表现了可贵的阶级觉悟和民族团结精神，纷纷拿起武器走上抗日第一线。解放战争中，广大农民有钱出钱，有粮出粮，要人出人，要啥献啥，付出了物质上的重大支持，经济上的巨大牺牲，直至贡献出宝贵的生命。仅华北解放区就有近百万翻身农民参军，东北地区达160万人。“到前线去”是当时农民最响亮的口号，母子相送，夫妻相送，兄弟相送，父子战友，兄弟上阵，叔侄并肩战斗，夫妻双双立功。后方农民“一切为了前线”，三大战役民工达539万人。淮海战役中，农民向前线运粮的小车排成行，可以从南京排到北京排五行。陈毅同志曾形象地讲：“淮海战役的胜利，是人民群众用小车推出来的。”

我们回顾漫长的革命历程，不难看到这个历程就是中国共产党解救贫苦农民的斗争史，政治上领导农民翻身求得解放，经济上帮助农民脱贫致富，实现了中国农民千百年来的梦想。

[讨论]

(1)以毛泽东为代表的中国共产党人在新民主主义革命中抓住中国革命的基本问题——农民问题，深入进行土地革命，做了哪些探索？

(2)你如何理解“中国农民成了中国革命的脊梁”这一论断？

学生发言略。

[点评] 美国哈佛大学龚忠武博士在《中国向农村的贫穷开战》一文中写道,“中国广大的农村是中国社会的基础,从古到今,谁能够解决农民问题,谁就能够控制农村,谁就能够统治中国,就能使中国长治久安。当然,毛泽东和中国共产党早就敏锐地看到了中国政治上的这个诀窍、这个千古不易的中国历史规律,所以中国共产党胜利了,国民党失败了。”这段话精辟地点明了中国革命之所以胜利,就是因为毛泽东敏锐地抓住并解决了中国革命的根本问题——农民问题。

在长期的革命斗争中,毛泽东始终关注着中国的农民问题,他以马克思列宁主义关于农民问题的理论为指导,对中国农民问题进行过多次系统调查和长期研究,他紧紧抓住农民最关心的土地问题,进行了一系列富有创造性的改革,因时制宜地提出了一系列新的理论观点,这不仅极大地丰富了马克思列宁主义关于农民问题的理论,而且为领导中国新民主主义革命的无产阶级找到了最坚固、最可靠的同盟军。如果没有毛泽东对中国农民问题的深刻认识,就不可能形成农村包围城市这样一条具有中国特色的革命道路,也不可能得到农民对新民主主义革命的全力支持,也不可能夺取新民主主义革命的胜利。农民始终是中国革命的主力军,是新民主主义革命的基本动力。

城市小资产阶级是无产阶级的可靠同盟者,是中国革命的动力。

民族资产阶级也是中国革命的动力之一。

(三)新民主主义革命的领导力量

无产阶级的领导权是中国革命的中心问题,也是新民主主义革命的核心问题。中国的新民主主义革命,不能由任何别的阶级和任何别的政党充当领导者,只能和必须由既具有世界无产阶级基本优点又具有自身特点和优点的中国无产阶级及其政党——中国共产党来领导。无产阶级及其政党的领导是近代历史发展的必然选择,是中国革命取得胜利的根本保证。

(四)新民主主义革命的性质和前途

由于近代中国社会是一个半殖民地半封建社会,帝国主义和中华民族的矛盾是其主要矛盾,革命的任务是反帝反封建,因此,中国革命的性质仍然是资产阶级民主主义革命。但已非旧式的、一般的资产阶级民主主义革命，而是新民主主义革命。这是因为它有了：①新的时代条件。新民主主义革命发生在十月革命之后，属于世界无产阶级革命的范畴。②新的领导阶级——由无产阶级及其政党来领导。③新的指导思想——以马克思列宁主义作为指导。④新的革命前途——在无产阶级领导下建立人民民主专政的国家，由新民主主义革命走向社会主义。

新民主主义革命与社会主义革命既有区别，又有联系。区别是革命性质不同，新民主主义革命仍然属于资产阶级民主主义革命范畴；社会主义革命是无产阶级性质的革命，它所要实现的目标是消灭资本主义剥削制度和改造小生产者的私有制。同时，二者又是互相联系、紧密衔接的。新民主主义革命是社会主义革命的必要准备，社会主义革命是新民主主义革命的必然趋势。毛泽东认为二者的关系如同一篇文章的上篇与下篇，只有上篇做好，下篇才能做好。“只有认清民主主义革命和社会主义革命的区别，同时又认清二者的联系，才能正确地领导中国革命。”①

二、新民主主义的基本纲领

（一）新民主主义的政治纲领

新民主主义政治纲领是：推翻帝国主义和封建主义的统治，建立一个无产阶级领导、以工农联盟为基础、各革命阶级联合专政的新民主主义共和国。

（二）新民主主义的经济纲领

新民主主义的经济纲领是：没收封建地主阶级的土地归农民所有，没收官僚资产阶级的垄断资本归新民主主义的国家所有，保护民族工商业。

（三）新民主主义的文化纲领

新民主主义文化纲领是：无产阶级领导的人民大众的反帝反封建的文化，即民族的、科学的、大众的文化。

---

① 《毛泽东选集》第2卷，人民出版社1991年版，第652页。

【实训与应用】

1. 讨论

新民主主义革命基本纲领与社会主义初级阶段基本纲领的区别和联系(意在锻炼和养成前后知识融会贯通和联系实际的应用能力)。

2. 材料分析

[材料]

一个网友讲了这样一个故事——“羊的故事”——在一片肥美的草原上有一群羊,它们没有敌人,所以它们每天过着安逸悠闲的生活,时间一长,它们的基因开始退化,物种开始衰退,直到有一天,一群狼来了,那些弱的、老的、病的羊都被吃光了,只有一些比较强的羊幸免于难,剩下的都是强壮的个体,它们繁衍出的后代也很强壮,这反而有利于种群的发展。他就说,从这个故事可以扩展联想到我们旧中国,如果没有帝国列强的侵略,我们就像那群羊一样闭关自守,在封建社会中过着落后的男耕女织的生活。帝国主义列强就像狼,虽然带给我们伤害,但也给我们带来了先进的西方技术与文化,促进中国向资本主义社会过度。他的观点有“侵略有功”的意思。请问这种侵略有功论是否正确?

(来源:豆丁网)

[讨论] 请结合上述材料试想,中国发展到今天,已经成为一个在世界上举足轻重的大国。回顾历史,我们应如何对待曾经的侵略者?

第三节 新民主主义革命的道路和基本经验

【课前设问】

1. 毛泽东对中国革命新道路的开辟做出了哪些突出贡献?

2. 阐述新民主主义革命道路理论和中国革命的三大法宝。

【课堂导入】

马克思主义认为,无产阶级要夺取国家政权,只能通过暴力革命去实现。革命的中心任务和最高形式,是武装夺取政权和战争解决问题。无产阶级革命斗争最初出现在资产阶级较早占据统治地位的西欧各国,尤其是法国。1848 年的法国二月革命和 1871 年的巴黎公社起义都是在重要城市发动的。正因为如此,马克思和恩格斯在 1850 年便说:“无产阶级的起义应该由一个城市到另一个城市,并争取驻军,使起义队伍像滚雪球一样越滚越大。”1917 年爆发的俄国十月革命,就是以城市工人暴动为基础的。

俄国为世界无产阶级提供了以城市为中心武装起义夺取政权的成功模式,中国革命能否照此路走呢?

一、新民主主义革命的道路

在中国这样一个以农民为主体的半殖民地半封建国家里进行革命,应该走什么样的道路呢?这是中国共产党面临的一个重大问题。以毛泽东为代表的中国共产党人,在斗争实践中逐步摸索,走出了一条马克思主义经典著作中从没有讲到过的、完全不同于苏联十月革命胜利的全新道路。

(一)新民主主义革命道路的提出

中国共产党对中国革命道路的认识经过了一个把工作重心由城市转向农村的逐步探索过程。党在成立初期,工作重心放在了城市,着力于工人运动。大革命失败以后,党的工作重心开始转向了农村。在这一过程中,毛泽东做出了杰出贡献:实践上,在秋收起义受挫后,他果断地把武装斗争的攻击方向率先转向了敌人力量较弱、远离大城市的农村,开辟了第一个农村革命根据地——井冈山根据地;理论上,在总结井冈山和赣南、闽西等根据地斗争的实践经验基础上,他相继写下了《中国的红色政权为什么能够存在?》《井冈山的斗争》《星星之火,可以燎原》《反对本本主义》等文章,从理论的高度分析了农村革命根据地政权存在和发展的原因与条件,阐明了武装斗争的极端重要性和农村应当成为党的工作中心、实行“工农武装割据”的重要思想,初步提出了革命低潮形势下重新聚集力量、在农村保存和发展革命力量的农村包围城市的革命新道路理论;实际工作中,他总结群众斗争经验,创造性地解决了为坚持和发展农村革命根据地所必须解决的诸如在农村环境下如何把党组织建设成为无产阶级先锋队、如何把红军建设成为无产阶级领导下的新型人民军队、如何求生存、如何发动群众、如何搞好根据地建设等一系列根本问题,进而走出了一条经过长期武装斗争、先占农村后取城市、最后夺取全国胜利的革命道路。

(二)新民主主义革命道路形成的必然性

中国革命之所以必须走农村包围城市、武装夺取政权的道路，主要是由中国所处的时代特点和具体国情决定的。

其必要性在于:①是由中国半殖民地半封建社会的性质所决定的;②农民占人口的绝大多数，是中国革命的主力军，是无产阶级最可靠的同盟军，是中国军队的主要来源，是武装斗争的主体;③敌人力量异常强大且残暴，长期占据着中心城市，而到敌人统治相对薄弱的农村去，利于在农村保存和发展革命力量，最后夺取全国胜利。

其可能性在于:①近代中国是多个帝国主义间接统治的经济落后的半殖民地国家，社会政治经济发展极端不平衡，四分五裂，军阀割据，存在不少的统治薄弱环节，为党在农村开展革命斗争、建设革命根据地提供了缝隙和可能。②近代中国的广大农村深受反动统治阶级的多重压迫和剥削，人民革命愿望强烈，加之经历过大革命的洗礼，革命的群众基础好。③全国革命形势继续向前发展，为在农村建设革命根据地提供了客观条件。④相当力量正式红军的存在，为农村革命根据地的创立、巩固和发展提供了坚强后盾。⑤党的领导的有力量及其政策的正确性，为农村革命根据地建设和发展提供了重要的主观条件。

(三)新民主主义革命道路的内容及意义

新民主主义革命道路理论，就是在党的领导下，实现土地革命、武装斗争、农村革命根据地建设三者的密切结合和有机统一。它反映了中国革命的客观规律，是中国革命唯一正确的道路;它是党运用马克思主义的立场、观点和方法，分析、研究和解决中国革命具体问题的光辉典范，对于推进马克思主义中国化具有重要的方法论意义;对新时代坚持和发展中国特色社会主义具有重要的启迪意义。

二、新民主主义革命的三大法宝

【课堂导入】

1939 年 7 月 7 日纪念抗战两周年时，华北联合大学举行开学典礼，校长成仿吾请毛泽东给师生们做报告。为勉励同学们奔赴抗日前线，毛泽东送给同学们三样法宝，即：统一战线，武装斗争、党的建设。

（一）统一战线

统一战线是一些不同的阶级、阶层、政党、集团为了实现一定的共同目标，在具有共同利益的基础上而形成的一种联合。无产阶级及其政党领导和组织的统一战线，是为了实现自己的历史使命，同一切可以联合的阶级、阶层、政党及一切可能团结的力量，在一定的共同目标下结成的政治联盟。它是无产阶级政党策略思想的重要内容。由中国半殖民地半封建社会的阶级状况、中国革命发展的长期性和不平衡性及敌强我弱的基本态势所决定必须建立最广泛的革命统一战线，而且由于半殖民地半封建的中国社会里诸多矛盾交织在一起的状况也在客观上为建立和发展统一战线提供了可能。

新民主主义革命时期，中国共产党领导的统一战线，先后经历了第一次国共合作的国民革命联合战线（1924 年 1 月—1927 年 7 月）、工农民主统一战线（1927 年 7 月国民革命失败后—1935 年 12 月中共瓦窑堡会议）、第二次国共合作的抗日民族统一战线（1937 年 7 月—1945 年 8 月）、解放战争时期的人民民主统一战线（1945 年 8 月—1949 年 9 月）几个阶段，为新民主主义革命的胜利做出了重要贡献。

习近平同志指出，人心向背、力量对比是决定党和人民事业成败的关键，是最大的政治。统战工作的本质要求是大团结大联合，解决的就是人心和力量问题。

【教学互动】

［案例］

井冈山斗争时期的统一战线

统一战线是新民主主义革命胜利的基本经验之一，是中国共产党一贯坚持的原则。早在井冈山斗争中，以毛泽东、朱德为代表的中国共产党人，就开始成功地实践这一原则，成绩斐然。

首先，团结袁文才、王佐，立足井冈山。

在毛泽东来井冈山之前，袁文才、王佐已经在这一带活动，是井冈山的“山大王”，他们所领导的武装组织，没有正式的名称，在人们的眼中被看作是一股土匪。而毛泽东要上井冈山,就必须与他们合作,建立统一战线。那怎么争取袁文才、王佐呢?

第一,以诚待人,取得袁文才的信任。袁文才出身较富,读过书,在大革命时期就加入了中国共产党,还参加过农代会。王佐是裁缝出身,和袁文才意气相投,后当了井冈山的绿林首领,与周围各地豪绅地主为敌,经常出去“吊羊”(就是抓一些有钱的富人来,迫使他们出钱来赎命),周围的地主富农都很痛恨王佐。袁、王二人中,袁的工作最为关键。毛泽东心中清楚,地方武装对外来力量是格外警惕的,不能贸进。于是,他以礼相待,先给袁文才写了一封信,争取他对引兵井冈山的支持。然而,袁文才果断地用书信委婉拒绝了,他写道:“毛委员:敝地民贫山瘠。犹江池难容巨鲸,片林不栖大鹏,贵军驰骋革命,应另择坦途。敬礼! 袁文才叩首。”

接信后,毛泽东决定去与袁文才见面。为了取得袁、王的信任,他没有带枪,带去的人也很少。袁文才见如此,一颗悬着的心放了下来,对毛泽东有了好感。毛泽东这样去,是冒着一定危险的。因为他对袁文才并没有多少了解。这次会见体现了毛泽东诚信待人,从而取得了袁文才的初步信任。

第二,以枪相送,支持袁文才、王佐武装的发展。毛泽东第一次与袁文才见面后,便决定赠送袁文才 100 支枪。这使袁文才认识到,毛泽东的到来非但不是吞并自己,反而帮助自己发展。袁文才当即表示包下工农革命军的粮饷供应,并赠银圆 1000 块。在取得袁文才的信任后,袁的态度对王佐也发生了至关重要的作用。1928 年 2 月,毛泽东将袁文才、王佐部队改编为工农革命军第一师第二团,袁文才任团长兼第一营营长,王佐任副团长兼任第二营营长,何长工为党代表。经过训练和改编,袁、王部队的性质有了根本的变化,提高了军事素质,部队的成分也逐渐起了变化,把一批年轻的农民吸收到部队里来了,把一些“老油子”送回地方安置。1928 年春,王佐也加入了党组织。这样,两支原来被人称为土匪的地方武装,成为井冈山中国工农红军的重要组成部分。

客观地说,毛泽东领导的工农革命军上井冈山后能够很快立足,井冈山革命根据地能很快形成、巩固和发展与袁文才、王佐的支持是分不开的。

其次,团结小商小贩和民族资产阶级,发展红色贸易。

井冈山地处罗霄山脉中段,山高林深,比较偏僻,再加上国民党的经济封锁，使得根据地内的商品流通很困难。为了防止商品流通堵塞，保障军民生活，确保根据地内的工农业生产能够顺利进行，毛泽东、朱德等领导在土改中，照顾小商贩和民族资产阶级的利益，调动了他们的积极性，充分发挥他们在活跃根据地商品生产和商品交易中的作用。通过改造遂川县的草林圩场、开辟宁冈县的大陇圩场，疏通了商品流通渠道，繁荣了根据地的商品经济，使得红色贸易非常活跃，根据地军民终于克服了经济困难，为革命斗争的胜利奠定了经济基础。

再次，宣传党的主张，团结各种力量。

毛泽东、朱德十分重视通过宣传工作，团结各种力量参与革命斗争，形成广泛的革命统一战线。红四军离开井冈山转战赣南的途中发布的《红四军布告》和《告绿林弟兄书》，就起到这样的作用。

《红四军布告》采用四言句方式，文字精练，全文仅有368字，但内容非常丰富，既讲清了党的土地政策，又讲明了对工商业者的态度，还阐述了对俘虏和少数民族的主张，体现了中国共产党实行的政策，就是要建立一个团结绝大多数人起来进行革命的统一战线，以推翻帝国主义和封建主义对中国人民的残酷统治，推翻国民党的反动政府，为中国革命的胜利和夺取全国政权而奋斗。

《告绿林弟兄书》是一份表明中国共产党希望与绿林弟兄们建立统一战线的联合书。其目的在于“要联合全国人民起来打倒国民党，要联合全世界无产阶级打倒帝国主义，实现全世界的自由平等。”它用白话文发布，详细、具体，通俗易懂，全文共2600余字，通过摆事实、讲道理，宣传了党的主张，表明了同情绿林弟兄的心情，具有很强的感染力和说服力。

毛泽东、朱德在井冈山斗争时期开辟的统一战线，在革命中发挥了重大作用，为以后中国革命各个阶段开展统一战线积累了宝贵经验。

［讨论］

（1）结合案例，谈谈毛泽东在井冈山斗争时期运用了统一战线的哪些原则经验？

（2）如何认识新民主主义革命时期统一战线的历史作用？

［点评］　以毛泽东、朱德为代表的中国共产党人，在井冈山斗争中开辟的是一条以工农民主统一战线为主体的，联合知识分子、小资产阶级为辅助

的统一战线。他们从中国革命的实际出发，把党的工作重心转向农村，与广大农民结成同盟军，使得井冈山斗争体现了工人阶级为领导的、以农民阶级为基本力量的广泛统一战线，从而有效地开展了武装斗争、土地革命和根据地建设。

同时，为了最广泛地团结一切可以团结的力量开展革命斗争，毛泽东、朱德在实践中还尝试了很多好的做法，保证了井冈山斗争的胜利，为以后中国革命各个阶段开展统一战线积累了宝贵经验。正如毛泽东在1939年10月发表的《〈共产党人〉发刊词》一文中总结的："十八年的经验，已使我们懂得：统一战线，武装斗争，党的建设，是中国共产党在中国革命中战胜敌人的三个法宝，三个主要的法宝。"

（二）武装斗争

在半殖民地半封建的旧中国，由于无产阶级和广大人民群众无议会民主可以利用，无组织工人举行罢工的合法权利；由于帝国主义和封建主义总是凭借着反革命暴力对革命人民实行残暴的镇压；还由于中国革命的长期性和复杂性，这些都决定了中国革命只能以长期的武装斗争为主要形式。

坚持长期的武装斗争，必须建立一支人民军队。建设人民军队，必须坚持党对军队的绝对领导，坚持全心全意为人民服务的唯一宗旨，坚持正确的人民战争的战略战术原则。

（三）党的建设

党的建设对中国革命具有决定性意义，必须不断结合形势发展、加强党的自身建设。

第一，必须把思想建设始终放在党建首位。

第二，必须在任何时候都加强组织建设。

第三，必须把党的作风建设放在党的建设的重要位置。

新形势下习近平同志继承和发展了毛泽东关于党建的理论，高度重视加强党的建设，一再强调从严治党。他在十九大报告中指出"勇于自我革命，从严管党治党，是我们党最鲜明的品格"，必须"坚持全面从严治党"。全面从严治党，把党建设好、建设强是实现中华民族伟大复兴中国梦的根本保证。

【课堂互动】

［材料］

延安“黄克功案件”

1937年10月17日，中华苏维埃共和国高等法院在延安召开公审大会，审判一起红军史上骇人听闻的情杀案。被审判者叫黄克功，因此，人们把这个案件叫“黄克功案件”。

黄克功是一位从井冈山参加革命的老红军战士，他跟着毛泽东、共产党，用自己的双脚，一步一步走完了二万五千里长征。为中国人民的解放事业，爬雪山，过草地，忍饥挨饿，吃苦耐劳，他身经百战，英勇无畏，浑身枪伤，为革命做出了贡献。红军长征到达陕北后，黄克功被送入延安军政大学第二期学习，编入第三大队，任副大队长。他当时才26岁，长得很英俊，能干又活泼，吹拉弹唱无所不会，还会唱京剧，深受大家喜爱，可谓前途无量。被害者刘茜是七七事变后投奔延安的爱国女青年。刘茜与黄克功相识，并逐步发展为恋爱关系。两人相处久了，刘茜就发现他们在生活情趣、习惯、爱好等方面相差甚远，于是向黄克功提出解除恋爱关系。在一个月明星稀之夜，黄克功将刘茜约到两人过去经常约会的延河边，做最后“谈判”。“谈判”失败后，黄克功竟拔枪威逼。逼婚未遂，他恼羞成怒，完全失去了理智，开枪把刘茜杀害了。

这起骇人听闻的事件发生后，人们议论纷纷。在延安和各解放区，对黄克功该如何处理，该不该处以极刑，无论党内党外，都存在两种尖锐对立的意见。一些人认为，自古以来就是杀人者必须偿命，黄克功杀了刘茜，应处以极刑；另一些人则认为，黄克功是经历了二万五千里长征的老红军，对革命有功，身经百战，作战勇敢，是红军队伍中久经考验的领导干部，目前正在进行激烈的民族解放战争，急需这样的指挥骨干，从革命需要出发，应该给他一个戴罪立功的机会。两种意见，各执一词，谁也说服不了谁。

这件事很快反映到了毛泽东那里。毛泽东被激怒了，他拍案而起。在陕甘宁边区成立时，毛泽东就打了预防针，多次指示，要把陕甘宁边区建设成为抗日及政治民主的模范区域，特别强调要以为人民服务为宗旨，发扬干部无私忘我和廉洁勤政的工作作风。黄克功杀人事件发生后，毛泽东告诉边区公安机关，对这一事件的制造者一定要严惩。并亲自到抗大，与学校的领导研究对这一事件的处理意见。在抗大研究处理意见时,毛泽东神色严肃地对参加会议的同志说:“我们的抗日救亡运动正在全国轰轰烈烈地兴起,不少青年学生向往延安。我们正处在从全国各地吸引爱国青年学生到延安来学习,培养民族解放人才的时期,黄克功的所作所为,起了极大的破坏作用,一定要审判处决,严肃法纪。”接着,他要随去的中央领导同志告诉边区高等法院,做出实事求是的判决,进行惩处。

[讨论]

(1)为什么说党的建设是一项伟大的工程?

(2)结合本案例并联系实际,讨论加强党的建设的重要性和迫切性。

三、新民主主义革命理论的意义

其一,它揭示了近代中国革命的发展规律,解决了在一个以农民为主体的、落后的半殖民地半封建的东方大国,进行新民主主义革命的一系列理论问题,是符合中国革命实际的理论、路线、方针和政策,极大丰富了马克思主义的理论宝库。

其二,它是马克思主义中国化的理论成果,开辟了马克思主义中国化的革命发展道路。

其三,在新民主主义革命理论指导下,党领导人民取得了革命胜利,建立了中华人民共和国,为当代中国发展进步奠定了根本前提。

其四,中国新民主主义革命的伟大胜利,是20世纪继俄国十月革命以后改变世界面貌的伟大历史事件。

【实训与应用】

1. 阅读毛泽东《〈共产党人〉发刊词》,谈谈新民主主义革命三大法宝的关系。

2. 材料分析①

1945年6月,褚辅成、黄炎培、冷遹、王云五、傅斯年、左舜生、章伯钧七位国民参政员联名致电毛泽东、周恩来,表示希望访问延安,为两党谈判搭

① 材料来源于《毛泽东与黄炎培畅谈:跳出兴亡周期律唯有靠“民主”》,人民网-国家人文历史,2013年10月24日。

建桥梁。不久，中共中央回电欢迎。

除了王云五因病受阻外，其他六名参政员登上了前往延安的飞机。7 月 1 日，延安的中共领导人在机场召开了隆重的欢迎仪式。当毛泽东和黄炎培握手时，毛泽东说："我们二十多年不见了！"黄炎培当时很愕然，一问才知道，在 1920 年杜威访华时，黄炎培曾请杜威在上海演讲，当时台下听众中就有毛泽东。

第二天，黄炎培等人到杨家岭拜访毛泽东。黄炎培见会客室的四壁挂着几幅画，其中一幅是沈钧儒次子沈叔羊画的一瓶茅台，配有自己的一首七绝："喧传有客过茅台，酿酒池中洗脚来。是假是真我不管，天寒且饮两三杯。"这幅画是 1943 年国共关系恶化时，沈叔羊为他父亲"画以娱之"的，在请黄炎培题词时，他想起长征时谣传工农红军在茅台酒池里洗脚，当即题了这首诗。黄炎培忽然在这里见到旧作，知道共产党是把自己当朋友的。

黄炎培一行在延安看到了琳琅满目的商品、各式各样的新房，以及街道上的意见箱，每个延安人都能"直达上听"，给毛泽东提建议。他发现，在延安喊毛泽东就是毛泽东，很少称职衔。黄炎培在同中共领袖交谈时，毛泽东、朱德、陈毅等人的"朴实稳重"，也给他留下了深刻印象。

晚上，毛泽东设宴款待客人。黄炎培在宴会上说，延安"就我所看到的，没有一寸土地是荒着的，也没有一个人好像在闲荡。有一位朋友告诉我，政府对于每个老百姓的生命和生活好像都负责，这句做到，在政治上更没有其他问题了"。

在六位参政员将要回重庆时，毛泽东问黄炎培有什么感想，黄炎培坦率地说："我生六十多年，耳闻的不说，所亲眼看到的，真所谓'其兴也勃焉'，'其亡也忽焉'，一人，一家，一团体，一地方，乃至一国，不少单位都没有跳出这周期率的支配力。大凡初时聚精会神，没有一事不用心，没有一人不卖力，也许那时艰难困苦，只有从万死中觅取一生。既而环境渐渐好转了，精神也就渐渐放下了。有的因为历史长久，自然地惰性发作，由少数演变为多数，到风气养成，虽有大力，无法扭转，并且无法补救。也有为了区域一步步扩大，它的扩大，有的出于自然发展，有的为功业欲所驱使，强求发展，到干部人才渐见竭蹶、艰于应付的时候，环境倒越加复杂起来了，控制力不免趋于薄弱了。一部历史'政怠宦成'的也有，'人亡政息'的也有，'求荣取辱'

的也有。总之没有能跳出这周期率。中共诸君从过去到现在,我略略了解的了。就是希望找出一条新路,来跳出这周期率的支配。”

毛泽东听了他这番话后,回答说:“我们已经找到新路,我们能跳出这周期率。这条新路,就是民主。只有让人民来监督政府,政府才不敢松懈。只有人人起来负责,才不会人亡政息。”

在黄炎培看来“这话是对的”,因为“只有把每一地方的事,公之于每一地方的人,才能使地地得人,人人得事。用民主来打破这周期率,怕是有效的”。

阅读材料,分析中国共产党如何跳出黄炎培提出的兴亡周期律?

第十三章

社会主义改造理论

【教学目的和要求】

通过学习使学生懂得我国实现从新民主主义向社会主义的转变，走上社会主义建设道路是历史的选择，只有社会主义能够救中国，社会主义改造理论是马克思主义基本原理与中国实际相结合的重大成果。

【教学重点与难点】

1. 新民主主义向社会主义转变的历史必然性
2. 过渡时期总路线
3. 社会主义改造道路及其历史经验
4. 基本确立社会主义制度的重大意义。

第一节 从新民主主义到社会主义的转变

【课前设问】

1. 中华人民共和国成立后，中国进入了什么社会？
2. 简述新民主主义社会的性质和特征
3. 阐述新民主主义向社会主义转变的历史必然性

【课堂导入】

播放开国大典视频，展示《建国大业》图片。

问:从开国大典视频和《建国大业》图片中大家都看到了毛泽东主席站在天安门城楼上向全世界庄严宣告中华人民共和国成立了这张经典照片,请同学们想一想,新中国这时进入社会主义社会了吗?

学生回答(略)。

老师点评:新民主主义革命理论告诉我们,中国革命是分两步走的。第一步是改变中国的半殖民地半封建状态,完成新民主主义革命;第二步是继续革命,经过社会主义革命使中国进入社会主义社会。1949 年 10 月 1 日,中华人民共和国成立,标志着新民主主义革命的成功和中国半殖民地半封建社会的结束,也标志着中国开始进入社会主义革命阶段和新民主主义社会。

新民主主义社会是一种什么社会?为什么新民主主义必然要向社会主义转变呢?又如何实现从新民主主义向社会主义的转变呢?

一、新民主主义社会是一个过渡性的社会

(一)新民主主义社会的性质、特征和社会矛盾

1. 新民主主义社会的性质

新民主主义社会不是一个独立的社会形态,而是一个由新民主主义到社会主义转变的过渡性质的社会,是近代中国由半殖民地半封建社会走向社会主义社会的中介和桥梁。

2. 新民主主义社会的主要特征

经济上:新民主主义社会存在五种经济成分,即社会主义性质的国营经济、半社会主义性质的合作社经济、农民和手工业者的个体经济、私人资本主义经济和国家资本主义经济。

政治上:新民主主义的政权是通过共产党,由无产阶级领导的各革命阶级联合专政的人民民主专政。

文化上:实行马克思主义指导下的新民主主义文化,即民族的、科学的、大众的文化。

3. 新民主主义社会的阶级构成和主要矛盾。

新民主主义社会的阶级构成:工人阶级,农民阶级和其他小资产阶级,民族资产阶级。

新民主主义社会的主要矛盾:这三种基本的阶级力量之间的矛盾,就集中表现为社会主义和资本主义两条道路、工人阶级和资产阶级两个阶级的矛盾。

【教学互动】

[案例]

建国初期面临的情况

建国初期,国际国内形势是错综复杂的。在国内,解放战争并未结束,除台湾外,沿海岛屿还有舟山、马祖、金门、海南尚待解放;在大陆上,两广和西南的云、贵、川以及新疆、西藏都在国民党的统治下,战争还要继续进行,军费是一个相当大的负担。

国民党政府遗留下的几百万军政人员,到1950年最高峰时,达到550万人,加上国民党政府的350万公职人员,共计900万人。他们是社会不安定的因素,因此,对他们采取了包下来的政策。

旧中国的工业和农业都极其落后,从1937年到1949年,经过抗日战争和解放战争,国民经济遭到极大破坏,新中国建立时,工农业生产远没有达到战前的水平。从农业来看,抗日战争以前全国粮食的最高产量为2800亿斤,而1949年大约只有2240亿斤。1950年计划增产100亿斤,距离战前最高水平还差很远。棉花生产的情况更坏,只有战前的一半左右。当时农村每人每年的收入约400斤粮食,需要向国家缴纳80斤公粮,这个负担是相当重的。

1949年我国现代工业只占工农业总产值的17%,主要产品同历史最高年产量比较,煤减少48%,铁减少86%,钢减少83%,棉纺织品减少25%以上。由于农业生产没有恢复,以农产品为原料的轻工业产品维持正常生产都很困难,而且在国民党统治时期,出现了空前的恶性通货膨胀,市场极为混乱。以上海为例,与战前相比,物价上涨高达200倍,城乡人民购买力低下,商品卖不出去,使工业受到极大的影响,大批工人失业。

交通运输亟待恢复。当时全国有铁路2万多公里,除了东北(占40%左右)较早得到恢复外,关内的铁路尚在逐步恢复中。航运可供使用的船只很少,大都是吨位小的沿海、内河轮船,大量海轮被国民党政府胁迫转移到台湾或香港。

工农业生产水平低下,商品流通不畅,这就影响了国家财政收入。当时农村负担占国家财政收入的41.4%,城市负担占38.9%,而实际上很大一部分税收,如盐税、货物税、屠宰税等,还要转嫁到农民身上,国家企业收入只占17.1%,以上三种税收政策不抵国家的支出,还会有赤字,这就要发公债。在编制1950年国家预算时,支出的82%靠各种收入,7%靠公债,其他靠发行货币。

建国初期,水旱天灾相当严重,全国有1.2亿亩耕地4000万人受灾,对这些灾民,人民政府不能置之不顾,必须采取紧急救济和生产自救等措施,进而加重了政府的财政负担。

民族资产阶级中的一些人,看不起共产党,认为这些"土包子"只会打仗,不懂经济,能够治农村,管不好城市,尤其是大城市。甚至一些投机商公然和政府做对。有人说:"共产党军事100分,政治80分,经济是0分。"

帝国主义和国民党反动派的封锁与扰乱,也是造成经济困难的重要原因。当时沿海港口的海运极为困难,南方许多岛屿还被国民党军队所盘踞,对外贸易主要是与苏联及东欧国家进行,许多我们需要的物资无法取得。

形势确实是严峻的。国内外的敌对势力总是盼望着共产党失败,他们说:"共产党马上得天下,不能马上治天下。"有些民主人士也担心共产党缺乏经验,治理不好国家。

全国人民并没有被困难吓倒,毛泽东说:"我们面前的困难是有的,而且是很多的,但是,我们确信:一切困难都将被全国人民的英勇奋斗所战胜。"在党中央和毛泽东的领导下,全国人民意气风发地投身于经济建设之中。三年之中,各项工作进展顺利,从根本上扭转了国民党政府留下来的混乱局面,实现了政治、经济、社会的稳定。许多生产项目取得超过预期的成就,国民经济的恢复提前实现了。

[讨论] 新民主主义社会的主要矛盾和主要任务是什么?

[点评] 新民主主义社会的主要矛盾和主要任务在1952年前后两个时期各不相同。

第一个时期(1949年10月—1952年年底)即国民经济恢复时期,中国社会的主要矛盾是中国人民同帝、官、封残余势力的矛盾(国民党残余势力、地主阶级和帝国主义的矛盾),主要任务是完成民主革命遗留的任务。

第二个时期(1953—1956 年),随着土地改革的基本完成,工人阶级同资产阶级的矛盾、社会主义道路同资本主义道路的矛盾成为国内的主要矛盾,主要任务是进行社会主义革命,这必然使中国社会实现从新民主主义向社会主义的转变。

这一时期的民族资产阶级仍然是一个具有两面性的阶级:既有剥削工人的一面,又有接受工人阶级及其政党领导的一面。因此,民族资产阶级与工人阶级的矛盾也有两面性,既有剥削者与被剥削者的阶级利益相互对立的对抗性的一面,又有相互合作、具有相同利益的非对抗性的一面。

综上所述,从中华人民共和国的成立到社会主义改造基本完成,是我国从新民主主义到社会主义过渡的时期。这一时期,我国的社会性质是新民主主义社会。在新民主主义社会中,既有社会主义的因素,又有资本主义的因素,这两种因素不断地碰撞、冲突和较量,存在着限制与反限制,改造与反改造的斗争,但是由于社会主义的因素在政治和经济上都处于领导地位,但其发展趋势是社会主义因素日益增长。因此,新民主主义社会是“属于社会主义体系的和逐步过渡到社会主义社会去的过渡性质的社会了”。

新民主主义社会是一个过渡性质的社会,中国社会从新民主主义向社会主义转变是历史的必然。

(二)从新民主主义到社会主义的转变

第一,转变是由中国革命规律决定的。

第二,转变是由新民主主义革命胜利后,中国社会的主要矛盾决定的。

第三,客观上,当时的社会已经具备了实现转变的经济、政治、文化等方面的有利条件。

二、党在过渡时期的总路线及其理论依据

(一)党在过渡时期的总路线的提出

如何实现从新民主主义到社会主义这一历史性的转变呢?毛泽东和党的其他领导人的认识经历了一个先搞工业化建设、再一举过渡到建设和改造同时并举的发展变化过程。时至 1953 年 12 月,完整提出了过渡时期的总路线:从中华人民共和国成立到社会主义改造基本完成,这是一个过渡时期。党在这个过渡时期的总路线和总任务,是要在一个相当长的时期内,逐

步实现国家的社会主义工业化,并逐步实现国家对农业、手工业和资本主义工商业的社会主义改造。这是一条建设与改造同时并举的总路线,简称"一化三改""一体两翼"。其实质是改变生产关系,变生产资料私有制为社会主义公有制。

(二)党在过渡时期的总路线的理论依据

过渡时期的总路线是中国共产党依据马克思列宁主义关于过渡时期的理论和对建国初期的基本国情做了深入而系统分析的基础上提出来的,既有理论依据,又有客观现实依据。

马克思、恩格斯在创立科学社会主义理论时,就提出了从资本主义到社会主义过渡的问题;列宁进一步发展了马克思恩格斯的革命转变思想,提出过渡时期的根本任务是把剥削阶级的生产资料转化为公有财产,同时通过合作社的形式使农民走上集体化道路,也曾设想通过国家资本主义对资产阶级实行和平赎买。

从中国当时的具体情况看,①实现社会主义工业化,是国家独立和富强的必然要求和必要条件。②为了实现社会主义工业化,必须对个体经济和私营资本主义工商业进行社会主义改造。只有对农业、手工业和资本主义工商业进行社会主义改造,才能在中国确立社会主义制度,继续解放和发展生产力,为实现工业化创造必要条件。③实现全国大陆的解放和统一,建立各级地方人民政权,为全面开展社会主义改造准备了政治前提。④经济上的一系列正确措施为全面开展社会主义改造准备了经济条件。⑤在形成思想文化领域多层次多样性的前提下,逐步确立了马克思主义在思想文化上的指导地位。⑥开展大规模的镇压反革命运动、"三反""五反"运动,保卫和巩固人民政权。⑦面对中华人民共和国成立后复杂的国际形势,中国共产党在力量较量中逐渐创造出有利于向社会主义过渡的外部条件。

第二节　社会主义改造道路和历史经验

【课前设问】

总结中国社会主义改造道路的特点和历史经验。

【课堂导入】

党在过渡时期的总路线，一方面要求把实现社会主义工业化作为全党、全国人民当前的基本任务；另一方面又要求通过对农业、手工业和资本主义工商业的社会主义改造来促进生产力的发展，以利于社会主义工业化的实现。那么，社会主义改造是如何进行的呢？

［案例］

同仁堂的新生

工商界人士听到改造资本主义工商业的消息时，心情是极其矛盾和复杂的。1953 年，各家企业正是蒸蒸日上，大家想大干一场的时候，国家提出把私营企业改造为社会主义企业，具体来说就是要实行公私合营，这对大家的震动很大，思想上没有什么准备，心里真是“十五只吊桶打水七上八下”。有的说“1949 年为什么不讲总路线？那时讲，人就都跑了”。还有的说“夕阳无限好，只是近黄昏”。

1953 年，北京市地方工业局选择了同仁堂首先实行公私合营，这对于同仁堂的经营者震动很大。同仁堂始建于清朝康熙八年（1669 年），到这时已存在了几百年。北平解放前夕，北平同仁堂有职工 190 多人，奖金约 80 万元，年产值约 16 万元，年零售额约 30 万元，设备陈旧，管理落后。1949 年北平解放时，同仁堂由乐氏十三世乐松生经营，他同时是天津达仁堂管理处总负责人。1950 年抗美援朝开始，同仁堂向国家捐献 99000 元。

同仁堂一直受到党和政府的重视和关怀。公私合营的消息传来时，对乐氏家族的震动很大，他们对经营了几百年的老铺，将要失去所有权，经营统治权和企业利润分配，确实十分痛惜。乐松生经过反复考虑，认识到这是大势所趋，人心所向，历史潮流，不可违背，而且合营后，自己仍任经理，生活待遇也不错，因此决定同仁堂带头公私合营。

公私合营后，企业发生了很大的变化。如同仁堂虽然是个大药店，但以往的经营管理方式陈旧，存在生产计划性不强，物资储存分散，领取手续不清，库存积压产品过多等漏洞。公私合营后，改善了经营管理，建立起各种规章制度，增加设备，改进技术，自行设计了粉碎机、汽锅等，改进了生产包装。销售额也不断上升。门市部抓药从每天几十服，增加到每天 200 多服。经理乐松生高兴地说：“别家的流水逐日下降，咱们的流水逐日上升，原来担心合营工作会影响生产,没想到合营后业务发展这么快,这下可放心了。"

1955 年,毛泽东、周恩来在中南海接见了乐松生,询问了他生活、工作的情况,鼓励他为医药事业多做贡献。同年,他当选了北京市人大代表、市政协委员,出任北京市副市长。1956 年 1 月 13 日,北京国药业全行业公私合营,乐松生手捧大红喜报代表北京市工商界人士向毛泽东报喜。

[点评] 从案例中可看出,民族资产阶级接受改造中经历了疑惧、兴奋、较量和服从的过程。经过公私合营后,企业发生了很大变化,销售额也不断上升。中国共产党采取的和平赎买政策得到了民族资本家的拥护。以毛泽东为代表的中国共产党创造性地开辟了一条适合中国的对资本主义工商业进行改造的道路并积累了丰富的经验。

一、适合中国特点的社会主义改造道路

简要讲,三大改造的实质是变私有制为公有制。在"变"的过程中:农业、手工业→合作化→集体所有制,资本主义工商业→赎买→公私合营,这些创举的结果→社会主义制度的建立→社会主义初级阶段。

(一)农业、手工业的社会主义改造

对农业的社会主义改造:①积极引导农民组织起来,走互助合作道路。②遵循自愿互利、典型示范和国家帮助的原则,以互助合作的优越性吸引农民走互助合作道路。③正确分析农村的阶级和阶层状况,制定正确的阶级政策。④坚持积极领导、稳步前进的方针,从具有社会主义萌芽的临时互助组和常年互助组发展到半社会主义性质的初级社,再发展到社会主义性质的高级社,采取了循序渐进的步骤。

【教学互动】

[案例]

穷棒子社①

20 世纪 50 年代初,在全国的农业合作化运动中,涌现出了很多先进的集体,其中有一面我国农业合作化运动中的鲜红旗帜——河北省遵化县西

① 訾辉:《毛主席誉为"整个国家形象"的穷棒子社》[J]. 档案天地,2003(S1):47-48.

铺村的“穷棒子社”。它以勤俭创业的非凡业绩,受到了毛泽东主席的表彰,被赞誉为“我们整个国家的形象”。

那是1952年初的时候,遵化县西铺村村民通过和邻近村比较,发现办合作社的地方收成明显要好于自己,都纷纷要求办社。当地党委很快批准了西铺村办社的要求,并提出了稳步前进的方针,针对西铺社情复杂的情况,党委特别指示办社一定要注意坚决依靠贫雇农,从无到有,从小到大,坚持到底就是胜利。很快地,支部成员按照上级指示,分头深入下去做群众工作。对那些暂时还不愿入社的农户,采取说服教育和耐心等待的态度,决不强拉硬拽;把贫下中农当作主要动员对象,真心愿意入社的才吸收进来。经过几天的串联发动,报名入社的共有23户,绝大多数都是在旧社会扛活、讨饭、当劳工的贫苦农民。1952年10月26日,西铺的第一个农业生产合作社正式成立了,全社230亩土地,凑起来只有三条驴腿的牲畜股,没有农具,也没有车辆。

西铺村里的一些富裕户讥笑新生的初级农业生产合作社为“穷棒子社”,说“这群吃救济粮、领寒衣的骨干,凑在一块儿,早晚得穷得散架!”“浑水的泥鳅成不了龙!”

面对这些冷嘲热讽,社主任王国藩在社员会上勉励大家:“有人讥笑我们是‘穷棒子’,我们就是‘穷棒子’,咱人穷志不穷,难不倒,穷不散!……咱只要发挥集体力量,把社办好,就自然听不到这种怪话了。”

有了雄心壮志,就有了迎战困难的勇气和办法。“穷棒子社”的社员打破了传统的旧习惯,变冬闲为冬忙,他们兵分两路:少部分壮劳力带领妇女老少做好春耕准备,三条驴腿不够用,就肩不离担,手不离锹,送粪、搂石、整地。以其余的壮劳力为主,组成一个19人的队伍,不顾天寒地冻,顶风冒雪,在隆冬季节远出30里外的王寺峪山上打柴,解决生产资料缺乏问题。他们在“没牛没马,从山上拉;没衣没米,从山上取”口号鼓舞下,吃的是稀粥白薯,穿的是开花棉衣,住的是透天草棚,十几个人合扯四条小被;有的人磨破了鞋,有的人扯破了衣,有的人碰伤了手脸,有的人甚至从坡上摔下来,但他们毫不畏缩,坚持苦干。20多天的战斗,凭着19双勤劳的手,打回4万多斤柴,卖得430多元。打柴换来的钱,全部用在了添置生产资料上面,根据社内的迫切需要,买了一头骡子、一头牛、19只羊、一辆铁轮车,还有一部分零星农具。从此,长峪山下出现了一派前所未有的大搞生产的动人景象:社干部劳动干在前头,活计专拣重的干,社员你追我赶,紧紧跟上。送粪缺车,扁担结队挑上山;耕地缺人,人拉耠子翻开地;春播缺种,求亲靠友来凑集,合作社终于适时种上了地。

"穷棒子社"从三条驴腿起家,依靠自己的力量,克服重重困难,赢得了第一个丰收年,用事实对那些散布合作社要"穷散架"的人,做出了强有力地回答。这一年粮食亩产达到254斤,超过互助组上年平均产量将近一倍,粮食总产量45800多斤,扣除集体留粮以后,平均每户分配的收入达190多元。老贫农王生摸着那些几乎没地方盛的粮食,激动得热泪盈眶,他说:"这是走毛主席、共产党指引的路才得到的,这条路我是走定了"!

"穷棒子社"一年中巨大变化的事实,使西铺村更多的农民看到了合作社的优越性,它像磁石一样,强烈地吸引着社外农民特别是那些比较贫困的农民的心。他们迫切地要求入社。按照党的过渡时期总路线的精神和上级党委的统一部署,西铺党支部积极领导扩社工作,到1954年秋天扩充增加到148户,除一户住在偏远山沟外,凡能入社的全取得资格,实现了全村合作化。

历史从这里又揭开新的一页。

[讨论]

(1)结合西铺村办合作社过程,谈谈对农业社会主义改造的认识。

(2)如何认识毛泽东讲的"穷棒子社"是"我们整个国家的形象"?如何继承和发扬"穷棒子社"的艰苦奋斗精神?

[点评] 20世纪50年代,新中国进行的农业社会主义改造是一次深刻的农村经济体制变革,在中国社会主义革命和建设史上具有特殊的地位和作用。毛泽东在国民经济恢复后,适时地提出关于农业社会主义改造是符合历史发展规律的。它在一定程度上避免了农村新出现的两极分化,大大提高了农业生产力的发展。我们通过"穷棒子社"的发展,可以清晰地看到合作化前后西铺村发生的翻天覆地的变化,用事实证明了农业合作化道路的正确性。

我国农业社会主义改造的基本完成,为解放生产力,发展农业生产开创了广阔的前景,并奠定了整个社会主义改造的基础,促进了手工业、资本主义工商业的社会主义改造高潮的到来。但是,我们也应看到,改造过程中出现的“要求过急,工作过粗,改变过快,形式也过于简单划一”等指导工作上的缺点。但普通农民在农业合作化运动中创办的“穷棒子社”以及由此凝聚成的“穷棒子精神”,不仅推动了当地农业社会主义的改造进程,而且在全国起到了典型示范作用,它对今天建设有中国特色社会主义事业仍然具有启示意义。

“穷棒子社”所取得的非凡业绩是全社社员勤俭办社,自力更生,艰苦奋斗干出来的,树立了新中国建立之初团结互助、艰苦奋斗的典范,被毛泽东誉为“我们整个国家的形象”,也鼓舞着中国人民战天斗地,奋发图强。中国是一个大国,现在依然还不富裕,要使中国富起来,仍需要执行勤俭的原则和弘扬艰苦奋斗的精神。艰苦奋斗作为我们党的优良传统和作风,党靠艰苦奋斗起家,也靠艰苦奋斗发展壮大,党的事业也必将会在勤俭节约、艰苦奋斗中走向辉煌——在党的正确领导下,经过全国各族人民的共同努力,把我国建设成为富强民主文明和谐美丽的社会主义现代化强国。

对手工业的社会主义改造:采取了与农业社会主义改造相类似的途径和解决方法,即也是通过合作社的途径逐步实现的。根据手工业商品生产的特点采取“积极领导、稳步前进”的方针,组织形式是由手工业生产供销小组、供销合作社到生产合作社,步骤是从供销入手,由小到大,由低级到高级,逐步实现社会主义改造。

(二)资本主义工商业的社会主义改造

第一,用和平赎买的方法改造资本主义工商业。

第二,采取从低级到高级的国家资本主义的过渡形式。

第三,把资本主义工商业者改造成为自食其力的社会主义劳动者。

【教学互动】

[案例]

“荣先生来了,欢迎你!”——毛泽东与荣毅仁

从一个民族资本家到共和国的国家副主席,荣毅仁的经历颇有些传奇色彩。在对荣毅仁的一生有重要影响的人物中,有一个人他是会永远铭记在心的。几十年来,他一直怀着崇敬的心情来看待这位伟人。他就是毛

泽东。

“我第一次见到毛主席是在1950年6月。”荣毅仁回忆道,“当时,我作为特邀代表之一,列席了全国政协一届二次会议,并荣幸地参加了毛主席在中南海熙年堂为列席代表举行的宴会。在我走近熙年堂时,毛主席已站在门前热情迎候。人民领袖的谦逊,温暖人心。他握住了我的手,说‘荣先生来了,欢迎你!’毛主席的手,又柔软,又有力。使我初进中南海的拘束感顿然消释。”

荣毅仁出身民族资产阶级家庭,青年时期开始掌管家庭的部分企业,成了民族资本家中的“少壮派”。出于爱国之心,上海解放时他留了下来。但他和其他资本主义工商业者一样,对生活在新中国今后的命运,仍怀有一种忐忑不安的心理。“毛主席当时觉察到了我们这种矛盾的心理,便对我们说,只要大家把个人的前途和国家的前途联结在一起,个人都有前途。”“毛主席还鼓励我们要为人民做好事,要一贯地做下去。好事做得越多,人民的奖励也就越多。人民是不会忘记的。”

尽管有较大的资本和较高的社会知名度,可荣毅仁一家的事业在旧中国仍未能幸免于帝国主义侵略造成的劫难和国民党腐败政权的压榨,通过办实业振兴国家的愿望也不能实现。当他看到新中国成立后在很短的时间内取得的成就和党中央、毛主席对民族资产阶级所采取的政策,荣毅仁深切体会到听毛泽东的话,走社会主义道路,国家就能发展,个人也才能有前途。

荣毅仁还回忆道:“1955年10月在北京的一次会议上,当我见到毛主席时,我曾向他表示,希望他能抽出时间到上海去。1956年1月初的一天,我正在上海的公司里上班,突然接到通知,说毛主席来上海了,要去视察申新九厂。我赶到厂里不久,毛主席坐着汽车来了。当时我真激动得不知说什么好,想不到在北京对他讲的那句话,他竟记在心上了。”

荣毅仁说:“毛主席在50年代的讲话中,几次提到了我的名字,并以我的追求进步的事例说明党对民族资产阶级的工作在国际和国内产生的重大影响。这使我百感交集,我为毛主席对我的关心和重视所深深感动。他的话激励着我,更坚定了我走社会主义道路的决心。”

[讨论] 请谈谈中国共产党“改造企业和改造人同时并举”的方针。

[点评] 在对资本主义工商业改造的同时,中国共产党十分重视对人

的改造，把企业的改造同人的改造结合起来。首先，对资本家进行思想教育，经常组织他们学习，引导他们参加各种政治实践活动，对他们进行社会主义前途的教育，以提高他们的认识。一方面使他们认识到改变资本主义所有制已是大势所趋；另一方面，使他们了解党对资本家实行团结、教育和改造的方针。其次，本着“量才使用，适当照顾”的精神，给予资本家及资方人员以必要的工作安排，使他们逐步成为自食其力的劳动者。再次，在生活上“包到底”，给资本家以高薪。从本案例看出，荣毅仁对共产党改造政策逐渐拥护的心路历程。

二、社会主义改造的历史经验

第一，坚持社会主义工业化建设与社会主义改造同时并举。

第二，采取积极引导、逐步过渡的方式。

第三，用和平方法进行改造。

我国的社会主义改造取得了历史性的胜利，也出现了一些失误和偏差，如工作过粗，改变过快，形式也过于简单划一。但不能因为这些偏差而否定社会主义改造的伟大意义。

在我国社会主义改造史上，有两个事实是世界历史上各种革命大变动中罕见的：一是在一个几亿人口的大国中比较顺利地实现了如此复杂、困难和深刻的社会变革，不仅没有造成生产力的破坏，反而促进了工农业和整个国民经济的发展；二是这样的变革没有引起巨大的社会动荡，反而极大地加强了人民的团结，并且是在人民普遍拥护的情况下完成的。这些情况说明，我国社会主义改造的基本完成的确是一个伟大的历史性胜利，是中国共产党紧紧依靠人民所做出的伟大创造。

第三节　社会主义制度在中国的确立

【课前设问】

社会主义基本制度在我国确立的意义何在?

【课堂导入】

社会主义基本制度在我国确立的标志是什么？社会主义基本制度在我

国确立以后,我国开始进入了什么社会?

一、社会主义基本制度的确立及其理论根据

1956年年底,我国对农业、手工业和资本主义工商业的社会主义改造的基本完成,标志着中国历史上长达数千年的阶级剥削制度的结束,实现了由新民主主义向社会主义的转变,社会主义基本制度在我国初步确立。确立的理论依据是,三大改造完成后,我国的民主政治建设在有序推进,社会经济结构、阶级关系等都发生了根本变化,尤其是公有制经济占主导地位。随着社会主义基本制度在我国的确立,我国开始进入社会主义初级阶段。

二、确立社会主义基本制度的重大意义

社会主义基本制度的确立,极大地提高了工人阶级和广大劳动人民的积极性、创造性,极大地促进了我国社会生产力的发展。

中国社会主义基本制度的确立,使占世界人口1/4的东方大国进入了社会主义社会,这是世界社会主义发展史上又一个历史性的伟大胜利。

社会主义基本制度的确立,是以毛泽东为主要代表的中国共产党人对一个脱胎于半殖民地半封建的东方大国如何进行社会主义革命问题的系统回答和正确解决,是马克思列宁主义关于社会主义革命理论在中国的正确运用和创造性发展的结果。它不仅再次证明了马克思列宁主义的真理性,而且以其独创性的理论原则和经验总结丰富和发展了科学社会主义理论。

【实训与应用】

1. 材料分析

[材料1]

红色资本家——荣毅仁

荣毅仁1916年出生于江苏无锡荣氏家族;1949年,决定留在大陆;1956年,将自己的商业帝国上交给政府;1993—1998年,出任中华人民共和国国家副主席。2005年10月26日,荣毅仁在北京逝世,享年89岁。

1979年,在邓小平的支持下,荣毅仁创办"中信",中国国际信托投资公司,开创了中国第一个对外开放的窗口,借中国改革开放春风,荣毅仁运用荣氏经营法,呼风唤雨,得心应手,荣毅仁与国家获得了"双赢","中信"成为

荣氏财富的引擎。1986年,他被美国《幸福》半月刊评为世界50名知名企业家之一,是中华人民共和国成立后国内企业家跻身世界知名企业家行列的第一人 。2000年荣毅仁及其家族被美国《福布斯》杂志评选为中国50富豪第1位。其个人及其家族财产为19亿美元 。1956年1月,荣毅仁就社会主义改造答记者问:记者直率地问:“消灭剥削,废除资本主义制度对于你失去了什么? 得到了什么?”荣毅仁很快就答道:“对于我,失去的是我个人的一些剥削所得,它比起国家第一个五年计划的投资总额是多么渺小;得到的却是一个人人富裕、繁荣强盛的社会主义国家。对于我,失去的是剥削阶级人与人之间的尔虞我诈、互不信任;得到的是作为劳动人民的人与人之间的友爱和信任,而这是金钱所买不到的。因为我积极拥护共产党和人民政府,自愿接受改造,在工商界做了一些有利于社会主义的工作,我受到了政府的信任和人民的尊重,得到了荣誉和地位。从物质生活上看,实际上我并没有失去什么,我还是过得很好。”

[材料2]

1952—1956年国民经济的发展

粮食总产量1955年比1954年增长8.9%,1956年比1955年增长4.4%。

工业总产值1957年比1952年增长了141%,平均每年增长19.2%。

农业和家庭副业总产值1957年比1952年增长25%。

全国职工平均工资1957年比1952年增长42.8%全国农民收入1957年比1952年增长了30%。

根据上面两则材料,请思考讨论。

2. 问题

(1)材料1和材料2告诉了我们什么?

(2)总结中国社会主义改造道路的特点。

(3)分析社会主义改造与当前的社会主义改革的关系。

3. 社会实践

角色扮演:指导学生利用网络和图书馆,搜集资料,编写两个分别反映农民和民族资本家社会主义改造前后心态和生活变化的小剧本,字数分别在1000字左右。

第十四章

社会主义建设道路初步探索的理论成果

【教学目的和要求】

通过本课学习，了解党在初步探索社会主义建设道路过程中取得的重要思想成果。全面认识社会主义建设道路初步探索的意义，正确领会社会主义建设道路初步探索的经验教训，正确认识改革开放前后两个历史时期的关系。

【教学重点与难点】

1. 调动一切积极因素为社会主义事业服务。

2. 社会主义社会的基本矛盾和主要矛盾。

3. 如何正确处理好两类不同性质矛盾。

4. 中国工业化道路。

第一节　初步探索的重要理论成果

【课前设问】

1. 改革开放前为什么会提出走中国自己的社会主义建设道路问题？

2. 阐述党对社会主义建设道路初步探索所取得的重要理论成果及其意义。

【课堂导入】

社会主义基本制度确立以后，我国开始进入全面建设社会主义时期。进入这个时期，中国共产党面临着一个崭新的课题，就是在中国这样一个人口众多、经济文化极端落后且发展极不平衡的大国如何建设社会主义？围绕这一课题，中国共产党人进行了不懈的探索和努力。我们党领导人民进行社会主义建设，有改革开放前和改革开放后两个历史时期，那么，改革开放前为什么会提出走中国自己的社会主义建设道路问题？探索自己的社会主义建设道路的背景怎样？探索过程中又形成了哪些社会主义建设的理论成果呢？

一、调动一切积极因素为社会主义事业服务

面对如何在中国建设社会主义的崭新课题，新中国成立初期主要是学习苏联经验，这在当时是必要的，也取得了一定成效，但实践中中国共产党人很快察觉到苏联模式与中国国情不相符合。以毛泽东为代表的中国共产党人把马克思列宁主义和中国实际有机结合起来，提出了以苏联为鉴戒，走中国自己的社会主义建设道路的思想。由此，中国共产党人开始了对中国社会主义建设道路的伟大探索。

《论十大关系》标志着党探索中国社会主义建设道路的良好开端。其基本方针是：努力把党内党外、国内国外的一切积极的因素，直接的、间接的积极因素全部调动起来，为社会主义建设服务。

充分调动一切积极因素，尽可能地克服消极因素，并且努力化消极因素为积极因素。调动一切积极因素为社会主义事业服务，必须坚持中国共产党的领导。调动一切积极因素为社会主义事业服务，必须发展社会主义民主政治。调动一切积极因素为社会主义事业服务，有一个如何认识社会主义发展阶段和社会主义建设规律的问题。

二、正确认识和处理社会主义社会矛盾的思想

社会主义社会基本矛盾的理论。毛泽东指出：矛盾是普遍存在的，社会主义社会也充满着矛盾，正是这些矛盾推动社会主义社会不断向前发展，社会主义社会的基本矛盾仍然是生产关系和生产力之间的矛盾，上层建筑和

经济基础之间的矛盾,它们可以通过社会主义制度本身的自我调整和自我完善不断得到解决。

社会主义社会两类不同性质矛盾的理论。毛泽东指出:社会主义社会存在着敌我矛盾和人民内部矛盾两类不同性质的矛盾。敌我矛盾是对抗性的矛盾,而人民内部矛盾就是广大人民群众在根本利益一致的基础上的矛盾,是非对抗性矛盾。

正确处理人民内部矛盾的方针。经济方面,实行兼顾国家、集体、个人三者利益的方针;政治方面和思想领域,实行团结、批评、团结的方针;在与民主党派的关系上,实行长期共存、互相监督的方针;在民族关系上,实行既反对大汉族主义,又反对地方民族主义的方针;在科学文化艺术方面,实行“百花齐放、百家争鸣”的方针。

三、走中国工业化道路的思想

毛泽东鉴于苏联在发展经济中的经验教训和我国生产力落后、经济基础薄弱的情况,提出了“中国工业化道路”的思想。他认为,由于我国工业、特别是重工业基础薄弱,以工业为主导,把重工业作为我国建设的重点,优先发展重工业,是必要和必须的;同时,必须充分发展农业和轻工业,尤其更重视农业的基础作用。因为只有农业发展了,才能为工业提供粮食、原料、市场和积累资金,才能更快更好地发展轻工业和重工业。

第二节　初步探索的意义和经验教训

【课前设问】

分析党对社会主义建设道路初步探索的重大意义。

一、初步探索的意义

第一,巩固和发展了我国的社会主义制度。

第二,为开创中国特色社会主义提供了宝贵经验、理论准备、物质基础。

第三,丰富了科学社会主义的理论和实践。

【课堂互动】

1. 材料分析

正确看待改革开放前后两个历史时期(摘抄)

路是一步一步走过来的,跨出第一步,才有第二步。我们党领导的革命、建设、改革,也是一脉相承、薪火相传、生生不息的壮丽事业。新中国取得的一切成就,都是在新民主主义革命胜利基础上接续奋斗、接力探索的结果。以党的十一届三中全会为标志,新中国历史分为改革开放前后两个历史时期。无数事实表明,这两个历史时期都是不能否定的。改革开放前的奋斗探索,是承接新民主主义革命胜利成果而开始的新的伟大历史进军。新中国成立后,以毛泽东同志为核心的党的第一代中央领导集体领导人民建立和巩固人民民主专政的国家政权,创造性地实现从新民主主义到社会主义的转变,全面确立社会主义基本制度,成功实现了中国历史上最深刻最伟大的社会变革。党不失时机地提出过渡时期总路线,经过社会主义改造,建立起社会主义基本经济制度。党还领导人民建立起人民代表大会制度、中国共产党领导的多党合作和政治协商制度、民族区域自治制度,确立了马克思主义在意识形态领域的指导地位。社会主义制度的确立,符合中国国情和人民根本利益,为当代中国一切发展进步奠定了根本制度基础。社会主义制度基本建立后,如何在中国建设社会主义,是党面临的崭新课题。党曾经号召学习苏联经验,但很快察觉到苏联模式的局限。毛泽东同志提出把马克思列宁主义同中国实际进行"第二次结合"的任务,要以苏联的经验教训为鉴戒,独立探索适合中国国情的社会主义建设道路。经过实践探索,党积累了领导社会主义建设的重要经验。党团结带领人民全力推进社会主义建设,取得了巨大成就。

(来源:人民网)

2. 根据材料讨论

(1)如何正确看待党的第一代领导集体对社会主义建设道路的探索成果?

(2)分析改革开放前后两个时期的关系怎样?

学生发言(略)。

3. 教师点评

新中国成立以来70余年的历史是一个整体，它包括改革开放前后紧密相连的两个历史时期。前30多年，第一代中央领导集体带领全国人民进行的不懈努力和艰辛探索，使政治、经济、教育、科学、文化、卫生、体育事业都有很大发展，为改革开放奠定了重要的制度保障和必要的物质基础，特别是“两弹一星”的研制成功，打破了美、苏核垄断，提高了国防能力，是国家安全的重要基石，是中国大国地位的重要标志，是中国人民把命运牢牢掌握在自己手中的重要保证。同时，前30多年提出的至今仍然闪耀着真理光辉的重要创新理论成果，是《毛泽东思想科学体系》中的重要内容，是毛泽东思想在社会主义建设时期的新发展，也是中国特色社会主义理论体系的重要思想来源；此外，在前30多年的社会主义建设过程中，为了战胜经济困难，党中央和毛泽东提出的“工业学大庆，农业学大寨，全国人民学解放军”的号召，对工农业生产的发展起了积极作用，也激励了广大人民群众特别是青少年一代的革命热情，树立了社会主义新风。在这种良好社会风气影响下，大批先进英雄人物成长起来，伟大的共产主义战士雷锋就是其中最杰出的代表。“向雷锋同志学习”的号召，以及对其他先进英雄人物如焦裕禄、王进喜、欧阳海、王杰等人的事迹和南京路上好八连先进典型的宣传、学习，在群众中产生强烈反响。为人民服务、公而忘私、乐于助人、勤俭节约、艰苦奋斗等美德深入人心，成为全民崇尚的行为准则。这为社会主义精神文明建设奠定了基础。两个历史时期的重大区别在于对“什么是社会主义”这个问题的认识存在差异。改革开放新时期我们党正是在深刻反思前30余年的经验教训的基础上，开拓创新，才成功开辟了中国特色社会主义道路。也就是说，中国特色社会主义是在改革开放历史新时期开创的，但也是在新中国已经建立起社会主义基本制度并进行了30多年建设的基础上开创的。所以，两个历史时期都不能否定。我们要充分肯定改革开放前对社会主义建设道路初步探索的重要理论成果；也要认识到探索社会主义建设规律需要一个过程，探索过程中难免发生失误，但不能因为探索过程中发生失误就全盘否定改革开放前所取得的伟大成果。

二、初步探索的经验教训

第一，必须把马克思主义与中国实际相结合，探索符合中国特点的社会主义建设道路。

第二,必须正确认识社会主义社会的主要矛盾和根本任务,集中力量发展生产力。

第三,必须从实际出发进行社会主义建设,建设规模和速度要和国力相适应,不能急于求成。

第四,必须发展社会主义民主,健全社会主义法制。

第五,必须坚持党的民主集中制和集体领导制度,加强执政党建设。

第六,必须坚持对外开放,借鉴和吸收人类文明成果建设社会主义,不能关起门来搞建设。

【教学互动】

[材料1]

中国共产党作为执政党,在领导中国人民进行社会主义建设半个多世纪的风雨历程中,一刻也没有停止对适合中国国情社会主义建设道路的探索,即使是在发生严重失误的岁月里也是如此。那成功与挫折错综交织的复杂情况,正是我们年轻的共和国刚踏上社会主义建设道路时艰难探索的写照。如今,在风雨锤炼中成熟起来的中国共产党,已带领全国人民走上中国特色社会主义的康庄大道,正在向全面建设小康社会的宏伟目标迈进。

1956年,社会主义制度建立后,我们党面临的第一个重大课题,是如何摆脱苏联模式,找到一条适合中国国情的社会主义建设道路。此前,在毫无经验可循、只有苏联模式可借鉴的情况下,许多体制只能模仿苏联。但在实践中,毛泽东逐渐发现苏联模式的一些弊端,提出搞社会主义建设不能完全照搬苏联模式,要找出在中国这块大地上建设社会主义的具体道路。

但这条道路在哪里?没有现成答案,只能靠实践摸索。于是,中共八大前后,党中央和毛泽东带领全党在许多领域进行探索,所取得的丰富思想成果集中体现在毛泽东1956年4月的《论十大关系》讲话和同年9月党的八大精神中。其主旨是,把党的工作重点从阶级斗争转移到发展生产力上来,以苏联为鉴,探索在中国建设社会主义的道路。《论十大关系》提出政治、经济、文化方面的许多重要思想,也是探索中国自己的建设道路的开始。这种探索持续到“文化大革命”前。

在经济方面,毛泽东针对苏联、东欧一些国家片面发展重工业,忽视农业、轻工业，而造成市场货物不够、货币不稳定、粮食产量长期低下等教训，从中国农业大国的基本国情出发，创造性地提出了中国工业化道路。即以农业为基础，以工业为主导，以“农—轻—重”为序安排国民经济，以此为发展国民经济的总方针，实现由农业国向工业国的过渡。把发展农业放在重要位置，是中国工业化道路的重要内容和特点。提出中国一定要建立自己独立完整的工业体系和国民经济体系，实现经济独立以保障政治独立，并为此提出独立自主、自力更生的原则和自力更生为主、争取外援为辅的方针。毛泽东还创造性地提出了社会主义四个现代化的总任务及两步走的战略步骤。毛泽东在1954年9月一届人大一次会议开幕词中最早提出这一思想，以后几经完善，最终于1964年12月由周恩来在三届人大一次会议正式宣布。毛泽东还提出过对经济体制进行改革的思想。同时，在坚持独立自主、自力更生，不损害国家主权的条件下，我们要努力打破封锁，争取外援，学习外国一切有益的东西，吸收外国资金和科学技术，借鉴外国的先进管理经验等。

在政治方面，毛泽东针对苏联肃反扩大化的教训，提出要在国家制度上进行改革，扩大人民代表大会的权力，并吸收西方资本主义民主的某些形式和方法。1956年，毛泽东提出我们党发展文化科学的根本方针是“百花齐放、百家争鸣”。毛泽东在对中国社会主义道路的探索中还提出过其他一些正确思想，如我国正处在“不发达的社会主义阶段”、要搞一点商品经济、要正确认识社会主义社会的矛盾等。有些虽未贯彻实行，但对以后改革开放政策的提出具有一定的借鉴意义。遗憾的是，此后发生的“左”的错误，使他提出的许多重要思想和原则没能很好贯彻。

尽管由于时代条件的局限和实践经验的不足，毛泽东最终没能从根本上完全突破苏联模式，也没能成功地找到一条适合中国的社会主义建设道路，但他在当时的国际环境下率先提出突破苏联模式并付诸实践，是需要巨大勇气和智慧的。这种实事求是、勇于打破传统、开拓创新的探索精神，为党的十一届三中全会后冲破长期“左”的禁锢奠定了重要的思想基础。

党的十一届三中全会后，邓小平带领全党认真总结我国社会主义建设中的经验教训，运用马克思主义基本理论解决实践中不断涌现的新问题。同时，对20世纪80年代末90年代初国际社会主义实践出现的严重曲折进行深入思考。思考就集中在什么是社会主义、怎样建设社会主义这个根本问题上。这是邓小平理论产生的深刻历史背景。邓小平理论科学回答了在中国这样一个经济文化比较落后的国家，如何建设、巩固和发展社会主义的一系列基本问题。在什么是社会主义、怎样建设社会主义的一系列重大理论问题上实现突破，创造性地发展了马克思列宁主义。他第一次提出了社会主义本质论，第一次提出了社会主义初级阶段论，第一次提出了改革是解放生产力、发展生产力的第二次革命，第一次提出了科学技术是第一生产力，第一次提出了和平与发展是当代世界主题的理论，第一次提出了“一国两制”的理论等，从而逐步找到了一条适合于我国国情的社会主义现代化建设道路，为我国社会主义建设提供了正确的理论指导。这是我党思想理论上的极大成果，是马克思列宁主义与中国具体实际相结合的又一次巨大飞跃。

十三届四中全会以来，以江泽民为主要代表的当代中国共产党人，高举邓小平理论伟大旗帜，准确把握时代特征，科学判断我们党所处的历史方位，围绕建设中国特色社会主义这个主题，集中全党智慧，以马克思列宁主义的巨大理论勇气进行理论创新，逐步形成了“三个代表”重要思想这一系统的科学理论。进一步回答了什么是社会主义、怎样建设社会主义的问题，创造性地回答了建设一个什么样的党、怎样建设党的问题。“三个代表”重要思想，把发展先进生产力、先进文化、实现最广大人民的根本利益同坚持党的先进性联系在一起，上升到党的性质和宗旨的高度，上升到党的指导思想的高度，构成一个完整的体系，这是对辩证唯物主义、历史唯物主义的创造性运用和发展。党的十六大把“三个代表”重要思想同马列主义、毛泽东思想、邓小平理论一道确立为党必须长期坚持的指导思想，实现了我们党指导思想上的又一次一时俱进。以胡锦涛为总书记的党中央在党的十六届三中全会上，围绕全面建设小康社会的根本任务，又提出了坚持以人为本，树立全面、协调、可持续的发展观，促进经济社会和人的全面发展。这一科学发展观的提出，是在新形势下对实践中的新经验的科学总结和概括，是马克思主义与中国具体实际相结合的新成果，是我们党对社会主义现代化建设规律认识的进一步深化，是我们党执政理论的新飞跃。

党的十八大报告指出：“在探索过程中，虽然经历了严重曲折，但党在社会主义建设中取得的独创性理论成果和巨大成就,为新的历史时期开创中国特色社会主义提供了宝贵经验、理论准备、物质基础。”①

[材料2]

习近平指出:“我们党领导人民进行社会主义建设,有改革开放前和改革开放后两个历史时期,这是两个相互联系又有重大区别的时期,但本质上都是我们党领导人民进行社会主义建设的实践探索。中国特色社会主义是在改革开放历史新时期开创的,但也是在新中国已经建立起社会主义基本制度并进行了20多年建设的基础上开创的。虽然这两个历史时期在进行社会主义建设的思想指导、方针政策、实际工作上有很大差别,但两者绝不是彼此割裂的,更不是根本对立的。不能用改革开放后的历史时期否定改革开放前的历史时期,也不能用改革开放前的历史时期否定改革开放后的历史时期。”②

[讨论]

(1)“路漫漫其修远兮,吾将上下而求索。”虽经历曲折和失误、疑虑和困惑、分歧和争论,但中国共产党最终找到了一条适合中国国情的、具有中国特色的社会主义建设道路。这“求索”的成功说明了什么?

(2)在改革开放以前,以毛泽东为核心的第一代中央领导集体在突破苏联模式的探索中发生了诸多失误,如何看待这些失误?

【实训与应用】

(1)以毛泽东为代表的中国共产党人对适合中国国情的社会主义建设道路的初步探索,给了我们什么启示?

(2)社会实践活动:对国营老厂实地调研,并对老厂职工进行采访,对建厂及改革开放后厂子变化及个人发展进行调研总结,并提交相应的调研报告。

---

① 胡锦涛《坚定不移沿着中国特色社会主义道路前进 为全面建成小康社会而奋斗——在中国共产党第十八次全国代表大会上的报告》,人民出版社2012年版,第10页。

② 《习近平同志在新进中央委员会的委员、候补委员学习贯彻党的十八大精神研讨班上的讲话》,2013年1月5日。(内容有删减)

第十五章

邓小平理论

【教学目的和要求】

通过学习，帮助学生了解邓小平理论的形成条件、形成过程，进而掌握邓小平理论的基本内容，认识邓小平理论的历史地位。

【教学重点与难点】

1. 邓小平理论的形成条件

2. 邓小平理论体系的主要内容

3. 邓小平理论的历史地位

第一节　邓小平理论的形成

【课前设问】

1. 中国特色社会主义理论的主要创立者是谁?

2. 邓小平理论是怎样形成的?

【课堂导入】

马克思主义中国化的进程中实现了两次历史性飞跃，产生了两大理论成果。这两大理论成果，一个是毛泽东思想，一个是中国特色社会主义理论体系。前面我们学习了毛泽东思想，今天让我们一起学习中国特色社会主义理论体系的开创之作的"邓小平理论"。

学习毛泽东思想,大家都知道,毛泽东思想的主要创立者是——毛泽东;今天我们学习中国特色社会主义理论体系的最基础部分,先请同学们谈一下课前设问:中国特色社会主义理论的主要创立者是谁?中国特色社会主义理论体系是什么时候提出来、怎么提出来的,作为它的开篇之作的邓小平理论是怎么形成的?包括哪些内容呢?

关于第一问大家也都知道,中国特色社会主义理论的主要创立者是中国改革开放的总设计师邓小平。在学习具体内容之前,我们有必要先对邓小平其人其事有一个初步的了解。

播放视频——纪录片《邓小平》,结合视频谈谈对邓小平同志的看法。

学生发言(略)。

教师点评:邓小平是伟大的马克思主义者,无产阶级革命家、政治家、军事家、外交家,是中国共产党、中国人民解放军、中华人民共和国的卓越领导人,中国社会主义改革开放和现代化建设的总设计师,中国特色社会主义道路的开创者,邓小平理论的主要创立者。他所倡导的"改革开放"及"一国两制"政策理念,改变了20世纪后期的中国,也影响了世界,因此在1978年和1985年,曾两次当选《时代周刊》"年度风云人物"。

一、邓小平理论的形成条件

(1)和平与发展成为时代主题是邓小平理论形成的时代背景。

(2)社会主义建设的经验教训是邓小平理论形成的历史根据。

(3)改革开放和现代化建设的实践是邓小平理论形成的现实依据。

二、邓小平理论的形成过程

邓小平理论是在总结历史经验、实践新经验和把握时代主题的基础上,逐步形成和发展的,其形成和发展过程大体分以下几个阶段:

1. 理论初步提出阶段(1978年12月—1982年9月)

1978年12月召开的党的十一届三中全会,重新确立了解放思想、实事求是的思想路线,将党和国家的工作重心转移到社会主义现代化建设上来。改革也开始起步,并及时提出必须坚持四项基本原则。这就初步形成了"一个中心,两个基本点"的思想。1981年党《关于建国以来党的若干历史问题的决议》提出了适合我国情况的社会主义现代化建设正确道路的十点经验，成为邓小平理论的雏形。1982 年邓小平在党的十二大上正式提出了走自己的道路，“建设有中国特色社会主义”的基本命题。

2. 理论形成轮廓阶段(1982 年 9 月—1987 年 10 月)

从党的十二大到十三大，随着全面改革逐步展开和对外开放新格局的逐步形成，邓小平围绕着“什么是社会主义、怎样建设社会主义”，提出了许多重要的科学论断。1987 年召开的党的十三大，比较系统地论述了社会主义初级阶段理论，明确概括和全面阐发了党的“一个中心、两个基本点”的基本路线，第一次对中国特色社会主义理论的主要内容如中国社会主义建设的发展阶段、任务、动力、条件、步骤以及所处的国际环境和时代特征等做了系统概括，构成了邓小平理论的基本轮廓。

3. 理论形成体系阶段(1987 年 10 月—1992 年 10 月)

从党的十三大到十四大，以邓小平南方讲话和党的十四大为标志，邓小平理论日臻完善，形成科学体系。1992 年邓小平南方谈话从理论上深刻地回答了当时困扰和束缚人们思想的一系列重大问题，推动改革开放和社会主义现代化建设进入新阶段，邓小平理论也逐步走向成熟。党的十四大从九个方面概括了中国特色社会主义理论的主要内容，系统阐释了这一理论的历史地位和指导意义。

1997 年党的十五大正式提出“邓小平理论”这一概念，把邓小平理论同马克思列宁主义、毛泽东思想一起，确立为党的指导思想并写入党章。

【教学互动】

谁来检验真理?

实事求是，这四个大字显得格外遒劲有力，它是当年毛泽东在延安为中共中央最高学府中央党校的题词，也是党校的校训。

1977 年 3 月 3 日，中共中央政治局做出决定，正式恢复中央党校。党校校长由华国锋兼任，汪东兴兼任第一副校长，胡耀邦任副校长，主持中央党校工作。在当时的情况下，胡耀邦决定，中央党校的党史教学重点是研究党的三次路线斗争的历史，所谓研究三次路线斗争的历史，实际上就是研究“文化大革命”的历史。这是一个当时没有人敢碰的难题。胡耀邦提出了进行这种研究应遵循两条原则：一是要完整、准确地理解毛泽东思想；二是要以实践作为检验真理、检验路线是非的标准。在这种思想指导下,在胡耀邦的大力推动下,中央党校这所庄严的马克思主义理论殿堂里,气氛活跃、思想开放的局面逐渐形成了。

1977 年 7 月,根据胡耀邦提议创办的内部刊物《理论动态》,大胆冲破思想禁区,开始发表涉及实践是检验真理的标准问题的文章。在这种氛围之下,《实践是检验真理的唯一标准》这一具有里程碑意义的文章也由此应运而生。经过胡耀邦的亲自审定,这篇文章于 1978 年 5 月 10 日先在中央党校《理论动态》上刊载。5 月 11 日,《光明日报》又在第一版下半部,以通栏标题,用"《光明日报》特约评论员"的署名,全文发表了这篇文章——《实践是检验真理的唯一标准》。文章重申了"实践是检验真理的唯一标准"这个马克思主义认识论的基本观点,尖锐地提出"四人帮"加在人们身上的精神枷锁还没有完全粉碎,对"四人帮"设置的禁区"要敢于去触及,敢于去弄清是非",并提出不能拿现成的公式去限制、宰割、剪裁无限丰富的、飞速发展的革命实践,应该勇于研究新的实践,提出新的问题。

由于这篇文章从根本上否定了"两个凡是"的错误方针,所以引起了广泛的注意,并逐渐形成了真理标准问题大讨论。文章在《光明日报》公开发表后,第二天,《人民日报》《解放军报》等 9 家报纸全文转载,新华社发了通稿。第三天,又有 15 家地方报纸转载。到 5 月底,全国共有 30 多家报纸转载。

《实践是检验真理的唯一标准》一文,不是一般的学术文章,而是一篇现实性和针对性都极强的理论文章,虽然文章引用和阐述的只是马克思主义的基本原理和一般常识,但在"两个凡是"占主导地位与"左"的思想和观念还很盛行的环境下,它的发表,无异于在平静的水面上投下一块巨石。很显然,坚持"两个凡是"的人对真理标准讨论的指责已不仅仅是针对一篇文章了。形势变得紧张起来,胡耀邦等人面临着巨大的政治压力,真理标准大讨论面临着夭折的危险。在此关键时刻,邓小平等老一辈革命家勇敢地站出来,旗帜鲜明地支持真理标准问题的讨论。6 月 2 日,在全军政治工作会议上,邓小平再次谈到这个问题,指出:"我们也有一些同志天天讲毛泽东思想,却往往忘记、抛弃甚至反对毛泽东同志的实事求是、一切从实际出发、理论与实践相结合的这样一个马克思主义的根本观点、根本方法。不但如此,有的人还认为谁要是坚持实事求是、从实际出发、理论和实践相结合,谁就是犯了弥天大罪。他们的观点,实质上是主张只要照抄马克思、列宁、毛泽东同志的原话,照抄照转照搬就行了。要不然,就说这是违反了马列主义、毛泽东思想的问题。”对此,邓小平特别提出:拨乱反正,打破精神枷锁,使我们的思想来个大解放,这确实是一个十分严重的任务。

邓小平讲话的第二天,《人民日报》《解放军报》在第一版以《邓副主席精辟阐述毛主席实事求是光辉思想》的通栏标题,对邓小平的重要讲话作了报道。6月6日,《人民日报》和《解放军报》又在第一版全文发表了这篇讲话。邓小平的讲话,一方面给那些思想仍处于僵化状态的人以极大的震动。另一方面,则给坚持实践标准的人们以巨大的鼓舞,成为广大干部群众解放思想的锐利武器。

为了进一步从理论上系统地回答对实践是检验真理的唯一标准的种种责难和疑问,6月24日,《解放军报》顶住压力,以“特约评论员”的名义发表了由中央党校吴江写的《马克思主义的一个最基本的原则》一文。这篇文风犀利的文章逐条批驳了对《实践是检验真理的唯一标准》的种种指责,同时进一步阐明了马克思主义实践第一的观点。

这篇被称作《实践是检验真理的唯一标准》姐妹篇的万字长文,是在胡耀邦及当时的中央军委秘书长罗瑞卿的关心、支持下产生并发表的。文章成稿后,解放军报社报送罗瑞卿审阅,他先后细看了3遍,亲自打了5次电话,并亲自查阅有关著作,提了不少修改意见,要求文章无懈可击。这位在“文化大革命”中因遭受严重迫害而下肢残疾、具有钢铁般意志的将军在去联邦德国治病之前,还特地给当时《人民日报》负责人打电话,说“这篇文章如果要挨打,我愿先挨五十大板”。罗瑞卿在他生命的最后时刻,仍然在为维护真理的权威而战。

围绕《实践是检验真理的唯一标准》一文的发表,中央高层展开激烈的讨论,与此同时,中国的理论界、学术界、新闻界也加入了讨论的行列。据不完全统计,截至1978年年底,中央及省级报刊登载的关于真理标准问题讲座的文章达650多篇,举行的各种讨论会80余次,形成了以理论界为主力,波及全国,影响各界,人人关注的全民讨论热潮。

据不完全统计,1978年11月10日中央工作会议开幕前的两个月内,全国共有20个省市自治区的党委以各种形式表态表示支持这场讨论。这说明,关于真理标准问题的讨论已不是一个简单的学术问题,而是一个重大的政治问题;同时也表明,实践标准的正确观点已引起人们的广泛共鸣和越来越多的高级干部的有力支持,权力标准、蒙昧主义、唯心主义已经越来越不得人心。当围绕真理标准讨论的争论和斗争处于某种程度的僵持状态时,中央领导层一些领导同志的表态无疑产生了不可忽视的影响。这种表态给邓小平和胡耀邦等人以有力的支持,同时也削弱和孤立了坚持“两个凡是”的群体的力量,改变了当时的中国政治形势,从而使两方较量和斗争的天平无可逆转地倒向了坚持实践标准这一边。

[讨论] 请大家结合案例讨论:真理标准问题大讨论的意义是什么?

学生发言(略)。

[点评] 这场由《实践是检验真理的唯一标准》一文引发的关于真理标准问题的全国性大讨论,具有多重重要意义。其一,它是一次广泛的思想解放运动,对于冲破“两个凡是”的严重束缚,打破教条主义的精神枷锁,重新确立党的实事求是思想路线,推动社会主义现代化建设,促进全党同志和全国人民解放思想,推进改革开放等,具有深远的历史意义。其二,它是一场事关国家前途和社会主义命运的大讨论,为大规模拨乱反正、正本清源和解决历史遗留问题创造了条件,奠定了党重新确立马克思主义的思想路线、政治路线和组织路线的思想基础,为党的十一届三中全会的胜利召开,为把党和国家的工作重心转移到经济建设上来,为开辟中国特色社会主义道路提供了思想先导和理论准备,因而又具有政治意义和理论意义。其三,它还具有现实意义。在中国特色社会主义已经进入新时代的今天,实现中华民族伟大复兴的中国梦,仍需要进一步解放思想、实事求是,坚持实践是检验真理唯一标准的根本原则,以踏石留印、抓铁有痕的精神,不断开创新时代中国特色社会主义事业新局面,谱写建设中国特色社会主义新篇章。

回归历史,我们党在99年的光辉历程中,集中完成和推进了3件大事:完成了新民主主义革命,实现了民族独立、人民解放,建立了中华人民共和国;完成了社会主义革命,确立了社会主义基本制度,进行了社会主义建设;进行了改革开放新的伟大革命,开创、坚持、发展了中国特色社会主义。这3件大事,前两件都是在毛泽东同志领导下完成的,后一件是在他逝世后进行的。关于前两件大事和后一件大事的关系，邓小平同志1980年明确表示，“三中全会以后，我们就是恢复毛泽东同志的那些正确的东西嘛”，“现在我们还是把毛泽东同志已经提出、但是没有做的事情做起来，把他反对错了的改正过来，把他没有做好的事情做好。今后相当长的时候，还是做这件事。当然，我们也有发展，而且还要继续发展”。这就指明了改革开放和中国特色社会主义道路是在以毛泽东同志为核心的党的第一代中央领导集体对适合中国国情的社会主义道路的探索和实践基础上起步的。就如习近平同志所说，中国特色社会主义是在“新中国已经建立起社会主义基本制度、并进行了20多年建设的基础上开创的”。

以邓小平同志为主要代表的中国共产党人，总结新中国成立以来正反两方面的经验，解放思想，实事求是，在1978年12月召开的十一届三中全会上做出了把党和国家工作重心转移到社会主义现代化建设上来、实行改革开放的重大抉择，由此开辟了社会主义事业发展的新时期。中国共产党在领导中国人民进行社会主义建设的伟大实践中，逐步形成了建设中国特色社会主义的路线、方针、政策，阐明了在中国建设社会主义、巩固和发展社会主义的基本问题，创立了邓小平理论。

第二节　邓小平理论的基本问题和主要内容

【课前设问】

1. 邓小平理论首要的基本理论问题。

2. 阐述邓小平理论的主要内容。

【课堂导入】

邓小平打出的沉重“问号”

“文革”结束时，中国千疮百孔，整个国民经济几乎到了崩溃的边缘。严峻的现实使邓小平对“文革”这样的社会主义、对社会主义的这种“优越性”打出了沉重的问号。1977年12月26日，在会见澳大利亚共产党(马列)主席希尔和夫人乔伊斯时，邓小平尖锐地提出：“怎样才能体现列宁讲的社会主义的优越性，什么叫优越性？不劳动、不读书叫优越性吗？人民生活水平不是改善而是后退叫优越性吗？如果这叫社会主义优越性，这样的社会主义我们也可以不要。”1978 年 3 月 10 日，在国务院第一次全体会议时，他又说：“什么叫社会主义？它比资本主义好在哪里？每个人平均六百几十斤粮食，好多人饭都不够吃，28 年只搞了 2300 万吨钢，能叫社会主义优越性吗？”1978 年 9 月，在东北三省视察期间，他说：“外国人议论中国人究竟能够忍耐多久，我们要注意这个话。我们要想一想，我们给人民究竟做了多少事情呢？”“我们太穷了，太落后了，老实说，对不起人民。”“社会主义要表现出它的优越性，哪能像现在这样，搞了 20 多年还这么穷，那要社会主义干什么？”这一连串的“问号”，实际上也是发出了重新探索“什么是社会主义、怎样建设社会主义”的强有力的信号。

（来源：中国网）

一、邓小平理论回答的基本问题

什么是社会主义、怎样建设社会主义，是邓小平在领导改革开放和现代化建设这一新的革命过程中，不断提出和反复思考的首要的基本的理论问题。

搞清楚什么是社会主义、怎样建设社会主义，关键是要在坚持社会主义基本制度的基础上进一步认清社会主义的本质。邓小平指出，社会主义制度优于资本主义制度，社会主义道路是正确的。只有社会主义才能救中国，只有社会主义才能发展中国。改革开放以来，他反复强调坚持四项基本原则，其实质就是要求我们坚持社会主义基本制度，即坚持以公有制为基础、实行按劳分配原则的社会主义基本经济制度，坚持共产党领导、实行人民民主专政的社会主义基本政治制度，坚持以马克思列宁主义、毛泽东思想为指导的社会主义意识形态。这是我们的立国之本，是我国一切进步和发展的基础。

在强调必须坚持社会主义基本制度的同时，邓小平总结多年来离开生产力抽象地谈论社会主义，把许多束缚生产力发展的、并不具有社会主义本质属性的东西，当作“社会主义原则”加以固守，把许多在社会主义条件下有利于生产力发展的东西，当作“资本主义复辟”加以反对的历史教训，经过深邃的思考，科学地、精辟地、创造性地揭示了社会主义本质。1992 年年初，邓小平在南方谈话中对社会主义本质作了总结性理论概括:“社会主义的本质,是解放生产力,发展生产力,消灭剥削,消除两极分化,最终达到共同富裕。”①

二、邓小平理论的主要内容

(一)解放思想、实事求是的思想路线

解放思想、实事求是是我们党的思想路线,无论是搞革命,还是搞建设,都必须坚持这一路线。否则,就会遭受挫折乃至造成严重后果。如“大跃进”偏离了实事求是思想路线,高指标、瞎指挥、浮夸风、共产风严重泛滥;“文化大革命”背离了实事求是思想路线,使党和国家事业遭受巨大损失;“文化大革命”结束后,“两个凡是”推行的结果导致“文化大革命”结束后的中国出现了两年徘徊的局面。而后来,正是由于实事求是思想路线的重新确立,才有了党的十一届三中全会做出的把党和国家的工作重心转移到社会主义现代化建设上来的重大战略决策;也正是由于实事求是思想路线的恢复和发展,在建设有中国特色社会主义的实践中坚持了解放思想、实事求是,才逐步形成了中国特色社会主义理论体系的开篇之作——邓小平理论,也才有了中国特色社会主义事业蓬勃发展新局面。

(二)社会主义初级阶段理论

【教学互动】

国际共产主义运动中社会主义发展阶段问题的深刻教训

苏联是世界上第一个社会主义国家。列宁逝世后,斯大林领导苏联人民推进了工业化,实现了农业集体化,建立了社会主义制度。但是,斯大林把社会主义社会的发展过程看得极其短暂。1936 年斯大林就宣布苏联建立了社会主义制度,接着就认为苏联已进入一个新的发展阶段,即完成社会主义建设并逐渐过渡到共产主义的阶段。赫鲁晓夫当政后,在 1961 年宣布苏联 20 年内将建成共产主义社会。此后,勃列日涅夫批评了赫鲁晓夫在社会主义建设上的主观主义和唯意志论,提出了“发达的社会主义社会”理论。

① 《邓小平文选》第 3 卷,人民出版社 1993 年版,第 373 页。

苏联宪法还把这一理论以法律形式确定下来。勃列日涅夫去世之后,其继任者安德罗波夫、契尔年科等又提出“发达社会主义入口”的主张,但始终没有对自身基本国情做出有科学根据的清醒分析。到戈尔巴乔夫,苏联则完全放弃了社会主义理论,并最终导致苏联解体。东欧其他社会主义国家当时也有着与苏联相同或相似的提法,基本都认为自己处在“发达的社会主义社会”。

[讨论] 苏联对社会主义发展阶段问题的认识出现失误的原因是什么?

学生发言(略)。

[点评] 脱离实际、急于过渡的思想是导致苏联对社会主义发展阶段问题的认识出现失误的主要原因。苏联过去对社会主义所处的阶段估计显然过高,使其在实践上提出许多并不可行的目标,造成在内政外交战略上的一系列重大失误,不仅严重阻碍了本国社会生产力的发展,而且也给包括中国在内的其他社会主义国家带来了消极影响。苏联解体、东欧剧变,教训尤为深刻。我国社会发展水平在总体上还远低于苏联东欧国家,我国对社会主义发展阶段的认识需要更加清醒和谨慎。

党的十九大报告强调,我们“必须认识到,我国社会主要矛盾的变化,没有改变我们对我国社会主义所处历史阶段的判断,我国仍处于并将长期处于社会主义初级阶段的基本国情没有变,我国是世界最大发展中国家的国际地位没有变。全党要牢牢把握社会主义初级阶段这个基本国情,牢牢立足社会主义初级阶段这个最大实际,牢牢坚持党的基本路线这个党和国家的生命线、人民的幸福线,领导和团结全国各族人民,以经济建设为中心,坚持四项基本原则,坚持改革开放,自力更生,艰苦创业,为把我国建设成为富强民主文明和谐美丽的社会主义现代化强国而奋斗”。

中国共产党在总结世界社会主义发展,特别是中国社会主义建设曲折发展的历史经验和教训的基础上提出的社会主义初级阶段理论,在马克思主义发展史上是第一次,既揭示了当代中国的历史方位,是建设中国特色社会主义的总依据,也是对马克思主义关于社会主义发展阶段理论的重大发展与突破。

那么,社会主义初级阶段理论是怎么形成的呢?社会主义初级阶段的含义和基本特征是什么呢?

(三)党的基本路线

由党的十三大正式提出并在改革开放实践中不断充实和完善的社会主义初级阶段基本路线,向全党和全国人民指明了奋斗目标、基本途径、领导力量、依靠力量、根本立足点。

奋斗目标——“把我国建设成为富强民主文明和谐美丽的社会主义现代化强国”。

基本途径——实现奋斗目标的基本途径是坚持“一个中心、两个基本点”。

领导力量——中国共产党是中国特色社会主义事业的领导核心。

依靠力量——全国各族人民是现代化建设的依靠力量。

根本立足点——自力更生,艰苦创业。

坚持党的基本路线,必须紧紧围绕经济建设这一中心,正确处理改革开放和四项基本原则的关系,把“一个中心”和“两个基本点”统一起来。

(四)社会主义根本任务的理论

生产力是社会发展的最根本的决定性因素,社会主义的根本任务是发展生产力。中国解决所有问题的关键要靠自己的发展,发展是硬道理。发展要抓住机遇,要靠科学技术。

(五)“三步走”战略

从“三步走”战略的内容及其实践看,这一战略具有以下突出特点:既有雄心壮志,又坚持实事求是;所要达到的是一个多元现代化目标,注重了经济社会全面协调发展;注重了民生,把每一步发展都与人民生活的改善和人民对美好生活的追求紧密地联系在一起;体现了社会主义制度的优越性。

(六)改革开放理论

改革是一场新的革命,其实质和目标是从根本上改变束缚我国生产力发展的经济体制及其他各方面体制,建立能够适应社会主义现代化建设需要、充满生机活力的新体制。我国的改革始于 20 世纪 70 年代末,首先在农村起步,在农村改革取得成效后,转向了以城市为重点的多方面改革,并在全国铺开。

开放也是改革,对外开放是一项基本国策。我国的对外开放经过了由点(试办经济特区)到线(开放沿海城市)、片(进一步扩大沿海开放区域)、面(沿边、沿江及内陆省会城市的全面开放)的逐步推进过程,形成了全方位、多层次、宽领域的对外开放格局。

开放和改革密不可分、相辅相成,一起成为当代中国最鲜明的特色,是发展中国特色社会主义的必由之路和推动当代中国发展的强大动力。改革开放以来,党带领人民锐意改革,在各个领域各个层面为生产力发展扫清障碍,极大地解放和发展了社会生产力,变革之深、影响之广前所未有,成就举世瞩目,要坚定不移走全面深化改革。

【教学互动】

[案例]

对外开放与对内改革的关系

中国从1978年以来,通过扩大对外贸易、引进外资、参加国际组织,通过大力发展外向型经济,不仅使我国的经济逐步走向国际,也对我们国内的体制改革起到了积极的促进作用。开放促使我们面对国际市场调整产业结构、产品结构,促使我们加快经济体制改革和企业经营机制的转换。更大更快的开放成为人们迫切的要求。但随着开放的发展,就像许多同学问到的,经济全球化对发展中国家是利大于弊还是弊大于利呢?

而1997年亚洲金融危机的爆发更引起了人们新的疑虑——走向全球化的进程真的就像我们想象的那样一帆风顺吗?东南亚国家由于金融早熟而产生的问题已经给了我们一个警告:如果发展中国家过快、过早地实行了对外开放,只注重开放而忽视了改革国内体制作相应支撑,就会在国际市场上出现一种不利于发展中国家的“不平等竞争”,甚至带来极大的风险。就像有学者比喻的:世贸组织的规则像是不分重量级别的拳击比赛,在看似公平的规则下却允许轻量级选手和重量级选手同时进入场地比赛。所以一时间人们惊呼“狼来了”,甚至得出我们不要急于加入甚至不要加入世贸组织的结论,打好篱笆筑好桩再说。而入世后,又有不少人担心“进口潮”的出现冲击国内的产业。

的确,加入世贸组织有利也有弊,对有的人来说加入WTO意味着财富和机会的增加,意味着更多更便宜的消费选择;而对另一些人则可能意味着失业和贫困的加剧——比如对我国农业的巨大冲击。如果我们放慢开放的速度,或许有的企业在政府的保护下会获得暂时的生存空间,但是整个中国的竞争力却会被世界远远抛在后面。仔细想想,我们最初改革的目的是为了什么？是为了发展,是为了最终走向世界,同世界各个强国在国际市场上竞争。所以,我们只有尽早地开放,尽早地感受到国际竞争的压力,尽早地用国际市场的高标准来要求自己、改革自己,才能更快的发展经济,最终赶上世界发达国家。就像经济学中经常讲到的“鲇鱼效应”,在鱼群中放入几条鲇鱼,的确会有一些鱼累死、饿死甚至葬身鲇鱼之腹,但更多的却是在生存的挣扎中,强健了体魄,更赢得了发展的空间。所以,我们只有在主观上更加努力地改革国内的体制,解决束缚我们手脚的各种问题,才能更好地发展,更好地参与国际竞争。我们正是要通过对内改革来解决对外开放的负效应！可见,对外开放是我们对内改革的重要推动力;而改革又为我们更好地开放提供了条件。

［讨论］ 结合以上材料,谈谈改革和开放是怎样的关系?

［点评］ 二者是相辅相成、相互促进的关系。

(七)社会主义市场经济理论

社会主义市场经济理论的基本要点:①计划经济和市场经济不是划分社会制度的标志,计划经济不等于社会主义,市场经济也不等于资本主义。②计划和市场都是经济手段,对经济活动的调节各有优势和长处,社会主义实行市场经济要把两者结合起来。③市场经济作为资源配置的一种方式本身不具有制度属性,可以和不同的社会制度结合,但它和不同社会制度结合具有不同的性质。坚持社会主义制度与市场经济的结合,是社会主义市场经济的特色所在。建立社会主义市场经济体制是我国经济体制改革在实践和理论上的重大突破和创举。

【教学案例】

市场因素搞活市场经济

农村家庭联产承包责任制明确了集体、个人各自的权利和责任利益,建立了生产组织和劳动形式,使集体经济的优越性与家庭经营的积极性统一起来,最有效地将农民收入同他的劳动成果挂钩,使承包者关心生产的全部过程,重视质量,讲求实效,并精打细算,节约开支,争取最好的经济效果。它更好地解决旧体制下生产的"磨洋工"现象和平均主义的分配方式,更好地贯彻按劳分配原则,大大地调动了农民的生产积极性。例如在1978年冬,包产到户的安徽凤阳县梨园公社小岗生产队的18户农民,年底粮食大丰收,产量达到13.3万斤,这个合作化以来从未向国家交过一粒粮的生产队第一次向国家交了6.5万斤粮食,油料2万斤。

(八)"两手抓,两手都要硬"

邓小平强调,物质文明和精神文明都搞好,才是中国特色的社会主义。一手抓物质文明,一手抓精神文明,"两手抓,两手都要硬",这是我国社会主义现代化建设的一个根本方针。

邓小平理论不仅强调物质文明和精神文明两手抓,两手都要硬,而且还提出了其他一系列"两手抓"思想:"一手抓建设,一手抓法制";"一手抓改革开放,一手抓惩治腐败"。

邓小平的一系列"两手抓",坚持了辩证法的全面性,坚持了两点论和重点论的统一,有利于克服实际工作中存在的"一手硬、一手软"的问题,为我们党的领导方法和工作方法充实了新内容。

(九)"一国两制"

1982年1月,邓小平首次提出"一个国家,两种制度"的概念。"一国两制"是从我国实际出发,解决港澳台问题,实现祖国完全统一的伟大构想。其基本内容是在祖国统一的前提下,国家的主体实行社会主义制度,同时在香港、澳门、台湾保持原有的资本主义制度长期不变。坚持一个中国是核心。"一国两制"的伟大构想在实践中已成功地解决了港澳问题。

【教学互动】

乡　愁

余光中

小时候,乡愁是一枚小小的邮票,我在这头,母亲在那头。
长大后,乡愁是一张窄窄的船票,我在这头,新娘在那头。
后来啊,乡愁是一方矮矮的坟墓,我在外头,母亲在里头。
而现在,乡愁是一湾浅浅的海峡,我在这头,大陆在那头。

［讨论］　诗中反映的是哪些人的乡愁？这种“乡愁”是怎样造成的？如何让台湾早日回归祖国怀抱，实现祖国的完全统一？

（十）中国问题的关键在于党

建设中国特色社会主义，关键在于坚持、加强和改善党的领导。在中国这样一个大国，现代化建设、国家的统一、人民的团结、社会的安定、民主的发展，都要靠党的领导。为了坚持和加强党的领导，必须努力改善党的领导。除了改善党的组织状况以外，还要改善党的领导工作状况，改善党的领导制度。要加强党的思想建设、组织建设、作风建设。

第三节　邓小平理论的历史地位

邓小平理论的历史地位：

（1）马克思列宁主义、毛泽东思想的继承和发展。

（2）中国特色社会主义理论体系的开篇之作。

（3）改革开放和社会主义现代化建设的科学指南。

【实训与应用】

1. 谈谈对邓小平理论历史地位的认识。

2. 阅读《邓小平传》，谈谈一代伟人邓小平长达70多年波澜壮阔的革命生涯，给了你怎样的启迪？应如何正确对待人生和职业选择中遇到的挫折？

3. 分析材料，回答问题

改革开放之初的1980年，当时中国确定的目标是用20年时间实现国内生产总值GDP翻两番，人民生活达到小康。要实现这个目标，意味着经济的年均增长率要达到7%甚至8%以上。当时全世界没有几个国家相信，像中国这样一个人口众多的农业大国，经济如此落后，能够实现长达二十年时间的高速增长。

在20世纪60至70年代，亚洲的“四小龙”采取“出口导向”战略，利用国际市场的优势在一个较长的时间内实现了经济的高速增长，然而像中国这样的大国与“四小龙”有很大区别，仅我国东南沿海五个省份的面积就是“四小龙”的五倍，人口是其四倍。但是，我们实现了持续30多年的高速增长，中国的面貌发生了翻天覆地的变化，被世界上许多学者称之为人类历史上的一个奇迹。

这就是改革开放,是邓小平关于建设社会主义理论最突出的贡献,也是社会主义发展史上从未有过的崭新创造。改革开放是社会主义本质的要求,是社会主义社会发展的动力。改革开放既是邓小平理论的重要组成部分,也是我国进入社会主义现代化建设新的时期最鲜明的特征。

我国经济从一度濒于崩溃的边缘发展到总量跃至世界第二、进出口总额位居世界第三;人民生活从温饱不足发展到总体小康;农村贫困人口从两亿五千多万减少到两千多万。

正是在改革开放的历史背景下,开辟了中国特色社会主义道路,形成了中国特色社会主义理论体系。

(案例来源:豆丁网)

请根据上述材料思考如下问题:

(1)中国改革的背景依据是什么?

(2)怎样看待改革?

(3)为什么说对外开放是我国的一项基本国策?

(4)谈谈改革开放给大学生就业创业带来了什么机遇?

第十六章

"三个代表"重要思想

【教学目的和要求】

通过学习,使学生了解"三个代表"重要思想的形成条件、形成过程、基本内容和历史地位,增强使命感和责任感,努力实践"三个代表"重要思想。

【教学重点和难点】

"三个代表"重要思想的核心观点、主要内容。

第一节 "三个代表"重要思想的形成

【课前设问】

"三个代表"重要思想是怎么形成的?

【课堂导入】

伟大的实践催生伟大的理论,继邓小平理论之后,在建设中国特色社会主义新的实践中,与时俱进地产生了新的理论成果。大家知道这一新的理论成果是什么吗?

那么,为什么会提出"三个代表"重要思想?提出的条件和过程是怎样的?它包括哪些思想内容?又有何指导意义呢?下面我们来共同探讨一下。

一、"三个代表"重要思想的形成条件

(1)"三个代表"重要思想是在对冷战结束后国际局势科学判断的基础上形成的。

(2)"三个代表"重要思想是在科学判断党的历史方位和总结历史经验的基础上提出来的。

(3)"三个代表"重要思想是在建设中国特色社会主义伟大实践的基础上形成的。

二、"三个代表"重要思想的形成过程

(一)酝酿阶段(1989—2000 年)

一是 1989 年江泽民在建党 70 周年纪念大会上对"进一步加强中国共产党的建设"做了深刻论述。

二是党的十四届四中全会通过了《中共中央关于加强党的建设几个重大问题的决定》,分析了党的建设面临的形势。

三是党的十四届四中全会上,江泽民提出了党的建设新的伟大工程。

(二)逐步形成阶段(2000 年 2 月—2001 年 7 月)

十五大以后,江泽民先后在广东和江苏、浙江、上海等地考察工作,对关系新时期党建工作全局的重大理论问题和现实问题做出了系统、科学的回答,提出了"三个代表"重要思想。①首次明确于广东。2000 年 2 月 25 日,江泽民在广东考察工作时,首次对"三个代表"进行了比较全面的阐述。②强调深化于上海。2000 年 5 月 8—15 日,江泽民到江苏、浙江和上海考察党建工作时,进一步阐述了"三个代表"重要思想,明确提出要把'三个代表'的要求贯彻落实到党的全部工作中去。③ 6 月 9 日,江泽民在全国党校工作会议上第一次提出"三个代表"重要思想所要回答和解决的"建设什么样的党、怎样建设党"的重大问题。④形成完整的理论体系于"七一"讲话。2001 年 7 月 1 日,江泽民在庆祝中国共产党成立 80 周年大会上的讲话中全面阐述了"三个代表"重要思想的科学内涵和基本内容。

(三)体系发展和确立阶段(2001 年 8 月—2002 年 11 月)

一是丰富发展于"五三一"讲话。2002 年 5 月 31 日江泽民在中央党校

省部级干部班毕业典礼大会上深刻阐述了“三个代表”重要思想的内在联系，提出“贯彻‘三个代表’重要思想，关键是坚持与时俱进，核心是保持党的先进性，本质是坚持执政为民”。

二是科学定位于党的十六大。2002 年 11 月，党的十六大将“三个代表”重要思想与马克思列宁主义、毛泽东思想和邓小平理论一道确立为党必须长期坚持的指导思想，并写入党章。

三是 2004 年“三个代表”重要思想被载入宪法。

小结：“三个代表”重要思想经过了一个从酝酿到逐步形成理论体系，再到确立理论地位的过程。它在邓小平理论的基础上，进一步深化了对中国特色社会主义的认识，丰富和发展了中国特色社会主义理论，其科学体系是构成中国特色社会主义理论体系的重要内容。

第二节　“三个代表”重要思想的核心观点和主要内容

【课前设问】

阐述“三个代表”重要思想内涵及其科学体系

【课堂导入】

十三届四中全会以来，面对国内外形势发生的深刻变化及时代变化对党和国家工作提出的新要求，以江泽民同志为主要代表的中国共产党人，在建设中国特色社会主义的实践中，与时俱进地推进理论创新，创立了“三个代表”重要思想。这一重要思想，并非只三句话，而是一个内容丰富的科学体系。那么，这一思想的核心观点和主要内容是什么呢？

一、“三个代表”重要思想的核心观点

（一）始终代表中国先进生产力的发展要求

1. 先进生产力的科学内涵。

2. 先进生产力与中国先进生产力的发展要求。

3. 中国共产党必须始终代表中国先进生产力的发展要求。

【教学互动】

[案例]

感受科技的神奇力量

袁隆平的"杂交水稻"不仅在很大程度上解决了中国人的吃饭问题,而且被认为是解决21世纪世界性饥饿问题的法宝。国际上甚至把杂交水稻称作中国继四大发明之后的第五大发明,誉为"第二次绿色革命"。在我国,一半以上的稻田种植的水稻和60%的水稻产量来自袁隆平及其助手研究出来的杂交水稻。各种品质的杂交稻在20年内为我国增产粮食3500多亿千克。

2017年,袁隆平的超级杂交水稻平均亩产达1149.02公斤,又创下了世界水稻单产的最高纪录。他的杂交水稻创新团队培育通过审定以及利用团队创制的亲本配组选育的品种,累计在全国推广面积超过8亿亩(其中团队培育品种推广3.5亿亩),按照每亩平均增产稻谷25公斤估算,共增产粮食200亿公斤,增加经济效益540亿元以上。

(由网络资料整理而成)

[讨论] 这个案例告诉了人们什么?我们党和政府为什么高度重视科技创新?学生发言(略)。

[点评] 这个案例让我们看到了科学种田的重要性和科技的神奇力量,也看到了我国杂交水稻技术领先于世界;同时告诉我们,科学技术是第一生产力,是先进生产力的集中表现和主要标志。

我们党和政府之所以高度重视科技进步和创新:其一,科技进步和创新是发展生产力的决定因素,大力推动科技进步和创新,不断用先进科技改造和提供国民经济,努力实现我国生产力发展的跨越,是我党始终代表中国先进生产力发展要求的重要职责。其二,科学的本质是创新,创新是一个民族进步的灵魂,是一个国家兴旺发达的不竭动力,只有大力推进知识创新、科技创新,加强国家创新体系建设,才能实现技术的突破和跨越式发展,持续增强科技创新力和竞争力,也才能使国家繁荣富强。其三,只有高度重视科技创新,大力发展生产力,党才能更好地发展先进文化,更好地满足人民群众日益增长的物质文化需要,实现好维护好发展好最广大人民群众的根本利益。一句话,高度重视科技创新,才能更好地践行"三个代表"。

（二）始终代表中国先进文化的前进方向

1. 什么是先进文化？

2. 先进文化与代表先进文化的前进方向。

3. 中国共产党必须始终代表中国先进文化的前进方向。

（三）始终代表中国最广大人民的根本利益

【教学互动】

播放歌曲《十送红军》。

请同学们思考一下：这首歌曲反映了什么？老百姓为什么对中国共产党领导的中国工农红军有如此深厚的情谊？

学生发言（略）。

［点评］ 这首如泣如诉、情真意切、婉转优美的歌曲，反映了中国共产党及其领导的中国工农红军与人民群众血肉相连、鱼水情深的关系，体现了党和工农红军全心全意为人民服务的宗旨。老百姓对中国共产党领导的工农红军之所以有鱼水相依的深厚情谊，一是这种深厚情谊是彼此在同劳动、同生活、同战斗、同生死共患难中结下的；二是党领导的红军用鲜血和生命捍卫了苏区的土地和人民，党在红军在，苏区人民的利益就在，中国共产党真正代表了中国最广大人民的根本利益。

党和国家历来重视与人民群众的关系，把人民拥护不拥护、赞成不赞成、高兴不高兴、答应不答应，作为检验各项工作成败的最高标准。在党和国家的全部工作中践行着代表人民利益的誓言。我们可以从以下例子看到国家为人民服务的诸多政策表现：

一是 2005 年 12 月 29 日，十届全国人大常委会第十九次会议决定，第一届全国人大常委会第 96 次会议于 1958 年 6 月通过的《农业税条例》自 2006 年 1 月 1 日起废止。这意味着 9 亿中国农民从 2006 年第一天开始，将依法彻底告别延续 2 600 年的皇粮国税——农业税。

二是 2007 年全国农村义务教育阶段学杂费全免，农村 1.5 亿名中小学生家庭普遍减负。农村贫困家庭学生继续享受免费教科书和补助寄宿生活费。中央财政投入 95 亿元，建立健全国家奖学金、助学金制度。

三是继续完善企业职工基本养老保险制度，健全城镇职工基本医疗保险和失业、工伤、生育保险制度。

四是新型农村合作医疗试点扩大,在全国农村建立最低生活保障金制度,等等。

五是新中国成立以来,以焦裕禄、孔繁森为代表的优秀共产党员,以实际行动为人民谋利益。

二、“三个代表”重要思想的主要内容

“三个代表”的主要内容有:①发展是党执政兴国的第一要务。②建立社会主义市场经济体制。③全面建设小康社会。④建设社会主义政治文明。⑤推进党的建设新的伟大工程。

总之,“三个代表”重要思想是一个内容丰富的科学思想体系。它在邓小平理论的基础上,进一步回答了“什么是社会主义、怎样建设社会主义”的问题,创造性地回答了“建设一个什么样的党、怎样建设党”的问题,其核心是解放思想、实事求是、与时俱进。

第三节 “三个代表”重要思想的历史地位

【实训与应用】

[案例]

宁夏一位农民讲述切身体会:“‘三个代表’好”

2012 年 8 月 14 日上午 11 时,宁夏回族自治区灵武市新华镇一位穿着朴素的农民走进本报驻宁夏记者站递上了一封信。在他关注的目光下,记者读完了他写的信。“现在不是都在讲实践‘三个代表’好”吗,我就是用切身体会来向你们并通过你们向社会说,‘三个代表’好。”看过了他写的信,听了这位农民的话,记者深感“三个代表”在基层、在普通干部群众中的震撼力。

送信人名叫朱荣,是家住宁夏回族自治区灵武市新华镇的普通农民。2002 年年初,他 8 岁的孩子被诊断患了心脏病、肺动脉高压等病。数万元的手术治疗费对这个困难家庭来讲无疑是个天文数字。偏偏此时祸不单行,6 月 7 日的一声暴雨冲塌了他家的住房,4 亩农田中的小麦仅收回了种子。

朱荣在信中写道:“天灾人祸难免,党和政府有情。6 月 8 日,暴雨还在下,新华镇长杜岐水就带着镇干部挨村查看灾情,一边查排隐患,一边将受灾情况上报。第二天,灵武市委书记纪峥和市长继国到我临时居住处看望我一家人,送来了 800 元慰问金,鼓励我要树立起对生活的信心。接着,市民政部门从紧张的资金中挤出 16 000 元给我,用来为我 8 岁的儿子做心脏手术。恩比天高啊!我这个做父亲的眼巴巴看着孩子有病没钱治,是共产党的干部想到了为我的孩子治病。如今,我儿子已在宁夏最好的医院接受了手术治疗,很快就要出院,我该如何感激党、感激这些为咱百姓做事的好干部啊!”

朱荣向记者再三表示,“有这样的干部是新华镇百姓的福分,党的干部都像他们这样把‘三个代表’落实在行动上,百姓们的日子就会一天更比一天好”。

(来源:道客巴巴)

1. 怎样理解“三个代表”重要思想的本质是立党为公、执政为民?

2. 分析“三个代表”重要思想对建设并保持党的先进性、纯洁性的意义。

第十七章

科学发展观

【教学目的和要求】

通过本课学习，使学生了解科学发展观的形成条件、过程，把握科学发展观的科学内涵和主要内容，认识科学发展观的重大意义和历史地位，并能运用科学的眼光看待周围事物的发展，自觉运用科学发展观的方法指导实践。

【教学重点和难点】

1. 科学发展观的主要内容

2. 科学发展观的指导意义

第一节　科学发展观的形成

【课前设问】

简述科学发展观是怎样形成的。

【课堂导入】

播放 6 分钟小视频《改革开放三十年经典瞬间》

问同学，从这个短短的小视频里看到了什么？想到了什么？

教师总结：从这个小视频里我们真切地目睹和感受到了我国改革开放三十年是跨越发展的 30 年、辉煌的 30 年，发生的变化天翻地覆，取得的成就举世瞩目。由此,中国特色社会主义建设事业也站在了一个新的历史起点上,接下来中国要怎么发展呢？小视频里最后一个画面向我们点明了:2007年党的十七大标志着我国进入了科学发展新阶段。那么,进入这一新阶段后,要“实现什么样的发展、怎样发展”呢？科学发展观会告诉我们。下面让我们一起来学习科学发展观。

一、科学发展观的形成条件

一是科学发展观是在深刻把握我国基本国情和新的阶段性特征的基础上形成和发展的。

基本国情:改革开放以来我国经济发展取得了举世瞩目的成就。但我国仍处于并将长期处于社会主义初级阶段,而且在进入新世纪新阶段,我国经济社会发展呈现一系列新特征。

我们必须保持清醒的头脑,直面发展中存在的问题。这些矛盾和问题,有些是在中国发展的现阶段难以避免的,有些则是由于发展观的偏差导致的。比如,有的地区和部门的领导干部,把发展是硬道理,简单理解为增长是硬道理,把“以经济建设为中心”理解为“以速度为中心”。这种认识上的偏差必然导致工作的盲目性和行为的非科学性。有的在工作中把经济增长,特别是 GDP 增长作为发展的核心,不惜以牺牲资源,环境为代价追求产值甚至于弄虚作假、盲目攀比增长速度。有的贪大求洋,热衷于铺摊子、上项目甚至大搞劳民伤财的“政绩工程”“形象工程”,动辄提出搞什么“国际一流”“超一流”。有一些地方在发展中不是“以人为本”而是与民争利,发展以损害群众利益的方式进行。面对现实,中国要什么样的发展,应怎样发展？这就成为一个必须解决好的重大命题。

二是科学发展观是在深入总结改革开放以来特别是党的十六大以来实践经验的基础上形成和发展的。

什么是发展？人类发展的实质是什么？什么才是真正的发展？

发展的问题,首先是一个改变落后,赶上先进的问题。据专家测算,如果美国年增长率为 3%,中国年增长率为 8%,那么中国需要 68 年才能实现人均 GDP 与美国相当;如果美国增长率为 4%,中国年增长率为 7%,那么中国需要 118 年才能赶上美国。在整个社会主义初级阶段,物质财富的增长,始终是发展最核心、最基本的内容,但绝不能片面追求或盲目攀比增长速度。过去有些地方过多的追求 GDP 的增长,出现了"GDP 书记""GDP 市长"。单纯追求 GDP 的增长不是真正的发展。GDP 固然重要,但一个地方 GDP 增长很快,同时"三无" 农民大量增加(种田无地、就业无岗、低保无份)。怎么能叫发展呢? 所以如果片面地去追求发展,不以实践为基础盲目发展,很可能落入"拉美陷阱"。

党的十六大以来,党带领人民抓住机遇,加快发展,战胜了各种风险挑战,把中国特色社会主义推进到新的发展阶段。在不断深化的改革开放实践中,积累了许多新经验。这些新经验党的十七大概括为"十个结合"。这些成功探索和新经验奠定了科学发展观的实践基础。

三是科学发展观是在深刻分析国际形势、顺应世界发展趋势、借鉴国外发展经验的基础上形成和发展的。

作为世界上人口最多的发展中国家,我国要完成工业化和信息化的双重任务,面临着促进经济发展和节约资源、保护环境的双重压力,我们不能重复某些国家先污染后治理的老路,而必须走科学的发展路子,促进国民经济又好又快发展。

二、科学发展观的形成过程

一是科学发展观在抗击非典疫情和探索完善社会主义市场经济体制的过程中逐步形成。

2003 年 7 月 28 日,胡锦涛总书记在全国防治非典工作会议上发表重要讲话中首次提出,要更好地坚持协调发展、全面发展、可持续发展的发展观。

2003 年 10 月召开的中共十六届三中全会正式提出了"坚持以人为本,树立全面、协调、可持续的发展观,促进经济社会和人的全面发展"。

2004 年 3 月,胡锦涛在中央人口资源环境座谈会上发表的重要讲话中深刻阐明了科学发展观提出的背景、意义,明确界定了科学发展观的深刻内涵和基本要求,并对如何树立和落实科学发展观提出了明确的要求,标志着科学发展观的形成。

二是科学发展观在加强和改善宏观调控的实践中不断充实丰富。

2004 年 9 月召开的十六届四中全会根据新经验阐发了对科学发展观的

新认识。

2004 年 9 月,党的十六届四中全会通过的《中共中央关于加强党的执政能力建设的决定》,把树立和落实科学发展观作为提高党的执政能力的重要内容。

2005 年 10 月,十六届五中全会通过的《中共中央关于制定国民经济和社会发展第十一个五年规划的建议》强调要坚定不移地以科学发展观统领经济社会发展全局,把经济社会发展切实转入全面协调可持续发展的轨道。

2006 年 3 月,十届全国人大四次会议通过的《中华人民共和国国民经济和社会发展第十一个五年规划纲要》指出,"十一五"时期促进国民经济持续快速协调健康发展和社会全面进步,要以科学发展观统领经济社会发展全局。由此科学发展观理论体系较以前更加完整。

三是以党的十七大为标志,科学发展观进一步走向成熟。

2007 年 10 月召开的党的十七大对科学发展观的理论定位、理论依据、理论内涵、精神实质、重大意义作了最为系统的全面阐述。言简意赅地提出了科学发展观的科学内涵:第一要义是发展;核心是以人为本;基本要求是全面协调可持续;根本方法是统筹兼顾。十七大提出了"中国特色社会主义理论体系"的科学概念,把科学发展观与邓小平理论、"三个代表"重要思想一道作为中国特色社会主义理论体系的重要组成部分,并把科学发展观与马克思列宁主义、毛泽东思想、邓小平理论和"三个代表"重要思想一道写入党章,成为党必须长期坚持的指导思想。

四是党的十七大后,来自国际国内经济政治以及自然界的严重困难和挑战接连不断,这些困难和挑战既考验着我们党领导科学发展的能力,也推动着科学发展观理论不断发展完善。

2010 年 10 月十七届五中全会强调,在当代中国,坚持发展是硬道理的本质要求,就是坚持科学发展,更加注重以人为本,更加注重全面协调可持续发展,更加注重统筹兼顾,更加注重保障和改善民生,促进社会公平正义。

2012 年党的十八大进一步强调,科学发展观"对新形势下实现什么样的发展、怎样发展等重大问题做出了新的科学回答,把我们对中国特色社会主义规律的认识提高到新的水平,开辟了当代中国马克思主义发展新境界。科学发展观是中国特色社会主义理论体系最新成果,是中国共产党集体智慧的结晶,是指导党和国家全部工作的强大思想武器。科学发展观同马克思列宁主义、毛泽东思想、邓小平理论、'三个代表'重要思想一道,是党必须长期坚持的指导思想。"

【教学互动】

邓小平指出:"中国解决所有问题的关键是靠自己的发展,发展才是硬道理"。改革开放40年来的实践证明:坚持用发展的眼光、发展的思路、发展的办法解决前进中的问题,就能把中国特色社会主义事业不断推向前进。

[讨论] 怎样才能更好地解决我国前进中遇到的困难和问题?

第二节 科学发展观的科学内涵和主要内容

【课前设问】

阐述科学发展观的科学内涵和主要内容。

【课堂导入】

举例说明发展对于一个国家、一个公司直至个人的重要意义,让学生谈一下近年来自身所处环境中的发展变化(例如:村里路的变化、家中电器的变化等)引入新课。

一、科学发展观的科学内涵

(一)推动经济社会发展是科学发展观的第一要义

发展是第一要务,是解决中国一切问题的总钥匙。坚持科学发展,必须加快转变经济发展方式,必须善于抓住和用好机遇,坚持经济社会协调发展、又好又快发展。

【教学互动】

播放一些视频图片资料,比如看航天员太空行走的图片,以及近些年汽车、手机、电脑的普及变化、国家大剧院、鸟巢、三峡大坝、青藏铁路等图片,让同学们在直观感受祖国的发展和实力变化后,谈谈自己的感想。

(二)以人为本是科学发展观的核心立场

以人为本,是科学发展观的核心。是共产党坚持全心全意为人民服务的根本宗旨的体现。坚持以人为本,就要坚持发展为了人民、发展依靠人民、发展成果由人民共享,坚持人的全面发展。

【教学互动】

网上曾热议这样一句话:"你是替党说话,还是替老百姓说话?"

请同学们发表一下自己的看法(略)。

[点评] 这句话是把中国共产党放在了人民的对立面,是错误的!

中国共产党把全心全意为人民服务作为自己的根本宗旨,始终坚持人民的利益高于一切。党除了最广大人民的根本利益,没有自己的特殊利益;党的全部任务和责任,就是带领广大人民实现自己的利益。无论是战争年代浴血奋战推翻三座大山,中华人民共和国后建立社会主义制度和开始全面建设社会主义,还是进行改革开放和全面建设社会主义现代化,归根到底都是为了实现好、维护好、发展好最广大人民的根本利益。坚持以人为本,就要坚持立党为公、执政为民,始终做到权为民所用、情为民所系、利为民所谋,始终把最广大人民的根本利益作为衡量一切工作的最高标准。坚持以人为本,就要把解决人民群众切身利益问题放在首位,在治国理政的过程中充分体现和代表人民意愿,坚持发展为了人民、发展依靠人民、发展成果由人民共享,使全体人民在共建共享发展中有更多获得感,增强发展动力,增进人民团结,朝着共同富裕方向稳步前进。

(三)全面协调可持续是科学发展观的基本要求

1. 全面、协调、可持续的含义。

2. 坚持全面协调可持续发展的原因。

3. 怎样坚持全面协调可持续发展。

讲述全面——五位一体总布局,协调——经济与社会、城市与乡村等各个领域各个方面协调推进,可持续——坚持生产发展、生活富裕、生态良好的文明发展道路

(四)统筹兼顾是科学发展观的根本方法

坚持统筹兼顾,必须正确认识和妥善处理中国特色社会主义事业中的重大关系,正确反映和兼顾各阶层各群体的利益要求,牢牢掌握统筹兼顾的科学思维方法,做到兼顾各方,综合平衡。

二、科学发展观的主要内容

1. 加快转变经济发展方式
2. 发展社会主义民主政治
3. 推进社会主义文化强国建设
4. 构建社会主义和谐社会
5. 推进生态文明建设
6. 全面提高党的建设科学化水平

第三节　科学发展观的历史地位

1. 中国特色社会主义理论体系的接续发展
2. 发展中国特色社会主义必须长期坚持的指导思想

【实训与应用】

[案例]

半个世纪人类发展观大反省(摘录)

自从18世纪工业革命在西方发轫以来,人类便以为自己寻到了自我发展的终极密码,随着滚滚的车轮与隆隆的机器轰鸣,一番无边无际、无限无量的乐观发展前景被反复展示。但这种乐观最终被环境问题击碎,“技术万能论”与“无限发展观”一步步沦陷。

作为一个富于潜力的专有名词,“可持续”最早出现在19世纪关于林木的“可持续产量”的研究之中,此后关于渔业的“可持续产量”问题再次被提及。

然而最终促发人类大反思的机会,却是一系列充满死亡气息的公害事件:1930年比利时马斯河谷烟雾事件、1948年美国宾州多诺拉烟雾事件、1961年日本四日市哮喘病事件、1955年开始的日本富士山县骨痛病事件……这些动辄令人大面积患病甚至死亡的环境事件,成为“自然界的报复”,冲击着一味掠夺自然进而破坏环境的片面发展模式。

1962年,一本读后令人毛骨悚然的作品登上美国畅销书的排行榜——这本名为《寂静的春天》的大作,并非什么惊悚小说,而是美国生物学家卡森论述杀虫剂、特别是滴滴涕对鸟类和生态环境造成毁灭性危害的著述。此书的问世，给作者带来了一些麻烦，但发展必须顾及环境问题的思维，却从此根深蒂固地走进了全球政治、经济议程的中心；书中提到的“可持续性”一词，逐渐成为流行概念。

1968 年，来自全球（主要是欧洲）的 100 多位学者、名流聚会罗马，讨论当时人类的困境与出路。聚会中，基于共同的担忧，与会者以人口增长、工业发展、粮食生产、资源耗费和环境污染等人类面临的五大严重问题为研究对象，成立了一个名为“罗马俱乐部”的组织。4 年后，这个组织发表了震动世界的研究报告《增长的极限》。报告根据数学模型预言：在未来的一个世纪中，人口和经济需求的增长，将导致地球资源耗竭、生态破坏和环境污染；除非人类自觉限制人口增长和工业发展，否则这一悲剧将无法避免。

1972 年实在是新发展观的一个好年头，除了罗马俱乐部的经典奉献之外，联合国人类环境会议在斯德哥尔摩举行，同年联合国环境署（UNEP）成立。在经过了“有机增长”“全面发展”“同步发展”“协调发展”等一系列概念观念的嬗变之后，联合国选择从民间机构手中接过了“可持续发展”的大旗……1992 年，联合国环境与发展大会（UNCED）通过《21 世纪议程》，更进一步确认和明晰了“可持续发展观”的理念与内涵。

几十载的理论突破，终于在 20 世纪的最后十年开始有了实践的收获。美、德、英等发达国家与中国、巴西等后发国家，都先后提出了自己的 21 世纪议程或行动纲领，不约而同地强调要在经济、社会与环境等方面协调共进。

针对传统发展模式的质疑与突破，无疑是首先在西方国家发轫并逐渐成熟的，这跟西方发达国家首先完成了经济繁荣并遭遇相应问题有关。事实上，传统模式聚焦于经济的片面发展，一方面是人类的理性认知存在时代局限，同时更跟发展的程度有关——发展的自由要优先于发展的正义。如今，发达国家的经验已经呈现出了一个相对完整的路线，后发国家理当可以避免踏入同样的误区——不少后发国家在自己的经济赶超阶段都声明，自己不会重复“先发展，后治理”的老路——然而结果还是往往存在一个相对集中的发展自由优先于发展正义的阶段，但前车之鉴在眼前，国际潮流所示，这样的阶段可以得到尽量的缩短，而跟随人类文明的进步，越来越多不限于人口问题与环境问题的人本关怀，被纳入协调、持续的科学发展理念中。在这个意义上,可以最丰富地吸纳新发展观的内涵,而尽量缩短步向新发展时代的必要过程,是后发国家的一个重要后发优势。

请思考:(1)人类在享受发展成就的同时遭受了发展的危机。什么是真正的发展?

(2)谈谈对科学发展观的思想内涵、历史地位和指导意义的理解。

【实践教学设计】

(1)通过本章学习,你如何利用科学发展观的有关内容来设计你自身的科学发展?

(2)分析科学发展观对当代大学生健康成长成才和创业、择业、就业的现实意义。

第十八章

习近平新时代中国特色社会主义思想及其历史地位

【教学目的和要求】

通过本课学习，使学生深刻认识中国特色社会主义进入新时代，准确把握习近平新时代中国特色社会主义思想的主要内容和历史地位，领会其科学的方法，学会用历史的眼光发展地看问题。

【教学重点和难点】

1. 我国社会主要矛盾发生的变化。

2. 中国走进新时代的表现和历史意义。

3. 习近平新时代中国特色社会主义思想的核心要义和丰富内涵。

第一节　中国特色社会主义进入新时代

【课前设问】

为什么说中国特色社会主义进入新时代?

【课堂导入】

伟大的时代孕育伟大的思想，伟大的思想照亮时代的航向。如何理解新时代？如何把握新思想？如何实现新目标？让我们一起走进本课的学习。

一、历史性成就和历史性变革

(一)历史性成就

第一,经济建设取得重大成就。

第二,全面深化改革取得重大突破。

第三,民主法治建设迈出重大步伐。

第四,思想文化建设取得重大进展。

第五,人民生活不断改善。

第六,生态文明建设成效显著。

第七,强军兴军开创新局面。

第八,港澳台工作取得新进展。

第九,全方位外交布局深入展开。

第十,全面从严治党成效卓著。

(二)历史性变革

【教学案例】

中国进入"强起来"的新时代

近代以来,久经磨难的中华民族迎来了从站起来、富起来到强起来的伟大飞跃。特别是党的十八大以来五年的艰苦奋斗,有力推动了这一历史性飞跃,标定了当今中国崭新的历史发展方位,中国特色社会主义发展从此进入了新时代。

中国"强起来",体现在建设了一个强有力的执政党。五年间,以习近平同志为核心的党中央从党的存亡高度深刻认识世情国情党情,全面从严治党,累计制定修订近 80 部党内法规,实现党的历史上首次一届任期内中央巡视全覆盖,全方位扎紧了制度的笼子,党内政治生态发生根本性变化。

中国"强起来",体现在发展更重质量的经济,寻求更有质量的增长。从 2013 年到 2016 年,我国经济年均增长率为 7.2%,大大高于世界平均增速。更加重要的是,我们主动适应经济发展新常态,引领新常态,党中央紧紧牵住供给侧结构性改革这个"牛鼻子",推动了经济结构和发展动力的重大转变,技术要素和创新要素已经逐步成为经济发展的第一动力。

中国“强起来”，体现在民生的改善和社会福祉的提升。五年来，国民收入分配结构持续改善，合理有序的收入分配格局基本形成，区域和城乡发展差距继续缩小，扶贫攻坚续写了世界瞩目的中国“减贫奇迹”，社会保障制度不断完善，受惠群体不断扩大。五年来，“人民对美好生活的向往，就是我们的奋斗目标”的庄严承诺，已转化为人民群众实实在在的获得感。

中国“强起来”，体现在文化事业的发展和文化自信的增强。五年来，我国社会主义文化强国建设基础更加坚实，文化自信日益凸显。文化产业进一步发展，文化市场进一步繁荣，基本公共文化设施进一步完善，中华民族伟大复兴的中国梦和社会主义核心价值观深入人心。中国方案、中国理念、中国智慧在世界范围内得到越来越广泛的认同。

中国“强起来”，体现在美丽中国建设成绩斐然。五年来，我国坚持“保护生态环境就是保护生产力，改善生态环境就是发展生产力”的绿色发展理念，资源利用效率不断提升，生态环境明显改善。

首先，如何认识新时代？

十九大报告提出：我国仍处于并将长期处于社会主义初级阶段的基本国情没有变。从党的十三大报告提出社会主义初级阶段这一重大判断之后，历届党中央都重申这一判断，并对新的发展阶段做出新的分析判断。

我国社会主义初级阶段历经了三个时代。一是毛泽东时代，新中国成立和社会主义建设时期，建立新中国，使中国人民站起来。这个时代建立了比较独立、比较完整的工业体系和国民经济体系，也为之后的经济起飞和建设社会主义现代化奠定了物质资本、人力资本、科技资本、制度资本基础和现代基础设施。二是邓小平改革开放时代，给中国经济腾飞带来空前的新的重大机遇。党的十一届三中全会提出，党和国家的工作重心必须转移到以经济建设为中心的社会主义现代化建设上来，大力发展生产力，并在这个基础上逐步改善人民的物质文化生活，使中国人民富起来。三是习近平中国特色社会主义新时代，中国经济发展进入新常态，从高速增长转向高质量发展，从部分人先富裕起来转向全体人民共同富裕起来，从世界大国走向世界强国。我国当前正在为如期实现第一个百年目标和更好地实现第二个百年目标而奋斗。为此党的十九大报告做出重大判断：我国社会主要矛盾已经转化为人民日益增长的美好生活需要和不平衡不充分的发展之间的矛盾。

其次,新时代的特征:

第一,新时代体现为中国经济社会"十大转变":由不发达状态逐步转向中等发达;全体人民发展能力、发展水平不断提高;贫困人口占总人口比重逐步下降,将最终消除贫困人口;人民生活水平不断提高,从贫困到温饱,从小康到全体人民富裕、更加富裕;从传统农业国转变到实现工业化、城镇化、现代化;由农业人口占很大比重、主要依靠手工劳动,逐步转变为非农业人口占多数、现代农业和现代服务业占主导的工业化国家;由地区经济社会发展很不平衡,通过有先有后的发展,逐步缩小差距;由文盲半文盲占很大比重,科技教育落后,逐步转变为世界教育大国和科技创新之国;由人与自然之间的差距扩大逐步转变为缩小,进而人与自然和谐相处;同世界先进水平差距不断缩小,在社会主义基础上实现中华民族伟大复兴。

第二,新时代的中国社会主义初级阶段的社会性质没有变,发展不平衡不充分的一些突出问题尚未解决。今天中国发生翻天覆地的变化,社会主要矛盾发生重大转化,但还没有超出社会主义初级阶段。这是因为,我国社会生产力水平总体上显著提高,社会生产能力在很多方面进入世界前列,但社会服务能力、科技创新能力、文化生产能力、生态生产能力等发展不平衡不充分,这已经成为满足人民日益增长的美好生活需要的主要制约因素。这表明,新时代中国特色社会主义仍然要进一步摆脱不发达因素,始终坚持解放和发展社会生产力,才能实现社会主义全面现代化。

第三,新时代的中国仍然是世界上最大的发展中国家。党的十八大以来,我国国际地位实现前所未有的提升,走近世界舞台中心,但没有改变我国是最大发展中国家的国际地位。这是因为,我国经济总量已居世界前列,但人均国内生产总值仍在世界217个经济体中排名第97位。我国是世界上人口最多的国家,但人类发展指数在188个国家和地区中仅排名第90位。我国劳动生产率仍与美国有相当大的差距。由于我国人口多、人均资源占有量少、生态基础薄弱等基本国情,发展的硬约束条件没有变。

第四,新时代的中国从高速增长转向高质量发展。我国当前正处在转变发展方式、优化经济结构、转换增长动力的攻关期,与以往传统经济体系不同,必须建设现代化经济体系。在经济发展新常态下,发展方式从规模速度型转向质量效益型，经济结构从主要依靠增量扩能转向调整存量做优增量并举，发展动力从主要依靠资源和低成本劳动力等要素投入转向创新驱动。

第五，新时代的中国从以GDP为中心转向以人民为中心。①以人民为中心，意味着从富裕转向共同富裕。全面发展社会主义生产力的核心目标，就是以人民为中心。生产力发展的动力来源于人民，生产力发展的目的为了人民，生产力发展的成果由全体人民共享。生产力发展推动民富国强，而民富特指全体人民的共同富裕。②以人民为中心意味着人的全面发展，不仅包括经济的富强，而且包括政治的民主、文化的文明、社会的和谐、生态的美丽等各方面。发展生产力的最终目标是为了人的全面发展，必须将以人民为中心作为全面发展生产力的出发点、落脚点和核心点，大力发展经济生产力、科技生产力、社会生产力、文化生产力和生态生产力。

第六，新时代的中国迈进强国时代。富民强国始终是中国共产党的历史使命。党的十九大已经提出了具体的强国目标，开启了强国时代。

中国共产党既是世界上人口最多国家的执政党，又是世界上党员人数最多的执政党，还是世界上承担伟大历史使命的执政党，既担负着56个民族、十几亿人民和中华民族所赋予的伟大使命，还承担着世界与人类所期望的历史使命。

党的十九大报告深刻阐述了新时代中国共产党的历史使命。今天，我们比历史上任何时期都更接近、更有信心和能力实现中华民族伟大复兴的目标。唯有进行伟大斗争、建设伟大工程、推进伟大事业，才能实现伟大梦想。

（来源：光明日报，2017-10-29）

二、社会主要矛盾的变化

党的十九大明确指出，我国社会主要矛盾已经转化为人民日益增长的美好生活需要和不平衡不充分的发展之间的矛盾。主要依据有以下三个方面。

第一，经过改革开放40年的发展，我国社会生产力水平总体上显著提高，很多方面进入世界前列。

[材料]

通过新中国成立60多年尤其是改革开放40年的不懈努力,我国国情发生了天翻地覆的变化,生产力水平总体上显著提高,近几年经济年均增长超过7%,对世界经济增长贡献率超过30%,成为世界经济增长的主要动力源和稳定器。同时,我国在很多方面进入世界前列,例如,我国2017年是全球第一制造业国家、全球第一大贸易国家、全球第一大外资引入国家、全球第一大外汇储备国家、全球第一大科技人力资源国家,还是全球最具改革精神的国家等等。2012—2017年,我国人均GDP由5940美元提高到8000美元以上,接近中等偏上收入国家的上等水平,按照这个速度计算,我国将在"十三五"规划末进入人均GDP 1万美元的高收入国家行列。可以看到,我国已经处于"站起来-富起来-强起来"过程中的"强起来"阶段。过去,有关社会主要矛盾方面的表述如"落后的社会生产"已经不再适合我国国情。

第二,人民生活水平显著提高,对美好生活的向往更加强烈,不仅对物质文化生活提出了更高要求,而且在民主、法治、公平、正义、安全、环境等方面的要求日益增长。

[材料]

2017年7月26日,习近平总书记在省部级主要领导干部专题研讨班上发表重要讲话指出:"人民群众的需要呈现多样化多层次多方面的特点,期盼有更好的教育、更稳定的工作、更满意的收入、更可靠的社会保障、更高水平的医疗卫生服务、更舒适的居住条件、更优美的环境、更丰富的精神文化生活。"在物质文化生活方面以前我们主要解决的是"有没有"的问题,现在则是要解决"好不好"的问题,质量问题。比如教育方面,2016年学前教育毛入学率达77.4%、小学教育毛入学率达104.4%,没有一个孩子因家庭困难而辍学的目标基本实现。现如今,大家对于教育的需求从"能上学"转变为"上好学",一些地方仍存在学前教育入园难入园贵、中小学择校热等现象。比如住房问题,近年来,房子、房价已成为社会的热点话题,牵动亿万人的神经。虽然全国保障性住房正有序推进,但仍有约1亿人住在各类棚户区、城中村,环境脏乱差,配套设施不齐全,棚改任务依旧繁重艰巨。一些大城市房价上涨过快,导致"很多人没房"与"很多房没人"现象并存。再如医疗服务方面,"没有全民健康,就没有全民小康",2016年年底,我国的医疗卫生机构发展到98万个,覆盖城乡的基层医疗卫生服务网络基本建成,基本医疗保险的参保率保持在95%以上,医疗服务质量得到全面提升。当今人民群众不但要求“看得上病、看得起病、看得好病”,还要“看得舒心”。如何促进医疗资源的区域性平衡,化解紧张的医患关系,是进一步推进医疗改革的重要课题。同时,发展起来以后要更加关注分配问题。20世纪八九十年代,我国GDP“总盘子”很小,做大“蛋糕”是第一要务,社会上流行的理念是“不管黑猫白猫,捉到老鼠就是好猫”。随着“蛋糕”日益做大,如何更好地分配“蛋糕”就成为当务之急,为此习近平总书记先后提出了“社会政策要托底”、“扩大中等收入群体”等关键性议题和概念。2016年5月,习近平总书记在中央财经领导小组第十三次会议上讲话指出:“扩大中等收入群体,关系全面建成小康社会目标的实现,是转方式调结构的必然要求,是维护社会和谐稳定、国家长治久安的必然要求。”如何进一步促进收入分配更合理、更有序,是未来全党和全国人民共同关注的重要问题。再比如,经过30多年的快速发展,我国在经济建设取得巨大成就的同时也积累了大量生态环境问题。目前,我国的水、土地、空气都面临严重污染。近年来,我国污水排放总量约660亿吨,可以装满1.7个三峡水库。蓝天成为奢侈的享受,最严重的一天,雾霾曾覆盖我国17个省、自治区、直辖市,涉及150万平方公里,相当于日本国土面积的4倍。良好生态环境成为人民生活质量的重要内容,从“盼温饱”到“盼环保”,从“求生存”到“求生态”,绿色已经成为当代中国人的新梦想。自2003年起,人民网就在每年全国“两会”召开之前,在网络上和现实中进行问卷调查,了解网民和现实中的人民最关心的社会热点问题。2015年得票率排名前8的分别为收入分配、反腐倡廉、经济新常态、食药安全、简政放权、从严治党、环境治理、教育改革。2016年的调查中,得票率排名前8的分别为社会保障、居民收入、医疗改革、反腐倡廉、教育改革、住房改革、环境治理、司法改革。2017年的调查中,得票率排名最高的前8名分别是反腐倡廉、社会保障、医疗改革、就业收入、教育公平、环境保护、住房改革、依法治国。从这几年来的调查结果中可以看到,人民的需求在不断地上升,“物质文化生活需要”这句话已经无法全面表达人民的全部需求,人民对民主、法治、公平、正义、安全、环境等需求确实正在不断上升。

第三,影响满足人们美好生活需要的因素很多,但主要是发展的不平衡不充分问题。

[材料]

一方面,从“五位一体”总体布局来看,经济、政治、社会、文化、生态等领域现代化步伐不一致。这种不一致主要表现为硬实力与软实力的发展不平衡。硬实力包括基本资源(如土地面积、人口分布、自然资源)、基础设施、经济实力和科技水平等。软实力包括文化、价值观念、社会诚信、法治建设、公共服务、执政方式等。软实力要靠硬实力支撑,没有硬实力,软实力就犹如建在沙滩上的房子,没有生存根基;硬实力要靠软实力辅佐,没有软实力,硬实力的发展就会受限,犹如没有阳光雨露滋润的花朵。当前,我国的硬实力取得跨越式发展,一个发展中的大国形象屹立于世界民族之林。然而,与之对应的软实力匹配不到位,尤其是中华文化的世界影响力、社会诚信、法治环境等方面需要不断地提升和丰富,社会文明水平尚需提高,全面依法治国任务依然繁重。从各领域对比看,发展不充分,主要指创新能力不够强,发展的能力和水平需要加强,发展质量和效益不高,客观上还存在发展不够稳定和不可持续的情况。例如,实体经济水平有待提高,生态环境保护任重道远,民生领域还有不少短板,脱贫攻坚任务艰巨,人民的需求在部分产品与服务领域不能得到充分的满足,等等。另一方面,发展不均衡。从各领域来看,我国既有达到甚至引领世界先进水平的生产力,也有大量传统的和相对落后的生产力,既存在产能过剩的情况,又存在有效供给不足的问题。例如近几年,中国游客在全球大手笔“扫货”让世界各国为之惊讶。但仔细分析“扫货”清单中最火爆的商品,如奶粉、马桶盖等,国内市场都有大量供给,但为什么我们的同胞不惜重金、不怕麻烦地去“扫货”?主要是国内的商品质量满足不了老百姓的需求,供给侧出了问题。从区域上看,有的地方发展快一些,有的地方发展慢一些,生产力布局还不平衡,我国东部地区、中部地区、西部地区之间,城市和乡村之间,发展水平差距仍然较大。从收入分配来看,虽然我国人均国民收入在世界上处于中等偏上行列,但收入分配差距仍然较大,财富配置在城乡、地区和人群间失衡。例如,2015 年,中国劳动报酬约占 GDP 的 35%,欧洲国家这一比率约为 63%。与此同时,2003—2016 年全国居民基尼系数(判断收入分配公平程度的指标,1 表示绝对不平等)一直高位运行,持续在 0.46 ~ 0.49。此外,城乡之间,2017 年,城镇居民人均可支配收入 36 396 元人民币，农村居民人均可支配收入 13 432 元人民币，城乡居民人均收入倍差为 2.7；区域之间，我国目前人均 GDP 是 8 000 多美元，但这是一个内部极不均衡的平均值。2016 年我国人均 GDP 超过 1 万美元的省份达到了 9 个。其中，北京和上海都超过了 17 000 美元。而我国西部一些省份如贵州、青海、甘肃，人均 GDP 仅约 5 000 美元或更低，排名倒数第一的甘肃人均 GDP 仅 4 000 多美元。这些发展不平衡不充分问题相互掣肘，带来很多社会矛盾和问题，是现阶段各种社会矛盾交织的根源。

三、新时代的内涵和意义

第一，这个新时代是承前启后、继往开来，在新的历史条件下继续夺取中国特色社会主义伟大胜利的时代。

第二，这个新时代是决胜全面建成小康社会、进而全面建设社会主义现代化强国的时代。

第三，这个新时代是全国各族人民团结奋斗、不断创造美好生活、逐步实现全体人民共同富裕的时代。

第四，这个新时代是全体中华儿女勠力同心、奋力实现中华民族伟大复兴中国梦的时代。

第五，这个新时代是我国日益走近世界舞台中央、不断为人类做出更大贡献的时代。

中国特色社会主义进入新时代，在中华人民共和国发展史上、中华民族发展史上具有重大意义，在世界社会主义发展史上、人类社会发展史上也具有以下重大意义。

(1)从中华民族复兴的历史进程看，中国特色社会主义进入新时代，意味着近代以来久经磨难的中华民族迎来了从站起来、富起来到强起来的伟大飞跃，迎来了实现中华民族伟大复兴的光明前景。

(2)从科学社会主义发展进程看，中国特色社会主义进入新时代，意味着科学社会主义在 21 世纪的中国焕发出强大生机活力，在世界上高高举起了中国特色社会主义伟大旗帜。

(3)从人类文明进程看，中国特色社会主义进入新时代，意味着中国特色社会主义道路、理论、制度、文化不断发展，拓展了发展中国家走向现代化的途径,给世界上那些既希望加快发展又希望保持自身独立性的国家和民族提供了全新选择,为解决人类问题贡献了中国智慧和中国方案。

【实训与应用】

1. 我国社会主要矛盾的“变”与“不变”分别指哪些方面?

2. 如何理解我国当前发展的“不平衡与不充分”?

第二节 习近平新时代中国特色社会主义思想的主要内容

【课前设问】

1. 习近平新时代中国特色社会主义思想是怎样创立的?主要创立者是谁?

2. 阐述习近平新时代中国特色社会主义思想的主要内容。

【课堂导入】

新时代呼唤新思想,新思想引领新时代。习近平新时代中国特色社会主义思想是立足时代之基,回答时代之问的科学理论。这一理论是党和人民实践经验和集体智慧的结晶,主要创立者是习近平。那么,这一理论是怎么创立的?其主要内容是什么呢?

一、习近平新时代中国特色社会主义思想的核心要义和丰富内涵

(一)习近平新时代中国特色社会主义思想的创立

“时代是思想之母,实践是理论之源。”新时代中国特色社会主义思想是在“紧密结合新的时代条件和实践要求”的基础上形成的。十八大以来,国内外形势变化和我国各项事业发展向全党提出了重大时代课题,这就是如何从理论和实践结合上系统地回答新时代坚持和发展什么样的中国特色社会主义、怎样坚持和发展中国特色社会主义?

围绕这个重大时代课题,我们党坚持以马克思列宁主义、毛泽东思想、邓小平理论、“三个代表”重要思想、科学发展观为指导,坚持解放思想、实事

求是、与时俱进、求真务实，坚持辩证唯物主义和历史唯物主义，紧密结合新的时代条件和实践要求，以全新的视野深化对共产党执政规律、社会主义建设规律、人类社会发展规律的认识，进行艰辛理论探索，取得重大理论创新成果，形成了新时代中国特色社会主义思想。

（二）习近平新时代中国特色社会主义思想的核心要义和丰富内涵

习近平新时代中国特色社会主义思想是一个主题鲜明、内容丰富的科学理论体系。其主题和核心要义是坚持和发展中国特色社会主义；其思想内涵十分丰富，涵盖了经济、政治、法治、科技、文化、教育、民生、民族、宗教、社会、生态文明、国家安全、国防和军队、“一国两制”和祖国统一、统一战线、外交、党的建设等各个方面，其中最重要、最核心的内容就是党的十九大报告概括的“八个明确”。

第一，明确坚持和发展中国特色社会主义，总任务是实现社会主义现代化和中华民族伟大复兴，在全面建成小康社会的基础上，分两步走在本世纪中叶建成富强民主文明和谐美丽的社会主义现代化强国。

第二，明确新时代我国社会主要矛盾是人民日益增长的美好生活需要和不平衡不充分的发展之间的矛盾，必须坚持以人民为中心的发展思想，不断促进人的全面发展、全体人民共同富裕。

第三，明确中国特色社会主义事业总体布局是“五位一体”、战略布局是“四个全面”，强调坚定道路自信、理论自信、制度自信、文化自信。

第四，明确全面深化改革总目标是完善和发展中国特色社会主义制度、推进国家治理体系和治理能力现代化。

第五，明确全面推进依法治国总目标是建设中国特色社会主义法治体系、建设社会主义法治国家。

第六，明确党在新时代的强军目标是建设一支听党指挥、能打胜仗、作风优良的人民军队，把人民军队建设成为世界一流军队。

第七，明确中国特色大国外交要推动构建新型国际关系，推动构建人类命运共同体。

第八，明确中国特色社会主义最本质的特征是中国共产党领导，中国特色社会主义制度的最大优势是中国共产党领导，党是最高政治领导力量，提出新时代党的建设总要求，突出政治建设在党的建设中的重要地位。

这“八个明确”高度凝练了习近平新时代中国特色社会主义思想的主要内容,指明了新时代坚持和发展中国特色社会主义的总目标、总任务、总体布局、战略布局和发展方向、发展方式、发展动力、战略步骤、外部条件、政治保证,是一个完整的科学理论体系。

二、坚持和发展中国特色社会主义的基本方略

习近平新时代中国特色社会主义思想不仅明确了新时代坚持和发展什么样的中国特色社会主义,而且明确回答了新时代怎样坚持和发展中国特色社会主义,党的十九大报告概括为“十四个基本方略”:①坚持党对一切工作的领导;②坚持以人民为中心;③坚持全面深化改革;④坚持新发展理念;⑤坚持人民当家做主;⑥坚持全面依法治国;⑦坚持社会主义核心价值体系;⑧坚持在发展中保障和改善民生;⑨坚持人与自然和谐共生;⑩坚持总体国家安全观;⑪坚持党对人民军队的绝对领导;⑫坚持“一国两制”和推进祖国统一;⑬坚持推动构建人类命运共同体;⑭坚持全面从严治党。

这“十四个坚持”构成新时代坚持和发展中国特色社会主义的基本方略,不仅是对改革开放近40年和党的十八大以来5年经验的深入总结,也是对党的基本纲领、基本经验、基本要求的深度整合和升华,具有长远指导意义。

上述“八个明确”和“十四个坚持”这两部分内容各有侧重又相互统一,共同构成了习近平新时代中国特色社会主义思想的完整体系。

坚持和发展中国特色社会主义,是改革开放以来我们党全部理论和实践的主题。中国特色社会主义是在不断总结经验、探索规律中开辟和前进的,中国特色社会主义理论体系的形成和发展,凝结着几代中国共产党人带领人民不懈探索实践的智慧和心血,是由我们党几代中央领导集体团结带领全党全国人民历经千辛万苦、接力探索取得的。

【实训与应用】

1. 请结合历史和现实思考,为什么说社会主义改变了中国的命运?

2. 作为青年学生,在新时代应该练就哪些过硬本领?

3. 材料阅读题

[材料一]

习近平:弄潮钱塘江①

2002年10月,时任福建省省长习近平调往浙江,仍然出任省长。短短一个月后,习近平又成为浙江省省委书记。有人曾经这样概括过习近平的从政之路,从陕北农村大队支书做起,在河北正定正式起步,在福建政坛走向成熟,而在将知天命之年,他又来到浙江,踏上新的征途。无论到哪里工作,他总是要求自己先做一个学生,他到浙江以后,也一直沿袭了在福建的作风,马上展开了系列调研。当《东方之子》主持人张恒问,到任以后"您都去了哪些地方,做了什么样的调研"这个问题时,习近平这样讲:"到一个地方呢,就是先做学生。再一个就是吃透情况,不要盲人摸象,所以我来了以后,就是尽量地跑。""当县委书记一定要跑遍所有的村;当地市委书记,一定要跑遍所有的乡镇;当省委书记应该跑遍所有的县市区。我来了以后,这90个县市区,我现在才跑了69个(9个月的时间)。"(他计划一年肯定能跑下来,结果不到一年的时间,习近平的足迹就遍布了浙江全省。)为了更好地弘扬民营经济,他迅速确定了浙江发展的战略方向,提出了主动接轨长三角,打造生态浙江、文化浙江,发挥深海资源优势等八大举措。2003年3月21号,浙江省府路开出了一个长长的车队,行驶方向——上海、江苏,习近平以他一贯的谦和姿态,主动接轨上海、江苏,提出了一个"攀龙附凤"的说法,打造长三角经济一体化,以谋共同发展。

[材料二]

习近平的两个基层故事②

故事1　到最深基层得到最确实民情——据《中国青年报》福建记者站站长陈强回忆,1988年春,35岁的习近平从经济特区厦门调到贫困地区宁德当地委书记,刚上任就下基层搞调研。当时陈强在福建日报社宁德记者站工作,随习近平跑遍了闽东9个县。他每到一个县,总是利用晚上时间研读县志,了解当地人文历史。下乡时,他经常穿着灰色的中山装,进村入户和

---

① 摘编自《习近平:弄潮钱塘江》,见2003年11月10日央视国际报道。

② 摘自张洪涛:《年轻干部要学"习"　细数习近平十个基层故事》,《中国青年报》,2014年11月05日。

农民交谈。

故事2　如实上报解决人民实际困难——当时正定这个全国闻名的高产县竟有不少农民连温饱都不能保证。习近平和时任正定县委副书记吕玉兰主张立即向上汇报,请求把粮食征购基数降下来,并主动请缨,处理此事。当时县委书记冯国强、县长程宝怀考虑到习近平刚到正定工作,不愿意让他出面,怕对他造成不好影响。习近平说:“实事求是向上级反映问题是我党的优良传统,你们不用担心。”于是,他和吕玉兰一起进京,向上级部门如实反映正定人民的生活状况和存在的困难。

[材料三]

实干兴邦①

务实,是习近平总书记的从政特点。无论是他在福建工作时出版的《摆脱贫困》,还是他在浙江工作时写下的《之江新语》中,都可以看到这一鲜明特点。在他担任党的总书记和国家主席后,这一思想作风和工作作风就成为他治国理政的风格和特点。特别是,在他提出为实现民族复兴的“中国梦”而奋斗的理想追求时,以非常明确的语言告诫我们:“空谈误国,实干兴邦。”他在同全国劳动模范代表座谈时,再次强调:“幸福不会从天而降”,“实干才能梦想成真。”如果说这些论述反映了他的思想,那么十八大以来他的行动则更进一步体现了他实干的治国理政风格。十八大以来,他带领我们脚踏实地地迈出了五大步:第一步,在十八大确定了全面建成小康社会和全面深化改革开放的目标;第二步,在大量调查研究基础上进行决策,并通过十八届三中、四中全会制定全面深化改革和全面推进依法治国的目标任务和路线图;第三步,在两次中央全会后立刻给各部委分解任务,形成落实意见;第四步,制定落实改革每一项任务的实施意见,一项一项抓落实;第五步,以创新、协调、绿色、开放、共享发展的新理念指导编制“十三五”规划纲要。在十九大上,他又提出了决胜全面建成小康社会,分两步走全面建成富强民主文明和谐美丽的社会主义现代化国家的新目标。因此,无论是改革,还是反腐败,习近平总书记都是雷厉风行地抓,踏踏实实地干,这是大家有

---

① 摘编自李君如:《习近平治国理政思想的显著特点》,《北京日报》,2016年01月18日。

目共睹的事实。

阅读以上三个材料讨论以下问题：

(1)材料中体现了什么精神？

(2)阅读材料中突出反映了习近平同志的哪些从政特点和风格？

第三节　习近平新时代中国特色社会主义思想的历史地位

【课前设问】

谈谈对习近平新时代中国特色社会主义思想历史地位的认识。

【教学互动】

一个理论或思想的历史地位，无疑取决于理论或思想发挥的实际作用和实践影响，这与理论或思想的性质、特点等存在内在的必然联系。习近平新时代中国特色社会主义思想的特点，可概括为至少五个方面：一是真挚的为民情怀。譬如，习近平总书记在多次讲话中强调“以人民为中心”“社会政策要托底”“使人民群众有获得感”等要求。这一切，都显而易见地体现出习近平总书记对人民群众的真挚、深厚感情。二是鲜明的问题导向。譬如，习近平新时代中国特色社会主义思想直面当今中国全面从严治党、深化改革、依法治国、落实生态文明建设等一系列重大的矛盾和任务，努力破解国家改革、发展、稳定中的各种实际难题。所有这些展现出思考和解决问题的鲜明导向。三是宽广的国际视野。譬如，习近平总书记提出和多次强调建设“世界一流军队”的强军目标、推动构建“新型国际关系”和“人类命运共同体”等倡议和主张，正因为我们党全面从严治党以来展现的新气象新作为，以及取得的巨大成就，中国共产党成为“为各国政党树立榜样”的政党。这一切展现出思考和解决问题的宽广国际视野。四是深邃的历史眼光。譬如，习近平总书记总是善于从历史的角度看问题、总结历史经验，就人类社会主义事业的发展问题，讲出了“社会主义 500 年”的最大理论命题，讲到了中国特色社会主义道路与改革开放 40 年、新中国成立 60 多年、近代以来 170 多年和中华民族5000 多年历史发展的内在关系等一系列重大的理论和实践问题，这彰显出思考和解决问题的深邃历史眼光。五是深厚的文化底蕴。譬如,习近平总书记善于运用中国传统文化、引经据典讲明道理,用文化来讲故事、讲理论,强调"四个自信",指出"文化是一个国家、一个民族的灵魂。文化兴国运兴,文化强民族强",文化自信是更基础、更广泛、更深厚的自信,等等。这些都彰显出习近平新时代中国特色社会主义思想的深厚的文化底蕴和内涵。①

阅读材料,请思考:上述材料是从什么视角看待习近平新时代中国特色社会主义思想历史地位的?

【教师总结】

上述材料是从研究和总结习近平新时代中国特色社会主义思想特点的视角来概括这一思想历史地位的。

习近平新时代中国特色社会主义思想,具有极其重要的历史地位。主要从以下三个方面(理论定位、精神旗帜、行动指南)来认识:

1. 马克思主义中国化最新成果
2. 新时代的精神旗帜
3. 实现中华民族伟大复兴的行动指南

【实训与应用】

[材料1]

我们无意用中国的"新时代"取代美国的"旧时代"

中国驻美大使崔天凯在哈佛大学演讲时称,中国只能在开放而不是封闭中实现发展,也只能在和平繁荣的国际环境中实现发展。"我们没有称霸世界的计划,也无意用中国的'新时代'取代美国的'旧时代'。"

国际社会非常关注"新时代"一词。"新时代"意味着中国进入新的更高水平的发展阶段,意味着我们要着力解决发展不平衡不充分问题,努力满足人民日益增长的美好生活的需要。当前中国更重视的是发展质量,而不是数量;是人民的获得感,而不是单纯的经济增速;是按照经济、政治、文化、社会和生态文明"五位一体"总体布局推进全面发展战略,而不是只盯着狭义的经济增长。因此,"新时代"最主要的内容是我们将坚持以人民为中心的

① 摘自薛红焰:《习近平新时代中国特色社会主义思想的历史地位》,前线网——《前线》杂志,2018年6月12日。

发展,是中国国内的发展,而不是搞地缘政治或地缘战略。“新时代”也包含中国与外部世界关系的内容。因为中国要发展,就要顺应世界潮流。中国只能在开放而不是封闭中实现发展,也只能在和平繁荣的国际环境中实现发展。“我们没有称霸世界的计划,也无意用中国的‘新时代’取代美国的‘旧时代’。”“新时代”意味着中华民族这一古老的文明将进入新的发展阶段,在保持自身特色的同时实现现代化;“新时代”意味着人类五分之一人口将摆脱贫困,过上更美好的生活;“新时代”意味着一个自尊自豪的大国将重回世界舞台中央——不是为了挑战或取代任何国家,而是要拥抱世界,为全人类做出新的贡献。

(来源:中国新闻网)

[材料2]

新时代,心态也应强起来

近年来我国社会心态正变得越来越理智成熟、开放多元、积极主动,并且更加具有世界意识。但也不可否认,目前仍存在一些不良社会情绪。比如,自卑自馁情绪有之,一些人缺乏中国自信,对西方抱有美好想象,迷信在“西天”能够取到“真经”;“牢骚太盛”情绪有之,一些人热衷于“找问题”“挑毛病”,并武断地下结论;懈怠散漫情绪亦有之,一些人得过且过,“做一天和尚撞一天钟”,不愿为美好未来努力奋斗。这些社会心态虽不是主流,却会对社会发展和改革进程产生消极影响。如不及时修复,不仅会伤及个人幸福生活,还会影响整个社会心态,甚至会阻滞社会主义现代化脚步。“欲事立,须是心立。”建设社会主义现代化强国,社会心态必须强起来。

社会心态是一段时间内社会成员情绪基调、社会共识和价值观的总和,属于社会意识范畴。按照马克思主义基本原理,社会存在决定社会意识,社会意识对社会存在具有反作用。一个国家的社会心态与其发展实际密切相关,是时代的“晴雨表”“风向标”;它同时会影响每个社会成员的价值取向和行为方式,甚至影响整个国家发展大局。积极健康的社会心态是个人、社会、国家发展进步的重要社会心理基础,也是国家软实力的重要组成部分。

新中国自成立以来,用短短几十年时间从“饥寒交迫”变为总体小康、从“一穷二白”发展为世界第二大经济体、从世界边缘走近世界舞台中心,现在正阔步走在“强起来”的大路上。党的十九大提出从全面建成小康社会到基本实现社会主义现代化、再到全面建成社会主义现代化强国的“两步走”战略,为“强起来”做出战略安排。在这个“强起来”的新时代,应当有与之匹配的社会心态。

心态强起来应增强自尊自信。中华民族是一个自尊自信的民族,自尊自信是中华民族精气神的集中体现。新时代,自尊自信源于深入了解“我们从哪里来”“我们走向何方”。它要求我们既不妄自菲薄,看到中国独特的文化传统、历史命运和基本国情注定了我们必然要走中国特色社会主义道路,拒绝照抄照搬别国发展模式;也不妄自尊大,拒绝其他文明优秀成果。只有清醒认识我国历史走向、准确定位我国历史方位,才能更加自尊自信。只有不断增强自尊自信,才能更加敢于正视自身不足、敢于承认别人长处,进而取长补短,更好迈向伟大复兴。

心态强起来应更加理性平和。理性平和就是冷静全面看待事物,不为不良情绪所左右;就是辩证客观分析问题,不偏激也不片面;就是实事求是解决问题,不扣帽子不打棍子。新时代,理性平和认识当代中国、看待外部世界,要求我们清醒认识“纷繁世事多元应”、坚定信心“不畏浮云遮望眼”,深入理解我国社会主要矛盾的“变”,同时牢牢把握我国仍处于社会主义初级阶段的“不变”;科学把握强国建设是“长期进行时”,积极应对“四大挑战”、克服“四种危险”。理性平和,才能拨云见日抓住本质,才能去蔽除障获得真知,从而不断超越自我、取得成功。

用未来的眼光看今天,用世界的眼光看中国,社会主义现代化强国如一轮朝日“光芒四射喷薄欲出”。新时代,心态强起来才能更好地服务于强国建设,更加自信、专注、奋发地走中国特色社会主义道路,更加坚定、坚强、坚韧地按照时间表和路线图击鼓催征、砥砺奋进,奋力推动中国这艘巨轮抵达胜利的彼岸。

(来源:《人民日报》)

结合上述材料,请思考讨论:

(1)怎么理解中国的“新时代”,它与美国的“旧时代”有哪些不一样的地方?

(2)作为新时代的大学生,心态如何强起来?

第十九章

坚持和发展中国特色社会主义的总任务

【教学目的和要求】

通过本章学习,使学生明确新时代建设中国特色社会主义的总任务,把握新时代中国特色社会主义发展的战略安排,认识中国梦的科学内涵,进一步坚定和增强追梦圆梦的自觉性。

【教学重点和难点】

1. 新时代中国特色社会主义发展的战略安排

2. 中国梦的本质

第一节　实现中华民族伟大复兴的中国梦

【课前设问】

1. 什么是中国梦?

2. 如何实现中国梦?

【课堂导入】

我们大学生是一个追梦的群体,每个人都有对未来的美好期待。中国梦是实现中华民族的伟大复兴,达到国家富强、民族振兴、人民幸福。中国梦不仅是国家梦、民族梦、人民梦,也是青年梦。请问你们内心有一个什么样的"中国梦"?

一、中华民族近代以来最伟大的梦想

2012 年 11 月 29 日,习近平率中央政治局常委和中央书记处的同志来到国家博物馆,参观《复兴之路》展览。习近平深情指出:“现在,大家都在讨论中国梦,我以为,实现中华民族伟大复兴,就是中华民族近代以来最伟大的梦想。”

习近平引用三句诗对中华民族的历史进行了生动叙说,生动诠释了近代以来中国人民寻梦、追梦、圆梦的历史进程。

中华民族的昨天,“雄关漫道真如铁”。

中华民族的今天,“人间正道是沧桑”。

中华民族的明天,“长风破浪会有时”。

这三句诗将中华民族的昨天、今天和明天,融入于百余年中国波澜壮阔、沧桑巨变的历史图景,镌刻于几代人为民族复兴奋斗的艰辛历程,发人深省、催人奋进。

二、中国梦的科学内涵

中国梦的思想内涵丰富,最核心的内容是国家富强、民族振兴、人民幸福。正如习近平同志指出的:“中国梦的本质是国家富强、民族振兴、人民幸福。”其中国家富强、民族振兴是人民幸福的基础和保障,人民幸福是国家富强、民族振兴题中之义和必然要求。

中国梦是国家的梦、民族的梦,也是每一个中国人的梦。

请思考:国家、民族与我的关系怎样? 中国梦与我又是怎样的关系? “我”应该怎么做?

三、奋力实现中国梦

实现中国梦必须走中国道路,这就是中国特色社会主义道路。

实现中国梦必须弘扬中国精神,这就是以爱国主义为核心的民族精神和以改革创新为核心的时代精神。

实现中国梦必须凝聚中国力量,这就是全国各族人民大团结的力量。

【教学互动】

［案例］

梦想，从这里起航（摘录）①

上海，兴业路76号；浙江嘉兴，南湖红船。两个具有重要标志意义的中国革命原点，在时隔近百年后的大地上依然闪耀着指引未来的光芒。

10月31日，在党的十九大胜利闭幕一周之际，习近平总书记带领中共中央政治局常委专程赶赴这里，沿着早期共产党人的足迹，探寻我们党的精神密码。

从哪里来，到哪里去。翻开风云激荡的红色篇章，在历史中汲取力量，为的是不忘初心、牢记使命、永远奋斗。习近平总书记强调："上海党的一大会址、嘉兴南湖红船是我们党梦想起航的地方。我们党从这里诞生，从这里出征，从这里走向全国执政。这里是我们党的根脉。"

惊雷划空

上海，11时许。习近平总书记一行下车，缓步走向绿荫下的中共一大会址。秋叶静美，大门上的铜环熠熠生辉。1921年7月，身着长衫、中山装、西装的十多位有志之士，怀着对马克思主义的憧憬，从四面八方赶到位于法租界的这个幽静小院，轻轻叩响铜环。

那时的中国积弱积贫、九原板荡、百载陆沉，被称为是一艘"无一处没有伤痕"的破船。经过翻天覆地的历史变迁，今天的此刻，习近平总书记和其他常委同志迈过门槛，伫立于复原的中共一大会场旧址，倾听历史回响。

青色砖墙、红色窗棂、精致条桌、硬木椅、小圆凳、雕花茶杯、粉色花瓶、紫铜烟缸……习近平总书记凝视着、思索着。

中共一大会址纪念馆馆长说起当时情形。习近平总书记动情地说，毛泽东同志称这里是中国共产党的"产床"，这个比喻很形象，我看这里也是我们中国共产党人的精神家园。

当日下午，习近平总书记一行循着革命先辈的足迹，从上海乘坐火车赴嘉兴，瞻仰南湖红船。那时，中共一大会议因被巡捕窥探、被迫中断，代表们随后辗转来到浙江嘉兴，泛舟于"轻烟漠漠雨疏疏"的南湖之上，继续会议

---

① 材料来源：人民网-人民日报海外版，2017年11月01日。

议程。

96 年前的那一天,7 个小时,从日头正浓到夕阳西下,中共一大代表们讨论通过了中共第一个纲领和第一份决议,选举产生了中央局。抚今追昔,习近平总书记感慨:“小小红船承载千钧,播下了中国革命的火种,开启了中国共产党的跨世纪航程。”

总书记伫立岸边,久久眺望清波荡漾的远方。革命先辈们也曾一次次望向远方、追寻未来。“莽莽神州,已倒之狂澜待挽;茫茫华夏,中流之砥柱伊谁”,谁能想到,正是这条小船摆渡了暮霭沉沉的中国。

5 分钟车程,抵达南湖革命纪念馆。习近平总书记和其他常委同志拾级而上。气势恢宏的序厅,穹顶上的铁锤镰刀分外醒目。一艘复建的红船破墙而出,似在告诉人们正是这一把橹桨摇醒了在茫茫黑夜中摸索了半个多世纪的中国。

站在这条红船前,习近平总书记的讲话回荡大厅:“党的十九大擘画了党和国家事业发展的目标和任务,全党同志必须坚持全心全意为人民服务的根本宗旨,不断带领人民创造更加幸福美好的生活;牢记共产主义远大理想,坚定中国特色社会主义共同理想,一步一个脚印向着美好未来和最高理想前进;始终保持谦虚谨慎、不骄不躁的作风,不畏艰难、不怕牺牲,为实现‘两个一百年’奋斗目标、实现中华民族伟大复兴的中国梦而不懈奋斗。”

初心不改

走得再远、走到再光辉的未来,也不能忘记走过的过去,不能忘记为什么出发。上海、嘉兴,习近平总书记多次讲到“初心”二字。

初心是什么?

欲知大道,史可为鉴。中共一大会址纪念馆,视频短片《追梦》吸引了他们的目光。共产党领航,中国从一穷二白,到世界第二大经济体;从铁钉、火柴都要进口,到自力更生造出“两弹一星”,“嫦娥”奔月“蛟龙”入海……一个政党的成长和一个国家的复兴紧密相连。

短片播放了习近平总书记在作党的十九大报告时的一席话,此情此景听来更令人心潮澎湃:“中国共产党人的初心和使命,就是为中国人民谋幸福,为中华民族谋复兴。这个初心和使命是激励中国共产党人不断前进的根本动力。”

为什么不能忘记初心？因为共产党人的初心，是我们这个中国共产党长盛不衰、枝繁叶茂的动力源。

1920 年 9 月印刷出版的《共产党宣言》中文译本，安放于展厅陈列柜。习近平总书记多次讲述了陈望道在翻译《共产党宣言》时“蘸着墨汁吃粽子，还说味道很甜”。真理的味道如此甘甜，一代代共产党人前仆后继。讲解员说起这一译本由一位共产党人的老父亲放在衣冠冢中方才保存下来，总书记听了连称很珍贵，说这些文物是历史的见证，要保存好、利用好。

习近平总书记站在《中共第一个纲领》前、站在《中共第一个工作决议》前，逐字逐句细细品阅。他走到栩栩如生的一大代表群雕前，听讲解员的讲述。习近平指出，中国共产党一开始就在自己的纲领文件中开宗明义确立了坚持马克思列宁主义，鲜明写下“工人阶级”“无产阶级”这些字句。尽管处于初创阶段，但奠定了我们党的前进方向和基石。

纪念馆一层序厅，巨幅党旗如鲜血浸染。习近平总书记带领其他常委同志一道举起右拳、庄严宣誓。“我志愿加入中国共产党，拥护党的纲领，遵守党的章程……”他们的声音交汇在一起，一字一句，句句铿锵。习近平总书记说，入党誓词字数不多，记住并不难，难的是终身坚守。每个党员要牢记入党誓词，经常加以对照，坚定不移，终生不渝。

我们党从弱小到强大，从九死一生到蓬勃兴旺，从只有 50 多位党员到拥有 8900 多万党员、450 多万个基层组织，成为世界最大执政党。之所以能如此，根本在于我们党能“始终同人民想在一起、干在一起”，保持初心不改、壮志豪发，在风云变幻的百年史册上留下不朽传奇。

[讨论]

(1)怎样才能实现中国梦？

(2)联系实际谈谈解决好自身发展与实现职业理想、社会理想的关联——中国梦与当代大学生成长成才。

第二节　建成社会主义现代化强国的战略安排

【课前设问】

怎样认识建成社会主义现代化强国的战略安排？

【课堂导入】

伟大民族憧憬伟大梦想,伟大梦想成就伟大民族。中国梦,百年梦;百年逐梦,感天动地。今日中国,前所未有地接近民族复兴伟大梦想的实现。在新征程上,按照什么样的时间表、路线图,进一步追梦圆梦,这是建设社会主义现代化强国的伟大战略所要回答的问题。

一、开启全面建设社会主义现代化强国的新征程

改革开放之后,我们党对我国社会主义现代化建设做出战略安排,提出"三步走"战略目标。经过全党全国各族人民共同努力,已先后提前实现了第一步、第二步战略目标,2002 年党的十六大正式宣布人民生活总体达到小康水平。在此基础上,十六大又提出了全面建设小康社会的奋斗目标,党的十七大、十八大对全面建成小康社会提出了新的要求,做出了新的部署。这就是"两个一百年"的奋斗目标,即到建党 100 年时建成惠及十几亿人口的更高水平的小康社会,到新中国成立 100 年时基本实现现代化,建成社会主义现代化国家。党的十九大提出了既要全面建成小康社会、实现第一个百年奋斗目标,又要乘势而上开启全面建设社会主义现代化国家新征程,向第二个百年奋斗目标进军。新的部署是:从 2020 年到 21 世纪中叶分两个阶段建成社会主义现代化强国:第一个阶段,从 2020 年到 2035 年,在全面建成小康社会的基础上,再奋斗 15 年,基本实现社会主义现代化。第二个阶段,从 2035 年到 21 世纪中叶,在基本实现现代化的基础上,再奋斗 15 年,把我国建成富强民主文明和谐美丽的社会主义现代化强国。这一战略安排将"近期、中期、远期"目标有机结合,路线更加清晰、内容更加丰富、主题更加深刻。

从全面建成小康社会到基本实现现代化,再到全面建成社会主义现代化强国,是新时代中国特色社会主义发展的战略安排。

【教学互动】

讨论:根据所学,总结改革开放以来中国特色社会主义发展的战略安排特点。

【教师总结】

改革开放以来中国特色社会主义发展的战略安排具有以下突出特点:

一是这样的战略安排既实事求是，又面向未来，鼓舞人心，催人奋进；二是从目标看，所要实现的是一个包括富强、民主、文明、和谐、美丽在内的多元现代化目标，注重了经济社会全面协调发展；三是从过程看，这样的战略安排是一个渐进的过程；四是体现了以民为本，把每一步发展都与人民生活的改善和人民对美好生活的追求紧密地联系在一起；五是新时代“两步走”的战略安排，体现了以习近平同志为核心的党中央的审慎判断、道路自信、自我担当、历史使命；六是从实践看，战略安排彰显了中国特色社会主义的发展活力和社会主义制度的优越性。

二、实现社会主义现代化强国“两步走”战略的具体安排

(一)从2020年到2035年，基本实现社会主义现代化的目标要求

在这一阶段，我们将提前15年实现我党原来提出的“三步走”战略的第三步即基本实现社会主义现代化。这一阶段的主要目标要求是：

第一，在经济建设方面，我国经济实力、科技实力将大幅跃升，跻身创新型国家前列。

第二，在政治建设方面，人民平等参与、平等发展权利得到充分保障，法治国家、法治政府、法治社会基本建成，各方面制度更加完善，国家治理体系和治理能力现代化基本实现。

第三，在文化建设方面，社会文明程度达到新的高度，国家文化软实力显著增强，中华文化影响更加广泛深入。

第四，在民生和社会建设方面，人民生活更为宽裕，中等收入群体比例明显提高，城乡区域发展差距和居民生活水平差距显著缩小，基本公共服务均等化基本实现，全体人民共同富裕迈出坚实步伐。

第五，在生态文明建设方面，生态环境根本好转，美丽中国目标基本实现。

(二)从2035年到21世纪中叶，建成社会主义现代化强国的目标要求

在这一阶段，我们将建成富强民主文明和谐美丽的社会主义现代化强国。这一阶段的主要目标要求是：

一是我国将拥有高度的物质文明，社会生产力水平大幅提高，核心竞争力名列世界前茅，经济总量和市场规模超越其他国家，建成富强的社会主义

现代化强国。

二是我国将拥有高度的政治文明,形成又有集中又有民主、又有纪律又有自由、又有统一意志又有个人心情舒畅生动活泼的政治局面,依法治国和以德治国有机结合,建成民主的社会主义现代化强国。

三是我国将拥有高度的精神文明,践行社会主义核心价值观成为全社会自觉行动,国民素质显著提高,中国精神、中国价值、中国力量成为中国发展的重要影响力和推动力,建成文明的社会主义现代化强国。

四是我国将拥有高度的社会文明,城乡居民将普遍拥有较高的收入、富裕的生活、健全的基本公共服务,享有更加幸福安康的生活,全体人民共同富裕基本实现,公平正义普遍彰显,社会充满活力而又规范有序,建成和谐的社会主义现代化强国。

五是我国将拥有高度的生态文明,天蓝、地绿、水清的优美生态环境成为普遍常态,开创人与自然和谐共生新境界,建成美丽的社会主义现代化强国。

【实训与应用】

打赢攻坚战　补齐贫困短板

贫困是人类社会的顽疾,摆脱匮乏状态走向丰裕生活是人类社会的美好愿望。改革开放以来,我国扶贫工作取得了巨大的成就。据国家统计局网站消息,从1978年到2017年,我国农村贫困人口减少7.4亿人,脱贫人数超过美、俄、日、德4国人口的总和。按照世界银行每人每天1.9美元的国际贫困标准及世界银行发布的数据,我国贫困人口从1981年年末的8.78亿人减少到2013年年末的2 511万人,累计减少8.53亿人,减贫人口占全球减贫总规模超七成,中国是世界上减贫人口最多的国家,也是世界上率先完成联合国千年发展目标的国家,按照国际扶贫标准,中国为全球脱贫贡献率达到90%,全世界每10人脱贫,就有9个来自中国,在世界减贫史上铸刻了“中国成就”。联合国官员海伦·克拉克称,中国的扶贫成就为世界提供了宝贵经验。有专家指出,我国经济制度和体制变革是脱贫的制度保障。但是,还应该看到,时至今日我国的扶贫工作依然在路上,脱贫攻坚仍面临不少困难和问题,诸如区域性整体贫困,剩下的贫困人口都是难啃的“硬骨头”,贫困程度更深、脱贫成本更高、减贫难度更大,等等。为此,“十三五”规划建议提出，到2020年让现有的农村贫困人口全部脱贫，让贫困县全摘帽，消除区域性整体贫困。这是中国对整个人类社会发展进步所作出的庄严承诺，必将成为中国经济社会发展史甚至是人类文明进步史上的一个重要里程碑。党的十九大报告提出了打好防范化解重大风险、精准脱贫、污染防治三大攻坚战的任务。如何脱贫攻坚？2018年8月19日，中共中央、国务院发布了《关于打赢脱贫攻坚战三年行动的指导意见》，在加快补齐贫困地区基础设施短板方面提出了以下要求：一是加快实施交通扶贫行动；二是大力推进水利扶贫行动；三是加强电力基础设施建设；四是大力推进贫困地区农村人居环境整治。随着脱贫攻坚工程和精准扶贫方略的实施，充分发挥政治优势和制度优势，我国将打赢让农村贫困人口彻底脱贫的攻坚之战。

结合材料，请思考以下问题：

（1）相比其他国家，中国扶贫为何能取得巨大成就？

（2）怎样进一步消除贫困、改善民生、实现共同富裕？

（3）新时代坚持和发展中国特色社会主义的总任务和战略安排是什么？结合自身实际，谈谈当代大学生应如何为实现中华民族伟大复兴的中国梦而奋斗。

第二十章

“五位一体”总体布局

【教学目的和要求】

通过本章的学习，帮助学生明确中国特色社会主义经济、政治、文化、社会和生态文明建设“五位一体”的总布局，加深理解新时代的宏伟蓝图，把握实现路径和发展思路。深入了解中国社会主义经济体制的选择过程，充分认识贯彻新发展理念、深化供给侧结构性改革的现实必要性，明确建设现代化经济体系的主要任务；充分认识坚持中国特色社会主义民主政治发展道路的必然性，明确发展社会主义民主政治的现实路径；坚定文化自信，牢固树立社会主义核心价值观和建设社会主义文化强国的目标，推动中国特色社会主义文化繁荣兴盛；明确社会主义现代化建设的根本目的和建设重点，坚持在发展中保障和改善民生，捋清构建社会主义和谐社会的总体思路；树立尊重自然、顺应自然、保护自然的生态文明理念，坚持人与自然和谐共生，努力建设美丽中国。

【教学重点与难点】

1.“五位一体”的总布局及其相互关系。

2.贯彻落实“五位一体”总体布局的具体路径和思路。

第一节　建设现代化经济体系

【课前设问】

1. 新发展理念有哪些?

2. 如何建设现代化经济体系?

【课堂导入】

不谋全局者,不足谋一域。中国特色社会主义是全面发展的社会主义,经济建设、政治建设、文化建设、社会建设、生态文明建设,这五个方面勾勒出中国特色社会主义现代化强国的壮美景象。如何把握中国特色社会主义现代化强国的实现路径和发展思路?

播放视频:东欧剧变。

思考:“东欧剧变”给了我们什么启示?

【总结点评】

20 世纪 80 年代末国际风云变幻,东欧剧变的根本原因可以说是没有处理好发展的问题,发展不仅是经济问题,也与政治问题紧密关联。

东欧剧变的原因和教训:1989 年东欧数国从波兰团结工会组阁,到罗马尼亚政权更迭,共 104 天,通过三种形式发生剧变,即:和平演变、西德吞并东德和人民推翻罗马尼亚齐奥塞斯库政权。1990 年 6 月和 1991 年 6 月,南斯拉夫和阿尔巴尼亚受东欧剧变的影响,也先后解体和实现政权更替。东欧剧变的原因是:经济上长期照搬苏联模式,既违反经济发展规律,又违背各国国情,使东欧经济发展缓慢,结构极不合理,人民日用消费品匮乏,引起人民群众强烈不满。经济没有搞好,人民生活水平提高不快,是东欧剧变的基础。政治上缺乏民主,是东欧剧变的重要原因。

结合视频材料,我们更深刻地理解了为什么经济在“五位一体”的中国特色社会主义建设布局中居于首要地位。

一、贯彻新发展理念

在深刻总结国内外发展经验教训、分析国内外发展大势的基础上,针对我国发展中的突出矛盾和问题,党的十八届五中全会鲜明提出了创新、协调、绿色、开放、共享的五大新发展理念。这五大新发展理念是中国共产党关于发展理论的重大升华,是习近平新时代中国特色社会主义经济思想的主要内容。

第一,创新是引领发展的第一动力。

【教学案例】

[案例1]

瑞士国土面积只有4万多平方公里,每年可耕种和放牧的时间仅有4个月,但却拥有世界一流的奶制品;瑞士不产可可豆,却拥有世界闻名的巧克力和咖啡;瑞士的手表"含金量"世界第一,机床若是论斤卖,单位价格约为日本和美国的3倍。2009年以来,瑞士的竞争力已经连续6年位列全球排行榜首。瑞士靠什么打造出全球顶级的竞争力?答案很简单:创新。

回顾人类历史,科技革命和产业变革对全球格局产生了深刻影响,不少国家就是借此机会在激烈竞争中后来居上的。英国在牛顿力学奠定科学革命基础、瓦特蒸汽机技术催生工业革命之后,成为世界霸主。德国在19世纪下半叶的化学工业革命中独占鳌头,并成为20世纪初物理学革命的中心,成功地超越了英、法老牌强国。美国在19世纪末的电气革命中崭露头角,并抓住第二次世界大战后发展核能和信息技术的机遇,终于成为当今世界头号科技与经济强国。相形之下,中国曾是世界科技发展的"领跑者"。我们的先人发明了造纸术、火药、印刷术、指南针,在天文、算学、农学、医学等多个领域创造了累累硕果,对世界文明进步产生了深远影响。16世纪以后,由于中国几次与世界科技革命失之交臂,在科技发展中逐渐丧失了"领跑者"地位。面对西方列强的坚船利炮,不幸沦为落后挨打的半殖民地半封建国家。历史经验充分证明,科技兴则民族兴,科技强则国家强。没有创新驱动发展,我们就难以实现经济强国梦,也难以实现民族复兴的中国梦。惨痛的历史教训和迫切的现实需求昭示我们,解决当前的突出矛盾,维持长期持续健康发展,都必须依靠科技创新。

在外国人眼里,长久以来中国给人的印象就像是一座为全球公司生产和加工产品的"大工厂",各种贴着"中国制造"标签的产品从这里走向海外市场,却几乎没有什么东西带有自主创意和领先优势。如今,中国制造已经告别8亿件衬衫换一架飞机的时代，装备制造能力和技术创新能力快速提升，一些技术和产品已经国际领先并走向世界。如新一代高速列车。具有完全自主知识产权的新一代高速动车组时速380公里，达到世界领先水平。截至2015年年底，中国高铁总里程达到1.8万公里，占世界高铁运营里程的60%以上。目前，高铁已成为中国装备制造业最具全球影响力的代表符号之一。李克强总理夸奖说："我每次出访都推销中国装备，推销中国高铁时心里特别有底气。"又如，特高压输变电技术。经过近十年的研究与实践，我国已经全面掌握了特高压输变电的核心技术，在特高压核心技术领域已达到了世界领先水平。2013年9月，中国的高压输变电技术成为国际标准，大幅提升了我国在国际电工领域的影响力和话语权，实现了"中国创造"和"中国引领"。再如，装备制造。突破了大直径硬岩、软土等复杂地质掘进装备(TBM)、千吨级履带起重机、300吨自卸车和薄煤层高效成套采煤装备设计、制造、控制与系统集成关键和共性技术。完成了样机研制及示范应用，实现了该类型设备的国产化，技术水平达到国际先进行列。再就是半导体照明(LED)。目前，我国已经成为世界上继日美之后第三个掌握蓝光LED自主知识产权技术的国家。"中国芯"与日美技术形成全球三足鼎立之势，打破了日本蓝宝与衬底、美国碳化硅衬底长期垄断国际LED照明核心技术的局面。中国为之骄傲，世界为之震动。

[案例2]

据2015年07月19日新华网，中共中央总书记、国家主席、中央军委主席习近平17日上午在长春召开部分省区党委主要负责同志座谈会，听取对振兴东北地区等老工业基地和"十三五"时期经济社会发展的意见和建议并发表重要讲话。他强调，抓创新就是抓发展，谋创新就是谋未来。不创新就要落后，创新慢了也要落后。

结合上述案例，请思考讨论问题：

(1)我国为什么要将创新发展列于"五大发展理念"之首？

(2)如何理解"抓创新就是抓发展，谋创新就是谋未来"这句话？

第二，协调是持续健康发展的内在要求。

第三，绿色是永续发展的必要条件。

第四，开放是国家繁荣发展的必由之路。

第五,共享是中国特色社会主义的本质要求。

创新、协调、绿色、开放、共享的发展理念,内涵丰富、体系严密,五个方面相互贯通、相互促进,是具有内在联系的集合体。实践中要统一贯彻,不能顾此失彼或相互替代,哪一个发展理念贯彻不到位,发展进程都会受到影响。

【教学互动】

问:什么是分享经济?

请学生发言(略)。

教师点评:发展分享经济集中体现了“五大发展理念”:创新是分享经济的根本动力,绿色是分享经济的重要特征,协调是分享经济的内在要求,开放是分享经济的基本理念,共享是分享经济的落脚点,分享经济使所有参与人共享财富,实现人人参与、人人分享的目标。2015 年 10 月,党的十八届五中全会公报首次提“分享经济”,把“发展分享经济”正式列入党和国家的战略规划。那么,什么是分享经济呢?日常生活中,当你用滴滴打一辆车,在“饿了么”网上餐厅订一份饭,在网上订一间民居穷游时住到对方家里去,你可能还没意识到,自己已经是在分享经济里受益的一分子了。

分享经济又称共享经济,是指将原先由于技术手段或者商业模式的限制无法参与经济活动与经济流通的生产生活资源,通过新的技术手段或者商业模式投入经济活动与经济流通中,重新产生经济价值与社会效益的经济模式。通俗地说,所谓分享经济,就是把闲置的资源提供给需要的人分享,同时提供者也分享由此创造的价值。比如,需要出行者不必每个人都买自己的车,外出旅行也不必每个人都订酒店房间。分享经济是在互联网技术发展大背景下诞生的一种全新商业模式,它改变了原来集中式的发展模式,不再依赖大量集中的资源投入,而是更高效地利用社会闲置资源。在分享经济模式下,通过互联网第三方平台或媒介,产品和服务的生产者、消费者可以打破时间、空间、信息的分隔,实现个体之间闲置资源使用权的直接交易。人们可以通过使用权的暂时性转移,租或者借一种商品和技能,而不是通过购买所有权来享受其提供的服务。分享经济有几个典型优点:一是节约性。分享经济由于并不投入新的生产要素,而是将原先沉睡的经济要素重新投入到经济活动之中,因此具有高度的节约性。二是便利性。分享经济并不需要额外投入资源和人力维护，因此具有高度的便利性，在日常生活中，人们就可以完成分享经济。三是效率性。由于分享经济的资源分散在社会各个角落，因此使用起来更加即时迅捷，可以极大提高全社会的经济效益。四是环保性。由于不需要额外的资源投入，分享经济在降低污染、节能减排方面有着巨大潜力。五是财富分配的均等性。由于分享经济提供了普通人通过身边资源参与经济活动的渠道，因此产生了新的财富流通渠道，在提高普通群众收入方面具有极大优势。但是，分享经济的发展在当前还面临着很多障碍。要发展分享经济，必须突破原有的体制机制障碍，打破利益藩篱；必须打破原有传统的管理思维与模式，构建新型广泛参与的治理体制；必须与网络社会的有效治理相结合，建立分享经济的安全监管体系。

二、深化供给侧结构性改革

第一，推进增长动能转换，以加快发展先进制造业为重点全面提升实体经济。

第二，深化要素市场化配置改革，实现由以价取胜向以质取胜的转变。

第三，加大人力资本培育力度，更加注重调动和保护人的积极性。

第四，持续推进“三去一降一补”，优化市场供求结构。

【教学互动】

从春运火车票“秒光”看供给侧结构性改革

每年快到过年，身在外地的游子都会碰到这样的难题：几乎从春运火车票售票第一天起，无论是通过12306网站、订票电话这些方便快捷的方式，还是去火车站彻夜排队，从北京、广州等一线城市发往热门方向的列车车票基本都出现“秒光”的现象。

这样的情形让人惊讶。这些年我们开通了那么多高铁线路，增加了那么多火车车次，为什么还是“一票难求”？

说到底，是因为需求比供给增加得更快。改革开放以来，经济迅猛发展，物质极大丰富，楼房多了、医院多了、学校多了、大马路多了，但还是有很多人面临买不起房、看不起病、上不好学、出行拥堵、进养老院排长队等难题。

过去我们更多在需求方面下功夫，总在想办法用货币政策和财政政策刺激需求,而不太注重在供给方面出手调控。带来的结果,一边是钢铁、水泥、服装等很多行业产业"去产能、去库存"压力重重,另一边是老百姓需要的商品和服务供应不上。这样看起来,中央提出"在适度扩大总需求的同时,着力加强供给侧结构性改革"确实具有很强的现实针对性。

供给侧结构性改革,听起来很拗口、很专业,其实很接地气,甚至事关我们每个人。它的内涵很丰富,解读也很多。我最看好的一点,就是要通过改革,淘汰落后产业产品,培育有市场竞争力的新产业和新产品。让市场说了算,没人搭理的自然淘汰,受到欢迎的大力发展。

经济发展了,生活改善了,人们的消费需求慢慢从以前的"吃得饱、穿得暖"转变为"不但吃得饱还要吃得好,不但穿得暖还要穿得美"。说得文一点,就是由"生存型、传统型、物质型"向"发展型、现代型、服务型"转变了。要适应这样的变化,多下功夫进行供给侧结构性改革,不但很必要,而且很迫切。

[讨论] 请结合案例思考:①经济新常态下为什么要着力推进供给侧结构性改革?②供给侧结构性改革会给老百姓带来哪些实惠?

[点评] 供给侧结构性改革会给老百姓带来不少实惠:首先,就教育而言,社会办学带来供给多元化将化解"上学难"。在教育资源的供给端,鼓励社会资本提供个性化、多样化教育服务。随着政策不断松绑,民间资本深入教育领域内部的通道将被进一步打通。未来,政府保基础,民办创特色,让家长和孩子有了更多的选择。

其次,医疗方面,民间资本涌入将解决"看病难"。在医疗领域的供给端鼓励更多民营资本进入,将打破公立医疗机构对于医疗资源的垄断。民营医疗机构百花齐放,百姓对医疗服务不同层次的需求将得到满足。

再次,就住房而言,改善房地产供给结构将缓解"住房难"。按照部署,各地将抓紧推动制定化解库存方案,发展住房租赁市场,释放刚性需求和改善性需求。加快农民工市民化,满足新市民住房需求,稳定房地产市场。

最后,就消费而言,"海外抢购"将成为过去。中央给消费升级的潜在领域描绘了一幅明确的蓝图:要求积极发挥新消费引领作用,重点推动服务、绿色、时尚、品质等六大领域消费升级。可以预见的是,通过供给侧不断地改革、完善,未来国内也能提供质量好、价格便宜的产品,老百姓也不用万里迢迢远赴国外往回背“洋货”了……

三、建设现代化经济体系的主要任务

第一,大力发展实体经济。

第二,加快实施创新驱动发展战略。

第三,激发各类市场主体活力。

第四,积极推动城乡区域协调发展。

第五,着力发展开放型经济。

第六,加快完善社会主义市场经济体制。

【实训与思考】

1. 如何积极推进现代化经济体系建设?

2. 案例分析:结合下面案例,谈谈你对新发展理念的认识。

发展新理念和时代大潮①

我国在1978年开始改革开放的时候,GDP总量是3 645亿元,人均227美元。2015年,我国经济总量为67.67万亿元,折合10.42万亿美元,人均约为7 618美元。据初步测算,现在到2020年GDP年均可望增长6.5%~7%,比2010年翻一番,人均GDP超过1万美元。

现在,我们遇到了经济下行的压力,从1978年到2010年我国GDP年均增长9.98%,持续30多年高速增长,这两年开始减速。我们认为,经济新常态表面上是速度问题,实际上是结构调整的问题。这两年东部经济下行偏多,中西部还有增长的。东部有下行,也有较快增长的,比如深圳。还有像重庆这样的直辖市,还是两位数增长。他们的经验是什么?就是比较自觉比较早地开始了经济结构调整。所以,习近平总书记用“速度变化、结构优化、动力转换”这12个字来描述新常态。在这种新常态下,我们应该怎么应对?习近平总书记提出,对于经济新常态要“适应、把握、引领”。这六个字体现了历史唯物主义的科学精神,非常好。适应它、把握它、引领它,就有一个怎么发挥主观能动性的问题,就有一个树立什么样的发展理念的问题。

党中央提出的创新、协调、绿色、开放、共享发展的新理念,其理论贡献

① 李君如.发展新理念和时代大潮[J].思想政治工作研究,2016(01):7-9.

和新的亮点是突出用创新驱动取代要素驱动,增强发展的内在动力。中国的发展利用劳动力红利的阶段已经走到尽头,消费、投资和出口拉动也需要原创性科技成果支撑,与此同时,新的科技革命正在蓄势待发,创新驱动的阶段正在到来,这是一幅全新的发展图景。

强调"绿水青山就是金山银山"的绿色发展,是新阶段新发展的重要亮点,不仅着眼于可持续发展,而且将创造大量新的发展业态。坚持对内协调、对外开放,是实现全面发展的一个重要举措。通过协调发展实施"京津冀一体化""长江经济带",通过开放发展推进"一带一路",这是极其重要的发展思路。而且,"十三五"规划与以往的五年规划相比,第一次在全球视野下制定规划,第一次把像"一带一路"这样的战略写进规划当中。坚持人民为主体的共享发展,有助于更好地把发展、民生、社会建设融为一体。当然,一个社会的不平衡是绝对的,平衡是相对的。比如脱贫,改革开放以来,我们已经减少7亿贫困人口,成绩巨大,但按照中国贫困线标准2 300元测算,还有7 000多万贫困人口,到2020年全面建成小康社会后,可能还剩一二千万贫困人口,到那时就由政府兜底全包下来。因此,创新、协调、绿色、开放、共享发展的新理念,就是要我们尊重客观规律性,发挥主观能动性,掌握经济新常态下工作主动权。这"五大理念",指明了我们努力的方向。

第二节 发展社会主义民主政治

【课前设问】

1. 什么是社会主义民主政治?

2. 为什么要坚持中国特色社会主义政治发展道路?

【课堂导入】

2008年中国有让一些外国人士惊叹不已的两件事:一是因雨雪冰冻灾害滞留在广州火车站最多时高达60多万的返乡过年旅客,在一天多时间内神速般转移;二是北京奥运主场馆"鸟巢"的8万张固定座椅神速般安装完毕。请同学们思考一下,是什么力量让数十万归心似箭的人平安转移?又是什么力量让安装难度很大的8万张固定座椅,在不到一个月的时间内顺利安装到位呢?请同学发言(略)。

【讨论小结】

这两个问题有一个共同的答案,就是政治软实力。相对于以经济、科技、军事实力表现出来的硬实力而言,软实力主要是以文化、意识形态等表现出来的。在2008年外国人的惊叹中,我们看到了作为组织者的政府拥有的强大凝聚力和号召力,以及作为被组织者的广大群众因对政府的高度信赖而产生的巨大向心力。这就是政治的力量,是成就"中国奇迹"的政治软实力。政治软实力主要是以政治制度、政治原则、政治理论、政治价值观、领袖意志的号召力、影响力等表现出来。让我们一起来学习本节内容,其实也就是学习中国的政治软实力。

一、坚持中国特色社会主义政治发展道路

(一)社会主义民主政治发展道路的内涵

民主指的是一种国家制度和国家形态,它作为一种国家制度是逐步发展的。社会主义民主是人类社会最高类型的民主,实质内涵是人民当家做主。我国社会主义民主是维护人民根本利益的最广泛、最真实、最管用的民主。其核心内涵是以人民为中心,全面实现人民民主。

党的十七大首次阐述了中国特色社会主义政治发展道路的科学内涵:"坚持党的领导、人民当家做主、依法治国有机统一,坚持和完善人民代表大会制度、中国共产党领导的多党合作和政治协商制度、民族区域自治制度以及基层群众自治制度,不断推进社会主义政治制度自我完善和发展。"

(二)坚持中国特色社会主义政治发展道路的必然性

这条道路,是中国共产党带领人民在长期的革命、建设和改革开放实践中探索出来的一条既符合中国国情,又具有鲜明中国特色的伟大道路,是中国特色社会主义政治文明的集中体现,是坚持党的本质属性和践行党的根本宗旨的必然要求。近代以来中国人民长期奋斗的历史逻辑、理论逻辑和实践逻辑都表明,建设繁荣昌盛、各族人民当家做主的社会主义现代化国家,最为根本的就是发挥中国特色社会主义制度的独特优势,推动社会主义民主政治的不断发展。是否坚持这条道路,事关根本、事关全局。

(三)坚定不移地走中国特色社会主义政治发展道路

第一,必须坚持党的领导、人民当家做主、依法治国有机统一。

第二,必须发展和完善适合我国国情的社会主义政治制度。

第三,必须坚持正确的政治方向,积极稳妥推进政治体制改革,推进社会主义民主政治制度化、规范化、法治化、程序化。

第四,深化依法治国实践,加快建设社会主义法治国家。

第五,巩固和发展最广泛的爱国统一战线,发展社会主义协商民主,丰富民主形式,拓宽民主渠道,确保人民享有最广泛、最真实、最管用的民主权利,更加充分地发挥和展现社会主义民主政治的优越性。

请思考:为什么要坚持党的领导、人民当家做主、依法治国有机统一?

二、健全人民当家做主制度体系

发展社会主义民主政治就是要体现人民意志、保障人民权益、激发人民创造活力,用制度体系保证人民当家做主。

1. 坚持和完善人民代表大会制度

人民代表大会制度是我国根本政治制度,是保证人民当家做主的根本政治制度和最高实现形式,也是党在国家政权中充分发扬民主、贯彻群众路线的最好实现形式。

2. 坚持和完善中国共产党领导的多党合作和政治协商制度

这是我国的一项基本政治制度,人民政协是具有中国特色的制度安排,是社会主义协商民主的重要渠道和专门协商机构。

3. 坚持民族区域自治制度

这是我国又一基本政治制度。这一制度符合我国国情,需要在新的历史条件下进一步发挥其维护祖国统一、领土完整,在加强民族平等团结、促进民族地区发展、增强中华民族凝聚力等方面的重要作用。

4. 完善基层群众自治制度

这也是我国的一基本政治制度。完善这一制度,发展基层民主,是社会主义民主政治建设的基础。

通过坚持和完善人民代表大会制度、中国共产党领导的多党合作和政治协商制度、民族区域自治制度、基层群众自治制度等各项民主制度,保证人民当家做主落实到国家政治生活和社会生活之中,切实发挥中国特色社会主义政治制度优势。

三、巩固和发展爱国统一战线

第一，坚持长期共存、互相监督、肝胆相照、荣辱与共，支持民主党派按照中国特色社会主义参政党要求更好履行职能。

第二，深化民族团结进步教育，铸牢中华民族共同体意识。

第三，全面贯彻党的宗教工作基本方针，坚持我国宗教的中国化方向，积极引导宗教与社会主义社会相适应。

第四，牢牢把握大团结大联合的主题，做好统战工作。

四、坚持“一国两制”推进祖国统一

1. 全面准确贯彻“一国两制”方针

要站在民族复兴的高度推进“一国两制”事业；始终准确把握“一国”和“两制”的关系；始终严格依照宪法和基本法办事；始终聚焦发展这个第一要务，全面推进内地与香港、澳门互利合作；始终维护和谐稳定的社会环境。

2. 扎实推进祖国和平统一进程

解决台湾问题、实现祖国完全统一，是全体中华儿女共同愿望，是中华民族根本利益所在。扎实推进祖国和平统一进程，必须继续坚持“和平统一、一国两制”方针；坚持一个中国原则和“九二共识”；推动两岸关系和平发展；坚决反对和遏制“台独”分裂势力；秉持和践行“两岸一家亲”理念；携手同心共圆民族复兴中国梦。

【实训与思考】

1. 如何坚持“一国两制”，推进祖国统一？

2. 材料阅读与应用：

我国社会主义民主是最广泛、最真实、最管用的民主

中国社会科学院政治学研究所所长、教授房宁：“最广泛”体现在“国家一切权力属于人民”和“人民当家做主”。发展社会主义民主政治就是要体现人民意志。人民是国家权力的主体，人民当家做主是社会主义民主政治的本质和核心。因此，承认、保障和不断扩大人民权利，是民主政治的基本含义。扩大人民有序参与政治，保证人民依法享有广泛权利和自由，完善基层民主制度，保障人民权利，充分调动人民群众的积极性、主动性、创造性，

为中国的工业化、现代化进程提供了强大动力。

“最真实”体现在“坚持党的领导、人民当家做主、依法治国有机统一”。发展社会主义民主政治就是要保障人民权益。党的领导、人民当家做主、依法治国三者统一于我国社会主义民主政治伟大实践。党领导人民有效治理国家,保证人民依法实行民主选举、民主协商、民主决策、民主管理和民主监督,加强人权法治保障,保障人民知情权、参与权、表达权、监督权。人民依照宪法和法律规定,通过各种途径和形式管理国家事务、管理经济文化事业、管理社会事务。

“最管用”体现在“中国特色社会主义政治制度”。发展社会主义民主政治就是要激发人民创造活力。中国特色社会主义政治制度使社会主义民主具有更旺盛的生命力。人民代表大会制度是坚持党的领导、人民当家做主、依法治国有机统一的根本政治制度安排。协商民主制度是我国社会主义民主政治的特有形式和独特优势,通过增进共识,找到最大公约数,保证人民广泛持续深入参与日常政治生活。基层民主制度则保障人民享有更多更切实的民主权利。爱国统一战线的巩固和发展是中国人民凝心聚力实现社会主义现代化的重要法宝。中国特色社会主义政治发展道路是符合中国国情、保证人民当家做主的正确道路。

(来源:《湖北日报》)

结合材料,请思考问题:①为什么说我国社会主义民主是维护人民根本利益的最广泛、最真实、最管用的民主?②怎样发展社会主义民主政治?

第三节　推动社会主义文化繁荣兴盛

【课前设问】

1. 什么是中国特色社会主义的文化?

2. 谈谈对推动社会主义文化繁荣兴盛重大意义的认识。

【课堂导入】

2017 年夏天,有这么一部燃爆银幕的电影《战狼 2》(看过的同学请举手),该影片讲述了脱下军装的冷锋被卷入了一场非洲国家的叛乱,本来能够安全撤离的他无法忘记军人的职责,重回战场展开救援的故事。其中侠肝义胆的铮铮铁汉、扣人心弦的紧张情节、大气恢宏的精湛制作、自信满怀的爱国情感等深深吸引着国人眼球，该片一上映就引起了全民观看的热潮，一举取得了56亿的总票房，创造了国产电影票房最高的一部电影。近年来，这种优质的“现象级”国产大片和类似的文化产品层出不穷，创造力、传播力、影响力大幅提升，同时也呈现出我国文化发展繁荣兴盛的生动景象。

那么，什么是文化？什么是中国特色社会主义文化？为什么要推动社会主义文化繁荣兴盛？怎样推动社会主义文化繁荣兴盛呢？今天让我们大家一起来学习和探讨这些问题。

【讨论小结】

(1)关于什么是文化。广义的文化是指人类社会生活中物质文明和精神文明的总和。狭义的文化是指与经济、政治等社会生活并列的思想理论、道德风尚、文学艺术、科学教育等精神内容的总和。文化非常重要，它是一个国家一个民族的灵魂，一个国家被消灭了，只要这个国家的文化依然存在，这个国家迟早要复兴。但一个国家和这个国家的文化被同时消灭了，这个国家也就永远被消灭了。

(2)关于什么是中国特色社会主义文化。它是指由中国共产党领导和推动的、代表中国先进文化方向的、有着中国特色和中华民族个性的、面向现代化、面向世界、面向未来的科学的民族的大众的社会主义文化。党的十九大报告对中国特色社会主义文化进行了科学界定：“中国特色社会主义文化，源自于中华民族五千多年文明历史所孕育的中华优秀传统文化，熔铸于党领导人民在革命、建设、改革中创造的革命文化和社会主义先进文化，根植于中国特色社会主义伟大实践。”这一重要论断告诉我们，中国特色社会主义文化是中国的文化，是社会主义性质的文化，是中国特色社会主义伟大实践的生动反映，也是推动中国特色社会主义伟大实践的精神动力。

(3)关于为什么要推动社会主义文化繁荣兴盛。文化强国家才能强。推动社会主义文化繁荣兴盛是新时代坚持和发展中国特色社会主义的必然要求；是实现中华民族伟大复兴中国梦的必然要求；是实现人民对美好生活向往的必然要求；是提高国家文化软实力的必然要求。

当今新形势下，应怎样推动社会主义文化繁荣兴盛呢？

一、牢牢掌握意识形态工作领导权

建设中国特色社会主义文化,必须建设具有强大凝聚力和引领力的社会主义意识形态,使全体人民在理想信念、价值理念、道德观念上紧紧团结在一起,巩固马克思主义在意识形态领域的指导地位,牢牢掌握意识形态工作领导权。掌握意识形态工作领导权,要求做到:

其一,旗帜鲜明坚持马克思主义指导地位,推进马克思主义中国化时代化大众化。

其二,加强理论武装,推动新时代中国特色社会主义思想深入人心。

其三,深化马克思主义理论研究和建设,加快构建中国特色哲学社会科学。

其四,坚持正确的舆论导向,旗帜鲜明反对和抵制各种错误观点。

其五,高度重视传播手段建设和创新,提高新闻舆论传播力、引导力、影响力、公信力。

其六,构建网络综合治理体系,建设好网络空间。

其七,加强阵地建设和管理,落实好意识形态工作责任制。

其八,发展面向现代化、面向世界、面向未来的,民族的、科学的、大众的社会主义文化。

【教学互动】

拿破仑说:"世界上只有两种强大的力量,即刀枪和思想;从长远看,刀枪总是被思想战胜的。"请谈一谈你对这句话是如何理解的?

同学发言(略)。

【教师点评】

刀枪代表的是人类社会物质的力量,思想代表的是社会意识的力量,社会意识对推动社会发展的作用不可低估。这句话揭示了思想的永恒性,思想是更持久的力量,实际上是揭示了意识形态的力量。意识形态属于一种思想体系,它拥有比物质力量更深远、更持久的影响力。若忽视了意识形态的巨大力量,国家的独立自主和繁荣富强是很难实现的。可以这样说,意识形态工作关乎党和国家前途命运,因而,要保持意识形态定力。2013 年 8 月,习近平总书记在全国宣传思想工作会议上指出:"只有物质文明建设和精神文明建设都搞好,国家物质力量和精神力量都增强,全国各族人民物质生活和精神生活都改善,中国特色社会主义事业才能顺利向前推进。”

二、培育和践行社会主义核心价值观

1. 什么是社会主义核心价值观(概念和内涵)

2. 培养和践行社会主义核心价值观应该怎么做

其一,要把社会主义核心价值观融入社会生活各个方面。

其二,要坚持全民行动、干部带头,从家庭做起、从娃娃抓起。

其三,必须立足中华优秀传统文化和革命文化。

其四,必须发扬中国人民在长期奋斗中培育、继承、发展起来的伟大民族精神(伟大创造精神、伟大奋斗精神、伟大团结精神和伟大梦想精神)。

三、坚定文化自信,建设社会主义文化强国

文化是一个国家、一个民族的灵魂,文化兴国运兴,文化强国运强。没有高度的文化自信,没有文化的繁荣兴盛,就没有中华民族伟大复兴。要推动社会主义文化繁荣兴盛,实现中华民族伟大复兴,就必须建设社会主义文化强国。而建设文化强国的核心是发展中国特色社会主义文化。

第一,必须培养高度的文化自信。

第二,必须大力发展文化事业和文化产业。

第三,必须提高国家文化软实力。

党的十九大报告指出:“发展中国特色社会主义文化,就是以马克思主义为指导,坚守中华文化立场,立足当代中国现实,结合当今时代条件,发展面向现代化、面向世界、面向未来的,民族的科学的大众的社会主义文化,推动社会主义精神文明和物质文明协调发展。”

【实训与思考】

1. 网络文学“走出去”的文化自信

网络革命在全世界发生,但网络文学在中国风景独好。中国的网络文学成长为世界奇观,与中国独特的文化国情有关,但是否只有中国人才爱看网络小说?事实证明并非如此,老外也爱看中国网络小说。不是十个八个爱看,而是十万百万爱看;不是我们花钱请人来看,而是老外自发追着翻译;

不是因为猎奇才看,而是沉迷到不能自拔。

中国网络小说在东南亚地区早就成为重要的流行文化之一,如今每年被翻译到东南亚地区的中国网络小说至少有数百部。在同属东亚文化圈、类型小说更不发达的东南亚地区,中国网络小说的流行并不让人感到惊讶,而网络小说在类型文学极度发达甚至相对饱和的北美地区大受欢迎和好评,则着实让人感到惊喜。自2015年年初,中国网络小说开始在北美流行,并以北美为基地辐射全球,在一年半时间里征服了百万级数的英文读者。中国网络文学世界领先的背后,是中国在影视、动漫、游戏等电子时代本该更加受宠的文艺形式的长期落后。于是,许多中国人的集体智慧只能汇聚到门槛最低的网络文学里,并在近20年的实践中造就出了一个独一无二的世界文化奇观。如今,中国网络小说中最流行最发达的类型是有传统积淀的"东方幻想"。在《盘龙》帮助相当部分外国读者推开中国网络小说的大门后,《我欲封天》成为他们进入东方背景的幻想世界的第一个阶梯。以古代中国为背景的《我欲封天》用最浅白的方式,成功地给小说披上了一层中国道家文化的霞光,对那些对中国传统陌生的国外读者是恰到好处,既神秘绚烂又可望可即。

网络文学深深扎根于中国文化土壤,广泛吸收了古今中外、网上网下各种文艺资源,并在近20年发展中汇集了"70后""80后"和"90后"三代中国青年的共同智慧,饱含着这个时代最丰富的信息和元气。我们确信,中国网络文学能够对世界的文艺繁荣做出自己独特的贡献,能够提供文学在网络时代的新的可能性,能够展现古老的中华文化在网络时代的新的可能性,对此,我们应该有足够的文化自信。

(来源:人民日报海外版)

2. 阅读三则材料

一则:名家谈

据2016年9月22日《光明日报》,文化部原部长、作家王蒙:文化自信是最根本的自信,是由内而外的自信,是有定力的自信,是有凝聚力感召力的自信,是面向世界的自信。文化贵在潜移默化,贵在浸润身心,贵在心心相印,贵在蔚然成风。真正的文化自信拒绝炒作造势、夸大其词、巧言令色、形式主义;真正的文化自信具备抵制低俗化、浅薄化、哄闹化、片面化、狭隘化的能力和定力。文化属于人民,文化的有效性在于提升生活质量、精神面貌、成就实绩。文化自信还有一个重要方面,就是对于中外大事大课题,我们要有自己的语言,要有中华命题和中华说法。中国的文化自信是前进中的自信,学习中的自信,从善如流的自信。

二则:读数字

据2017年7月19日人民网–人民日报海外版报道:中国已在140个国家和地区建立511所孔子学院和1073个中小学孔子课堂;现有注册学员210万人,中外专兼职教师4.6万人。其中,"一带一路"沿线共有51个国家和地区开设了134所孔子学院和130个中小学孔子课堂,欧盟28国、中东欧16国实现全覆盖。此外,截至目前,共有67个国家和地区,通过颁布法令、政令等形式,将汉语教学纳入国民教育体系。

三则:晒政策

中华优秀传统文化是中华民族的精神命脉,是涵养社会主义核心价值观的重要源泉,也是我们在世界文化激荡中站稳脚跟的坚实根基。实施中华文化传承工程,通过国民教育、民间传承、礼仪规范、政策引导和舆论宣传、文艺创作等各个方面,传承中华文化基因。做好古籍整理、经典出版、义理阐释、社会普及工作。加强对中华诗词、音乐舞蹈、书法绘画、曲艺杂技和历史文化纪录片、动画片、出版物等的扶持。发展民族民间艺术,保护和发掘我国少数民族文艺成果及资源,保护和传承非物质文化遗产。实施地方戏曲振兴计划,做好"京剧像音像"工作,挖掘整理优秀传统剧目,推进数字化保存和传播。推进基层国有文艺院团排练演出场所建设,政府采购戏曲项目,提供公共文化服务,推进戏曲进校园。扶持中华文化基因校园传承工作,建设一批中华优秀传统文化教育基地。

结合上述案例和材料,请思考:

(1)怎样理解文化自信?

(2)中华文化自信体现在哪里?源自何处?

(3)如何进一步增强文化自信?

3.问题思考

(1)如何推动社会主义文化繁荣兴盛?

(2)分析文化素质对大学生创业就业的内在关联。

第四节　坚持在发展中保障和改善民生

【课前设问】

1. 什么是民生？联系实际谈谈当前人民群众最关心的民生问题有哪些。

2. 为什么要坚持在发展中保障和改善民生？

【课堂导入】

“坚持在发展中保障和改善民生”，被党的十九大报告列为新时代坚持和发展中国特色社会主义的基本方略之一。为什么要坚持在发展中保障和改善民生呢？民生是人民幸福之基、社会和谐之本。让人民过上幸福生活是社会主义社会的本质要求，增进民生福祉是中国共产党立党为公、执政为民的使命所在。带领人民创造美好生活，一直是党始终不渝的奋斗目标。经过不懈努力，在经济建设取得重大成就的同时，我国人民生活也在不断得到改善。但还要看到，民生领域还有不少短板。让我们先来议一议，现实生活中民生短板问题是什么，人民群众最关心的民生问题有哪些呢？

同学发言(略)。

【讨论小结】

一方面，随着大批惠民举措落地实施，人民生活有了明显改善，另一方面，民生领域还有不少短板，脱贫攻坚任务仍然艰巨，城乡区域发展和收入分配差距依然较大，当前，人民群众最关心的脱贫、教育、就业、收入、社保、医疗、养老、居住、环境、文化娱乐等方面还面临不少难题。

那么，对于这些人民最关心最直接最现实的利益问题应如何解决呢？党的十九大报告提出要“在幼有所育、学有所教、劳有所得、病有所医、老有所养、住有所居、弱有所扶上不断取得新进展”，其目的就是要使人民最关心的切身利益问题得到解决。2017 年 10 月 25 日，习近平总书记在十九届中共中央政治局常委同中外记者见面时讲，“我们要牢记人民对美好生活的向往就是我们的奋斗目标，坚持以人民为中心的发展思想，努力抓好保障和改善民生各项工作，不断增强人民的获得感、幸福感、安全感，不断推进全体人民共同富裕”。

一、提高保障和改善民生水平

第一，优先发展教育事业。

第二，提高就业质量和人民收入水平。

第三，加强社会保障体系建设。

第四，坚决打赢脱贫攻坚战。

第五，实施健康中国战略。

【教学案例】

[案例 1]

教育是最根本的精准扶贫

“十年树木，百年树人”，“教育扶贫”能让贫困地区的孩子掌握知识、改变命运、造福家庭，是最有效、最直接的精准扶贫。

“扶贫先扶智”决定了教育扶贫的基础性地位，“治贫先治愚”决定了教育扶贫的先导性功能，“脱贫防返贫”决定了教育扶贫的根本性作用。联合国教科文组织研究表明，不同层次受教育者提高劳动生产率的水平不同：本科 300%、初高中 108%、小学 43%，人均受教育年限与人均 GDP 的相关系数为 0.562。“积财千万，不如薄技在身”“一技在手，终身受益”，教育在促进扶贫、防止返贫方面的作用，可说是根本性的、可持续的。

教育精准扶贫关键要实施好“五个精准”：“精准改造”“精准招生”“精准资助”“精准就业”“精准培训”。“精准改造”就是让贫困户子女不仅有学校可上，而且能上好学校；“精准招生”就是让贫困户子女不仅拥有教育机会，而且拥有更多优质教育机会；“精准资助”就是完善贫困家庭大学生学费减免制度，高校内公益岗位优先安排贫困家庭大学生；“精准就业”就是让贫困户子女不仅有业可就，而且能够持续发展，最终达到“一人长期就业、全家稳定脱贫”的目的；“精准培训”就是让贫困农民拥有一技之长，能够脱贫致富。做到了这“五个精准”，教育就一定能充分发挥教育扶贫的人才、智力、科技、信息优势，提高贫困家庭脱贫能力，遏制贫困代际传递，为精准扶贫、全面小康注强大正能量。

（摘自：《人民日报》）

[案例 2]

车库咖啡

在北京市海淀区,有一条不足 200 米长的"中关村创业大街",因李克强总理曾到访考察而名声大噪。然而,可能很多人不知道,这条街原来的名字叫中国海淀图书城。

2011 年 4 月,随着图书行业的不景气,不断有商户搬走,冷清的人气让这里的房租比周边相对便宜些,苏菂因此选择在此创业,开起了这条街上第一家以创业为主题的咖啡馆——车库咖啡。

对于初创阶段的公司来说,找办公室是个难题。地方太小,随着团队的扩大就要不断地搬家,而一次性租下一个大办公室,成本又太高。所以,一些人就干脆选择在上岛咖啡、星巴克等公共场所流动办公。"把这些散落在星巴克、上岛的人聚集在一起,让他们有一个固定的办公场所,起码比星巴克、上岛的消费要低一点吧,氛围也是创业的,大家互相不打扰,互相鼓舞。"这是苏菂创建车库咖啡的初衷。

2011 年,一个 3 人的团队在中关村租用办公室,每月至少 4000 元以上。而在车库咖啡,买一杯咖啡就能工作一天,一个月不过 1000 元,而且还有打印、复印、扫描等服务提供。

3 年多来,从车库咖啡走出了大大小小超过 100 个成功项目,最知名的创业公司是女性健康管理软件"大姨吗"。2014 年 6 月 5 日,"大姨吗"正式宣布获得 3000 万美元 C 轮融资。

(来源:豆丁网)

结合上述案例,请思考讨论:

(1)扶贫攻坚为何要变"大水漫灌"为"精准滴灌"?为什么说教育是最根本的精准扶贫?

(2)"车库咖啡"创业的成功说明了什么?你对未来的职业发展是怎样设想的?

二、加强和创新社会治理

第一,创新社会治理体制。

第二,改进社会治理方式。

第三，加强预防和化解社会矛盾机制建设。

第四，加强社会心理服务体系建设。

第五，加强社区治理体系建设。

三、坚持总体国家安全观

第一，完善国家安全体系。

第二，健全公共安全体系。

第三，推进平安中国建设。

第四，加强国家安全能力建设。

第五，加强国家安全教育。

【实训与运用】

1. 怎样坚持在发展中保障和改善民生?

2. 案例分析

健康中国需要大处方大视野

"上工治未病"，预防是最经济、最有效的健康策略。保护一个人的健康如此，推进国民健康体系建设更需要这样宏阔的视野。习近平总书记在全国卫生与健康大会上强调，要把人民健康放在优先发展的战略地位，加快推进健康中国建设，努力全方位、全周期保障人民健康。把人民的福利和幸福感作为重要发展目标，意味着要从以治病为中心转变为以"人民健康"为中心，树立大卫生、大健康的观念。

健康不仅是指身体的强健，更是生理心理乃至生存环境、社会福祉的和谐状态。从这种"大卫生、大健康"的视野去看，就能更清醒地意识到，影响国民健康的多重因素和复杂局面。除了看病难、看病贵的老大难，也有水、空气、土壤污染的新威胁，甚至包括高强度生活节奏带来的亚健康问题。"感觉身体被掏空"的无力感，"葛优躺"呈现的颓废画风，某种程度上也是健康问题的另一种表征。

健康中国，不仅要靠医疗卫生服务的"小处方"，更要靠社会整体联动的"大处方"。它不仅仅是卫生部门的事，而是关系到教育、体育、环境保护、食品安全等各个领域；不仅仅包括完善医疗卫生服务，还包括提高宜居质量、保障食品安全、促进体育锻炼等各个方面。只有将健康融入所有政策，与人民共建共享,才能找到健康中国的正解。良好的生态环境是人类生存与健康的基础,完善的社会福利制度是国民健康的守护天使。因此,政府部门在推进医疗改革之外,还应该努力让广大人民群众享有公平可及、系统连续的预防、治疗、康复、健康促进等健康服务。比如推广健康教育,近年来中小学生体质下降的新闻经常见诸报端,都与公民整体的健康意识薄弱有关。还有公共体育设施满足不了群众锻炼需求的问题,都应该在更高层面、更大视野里予以重视,并以国民健康为中心来调配各种政策资源。

当然,全社会的健康离不开每个人的努力,公民才是自身健康的第一责任人。观察近年来的社会心态变化,健康意识的觉醒,可以说是一个清晰的脉络。"搬砖小伟"在工地做倒立俯卧撑的视频火遍网络,从农民工变成"网红"的背后,是大众对健康体魄的审美趣味;跑步队伍越来越壮大,甚至有人说跑步成为城市中等收入群体新的"宗教"……可见,追求健康向上的生活方式,有非常广泛的社会心理基础,这是建设健康中国最深厚的动力。

如果说健康中国是一个宏伟的金字塔,那么国民的"健康素养"就是它的根基。无论个体还是社会,先要拥有鲜明的健康意识、充分的健康知识,才有保持健康的能力。偏听偏信所谓"京城名医""医疗教母"的虚假广告,对经常性疾病缺少基本常识,沉溺于吸烟酗酒、经常熬夜等不良生活习惯……这些不健康不卫生的生活方式,需要靠更细致的公共服务、更有力的健康宣传来涤荡。

"世界上没有比结实的肌肉和新鲜的皮肤更美丽的衣裳",健康的体魄一直是人类历史的审美意象。健康中国的期盼,也凝聚着政府、社会和人民群众的共同理想。把国民健康作为一个衡量发展的综合性指标,是切实关注人民群众获得感的必然结果,也是践行新发展理念、实现全面小康的题中之义。当每个人都拥有健康体魄,才能支撑起一个充满美感与力量的健康中国。

(来源:《人民日报》)

结合案例,请思考:

(1)为什么"健康中国"会上升为国家战略?

(2)你的健康观是怎样的?

第五节 建设美丽中国

【课前设问】

1. 何谓“美丽中国”？“美丽中国”是怎么提出来的？

2. 为什么要建设美丽中国？举例说明建设美丽中国面临哪些问题。

【课堂导入】

你知道“美丽中国”这一概念是怎么来的吗？什么是“美丽中国”？

同学发言讨论（略）。

【讨论小结】

“美丽中国”这一概念是2012年11月8日党的十八大报告首次提出的，并在2015年10月召开的十八届五中全会上被纳入了“十三五”规划。2017年10月18日，习近平同志在党的十九大报告中进一步提出了加快生态文明体制改革，建设美丽中国新的目标、任务和举措。根据十九大报告中的有关论述，“美丽中国”的科学内涵主要包括四层含义，即人类与自然和谐之美（美丽中国的基本特征）；融入生态文明理念后的科学发展之美（美丽中国的基础条件）；人民生产生活的和谐幸福之美（美丽中国的落脚点和归宿）；协调可持续的绿色发展之美（美丽中国的理念指引）。简要讲，“美丽中国”是指山美、水美、人美，环境美、生活美、一切美，其实质是要求人类与自然和谐相处，尊重自然、顺应自然、保护自然，强调把生态文明建设放在突出地位，融入经济建设、政治建设、文化建设、社会建设各方面和全过程。“美丽中国”思想的提出，丰富和拓展了新时代中国特色社会主义的总任务、总体布局、发展方式、发展动力等基本问题的内容，对丰富和发展中国特色社会主义理论体系，指导新时代中国特色社会主义的实践具有重大理论意义和实践意义。

具体而言，之所以提出建设美丽中国，其一，是中华民族永续发展的客观要求；其二，是全面建设社会主义现代化国家，实现中华民族伟大复兴中国梦的必然要求；其三，是顺应人民群众追求美好生活的期待、更好地满足人民日益增长的优美生态环境的需要；其四，是推动经济高质量发展的必然要求;其五,是解决当前面临的大气污染、水污染、土壤污染、海洋污染、雾霾污染等环境问题(诸如全球变暖、臭氧层破坏、酸雨、淡水资源危机、能源短缺、森林资源锐减、土地荒漠化、物种加速灭绝、垃圾成灾、有毒化学品污染多方面)的现实需要。

那么,面临诸多环境问题,如何建设美丽中国呢?

一、坚持人与自然和谐共生

尊重自然,是人与自然相处时应秉持的首要态度,要求人对自然怀有敬畏之心、感恩之情、报恩之意,尊重自然界的创造和存在,绝不能凌驾于自然之上,只有尊重自然才是人与自然相处的科学态度。

顺应自然,是人与自然相处时应遵循的基本原则,要求人顺应自然的客观规律,按自然规律办事。

保护自然,是人与自然相处时应承担的重要责任,要求人发挥主观能动性,在向自然界索取生存发展之需的同时,呵护自然,回报自然,保护自然界的生态系统,对自然界不能只讲索取不讲投入、只讲利用不讲建设。

建设社会主义生态文明就是要实现人与自然和谐发展,就是要建设以资源环境承载力为基础、以自然规律为准则、以可持续发展为目标的资源节约型、环境友好型社会,努力走向社会主义生态文明新时代。

【教学互动】

阅读思考:

习近平同志在2016年1月省部级主要领导干部学习贯彻党的十八届五中全会精神专题研讨班上指出:“生态环境没有替代品,用之不觉,失之难存。我讲过,环境就是民生,青山就是美丽,蓝天也是幸福,绿水青山就是金山银山。”这段话揭示了什么?

学生发言(略)。

【讨论小结】

这段话深刻揭示了生态、经济、发展之间的辩证统一关系。保护生态环境就是保护生产力,改善生态环境就是发展生产力。只有坚持正确的发展理念和发展方式,才可以实现百姓富、生态美的有机统一。

二、形成人与自然和谐发展新格局

第一，把节约资源放在首位。

第二，坚持保护优先、自然恢复为主。

第三，着力推进绿色发展、循环发展、低碳发展。

第四，形成节约资源和保护环境的空间格局、产业结构、生产方式、生活方式。

三、加快生态文明体制改革

第一，推进绿色发展。

第二，着力解决突出环境问题。

第三，加大生态系统保护力度。

第四，改革生态环境监管体制。

【实训与运用】

［材料一］

良好生态环境是最善惠的民生福祉①

生态文明是人类社会进步的重大成果。人类经历了原始文明、农业文明、工业文明，生态文明是工业文明发展到一定阶段的产物，是实现人与自然和谐发展的新要求。建设生态文明，不是要放弃工业文明，回到原始的生产生活方式，而是要以资源环境承载能力为基础，以自然规律为准则，以可持续发展、人与自然和谐为目标，建设生产发展、生活富裕、生态良好的文明社会。

人与自然的关系是人类社会最基本的关系。自然界是人类社会产生、存在和发展的基础和前提，人类则可以通过社会实践活动有目的地利用自然、改造自然，但人类归根结底是自然的一部分，在开发自然、利用自然的过程中，人类不能凌驾于自然之上，人类的行为方式必须符合自然规律。人与自然是相互依存、相互联系的整体，对自然界不能只讲索取不讲投入、只讲利用不讲建设。保护自然环境就是保护人类，建设生态文明就是造福人类。

① 详见:《绿水青山就是金山银山》,《人民日报》2014 年 7 月 11 日第 12 版。

历史地看,生态兴则文明兴,生态衰则文明衰。古今中外,这方面的事例众多。恩格斯在《自然辩证法》一书中就深刻指出,“我们不要过分陶醉于我们人类对自然界的胜利。对于每一次这样的胜利,自然界都对我们进行报复”,“美索不达米亚、希腊、小亚细亚以及其他各地的居民,为了得到耕地,毁灭了森林,但是他们做梦也想不到,这些地方今天竟因此而成为不毛之地”。历史的教训,值得深思!

中华文明传承五千多年,积淀了丰富的生态智慧。“天人合一”“道法自然”的哲理思想,“劝君莫打三春鸟,儿在巢中望母归”的经典诗句,“一粥一饭,当思来之不易;半丝半缕,恒念物力维艰”的治家格言,这些质朴睿智的自然观,至今仍给人以深刻警示和启迪。我们党一贯高度重视生态文明建设。20 世纪 80 年代初,我们就把保护环境作为基本国策。

进入新世纪,又把节约资源作为基本国策。多年来,我们大力推进生态环境保护,取得了显著成绩。但是经过三十多年的快速发展,积累下来的生态环境问题日益显现,进入高发频发阶段。比如,全国江河水系、地下水污染和饮用水安全问题不容忽视,有的地区重金属、土壤污染比较严重,全国频繁出现大范围长时间的雾霾污染天气,等等。这些突出环境问题对人民群众生产生活、身体健康带来严重影响和损害,社会反映强烈,由此引发的群体性事件不断增多。这说明,随着社会发展和人民生活水平不断提高,人民群众对干净的水、清新空气、安全的食品、优美的环境等的要求越来越高,生态环境在群众生活幸福指数中的地位不断凸显,环境问题日益成为重要的民生问题。

正像有人所说的,老百姓过去“盼温饱”现在“盼环保”,过去“求生存”现在“求生态”。习近平总书记指出:“良好生态环境是最公平的公共产品,是最普惠的民生福祉。”保护生态环境,关系最广大人民的根本利益,关系中华民族发展的长远利益,是功在当代、利在千秋的事业,在这个问题上,我们没有别的选择。必须清醒认识保护生态环境、治理环境污染的紧迫性和艰巨性,清醒认识加强生态文明建设的重要性和必要性,以对人民群众、对子孙后代高度负责的态度,加大力度,攻坚克难,全面推进生态文明建设,实现中华民族永续发展。

[材料二]

“坚持人与自然和谐共生。建设生态文明是中华民族永续发展的千年大计。必须树立和践行绿水青山就是金山银山的理念,坚持节约资源和保护环境的基本国策,像对待生命一样对待生态环境,统筹山水林田湖草系统治理,实行最严格的生态环境保护制度,形成绿色发展方式和生活方式,坚定走生产发展、生活富裕、生态良好的文明发展道路,建设美丽中国,为人民创造良好生产生活环境,为全球生态安全做出贡献”。①

1. 结合所学和上述资料,谈谈对建设美丽中国重要性的认识。

2. 如何建设美丽中国？当代大学生应怎样为建设美丽中国贡献自己的力量?

① 详见材料:“习近平在中国共产党第十九次全国代表大会上的报告”2017 年 10 月 28 日,人民网-人民日报。

第二十一章

“四个全面”战略布局

【教学目的和要求】

通过本课学习，使学生把握“四个全面”战略布局的基本内容，深刻理解“四个全面”战略布局是我们党在新形势下治国理政的总方略。把握“四个全面”的内在逻辑关系，全面建成小康社会是战略目标，全面深化改革、全面依法治国、全面从严治党是战略举措。

【教学重点和难点】

1.“四个全面”战略布局的内涵、基本内容及其内在关系

2.“四个全面”战略布局的目标任务和要求

第一节　全面建成小康社会

【课前设问】

1. 什么是小康社会？

2. 决胜全面建设小康社会的新要求有哪些？

【课堂导入】

播放歌曲《中国梦》。

一曲《中国梦》，唱出了中华民族的共同心声，实现中华民族伟大复兴的中国梦是中华民族近代以来最伟大的梦想。为了这个梦想，如何突出重点，

抓住关键,牢牢扭住治国理政的"牛鼻子"?如何放眼长远,综合施策,协调推进?如何攻坚克难,走好新时代,实现强国梦?这些答案就在"四个全面"战略布局中,让我们一起在本节中寻找答案。

一、全面建成小康社会的内涵

"小康社会"是由邓小平于20世纪70年代末80年代初在规划中国经济社会发展蓝图时提出的战略构想,在基本实现"小康"的基础上,2012年11月,中共十八大报告明确提出了"全面建成小康社会";党的十九大提出"决胜全面建成小康社会,夺取新时代中国特色社会主义伟大胜利"。其间,经过了一个从温饱到总体小康,从"三步走"到"新三步走",从总体小康到全面小康,从中共十二大到十九大决胜全面建成小康社会的接力推进和发展过程。那么,全面建成小康社会的具体内涵是什么呢?

全面建成小康社会的标准更高、内涵更丰富、要求更全面。党的十九大报告把全面建成小康社会的内涵明确为:"到建党一百年时,建成经济更加发展、民主更加健全、科教更加进步、文化更加繁荣、社会更加和谐、人民生活更加殷实的小康社会。"这段话告诉我们,全面建成小康社会具有丰富的内涵,其核心是"全面"。"全面"讲的是发展的平衡性、协调性、可持续性,既是指覆盖人数的全面,也是指小康的水平与质量全面。其一,从覆盖的领域看,全面建成小康社会是经济、政治、文化、社会、生态文明建设"五位一体"全面进步的小康;其二,从覆盖的人口看,是惠及全体人民的小康;其三,从覆盖的区域看,是城乡区域共同发展的小康。也就是说,这是更高水平、更全面、更平衡的全面小康,是多领域协同发展、不分地域、不让一人掉队、不断发展的全面小康。

全面建成小康社会,要实事求是、因地制宜;要按照党中央"五位一体"的布局,全面协调政治、经济、文化、社会、生态文明五个领域同步发展;要协同城乡区域均衡发展;要适应经济发展新常态,全面贯彻创新、协调、绿色、开放、共享的新发展理念,坚持科学发展;要办好民生实事,在学有所教、劳有所得、病有所医、老有所养、住有所居上持续取得新进展,使发展成果由人民共享,真正造福全体人民,实现"人民幸福"的价值目标。

【教学互动】

[案例]

胡鞍钢:全面建成小康社会是“四个全面”的龙头(摘录)

胡鞍钢:“全面建成小康社会这一战略任务的形成,经历了几代领导人的发展,从改革开放之初提出小康之家、小康水平,到2000年总体达到小康水平,但仍不全面、低水平、不平衡。2002年,党的十六大报告正式提出:全面建设惠及十几亿人民的小康社会。其维度不仅仅是经济、政治,也包括生态环境文明等多方面。因此‘四个全面’的龙头在全面建成小康社会,有了全面建成小康社会,才有后三个‘全面’;全面深化改革与全面推进依法治国为全面建成小康社会提供动力,全面从严治党则是各项工作顺利推进、各项目标顺利实现的根本保证。”胡鞍钢表示,“全面建设小康社会”是全面的小康社会,不是片面的小康社会;是惠及十几亿人口的小康社会,而不是惠及少数人口的小康社会;是进入“共同富裕”阶段,告别了“先富论”阶段。

(来源:中国青年网)

[讨论]

结合材料,请讨论问题:

(1)全面建成小康社会这一战略目标是怎么形成的?

(2)在“四个全面”中,全面建成小康社会居于什么地位?

[点评] 从提出小康概念到实现总体小康,再由全面建设小康社会到全面建成小康社会,这一过程告诉我们,全面建成小康社会这一战略任务是历经几代领导集体的接力推进和发展形成的。在“四个全面”战略布局中,全面建成小康社会是总揽全局的战略目标,居于“龙头”引领地位,也是实现中华民族伟大复兴中国梦的关键一步;后“三个方面”对全面建成小康社会则是不可或缺的:全面深化改革为全面建成小康社会提供不竭动力,全面推进依法治国是全面建成小康社会的引领和规范,全面从严治党是全面建成小康社会的根本保证。

二、全面建成小康社会的目标要求

第一,经济保持中高速增长。

第二,创新驱动成效显著。

第三，发展协调性明显增强。

第四，人民生活水平和质量普遍提高。

第五，国民素质和社会文明程度显著提高。

第六，生态环境质量总体改善。

第七，各方面制度更加成熟更加定型。

三、决胜全面建成小康社会

党的十九大进一步明确了决胜全面建成小康社会的战略安排。从现在到2020年是全面建成小康社会决胜期，如期全面建成小康社会。

第一，坚决打好防范化解重大风险攻坚战。

第二，坚决打好精准脱贫攻坚战。

第三，坚决打好污染防治攻坚战。

第四，确保经济社会持续健康发展。

【实训与运用】

决胜全面建成小康社会（摘录）

全面建成小康社会的根本要靠“发展”。习近平总书记指出，实现全面建成小康社会奋斗目标，仍然要把发展作为第一要务，努力使发展达到一个新水平。发展是硬道理。满足人民对美好生活的更高期待，破解前进道路上的难题，根本还是要靠发展。我们要按照党的十六大、十七大、十八大提出的全面建成小康社会各项要求，突出抓重点、补短板、强弱项，特别是要坚决打好三个攻坚战，使全面建成小康社会得到人民认可、经得起历史检验。一是坚决打好防范化解重大风险攻坚战。现在，全面建成小康社会进入决胜阶段、到了最关键一程。越是接近奋斗目标，越要防范应对各种意想不到的困难。必须未雨绸缪、防微杜渐，把各类风险隐患化解于小、消弭于早。二是坚决打好精准脱贫攻坚战。习近平总书记常讲，没有贫困地区的小康，没有贫困人口的脱贫，就没有全面建成小康社会。脱贫攻坚贵在精准，重在精准，成败之举在于精准。精准脱贫是全面小康的根本标志和底线任务，也是最难啃的骨头。必须在精准施策上出实招、在精准推进上下实功夫、在精准落地上见实效，全力打好脱贫攻坚战，确保到2020年农村贫困人口实现脱贫、确保贫困县全部脱贫摘帽。三是坚决打好污染防治攻坚战。习近平总书记指出,良好生态环境是最公平的公共产品,是最普惠的民生福祉。人民群众对环境问题高度关注,从"盼温饱"到"盼环保",从"求生存"到"求生态",热切期盼蓝天绿水、清新空气、优美环境。必须以最坚决的态度铁腕治污,让群众切实感受到生态文明建设效益,增强对发展的认同感。

(来源:求是网)

请结合所学和阅读材料,思考问题:如何书写新时代决胜全面建成小康社会的新答卷?

第二节　全面深化改革

【课前设问】

1. 联系实际,谈谈中国改革开放40年来的变化。

2. 为什么要坚定不移地全面深化改革?

3. 全面深化改革的总目标和主要内容是什么?

【课堂导入】

播放视频:《复兴之路》伟大转折(片段)。

这段视频告诉我们,当中国刚结束长达十年的"文革"时,中国百姓的生活条件改善并不是很大,1977年全国农村的贫困人口超过两亿,1978年,全国GDP仅有3500多亿元,以当年的9.6亿国人计算,平均每人每天还不到一元钱。布票、粮票、油票、自行车票……各种生活必需品的票证是当时短缺经济的生动写实。街面上整齐划一的蓝白灰着装,更映射出人们物质生活的匮乏。而在同一时期,亚洲四小龙实现了经济腾飞,中国经济与世界的差距在拉大,在这样一个特殊历史关头,中国向何处去,邓小平带领中国实现了伟大的转折。十一届三中全会的胜利召开,开启了中国改革开放的历史帷幕。

如今改革开放已40年了,中国发生了哪些变化呢?

【教学互动】

请联系实际,谈一谈中国改革开放以来的变化有哪些。

同学发言(略)。

【讨论小结】

改革开放40年来,随着“春天的故事”在神州大地轮番上演,我国发生了翻天覆地的变化。以最早实施改革开放的城市——深圳为例,改革开放40年间,深圳呈现给世人的是“深圳速度、深圳奇迹”,从1979年地区生产总值(GDP)仅1.97亿元,人均GDP 606元,到2017年GDP达到2.24万亿元,人均GDP 18.31万元(约2.71万美元),GDP年均增速达到23%。如今的深圳已由改革开放前一座偏僻荒芜的小渔村转变成具有国际影响力的全国经济中心城市、科技创新中心、区域金融中心,成为繁华的现代化都市。昔日的“逃港”已变成了一个历史名词,现今仍然频繁往来于香港大街小巷的内地居民成为香港旅游购物的生力军。香港旅游发展局数据显示,2017年,内地赴港游客已达4 444.53万人次;2018年1~8月,内地访港旅客已达4 196万人次,同比增长10.43%。再从国家整体发展情况看,改革开放40年来,我国不断以改革回应并解决了很多发展中的难题,创造了经济社会发展令人瞩目的“中国速度”和“中国奇迹”。就经济看,同期增速居世界前列,经济总量连上新台阶,国内生产总值从1978年的3 645亿元增加到2017年的82.7万亿元,40年内增长了200多倍;我国的经济总量已上升到世界第二位。就贡献率看,我国经济对世界经济的贡献率由1978年的2.3%跃升到2017年的34%左右。就居民收入和衣食变化看,2017年全国居民人均可支配收入达到25 974元,吃的已从填饱肚子到健康饮食,住的从“蜗居”走向“高楼大厦”。就物品供应看,物品供应实现了从短缺到富足的巨大转变,大街小巷到处是琳琅满目的货品,商家服务竞相翻新花样,不同零售业态各显神通,消费者的选择余地越来越大……在过去的40年里,取得的丰硕成果使13亿中国人受益,给人民带来了真正的收获感。大量事实证明,改革开放是中国的强国之路,是决定当代中国命运的关键抉择,是发展中国特色社会主义、实现中华民族伟大复兴的必由之路。

中国之所以能够在不长时间内取得如此巨大的成就,关键在于十一届三中全会以来我国始终坚持并不断深化改革开放。今天,我们仍然要坚定不移地全面深化改革。

一、坚定不移地全面深化改革

1. 必须坚定不移地全面深化改革

全面深化改革,是顺应当今世界发展大势的必然选择;是解决中国现实问题的根本途径;它关系党和人民事业前途命运,关系党的执政基础和执政地位。

2. 全面深化改革必须坚持正确方向

全面深化改革必须坚持党对改革的集中统一领导;必须坚持改革沿着中国特色社会主义方向前进;必须坚持改革向有利于维护社会公平正义、增进人民福祉方向前进;必须坚持社会主义市场经济改革方向。

二、全面深化改革的总目标和主要内容

1. 全面深化改革的总目标

党的十八届三中全会通过的《中共中央关于全面深化改革若干重大问题的决定》明确指出,全面深化改革的总目标是完善和发展中国特色社会主义制度,推进国家治理体系和治理能力现代化。这两句话前一句规定了根本方向,后一句规定了实现路径,二者是一个整体。

2. 全面深化改革的主要内容

党的十八届三中全会提出了在总目标统领下经济体制、政治体制、文化体制、社会体制、生态文明体制和党的建设制度等方面深化改革的具体目标和任务,强调要:紧紧围绕使市场在资源配置中起决定性作用和更好发挥政府作用深化经济体制改革;紧紧围绕坚持党的领导、人民当家做主、依法治国有机统一深化政治体制改革;紧紧围绕建设社会主义核心价值体系、社会主义文化强国深化文化体制改革;紧紧围绕更好保障和改善民生、促进社会公平正义深化社会体制改革;紧紧围绕建设美丽中国深化生态文明体制改革;紧紧围绕提高科学执政、民主执政、依法执政水平深化党的建设制度改革。

其中经济体制改革是全面深化改革的重点,核心问题是处理好政府和市场的关系,使市场在资源配置中起决定性作用和更好发挥政府作用。全面深化改革的价值取向是,始终坚持以人民为中心的价值立场、公平正义的

价值追求、统筹推进的价值方法，努力实现推进国家治理体系和治理能力现代化的价值目标。

三、正确处理全面深化改革中的重大关系

第一，处理好解放思想和实事求是的关系。

第二，处理好顶层设计和摸着石头过河的关系。

第三，处理好改革、发展、稳定的关系。

第四，处理好胆子要大、步子要稳的关系。

第五，处理好整体推进和重点突破的关系。

【实训与运用】

深入理解“全面深化改革”①

党的十八届三中全会以全面深化改革为主题，擘画改革新蓝图、吹响改革集结号，将全面深化改革的总目标确定为“完善和发展中国特色社会主义制度、推进国家治理体系和治理能力现代化”。党的十八大以来，以习近平同志为核心的党中央站在全局和历史的高度。明确了全面深化改革的战略布局，实现了改革理论和政策的一系列重大突破，形成了全面深化改革的重要战略思想。今天的改革，不只为了应对挑战，更是为了把握机遇；不只为了短期目标，更是为了图之长远；不只是时代要求，更是历史责任。全面深化改革要塑造的，是一个更有实力引领时代的社会主义中国。

为何“全面深化改革”位居三大战略举措之首？

在“四个全面”战略布局下审视，改革既是驱动力，也是凝聚力；既是方法路径，也是精神内核。对于全面建成小康社会，改革是贯穿始终的不变逻辑，也是实现这一宏伟目标的具体历史实践。对于全面依法治国，改革是齐头并进的姊妹篇，全面深化改革需要法治保障，全面依法治国也需要深化改革。对于全面从严治党，改革是党自我净化、自我完善、自我革新、自我提高的根本途径，党的领导则是实现改革发展目标的根本保证。把全面深化改革放在“四个全面”中去定位，放在历史和现实的坐标中去把握，我们才能深

① 材料来源：《四个“为什么”带你读透“全面深化改革”》，中国共产党新闻网，2015 年 2 月 27 日。

刻理解为何新一轮改革要在各个领域统筹推进,为何全面深化改革是推动发展的强大动力。

为何"全面深化改革"要啃硬骨头?

改革开放40多年来,中国改革循着从易到难、从局部到全局、从增量到存量的顺序展开。今天的改革,遇到的困难就像一筐螃蟹,抓起一个又牵起另一个,必须全面启动;涉及的利益关系错综复杂、环环相扣,需要顶层设计。与过去相比,今天的改革既呼唤坚定果敢的行动、百折不回的信念,也呼唤全面系统的认识论、攻坚克难的方法论。习近平总书记关于改革的一系列重要论断,有"冲破思想观念障碍,突破利益固化藩篱"的勇气,有"敢于啃硬骨头,敢于涉险滩"的决心,有"改革开放只有进行时没有完成时"的坚韧,有"没有比人更高的山,没有比脚更长的路"的气魄,针对的是当今中国的基本国情和时代特点,直面的是改革深水区攻坚期的特殊阶段,回应的是中国特色社会主义道路的新要求,彰显了当代共产党人执着的改革品格、鲜明的改革气质、奋发的改革精神。

为何"全面深化改革"重点在全面?

全面深化改革的根本在"改革",关键在"深化",重点在"全面"。"改革开放是一个系统工程,必须坚持全面改革,在各项改革协同配合中推进。"体现在方法论上,就是要"审大小而图之,酌缓急而布之,连上下而通之,衡内外而施之",充分考虑各项改革举措之间的关联性、耦合性,努力做到眼前和长远相统筹、全局和局部相配套、渐进和突破相衔接,协调各方利益关系,最大限度减少阻力。同时,也要立足全局抓大事,善于抓住"牛鼻子",以重要领域和关键环节作为突破口,在牵一发而动全身的关键点上集中发力,使各项改革举措在政策取向上相互配合、在实施过程中相互促进、在实际成效上相得益彰,在国家治理体系和治理能力现代化上形成总体效应、取得总体效果。

结合上述材料和所学内容,请思考讨论以下问题:

(1)分析为何"全面深化改革"让中国道路越走越宽广?

(2)改革开放给当代大学生带来哪些人生的机遇与挑战?(演讲)

(3)新时代如何推进全面深化改革?

第三节　全面依法治国

【课前设问】

1. 全面依法治国的方略是怎样确立的？其基本内涵是什么？

2. 为什么要全面依法治国？全面依法治国的总目标是什么？

【课堂导入】

法治是国家发展和社会生活有序运行的坚实保障，是治国理政不可或缺的重要手段，法治兴则国家兴，法治强则国家强。全面依法治国是我党领导人民治理国家的基本方略，它与我们前面学习的全面建成小康社会、全面深化改革和后面即将学习的全面从严治党一起被列入“四个全面”战略布局，是“四个全面”战略布局的重要组成部分和关键一环，在“四个全面”战略布局中，它与全面深化改革、全面从严治党一道，构成实现全面建成小康社会战略目标“一个都不能缺”的战略举措，无论是全面建成小康社会战略目标的实现，还是全面深化改革、全面从严治党战略举措的落实，都须依托全面依法治国，它为党和国家事业发展提供根本性、全局性、长期性的制度保障。坚持全面依法治国，是坚持和发展中国特色社会主义制度的本质要求；是解决党和国家事业发展面临的各种突出矛盾和问题的紧迫需要；是决胜全面建成小康社会、夺取新时代中国特色社会主义伟大胜利的必然要求。全面依法治国的总目标是确立建设中国特色社会主义法治体系、建设社会主义法治国家。

那么，全面依法治国的方略是怎样确立的呢？其基本内涵和目标是什么？如何推进全面依法治国？下面，让我们一起逐一学习和探讨。

一、全面依法治国方略的形成发展

全面依法治国是党领导人民治理国家的基本方略，这一方略的形成和发展经历了一个过程。新中国成立以来，党带领人民为发展社会主义民主、建设社会主义法制进行了不懈探索，取得了巨大成就，也走了一些弯路。改革开放以来，党汲取历史的经验教训，始终高度重视法治，全面依法治国基本方略逐步形成和发展。

党的十一届三中全会明确提出了加强社会主义民主,健全社会主义法制的任务目标。

1997 年 9 月,党的十五大确立了依法治国的基本方略。

2002 年 11 月,党的十六大提出坚持党的领导、人民当家做主和依法治国有机统一。

2007 年 10 月,党的十七大提出全面落实依法治国基本方略,加快建设社会主义法治国家。

2012 年 11 月,党的十八大深刻阐释了全面推进依法治国重要思想,把“全面推进依法治国”作为推进国家治理体系和治理能力现代化的主要内容和重要任务。

2014 年 10 月,十八届四中全会通过了《关于全面推进依法治国若干重大问题的决定》,确定了全面推进依法治国的总目标,描绘了建设法治中国的总蓝图,开启了中国特色社会主义法治道路的新征程;

2017 年 10 月党的十九大明确提出,全面依法治国是中国特色社会主义的本质要求和重要保障。必须把党的领导贯彻落实到依法治国全过程和各方面,坚定不移走中国特色社会主义法治道路。

二、中国特色社会主义法治道路

道路关乎发展全局、关乎前途命运,决定兴衰成败。中国特色社会主义法治道路是全面推进依法治国、建设社会主义法治国家的根本道路,这条道路的核心要义是:坚持党的领导,坚持中国特色社会主义制度,贯彻中国特色社会主义法治理论。坚定不移走中国特色社会主义法治道路,必须牢牢把握中国特色社会主义法治道路的核心要义,要始终坚持党的领导、人民当家做主、依法治国有机统一,始终坚持中国特色社会主义法治道路的基本原则,即“五个坚持”。

第一,坚持中国共产党的领导。

第二,坚持人民在全面依法治国中的主体地位。

第三,坚持法律面前人人平等。

第四,坚持依法治国和以德治国相结合。

第五,坚持从中国实际出发。

【教学互动】

结合以上所学，请谈谈全面依法治国与全面深化改革、法治和德治的关系怎样？

同学发言（略）。

【讨论小结】

（1）全面深化改革与全面依法治国二者目标一致、互为促进、缺一不可。习近平同志曾形象地将全面深化改革与全面依法治国比喻为鸟之两翼、车之两轮，二者体现了“破”与“立”的辩证统一。不全面深化改革，发展就缺少动力，社会就没有活力；不全面依法治国，国家生活和社会生活就不能有序运行，就难以实现经济社会长期持续健康发展。只有二者共同推进，才能保证全面建成小康社会战略目标的实现。

（2）法治与德治在治国理政中是相辅相成、相互促进的。2016 年 12 月 9 日，习近平总书记在主持中共中央政治局第三十七次集体学习时指出，法律是成文的道德，道德是内心的法律。法律和道德都具有规范社会行为、调节社会关系、维护社会秩序的作用，在国家治理中都有其地位和功能。法安天下，德润人心。法律有效实施有赖于道德支持，道德践行也离不开法律约束。法治和德治不可分离、不可偏废，国家治理需要法律和道德协同发力。他强调，法律是准绳，任何时候都必须遵循；道德是基石，任何时候都不可忽视。在新的历史条件下，必须坚持依法治国和以德治国相结合，使法治和德治在国家治理中相互补充、相互促进、相得益彰，推进国家治理体系和治理能力现代化。

三、深化依法治国实践的重点任务

第一，推进中国特色社会主义法治体系建设。

第二，深化依法治国实践。

【实训与运用】

［材料一］

党的十八大以来，党中央对全面依法治国做出一系列重大决策，提出一系列全面依法治国新理念新思想新战略，强调要坚持加强党对依法治国的领导,具体归纳为十个“坚持”,即坚持人民主体地位,坚持中国特色社会主义法治道路,坚持建设中国特色社会主义法治体系,坚持依法治国、依法执政、依法行政共同推进,法治国家、法治政府、法治社会一体建设,坚持依宪治国、依宪执政,坚持全面推进科学立法、严格执法、公正司法、全民守法,坚持处理好全面依法治国的辩证关系,坚持建设德才兼备的高素质法治工作队伍,坚持抓住领导干部这个“关键少数”,明确了全面依法治国的指导思想、发展道路、工作布局、重点任务。这些新理念新思想新战略,是全面依法治国的根本遵循,必须长期坚持、不断丰富发展。①

[材料二]

坚持全面依法治国。全面依法治国是中国特色社会主义的本质要求和重要保障。必须把党的领导贯彻落实到依法治国全过程和各方面,坚定不移走中国特色社会主义法治道路,完善以宪法为核心的中国特色社会主义法律体系,建设中国特色社会主义法治体系,建设社会主义法治国家,发展中国特色社会主义法治理论,坚持依法治国、依法执政、依法行政共同推进,坚持法治国家、法治政府、法治社会一体建设,坚持依法治国和以德治国相结合,依法治国和依规治党有机统一,深化司法体制改革,提高全民族法治素养和道德素质。②

结合材料和本节所学内容,请思考:如何全面推进依法治国?

第四节　全面从严治党

【课前设问】

1. 党的初心是什么?为什么要坚持全面从严治党?
2. 新时代党的建设总要求是什么?如何推进全面从严治党?

【课堂导入】

全面从严治党是“四个全面”战略布局的重要组成部分,为全面建成小

---

① 详见:《习近平这样对全面依法治国作出最新部署》,央视网,2018-08-26。

② 详见:习近平2017年10月18日在中国共产党第十九次全国代表大会上的报告——《决胜全面建成小康社会　夺取新时代中国特色社会主义伟大胜利》。

康社会、全面深化改革、全面依法治国提供根本保证,党的十九大把全面从严治党纳入了坚持和发展中国特色社会主义基本方略。那么,为什么要坚持全面从严治党?怎样推进全面从严治党呢?

在先后学习了全面建成小康社会、全面深化改革、全面依法治国之后,接下来我们就一起学习和研究全面从严治党这一重大战略布局。

【教学互动】

课前设问问题:

党的初心是什么?为什么要坚持全面从严治党?

同学发言(略)。

【讨论小结】

(1)关于党的初心是什么?习近平总书记在党的十九大报告中开宗明义,指出“共产党人的初心和使命,就是为中国人民谋幸福,为中华民族谋复兴”。这就将共产主义远大理想、中国特色社会主义共同理想与实现共产主义、实现中华民族伟大复兴中国梦的奋斗目标贯通起来,将党的前途命运与国家、民族的前途命运贯通起来,从历史和现实的结合上深刻回答了什么是共产党人的初心和使命的重大理论问题和怎样实现新时代共产党人的初心和使命的实践问题。

(2)关于为什么要坚持全面从严治党?办好中国的事情,关键在党。从以毛泽东为代表的党的第一代领导集体,到以习近平总书记为代表的中央领导集体,都始终坚持党要管党,从严治党。在新时代条件下,全面从严治党是党的十八大以来以习近平同志为核心的党中央治国理政和管党治党的核心理念、关键举措。①实现党的历史使命,必须坚持全面从严治党;②党要紧跟时代前进步伐,必须坚持全面从严治党;③解决党内深层次矛盾和问题,必须坚持全面从严治党。

新时代如何全面从严治党呢?

一、新时代党的建设总要求

进入新时代,在复杂的执政环境下,面临“四大考验”和“四种危险”,要始终保持党的先进性和纯洁性,必须坚定不移地全面从严治党,一以贯之地推进党的建设新的伟大工程。

新时代党的建设总要求是:坚持和加强党的全面领导,坚持党要管党、全面从严治党,以加强党的长期执政能力建设、先进性和纯洁性建设为主线,以党的政治建设为统领,以坚定理想信念宗旨为根基,以调动全党积极性、主动性、创造性为着力点,全面推进党的政治建设、思想建设、组织建设、作风建设、纪律建设,把制度建设贯穿其中,深入推进反腐败斗争,不断提高党的建设质量,把党建设成为始终走在时代前列、人民衷心拥护、勇于自我革命、经得起各种风浪考验、朝气蓬勃的马克思主义执政党。

二、把党的政治建设摆在首位

贯彻落实新时代党的建设总要求,必须把政治建设贯穿党的建设全过程和各方面。因为党的政治建设是党的根本性建设。在党的建设中,政治建设是灵魂、是根基,是统领、是核心,政治建设抓好了,对党的其他建设如思想建设、组织建设、作风建设、纪律建设等可以起到纲举目张的作用。党的十九大强调“把党的政治建设摆在首位,以党的政治建设为统领”。这就凸显了党的政治建设的极端重要性。

第一,旗帜鲜明讲政治是我们党作为马克思主义政党的根本要求;

第二,党的政治建设是党的根本性建设,决定党的建设方向和效果;

第三,注重抓党的政治建设是党的十八大以来全面从严治党的成功经验。

加强党的政治建设,必须把政治建设的首要地位和统领作用落到实处。①首要任务是保证全党服从中央,坚持党中央权威和集中统一领导;②不折不扣贯彻落实好以习近平同志为核心的党中央做出的决策部署是基本要求;③尊崇党章,严格执行新形势下党内政治生活若干准则,增强党内政治生活的政治性、时代性、原则性、战斗性是基本途径;④坚定党员干部的理想信念是基础支撑;⑤加强党内政治文化建设,营造风清气正的良好政治生态是重要内容。

三、全面从严治党永远在路上

全面从严治党永远在路上,这是由全面从严治党在党和国家事业发展中的根本性作用决定的,是深入解决党内突出矛盾和问题的需要,是有效应对“四大考验”和“四种危险”的必然选择。

全面从严治党必须着力于以下方面:加强党的思想建设;加强党的组织建设;持之以恒正风肃纪;将制度建设贯穿党的各项建设之中;深化标本兼治,夺取反腐败斗争压倒性胜利。

【教学互动】

品味习近平同志论党建

党的十八大以来,习近平同志根据新情况、新问题,在党的建设方面提出了一系列重要新思想、新观点、新举措。比如:

在党建重要性上,他讲,实现中华民族伟大复兴,关键在党。“党政军民学,东西南北中,党是领导一切的”。“光荣传统不能丢,丢就丢了魂,红色基因不能变,变就变了质”。“如果管党不力、治党不严,人民群众反映强烈的党内突出问题得不到解决,那我们党迟早会失去执政资格,不可避免被历史淘汰。这绝不是危言耸听。”“历史使命越光荣,奋斗目标越宏伟,执政环境越复杂,我们就越要增强忧患意识,越要从严治党,做到‘为之于未有,治之于未乱’,使我们党永远立于不败之地。”

在管党治党问题上,他指出,党要管党,才能管好党;从严治党,才能治好党。他提出“打铁还须自身硬”,“党要管党,首先是管好干部;从严治党,关键是从严治吏。”“要把从严管理干部贯彻落实到干部队伍建设全过程,坚持从严教育、从严管理、从严监督。”“管党治党,必须严字当头,把严的要求贯彻全过程,做到真管真严、敢管敢严、长管长严。”“贯彻党要管党、从严治党方针,必须扎实做好抓基层、打基础的工作,使每个基层党组织都成为坚强战斗堡垒。”

在思想建设上,他指出保持党的先进性、纯洁性,离不开党的思想建设这一灵魂工作。搞好思想建设这一灵魂工作,首先必须坚定理想信念,切实解决好“总开关”问题。他反复强调,“理想信念坚定,骨头就硬,没有理想信念,或理想信念不坚定,精神上就会‘缺钙’,就会得‘软骨病’”。“无论社会怎么发展,无论经济怎么繁荣,如果放弃了对崇高理想信念的追求,我们的国家、我们的民族就不可能巍然屹立于世界”。

在反腐倡廉建设上,他提出反腐败不封顶、不设限,“有腐必反、有贪必肃”,坚持“老虎”“苍蝇”一起打,“以猛药去疴、重典治乱的决心,以刮骨疗毒、壮士断腕的勇气,坚决把党风廉政建设和反腐败斗争进行到底。”“从严治党靠教育,也靠制度,二者一柔一刚,要同向发力、同时发力。”“思想上松一寸,行动上就会散一尺。”

在制度建设上,他提出要严格按党的制度和规定办事,制度面前没有例外;严格执行党的纪律,使纪律真正成为带电的高压线。他一再强调,把“权力关进制度的笼子”,“健全权力运行制约和监督体系”,“构建决策科学、执行坚决、监督有力的权力运行体系,健全惩治和预防腐败体系,建设廉洁政治”,强化反腐败体制机制创新和制度保障。

在作风建设上,他讲“党的作风就是党的形象,关系人心向背,关系党的生死存亡。我们党作为一个在中国长期执政的马克思主义政党,对作风问题任何时候都不能掉以轻心”,阐明新时期作风建设的时代内涵就是为民、务实、清廉,“落实中央八项规定精神是一场攻坚战、持久战,要坚定不移做好工作”。

在方式方法上,他善于用讲故事、举事例、摆事实的方式分析问题,如用陈望道翻译《共产党宣言》的故事来告诉大家信仰的伟大、理想的力量等;用大白话、大实话来解惑释疑,如用“缺钙”来比喻理想信念的缺失;用“制度不能像稻草人”强调制度要有权威等;他还反复强调和倡导“钉钉子的精神”、“踏石留印,抓铁有痕”的作风,如“八项规定”就是现实针对性很强的工作措施,其有效执行和落实,大大增强了党的建设的实际效果。

请谈谈以上文段体现了习近平党建思想的哪些风格和特点。

同学发言(略)。

【讨论小结】

归结看,一是突出体现了党要管党、全面从严治党的思想。全面从严治党是习近平党建思想也是他管党治党、治国理政的鲜明特色。全面从严治党,核心是加强党的领导,基础在全面,关键在严,要害在治。二是体现了继承与创新的结合,严打与政治、思想、制度、组织、作风等方面建设密切结合的标本兼治、综合治理特点。三是体现了以务实作风抓党建的风格。

【实训与运用】

1. 思考讨论题

阐述全面从严治党的重要性及途径。

2. 阅读材料,分析问题

“四个全面”战略布局的形成脉络及其关系

“四个全面”战略布局,有一个逐步提出和成型的过程。2002 年,党的十六大提出“全面建设惠及十几亿人口的更高水平的小康社会”;2007 年,党的十七大重申这一奋斗目标,并把“全面建设小康社会”改为“全面建成小康社会”;2012 年 11 月,党的十八大在党的十六大、十七大确定的全面建设小康社会奋斗目标的基础上提出了全面建成小康社会和全面深化改革开放的目标,由此把这“一个全面”扩展为“两个全面”。2013 年 11 月,党的十八届三中全会通过的《中共中央关于全面深化改革若干重大问题的决定》,吹响了全面深化改革的进军号;2014 年 10 月,党的十八届四中全会,作出的《中共中央 关于全面推进依法治国若干重大问题的决定》,开启了全面推进依法治国、加快建设社会主义法治国家的历史进程,由此党把“两个全面”进一步扩展为“三个全面”。2014 年 12 月,习近平总书记在江苏考察调研时提出:“要全面贯彻党的十八大和十八届三中、四中全会精神,落实中央经济工作会议精神,主动把握和积极适应经济发展新常态,协调推进全面建成小康社会、全面深化改革、全面推进依法治国、全面从严治党,推动改革开放和社会主义现代化建设迈上新台阶。”这是在公开报道中,习近平总书记第一次将“四个全面”并提。2015 年 2 月 2 日,习近平总书记在省部级主要领导干部学习贯彻十八届四中全会精神全面推进依法治国专题研讨班开班式的讲话中,首次把这“四个全面”定位于党中央的战略布局,并集中论述了“四个全面”及其之间的逻辑关系。

在“四个全面”战略布局中,既有战略目标,也有战略举措,每一个“全面”都具有重大战略意义。“四个全面”战略布局不是简单的并列、平行关系,而是一个有机联系、环环相扣的整体。从大的关系看,是目标引领举措。全面建成小康社会是战略目标,全面深化改革、全面依法治国、全面从严治党是一个都不能缺的三大战略举措,为全面建成小康社会提供动力源泉、法治保障和政治保证。从每一个“全面”之间的具体关系看,也都是彼此联系的。全面深化改革,既为全面建成小康社会提供强大动力,也是全面依法治国、全面从严治党的需要。全面依法治国,本身就是全面建成小康社会的重要内容,同时又为全面建成小康社会提供法治保障,无论全面深化改革、全面从严治党,都需要在法治的轨道上、框架下来进行。全面从严治党,是推进“四个全面”战略布局的关键,全面建成小康社会、全面深化改革、全面依法治国,都必须坚持党的领导。我们要把“四个全面”战略布局作为有机统一的整体来把握,使之相辅相成、相互促进、相得益彰,协调推进新形势下我们党治国理政的伟大实践。

(来源:新华网)

根据上述材料,请谈一谈如何理解“四个全面”战略布局。

第二十二章

全面推进国防和军队现代化

【教学目的和要求】

通过本课学习,使学生深入领会习近平强军思想的主要内容,深刻认识作为中国特色社会主义思想重要组成部分的习近平强军思想是建设世界一流军队的强大思想武器,是加快推进国防和军队现代化的行动纲领;理解军民融合是举国之举、强军之策;培养学生的浓厚爱国情感和保家卫国的责任意识,为实现社会主义现代化强国贡献才智和力量。

【教学重点和难点】

1. 习近平强军思想的主要内容。

2. 坚持富国和强军相统一。

3. 军民融合深度发展。

第一节　坚持走中国特色强军之路

【课前设问】

为什么要建设强大国防?为什么要坚持走中国特色强军之路?

【课堂导入】

国无防不立,强国必须强军。近代中国的百年屈辱史警示我们,落后就要挨打。中国要走向民族复兴,必须拥有强大的国防。没有国防和军队的现代化,就不会有国家的现代化,就不会有中华民族的伟大复兴。进入新时代,我们党以习近平强军思想为指引,坚持走中国特色强军之路,以前所未有的勇气和决心推动人民军队实现整体性、革命性重塑,全面推进国防和军队现代化。让我们一起来学习和领会这一重要内容。

一、习近平强军思想

党的十八大以来,习近平着眼坚持和发展中国特色社会主义、实现中华民族伟大复兴的中国梦,立足国家安全和发展战略全局,深入进行实践创造和理论探索,围绕强军兴军做出了一系列重要论述,提出了一系列重大战略思想、重大理论观点、重大决策部署,形成了习近平强军思想。这一思想深刻回答了“新时代建设一支什么样的强大人民军队、怎样建设强大人民军队”的时代课题,其理论主题是强军兴军,理论精髓是求是求实,内容的核心要义可以概括为“十个明确”:

1. 明确强军使命

强国必须强军,巩固国防和强大人民军队是新时代坚持和发展中国特色社会主义、实现中华民族伟大复兴的战略支撑。

2. 明确强军目标

党在新时代的强军目标是建设一支听党指挥、能打胜仗、作风优良的人民军队,必须同国家现代化进程相一致,力争到2035年基本实现国防和军队现代化,到21世纪中叶把人民军队全面建成世界一流军队。

3. 明确强军之魂

党对军队绝对领导是人民军队建军之本、强军之魂,必须全面贯彻党领导军队的一系列根本原则和制度,确保部队绝对忠诚、绝对纯洁、绝对可靠。

4. 明确强军之要

军队是要准备打仗的,必须聚焦能打仗、打胜仗,创新发展军事战略指导,构建中国特色现代作战体系,全面提高新时代备战打仗能力,有效塑造态势、管控危机、遏制战争、打赢战争。

5. 明确强军之基

作风优良是我军鲜明特色和政治优势,必须加强作风建设、纪律建设,坚定不移正风肃纪、反腐惩恶,大力弘扬我党我军光荣传统和优良作风,永葆人民军队性质、宗旨、本色。

6. 明确强军布局

推进强军事业必须坚持政治建军、改革强军、科技兴军、依法治军，更加注重聚焦实战、更加注重创新驱动、更加注重体系建设、更加注重集约高效、更加注重军民融合，全面提高革命化现代化正规化水平。

7. 明确强军关键

改革是强军的必由之路，必须推进军队组织形态现代化，构建中国特色现代军事力量体系，完善中国特色社会主义军事制度。

8. 明确强军动力

创新是引领发展的第一动力，必须坚持向科技创新要战斗力，统筹推进军事理论、技术、组织、管理、文化等各方面创新，建设创新型人民军队。

9. 明确强军保障

现代化军队必须构建中国特色军事法治体系，推动治军方式根本性转变，提高国防和军队建设法治化水平。

10. 明确强军路径

军民融合发展是兴国之举、强军之策，必须坚持发展和安全兼顾、富国和强军统一，形成全要素、多领域、高效益军民融合深度发展格局，构建一体化的国家战略体系和能力。

【教学互动】

习近平在党的十九大报告中指出，“坚持走中国特色强军之路，全面推进国防和军队现代化”。根据所学，讨论问题：①谈谈加强建设强大国防和军队的重要性；②为什么要坚持走中国特色强军之路？

同学发言（略）。

【讨论小结】

关于之所以要建设强大国防和军队：其一，建设强大国防和军队是实现民族复兴中国梦的要求；其二，是维护国家利益的要求；其三，是体现党和国家意志的要求；其四，是承担更多国际义务、维护世界和平责任的要求；其五，历史经验表明，是否拥有强大国防和军队事关国家的荣辱兴衰。

之所以要坚持走中国特色强军之路：其一，这条路是人民军队建设发展的历史经验凝结和内在规律使然；其二，这条路是新时代推进强军伟业的根本路径;其三,这条路是破解军队建设矛盾问题、不断开拓事业发展新局面的迫切需要;其四,这条路是适应实现中华民族伟大复兴中国梦要求、加快推进国防和军队现代化的迫切需要。

历史告诉我们,中华民族走出苦难、中国人民实现解放,有赖于一支英雄的人民军队;同样,中华民族实现伟大复兴,中国人民实现更加美好生活,必须坚持走中国特色强军之路,加快把人民军队建设成为世界一流军队。

二、坚持党对人民军队的绝对领导

(一)必须坚持党对军队的绝对领导

党的领导是人民军队战无不胜的根本保证。党对军队绝对领导的根本原则和制度,发端于南昌起义,奠基于三湾改编,定型于古田会议,是人民军队完全区别于一切旧军队的政治特质和根本优势。坚持党对人民军队的绝对领导,是党从新形势出发对人民军队重申的重大政治原则,也是在新的历史起点上坚定不移走中国特色强军之路、把强军事业不断推向前进的根本政治保证。

一是坚持党对人民军队的绝对领导是中国特色社会主义的本质特征。

二是坚持党对人民军队的绝对领导是党和国家的重要政治优势。

三是坚持党对人民军队的绝对领导是人民军队的建军之本、强军之魂。

历史告诉我们,党指挥枪是保持人民军队本质和宗旨的根本保障,这是我们党在血与火的斗争中得出的颠扑不破的真理。保证党对军队的绝对领导,关系我军性质和宗旨、关系社会主义前途命运、关系党和国家长治久安。当前,推进强军事业,必须毫不动摇坚持党对军队的绝对领导,确保人民军队永远跟党走。

(二)党对军队绝对领导的基本内容

一是军队必须完全地无条件地置于中国共产党的领导之下。

二是在思想上政治上行动上始终与党中央、中央军委保持高度一致。

三是坚决维护党中央、中央军委权威。

四是任何时候任何情况下都坚决听从党中央、中央军委指挥。

(三)坚持党对军队的绝对领导,必须把党指挥枪的原则落到实处

一是不折不扣落实好党领导军队的一整套制度,把党指挥枪的根本原

则和制度内化为政治自觉。

二是完善干部选拔任用机制,确保枪杆子始终掌握在忠于党的可靠的人手中。

三是严守政治纪律和政治规矩,以铁的纪律捍卫党指挥枪的根本原则和制度。

确保全军官兵始终在政治立场、政治方向、政治原则、政治道路上与党中央、中央军委保持高度一致,一切行动听从党中央、中央军委指挥。

三、建设世界一流军队

1. 牢固树立战斗力这个唯一的根本的标准

军队强不强,关键看打仗;战场打不赢,一切等于零。把战斗力作为根本标准,把能打仗、打胜仗作为各项建设的出发点和落脚点。90 多年来,中国共产党领导下的人民军队从小到大、由弱到强,从土地革命战争到抗日战争、解放战争、抗美援朝,再到近年来出色完成保卫祖国安全和国家建设任务,以威武之师、文明之师、和平之师的形象展现在国际舞台上,其间历尽千难万险、战胜中外强敌,为实现民族独立和人民解放、国家富强和人民幸福建立了不朽功勋,不仅为强国梦提供重要力量支撑和坚强安全保证,而且成为维护世界和平与发展的强大军事力量,伴随着新式武器装备不断列装,正向着实现党在新形势下的强军目标、建设世界一流军队的方向发展。

2. 坚持政治建军、改革强军、科技兴军、依法治军

政治建军是人民军队的立军之本;改革是我军发展壮大、制胜未来的关键一招;科技是现代战争的核心战斗力;依法治军、从严治军是我们党建军治军的基本方略。

3. 构建中国特色现代军事力量体系

总体来说,构建中国特色现代军事力量体系,就是要加快形成精干、联合、多能、高效的信息化军事力量体系,重点是优化作战力量结构,建设现代化陆军、海军、空军、火箭军、战略支援部队和武警部队,促进各军兵种力量协调发展。

4. 深入推进练兵备战

兵可以千日而不用,不可一日而不备。推进强军事业,建设世界一流军

队,必须始终聚焦备战打仗。人民军队永远是战斗队,人民军队的生命力在于战斗力。必须牢牢把握能打仗、打胜仗这个强军之要,牢固树立战斗力这个唯一的根本的标准,狠抓实战化军事训练,加快提高打赢信息化战争、有效履行使命任务的军事能力。

经验告诉我们,能战方能止战,准备打才可能不必打,越不能打越可能挨打;和平必须以强大实力为后盾,能赢得战争才能有力遏制战争,才能确保和平。

【实训与运用】

[材料一]

习近平总书记在党的十九大报告关于“坚持走中国特色强军之路,全面推进国防和军队现代化”部分中指出,“国防和军队建设正站在新的历史起点上。面对国家安全环境的深刻变化,面对强国强军的时代要求,必须全面贯彻新时代党的强军思想,贯彻新形势下军事战略方针,建设强大的现代化陆军、海军、空军、火箭军和战略支援部队,打造坚强高效的战区联合作战指挥机构,构建中国特色现代作战体系,担当起党和人民赋予的新时代使命任务”。“适应世界新军事革命发展趋势和国家安全需求,提高建设质量和效益,确保到2020年基本实现机械化,信息化建设取得重大进展,战略能力有大的提升。同国家现代化进程相一致,全面推进军事理论现代化、军队组织形态现代化、军事人员现代化、武器装备现代化,力争到2035年基本实现国防和军队现代化,到本世纪中叶把人民军队全面建成世界一流军队。”①

[材料二]

90年历史告诉我们什么(摘录)

在长期革命和建设实践中,我军形成了一系列好传统好作风,集中体现在理想信念(崇高坚定的理想信念——90年来,我军的使命任务不断变化,但是为社会主义和共产主义而奋斗的理想信念没有变)、神圣军魂(听党指挥的不变军魂)、根本宗旨(全心全意为人民服务的根本宗旨)、革命精神(“一不怕苦,二不怕死”的革命精神)、铁的纪律(严格自觉的铁的纪律)、政治本色(艰苦奋斗的政治本色)等方面。这是人民军队的特有优势,也是红

① 详见:党的十九大报告。

色基因的精髓所在。

红色基因凝结着崇高的价值追求。为什么同一个兵，昨天在白军贪生怕死，当了红军像换了个人，打起仗来不要命？因为共产党的军队有信仰！红色基因为我军注入了政治灵魂，为官兵标定了价值追求，引领我军朝着远大目标和光明方向前进。

红色基因提供了强大的精神力量。上甘岭战役中，世人皆知黄继光，但鲜有人知的是，在那场战斗中，拉响手榴弹、爆破筒与敌同归于尽的英雄，留下姓名的就有38位！在人民军队里，“向死而生”从来不是一道哲学命题，而是一张前赴后继、用生命书写的英雄答卷。

红色基因系牢了坚固的情感纽带。红色基因是我军官兵情感的归依，使官兵团结如兄弟，军民团结如一人。一些老红军回忆，红军时期最有力的宣传口号是“红军官兵平等”，最有力的行动感召是上级与下级“同吃一锅饭”“同睡一张炕”。官兵平等、团结友爱的内部关系，吸引着无数劳苦大众投身红军。无论是革命战争年代还是和平建设时期，同甘共苦、休戚与共的红色基因代代相传，有力巩固了我军的内外团结，凝聚起众志成城的磅礴之力。

（来源：《解放军报》）

［材料三］

坚持走中国特色强军之路（摘录）

“坚持走中国特色强军之路，全面推进国防和军队现代化。”党的十九大着眼于国家安全和发展战略全局，对国防和军队现代化做出“三步走”的战略安排，强调要确保到2020年基本实现机械化，信息化建设取得重大进展，战略能力有大的提升，力争到2035年基本实现国防和军队现代化，到本世纪中叶把人民军队全面建成世界一流军队。学习贯彻党的十九大精神，就要全面贯彻习近平强军思想，贯彻新形势下军事战略方针，建设一支听党指挥、能打胜仗、作风优良的人民军队，实现党在新时代的强军目标。

坚持走中国特色强军之路，必须保证党对军队的绝对领导，这是人民军队的建军之本、强军之魂。“金星闪耀在军旗上，我们的原则是党指挥枪”，十九大报告把“坚持党对人民军队的绝对领导”，作为新时代坚持和发展中国特色社会主义基本方略之一。面对国家安全环境的深刻变化，面对强国强军的时代要求,坚持走中国特色强军之路,最重要的就是全面贯彻党领导人民军队的一系列根本原则和制度,牢固确立习近平强军思想在国防和军队建设中的指导地位,不断强化“四个意识”、增强“四个自信”,任何时候任何情况下都以党的旗帜为旗帜、以党的方向为方向、以党的意志为意志,为实现强军目标提供根本保证。

坚持走中国特色强军之路,必须按照强军方略要求,坚持政治建军、改革强军、科技兴军、依法治军。加强军队党的建设,开展“传承红色基因、担当强军重任”主题教育,推进军人荣誉体系建设,才能培养出有灵魂、有本事、有血性、有品德的新时代革命军人,永葆人民军队性质、宗旨、本色。按照党的十九大部署,我们必须继续深化国防和军队改革,完善和发展中国特色社会主义军事制度;树立科技是核心战斗力的思想,建设创新型人民军队;全面从严治军,推动治军方式根本性转变,提高国防和军队建设法治化水平,为实现强军目标提供不竭动力。

坚持走中国特色强军之路,必须以新理念为指引,牢牢把握“五个更加注重”:更加注重聚焦实战,更加注重创新驱动,更加注重体系建设,更加注重集约高效,更加注重军民融合。一切工作都必须坚持战斗力标准,发展新型作战力量和保障力量,构建一体化的国家战略体系和能力,完善国防动员体系……党的十九大报告提出的这些新要求,体现了新发展理念,明确了强军兴军思路,把这些战略部署转化为工作思路、工作举措和具体行动,就能有效塑造态势、管控危机、遏制战争、打赢战争,实现富国与强军的统一,凝聚实现中国梦强军梦的强大力量。

从站起来、富起来到强起来,回首百年中国的沧桑巨变,展望民族复兴的光明前景,一个结论分外鲜明:“把军队搞得更强大,这样底气才足、腰杆才硬。”以习近平强军思想为行动指南,为实现党在新时代的强军目标、全面建成世界一流军队不懈奋斗,我们就一定能在中国特色强军之路上,担当起党和人民赋予的新的使命,不断书写强国强军的辉煌篇章。

(来源:新华社)

请结合所学和以上材料,思考讨论以下问题:

(1)谈谈对习近平强军思想主要内容的理解。

(2)为什么说红色基因是我军从胜利走向胜利的制胜密码?

(3)如何坚持走中国特色强军之路？怎样把人民军队全面建成世界一流军队？

第二节　推动军民融合深度发展

【课前设问】

为什么要推动军民融合深度发展？

【课堂导入】

军民融合发展是兴国之举、强军之策。推动军民融合深度发展是强国强军的必然选择，是赢得国际科技和军事竞争新优势的关键之举，是实现国家治理体系和治理能力现代化的内在要求，是建设世界一流军队的重要途径。只有推动军民融合深度发展，才能更好地凝聚国家整体力量，整合一切优质资源、利用一切先进成果，统一富国和强军两大目标，统筹发展和安全两件大事，统合经济和国防两种实力，形成中央、地方、军队、企业、社会各方协同推进国防和军队建设的良性发展格局，才能更好地加快发展强军事业，才能为促进国家发展、保障国家安全，为实现中国梦强军梦提供强大动力和战略支撑。

如何推动军民融合深度发展呢？必须坚持发展和安全兼顾、富国和强军统一，形成全要素、多领域、高效益军民融合深度发展格局，构建一体化的国家战略体系和能力。

一、坚持富国和强军相统一

(一)必须坚持富国和强军相统一

其一，坚持富国和强军相统一是我们党的一贯主张。习近平强调：“我们要实现中华民族伟大复兴，必须坚持富国和强军相统一，努力建设巩固国防和强大军队。”这体现了发展战略与安全战略相协调、强国进程与强军进程相一致的战略考量，为实现中国梦强军梦指明了方向。

其二，坚持富国和强军相统一是经济建设和国防建设协调发展规律的内在要求。富国与强军的关系如同车之两轮、鸟之双翼，不可或缺。富国才能强军，强军才能卫国。只有国家经济实力增强了，国防建设才能有更大发展。只有把国防建设搞上去了，经济建设才能有更加坚强的安全保障。推动经济建设和国防建设协调发展，是一个事关国家兴衰、人民福祉的重大战略问题，也是贯彻协调发展理念的一个重要方面。

(二)走军民融合式发展路子，是实现富国和强军统一的重要途径

军民融合，源于我们党的“军民结合、寓军于民”的思想，其目的在于更广范围、更高层次、更深程度上把国防和军队现代化建设有机融入经济社会发展体系之中，做到一笔投资、双重效益。走军民融合式发展路子是对我们党领导的中国革命和建设长期实践经验的科学总结，是国防和经济发展理论的重大创新，是新时期加强国防和军队现代化建设的重要途径，是实现富国与强军相统一的必然选择。

【教学互动】

习主席在庆祝改革开放40周年大会上的讲话中指出：“坚持富国和强军相统一，建设同我国国际地位相称、同国家安全和发展利益相适应的巩固国防和强大军队，是我国社会主义现代化建设的战略任务。”

结合所学，想一想：如何坚持富国和强军的统一？

同学发言(略)。

【讨论小结】

坚持富国和强军相统一，必须以习近平新时代中国特色社会主义思想和党的十九大精神为指导，深入贯彻习近平强军思想，坚持党对军队的绝对领导，坚持走中国特色强军之路，推进政治建军、改革强军、科技兴军、依法治军，始终聚焦备战打仗，深入实施军民融合发展战略，建设巩固国防和强大军队。

二、加快形成军民融合深度发展格局

我国军民融合发展刚进入由初步融合向深度融合的过渡阶段，必须坚持问题牵引，正确把握和处理经济建设和国防建设的关系，使两者协调发展、平衡发展、兼容发展。

(一)坚持全国一盘棋

必须站在党和国家事业发展全局的高度思考军民融合这个国家战略问

题,切实把思想和行动统一到党中央决策部署上来。

(二)健全体制机制

在国家层面,成立中央军民融合发展委员会,建立推动军民融合发展的统一领导、军地协调、需求对接、资源共享机制,通过改革创新形成的“三个体系”,即统一领导、军地协调、顺畅高效的组织管理体系,国家主导、需求牵引、市场运作相统一的工作运行体系,系统完备、衔接配套、有效激励的政策制度体系推动军民融合深度发展。

(三)强化战略规划

要把国民经济和社会发展规划、军队建设发展规划统筹起来、同步论证,以便军地各部门衔接规划重大项目;要建立专门资金渠道,落实军民融合发展资金保障;要加强督导检查、建立问责机制,强化规划刚性约束和执行力。

(四)突出重点领域

必须向重点领域聚焦用力,以点带面推动整体水平提升,以推动军民融合深度发展。

(五)军政军民团结

军政军民团结为实现富国和强军相统一提供重要的政治保障、力量保障和机制保障,促进生产力与战斗力同步提升。

【实训与运用】

阅读材料,讨论问题

坚持富国和强军相统一 形成军民融合深度发展格局(摘录)

新华社北京3月2日电 中共中央总书记、国家主席、中央军委主席、中央军民融合发展委员会主任习近平主持召开中央军民融合发展委员会全体会议强调,党的十九大强调要坚定实施军民融合发展战略,形成军民融合深度发展格局,构建一体化的国家战略体系和能力。我们要深入贯彻党的十九大精神,增强使命感和责任感,真抓实干,紧抓快干,不断开创新时代军民融合深度发展新局面。

会议认为,党的十八大以来,党中央把军民融合发展上升为国家战略,从党和国家事业发展全局出发进行总体设计,组织管理体系基本形成,战略规划引领不断强化,重点改革扎实推进,法治建设步伐加快,军民融合发展呈现整体推进、加速发展的良好势头。

会议指出,坚定实施军民融合发展战略,要坚持以习近平新时代中国特色社会主义思想为指导,全面贯彻习近平强军思想,落实总体国家安全观和新形势下军事战略方针,贯彻新发展理念,坚持富国和强军相统一,形成军民融合深度发展格局,构建一体化的国家战略体系和能力,为实现中国梦强军梦提供强大动力和战略支撑。要坚持党中央权威和集中统一领导,坚持深化改革创新,坚持军民协同推进,坚持有序开放合作。要立足我国国情,顺应时代大势,科学把握方向,明确战略目标,强化战略举措,在解决突出问题中实现战略突破,在运筹全局中赢得战略优势。要加快形成军民融合发展组织管理体系、工作运行体系、政策制度体系,推动重点领域军民融合发展取得实质性进展,形成全要素、多领域、高效益的军民融合深度发展格局,初步构建一体化的国家战略体系和能力。

会议强调,要准确把握军民融合发展战略任务,推进基础设施统筹建设和资源共享、国防科技工业和武器装备发展、军民科技协同创新、军地人才双向培养交流使用、社会服务和军事后勤统筹发展、国防动员现代化建设、新兴领域军民深度融合。

会议指出,要坚持突出重点,勇于攻坚克难,全力做好2018年各项工作。要强化思想和战略引领,推动军民融合发展战略在各地区各部门落地生根,在重点领域、重点区域、重点行业取得实效。要实现关键性改革突破,加快国防科技工业体制、装备采购制度、军品价格和税收等关键性改革,加快破除“民参军”、“军转民”壁垒。要聚焦重点精准发力,培育一批典型,强化示范引领,以点带面推动军民融合发展整体水平提升。要加大法治建设力度,推动军民融合发展综合性立法和重点领域立法进程。

会议强调,国家军民融合创新示范区是推动军民融合深度发展的“试验田”,要以制度创新为重点任务,以破解影响和制约军民融合发展的体制性障碍、结构性矛盾、政策性问题为主攻方向,探索新路径新模式,形成可复制可推广的经验做法。要坚持顶层统筹推进和地方主动探索相结合,高起点谋划、高标准实施、高质量建设、高效率推进,着力在体制机制创新、政策制度创新、发展模式创新等方面树立标杆。军地相关部门要加强资源统合、力量整合、政策集成。地方党委和政府要主动作为,推动创新示范取得实实在在成效。

(来源:新华社)

请结合材料和所学内容,思考讨论:

(1)推动军民融合深度发展?

(2)如何全面推进国防和军队现代化?

第二十三章

中国特色大国外交

【教学目的和要求】

通过本课教学,使学生了解当前世界形势和我国独立自主和平外交政策,理解推动建立新型国际关系的途径。掌握构建命运共同体思想的内涵,了解构建人类命运共同体的突进。培养学生的国家荣誉感和民族自豪感,坚定实现中华民族伟大复兴的信心,提高学生理论联系实际的能力和人际交往能力。

【教学重点和难点】

1. 正确认识和把握当前世界国际形势。
2. 推动建立新型国际关系。
3. 推动构建人类命运共同体。

第一节　坚持和平发展道路

【课前设问】

1. 谈谈中国特色大国外交及其特色。
2. 如何认识当今世界发展趋势?
3. 为什么坚持走和平发展道路?

【课堂导入】

播放微视频(第十七集):《中国特色大国外交》

外交工作是党和国家工作全局的重要组成部分,当今世界正处在大发展大变革大调整时期,中国外交面临着前所未有的机遇和挑战。在国内、国外的诸多重大场合,习近平多次全面深刻地阐述了中国特色大国外交的理念。那么,什么是中国特色大国外交?中国特色大国外交有什么特点呢?请同学们根据课前准备和《中国特色大国外交》微视频谈谈自己的看法。

[点评] 什么是中国特色大国外交?中国特色大国外交是新中国一贯的外交政策与思想在新时代的传承与发展。从范围看,它是面向全球的外交,坚持在不结盟原则的前提下广交朋友;从发展状况看,它正经历由"发展中大国"向"发展中强国"、由"边缘"向"中心"、由弱向强、由地区性强国向有全球性影响的大国的转变,它是基于中国作为发展中大国而展开的外交,而不是针对大国的外交,随着中国国际地位的提升和国际身份的转变,中国承担着大国责任;从模式看,它正在改变原有的以双边为主的外交模式,而更加注重多边,更加重视区域和全球范围的事务,同时也更加重视综合和整体的考量;从内容看,主张以和平发展道路实现"中国梦"和"世界梦",提倡互利共赢、共同发展,讲究相互信任、求同存异,用"一带一路"打造政治互信、经济融合、文化包容的利益共同体和命运共同体,践行义利相兼、以义为先的"正确义利观",共同走出一条公平、开放、全面、创新的发展之路,让文明和谐共生,世界绚丽多彩。习近平在2018年6月中央外事工作会议上把新时代中国特色社会主义外交思想概括为10个坚持:坚持以维护党中央权威为统领加强党对对外工作的集中统一领导,坚持以实现中华民族伟大复兴为使命推进中国特色大国外交,坚持以维护世界和平、促进共同发展为宗旨推动构建人类命运共同体,坚持以中国特色社会主义为根本增强战略自信,坚持以共商共建共享为原则推动"一带一路"建设,坚持以相互尊重、合作共赢为基础走和平发展道路,坚持以深化外交布局为依托打造全球伙伴关系,坚持以公平正义为理念引领全球治理体系改革,坚持以国家核心利益为底线维护国家主权、安全、发展利益,坚持以对外工作优良传统和时代特征相结合为方向塑造中国外交独特风范。

中国特色大国外交有什么特色呢?特色是指一个或一种事物独有的、

显著区别于其他事物的风格、形式。中国特色大国外交主要"特"在:其一,在中国共产党领导下的社会主义性质,这是最根本的一条;其二,独立自主的外交方针,这是立国的重要原则;其三,根植于中国传统文化土壤,突出和平性,强调发展性,摒弃"强国必霸"的老路,坚定不移地走和平发展的道路;其四,推动构建不冲突不对抗,相互尊重,建立以合作共赢为核心的新型国际关系,谋求与世界各国共同发展、共同进步;其五,坚持和平共处五项原则,倡导国际关系民主化,维护国际正义,反对霸权主义和强权政治;其六,坚持正确的义利观和倡导共同、综合、合作、可持续发展的安全观,坚持不干涉他国内政,反对动辄诉诸武力或以武力相威胁,对发展中国家的援助不附带任何政治条件。

中国特色大国外交是基于自身实力变化和国际形势的发展状况而产生的。那么,当今世界形势发展是怎样的呢?

一、世界正处于大发展大变革大调整时期

(一)世界多极化在曲折中发展

世界多极化是指一定时期内对国际关系有突出影响的国家和国家集团相互作用而趋向于形成多级格局的一种发展趋势,是对重要政治力量在全球势力分布状态的一种反映。

1945 年第二次世界大战后,世界格局的演变经历了:①美苏两级争霸;②1991 年苏联解体、两极格局随之瓦解;③"一超多强"("一超"是指一个超级大国美国,"多强"是指正在崛起和强大起来的中国、军事和外交强项突出的俄罗斯、独立自主趋势日益增强的欧盟、图谋走向政治军事大国的日本以及发展潜力不小的印度等国家);④世界走向多极化(不可逆转)的曲折发展过程。

近些年来,国际上最突出的特点就是新兴大国群体性崛起。如,由中国、俄罗斯、印度、巴西和南非共同组成的金砖五国;过去世界上的"富国俱乐部"是七国集团(G7),俄罗斯加入之后叫八国集团,G7(七国集团在二十年前占世界经济的比重有 70% ~80%,现在这七个国家加起来只占 50% 多一点,这从总体的经济实力上来讲是一个非常显著的变化)正式成为 G8;由原八国集团以及其余 12 个重要经济体组成(中国、阿根廷、澳大利亚、巴西、

加拿大、法国、德国、印度、印度尼西亚、意大利、日本、韩国、墨西哥、沙特阿拉伯、南非、土耳其、英国、美国、俄罗斯 以及欧盟)20 国集团(G20);2017 年全球十大经济体美国、中国、日本、德国、英国、法国、印度、意大利、巴西和加拿大。另外,在当今世界多极化的发展进程中,发展中国家的力量不可忽视。20 世纪 80 年代来,亚洲、拉美、东欧、非洲涌现了一大批经济迅速增长的国家。在亚洲,东盟 10 国结成了经济、政治实力强大的地区集团。新兴经济体、发展中国家群体性崛起,更加积极主动地参与国际事务,正在改变全球力量对比的格局,使之更加多元均衡,大大增强了在国际事务和全球治理中的作用。

当今世界,伴随一大批新兴市场经济国家和发展中国家走上发展的快车道,多个发展中心在世界各地区逐渐形成,多极化趋势逐步清晰。但各种力量的对比并不平衡,一个超级大国和多种力量并存,是多极化格局最终形成前的较长过渡时期内世界力量对比的基本态势。

多极化格局有利于遏制霸权主义和强权政治,有利于推动建立公正合理的国际政治经济新秩序,有利于广大发展中国家抓住机遇,发展自己。但要清醒地看到,世界多极化的形成将是一个漫长曲折的充满复杂斗争的演变过程。

(二)经济全球化深入发展

有人统计,过去三十年,在媒体中出现频率最多的十个词汇中,“全球化”算一个。大家都在谈论全球化,但什么是全球化却没有共识,这个概念争议很大。有位记者对全球化有这样一个定义,他说全球化可以用一个小故事来概括,全球化就是一个英国王妃和她的埃及男友,乘坐着一辆由喝多了苏格兰威士忌的比利时司机驾驶的一辆装着荷兰发动机的德国汽车,被一群骑着日本摩托车的意大利狗仔队追踪,在法国的隧道里发生了车祸,抢救她的是美国医生,用的药主要产自巴西,这就是全球化。这个故事大家应该都知道,就是戴安娜王妃。你不得不承认这个记者很睿智,他用这个小故事抓住了全球化的本质特征,也就是各国各地区相互依存度的迅速提升。

经济全球化是指世界经济活动超越国界,通过对外贸易、资本流动、技术转移、提供服务、相互依存、相互联系而形成的全球范围的有机经济整体的过程,是商品、技术、信息、服务、货币、人员、资金、管理经验等生产要素跨国跨地区的流动和优化配置。其主要特征是生产、资本、贸易、科技的全球化。2014 年 4 月 1 日，《习近平在布鲁日欧洲学院的演讲》中讲道："刚才，我和菲利普国王夫妇一起，参观了位于根特的沃尔沃汽车工厂。这家工厂是比利时最大的汽车生产企业，也是中国、比利时、瑞典三方经济技术合作的典范，在'中国投资'和'欧洲技术'之间架起了一座互利共赢的桥梁。"

20 世纪 90 年代，信息技术迎来新的飞跃。借助 IT 革命和新能源、新材料、生物工程等新经济，美国经济迎来了高速增长的黄金十年，成为这一阶段全球化的最大受益者。以美国为代表的西方发达资本主义国家主导下的全球化，加剧了南北矛盾，也加剧了发达国家内部的冲突。诺贝尔经济学奖得主施蒂格利茨曾撰文批评美国社会阶层的严重分化，认为其是"1% 的人拥有，1% 的人治理，1% 的人享受"。而与此同时，冷战终结后的二十多年里，俄罗斯、巴西、印度及东亚各新兴经济体迅速崛起，引发世界经济力量对比急剧变化。通过介入全球产业链，成为全球产业分工体系中不容忽视的力量，并促使经济全球化进一步深化。

在 21 世纪的全球化中，全球化已发生本质性的变化。已从美国的单极集中型，开始转向新兴经济体和资源国崛起的多极化结构。尤其是全球金融危机后，主要发达国家共治机制已不能适应新兴国家广泛参与的全球化新阶段，"G20 框架"、"联合国关于气候变化公约签约国大会"机制，以及"金砖国家首脑会议"、"新兴五国首脑会议"等多种区域合作框架成为全球治理的新舞台，全球化走向发展中国家广泛参与的新时代。

经济全球化有利于促进资本、技术、知识等生产要素在全球范围内的优化配置，为世界经济和社会发展提供了前所未有的物质技术条件，给各国各地区提供了发展机遇。但它是一柄双刃剑，在加速世界经济增长的同时，也带来了一些负面影响，对所有国家有利有弊。发展中国家在参与世界经济全球化的过程时，应对全球化带来的巨大风险和安全问题有充分的认识，并积极采取各种措施，趋利避害。尤其要争取国际经济运行规则向着有利于发展中国家的方向调整。经济全球化使各国经济的相互依存度加深，一旦某些国家和地区发生经济危机，世界各国都要受到冲击。因此，全球化的经济需要全球性的合作，推动建立公正合理的国际经济新秩序，以利于各国共同发展。

（三）文化多样化持续推进

不同的民族创造了各自独特的文化，不同国家和地区的人民共同创造了丰富多彩的世界文化。目前世界上有200多个国家和地区、2 500多个民族、6 000多种语言。每个国家、每个民族不分强弱、不分大小，其思想文化都应该得到承认和尊重。文化多样性是人类文明进步的重要动力，维护和促进世界文化多样化是大多数国家的共同愿望。

伴随着经济全球化和政治多极化的推进，文化与经济、政治的联系日益紧密，经济的文化含量日益提高，文化已成为国家核心竞争力的重要因素，越来越多的国家把提高国家软实力作为重要发展战略。在我国，2011年10月召开的中共十七届六中全会审议通过了《中共中央关于深化文化体制改革推动社会主义文化大发展大繁荣若干重大问题的决定》，郑重提出努力建设社会主义文化强国的目标，部署“文化兴国”战略。尤其是党的十八大以来，以习近平同志为核心的党中央高度重视文化建设，习近平总书记就文化建设发表一系列重要讲话，特别强调文化自信，将中国特色社会主义文化建设理论推向了新的时代高度。党的十九大进一步明确了发展中国特色社会主义文化、建设社会主义文化强国的基本要求，为新时代以马克思主义为指导、坚守中华文化立场、立足当代中国现实、结合当今时代条件，推动社会主义文化繁荣兴盛，建设社会主义文化强国指明了方向。

（四）社会信息化快速发展

社会信息化与经济全球化所带来的商品流、信息流、技术流、人才流、文化流汹涌而来，势不可挡，世界正在进入以信息产业为主导的新经济发展时期。

20世纪40年代世界上第一台电子计算机在美国诞生后，随着半导体和集成电路两项关键技术的相继发明，美国涌现出一批以英特尔、IBM、微软、雅虎等为代表的高科技公司。在半个多世纪的发展历程中，美国以其雄霸世界的信息技术产业群证明了，谁能够掌握信息并使之转化为经济优势，谁就将取得胜利。信息流引领技术流、资金流、人才流，信息资源日益成为重要生产要素和社会财富，信息掌握的多寡成为国家软实力和竞争力的重要标志。

社会信息化的一个重要标志是互联网的飞速发展和广泛运用。就我国情况看,自1994年首次接入互联网以来,经过20余年的发展,中国互联网从无到有,从小到大,极大改变了社会面貌,惠及普通百姓生活,取得举世瞩目的成就。截至目前公布的数据,中国的网络基础设施规模、宽带用户数、移动宽带覆盖率、网数量均位居全球第一。网站总数454万个,域名总数3 698万个,在全球国家顶域名中排名第二,网站访问量仅次于美国,全球访问量前20的网站中国占7个,中国已成为名副其实的网络大国。截至2018年12月,我国网民规模为8.29亿,全年新增网民5 653万,较2017年提升3.8%,互联网普及率为达59.6%。其中城镇地区互联网普及率为74.6%,较2017年底提升3.6个百分点;农村地区互联网普及率为38.4%,较2017年底提升3个百分点。

互联网深刻改变着人们的生产生活方式,让世界变成了地球村,也让国际社会联系越来越紧密,同时,它对国家主权、安全、发展利益提出了新挑战,迫切需要国家社会认真应对、谋求共治、实现共赢。

(五)科学技术孕育新突破

当今世界,现代科学技术迅猛发展,新一轮科技革命和产业变革正在孕育兴起,科技创新活动不断突破地域、组织、技术的界限演化为创新体系的竞争,创新战略竞争在综合国力竞争中的地位日益重要。

2013年3月,习近平《在参加全国政协十二届一次会议科协、科技界委员联组讨论时的讲话》中指出,“现在世界科技发展有这样几个趋势:一是移动互联网、智能终端、大数据、云计算、高端芯片等新一代信息技术发展将带动众多产业变革和创新;二是围绕新能源、气候变化、空间、海洋开发的技术创新更加密集;三是绿色经济、低碳技术等新兴产业蓬勃兴起;四是生命科学、生物技术带动形成庞大的健康、现代农业、生物能源、生物制造、环保等产业”。

历史经验表明,科技革命总是能够深刻改变世界发展格局。科技兴则民族兴,科技强则国家强。面对新一轮科技革命和产业变革的孕育兴起,如果科技创新搞不上去,发展动力就不可能实现转换,要想在全球经济竞争中不处于下风,必须把创新作为引领发展的第一动力。

【教学互动】

［案例］

走出百年循环，人类只有一个地球[①]

一千多年前，唐代诗人王勃写下这样一句诗："海内存知己，天涯若比邻。"这句充满了瑰丽想象和人文情怀的诗词千百年来倾倒了一代又一代人。随着科学技术的发展，今天的世界变成了一个村庄，"天涯若比邻"已成现实；但是，我们能够幻想，地球村里不同国家、不同民族的居民们，会毫无芥蒂地沉浸在"海内存知己"般的脉脉温情中吗？

如果套用今天的语言，可以说王勃当年的诗句是不经意地表达着一个关于未来社会的理想：和平与发展。

20世纪在动荡中迈出了步伐，战争成为世界性的，市场成为国际化的，信息成为全人类的。新的科学进步，新的技术革命，新的思想思潮，新的文化时尚，新的政治局面，新的殖民与反殖民的斗争，等等，凝结成人类有史以来最多的矛盾、冲突、斗争和混乱。百年历史的大舞台上，幕起幕落，风云舒卷，上演了一出出关于毁灭与重建的戏剧，使得20世纪成为人类生活变幻最为剧烈的时代。

20世纪瞬息万变的国际风云，力量与智慧的全球性角逐，使得国际舞台犹如一个快速旋转的万花筒，时而风起云涌，时而扑朔迷离。正义与邪恶对垒，光明与黑暗较量。20世纪上半叶是战争与革命的时期。1914—1918年爆发了第一次世界大战。1917年俄国爆发了十月革命，建立了世界上第一个社会主义国家，打破了资本主义的一统天下。20世纪30年代后期至40年代中期爆发了第二次世界大战。血雨腥风的战争，几次把人类推到毁灭的边缘，也终于使人类在恐怖中醒悟：战争，特别是大国间的战争已不一定是达成政治目的手段，而有可能是人类的终结。20世纪下半叶，特别是80年代以来，世界形势发生了巨大的变化，和平与发展成为这个时期的两大主题和基本特征。资本主义和社会主义两种不同社会制度的国家可以在摩擦和竞争中长期和平共处；世界大多数国家都把发展经济、提高综合国力作为中心任务，以便争取在21世纪的世界格局中处于有利的地位；和平力量不断

① 资料来源：《大学生思政课教学案例》第十三章。

增长与壮大,维护世界和平,谋求经济发展已成世界的主要潮流。

处在世纪之交的人类,前面虽然有无限美好的未来,然而信仰危机和科学危机同时降临世界。

当我们站在历史的高度重新审视20世纪人类命运的时候,我们会承认,这个世纪是最令人惊奇、最鼓舞人心,有时最为恐怖,但却是妙不可言的世纪之一。

但同时,20世纪又是人类历史上最为血腥的世纪。时至今日,因种族、宗教、土地而引起的冲突,并没有因为经济和科技的发达而减少。相反,它们令生命更加脆弱,一颗原子弹可以夺去数万人乃至数十万人的生命;一场远距离的空袭战,可以在瞬间摧毁敌方,毁灭平民百姓正常的生活。

阴影还不仅仅来自战争,科学的潜在危险也正降临人间。正如英国一位科学家兼作家所说:"技术具有两面性:行善与威慑。在全部历史中它都给我们带来了福祸。"这句名言表明了人类某种程度上对科学的畏惧——科学的发展或许会对人类的存在与未来构成某种威胁。

阴影还来自人类对环境的掠夺和破坏。20世纪环境污染严重,大量物种灭绝;南极洲正在消融,臭氧层空洞扩大。留给下世纪的并不是一个完美的地球。

在研究国际关系史的学者中间,一直流传着一个所谓战争与和平的百年周期:"和平带来富裕,富裕带来骄傲,骄傲带来愤怒,愤怒带来战争,战争带来贫穷,贫穷带来博爱,博爱带来和平……世界历史就是这样循环的。"21世纪的人类,能否从历史中吸取智慧和教益,走出这个循环?

据宇航员说,从天空中看到的地球,是一个美丽的蓝色的星球。面对新世纪,我们憧憬未来大地遍布绿色,光彩照耀人间,撒哈拉变成沃野,艾滋病、瘟疫不再肆虐,饥荒与严寒远离众生,战争与民族冲突灰飞烟灭。为了实现这些美好的梦想,人类还需做艰难的努力。

回首20世纪,让人们感到欣慰的是,过去的百年仍是一个肯定了生活的意义和价值、肯定了对幸福的追求的时代。这种对生活的热情会使我们有决心去把握新世纪——在21世纪,继承20世纪的文明成果,摆脱20世纪的惨痛苦难。

[讨论] 结合案例,思考讨论:①20世纪的时代主题发生了怎样的演

变？人类已进入21世纪，我们面临的时代主题是什么？②怎样理解和平与发展依然是当今时代的两大主题？

学生发言（略）。

［点评］ 同学们的发言反映了各自观察问题的视角和看法。总体来看，一是20世纪的时代主题发生了从“战争与革命”到“和平与发展”的演变；二是和平与发展依然是当今时代的两大主题。其一，冷战结束后，尤其是进入21世纪以来，国际形势发生了广泛而深刻的变化，但和平与发展仍然是时代主题，和平、发展、合作、共赢成为不可阻挡的时代潮流。其二，世界多极化、经济全球化、文化多样化、社会信息化深入发展，全球治理体系和国际秩序变革加速推进，各国相互联系和依存日益加深，国际力量对比更趋平衡，和平发展大势不可逆转。其三，和平与发展的时代主题是世界各种矛盾发展变化和世界抑制战争因素不断增长的合力作用的结果，通过和平方式解决国际争端越来越受到国际社会的重视。其四，世界面临的不稳定性、不确定性突出，人类依然面临许多共同挑战，推进人类和平与发展的崇高事业依然任重而道远。

二、坚持独立自主和平外交政策

（一）独立自主和平外交政策的形成和发展

1. 独立自主和平外交政策的形成

（1）新中国成立初期：“另起炉灶”“打扫干净屋子再请客”“一边倒”。这三大外交方针符合中国人民实现国家安全、独立和维护世界和平的根本利益，为独立自主的新中国外交关系奠定了基础。

同时，我们党还坚持在和平共处五项原则基础上发展同所有国家的友好合作关系。1953年12月31日，周恩来总理接见印度政府代表团时，第一次完整提出了和平共处五项原则。

（2）20世纪50年代末至60年代，根据形势的变化，中国政府调整了“一边倒”的外交政策，实行“两个拳头打人”，联合广大的亚非拉国家反帝反修。

（3）20世纪70年代，我国对外政策的又一次重大调整：实行“一条线一大片”外交战略，基本实现了与西方国家关系的正常化。

2. 独立自主和平外交政策的发展

改革开放以来，面对国际形势新变化，中国外交政策有了重大调整。

(1)邓小平外交思想。十一届三中全会以后，在对国际形势做出新的分析和判断的基础上，邓小平继承和发展了毛泽东外交思想，鲜明地坚持独立自主，主张一切从中国人民和世界人民的根本利益出发，在国际上保持自己的独立地位，坚决反对霸权主义和强权政治，决不与任何大国或国家集团结盟，奉行真正的不结盟政策。中国和所有第三世界国家的命运是共同的。中国永远不会称霸，永远不会欺负别人，永远站在第三世界一边。邓小平的外交战略：不结盟、不称霸、不争论、不扛旗、不当头、不对抗。邓小平28字方针：冷静观察，稳住阵脚，沉着应付，韬光养晦，善于守拙。决不当头，有所作为。

(2)江泽民、胡锦涛时期的外交思想。20世纪90年代初，世界形势发生巨大变动，冷战彻底结束，国际政治出现了多极化趋势，世界进入经济全球化时代和信息时代。冷战结束引发各国对实力认识的变化，由过去强调军事实力，转变为更加注重以经济为核心的综合国力，还开始重视以文化、道义为核心的“软实力”，更加注重公众舆论和民意。在世界形势发生根本变化的同时，中国综合国力迅速增长，国际地位空前提升，但又受到国际舆论的空前挑战和压力。在这一时期，中国政府开展了卓有成效的双边与多边外交，创造出丰富的新鲜经验。江泽民、胡锦涛等新一代领导人与时俱进，深刻总结这些新经验，从而推出了“新安全观”“外交为民”“和谐世界”等一系列新理念。

面对冷战结束后复杂多变的国际形势，江泽民继承和发展了邓小平外交思想，指出和平与发展仍然是当今时代的主题，我们要始终不渝地奉行独立自主的和平外交政策，反对霸权主义和强权政治，维护国家的独立主权和尊严，在和平共处五项原则的基础上建立国际政治经济新秩序，进一步加强同发展中国家的团结与合作，努力发展大国间长期稳定的友好合作关系。他提出要着眼于世界战略格局运筹大国关系，着眼于地缘战略态势积极经略周边，着眼于扩展战略空间大力开展多边外交。

党的十六大以来，以胡锦涛为总书记的党中央高举和平、发展、合作的旗帜，继续坚持独立自主的和平外交政策。胡锦涛强调中国的发展是和平的发展、开放的发展、合作的发展，强调走和平发展道路，并把国内建设上的"和谐社会"主张推广到外交领域，提出了构建"和谐世界"的新理念。"和谐世界"理念对毛泽东、周恩来倡导的"和平共处五项原则"、邓小平提出的"国际政治经济新秩序"思想和江泽民关于"新安全观"等主张，从政治、经济、文化和生态等方面做了继承和发展。

(3)习近平的外交新思想。党的十八大以来，以习近平同志为核心的党中央发扬我党理论联系实际的优良作风，在保持外交政策连续性和稳定性的同时，勇于探索，开拓创新，坚持内政与外交有机统一、中国特色与时代特征融为一体，科学研判国际形势，准确把握中国与外部世界关系的历史性变化，加强统筹国内国际两个大局，提出一系列外交战略新思想，推动中国特色外交理论取得阶段性重要成果，指导中国外交实践积极进取，不断开创中国外交新局面。主要包括：以中国梦统筹国内国际两个大局，指引和提振新时期中国外交；全面推进中国特色大国外交，加强外交工作的顶层设计、底线思维、策略运筹和统筹协调；丰富和深化和平发展战略思想，依靠不断发展起来的力量更好走和平发展道路；将"共赢"升至外交旗帜高度，通过"合作共赢"打造命运共同体；坚持维稳与维权的统一，筑牢边海边防铜墙铁壁；坚持国家总体安全观，走中国特色国家安全道路；弘扬丝路精神，共建"一带一路"；用"亲、诚、惠、容"理念经略和塑造周边，让命运共同体在周边落地生根；推动建设不冲突不对抗、相互尊重、合作共赢的新型大国关系，力避大国崛起的"修昔底德陷阱"；以正确义利观深化与发展中国家团结合作，推动金砖国家形成更紧密、更全面、更牢固的伙伴关系。独立自主和平外交政策的形成与发展，体现了中国人民热爱和平的真诚愿望和高尚品质。

(二)独立自主和平外交政策的内涵

独立自主是立党立国、兴党兴国的根本，也是中国和平外交的基石。中华人民共和国成立半个多世纪以来，经过几代人不断努力和探索，我国独立自主和平外交政策不断丰富和完善，具有十分丰富的内涵。

1. 国家利益是头等大事

把国家主权和利益放在第一位，坚定地维护我国的国家利益、反对任何损害我国的独立、主权、安全和尊严。

2. 人民利益

从我国人民和世界人民的根本利益出发，对于一切国际事务，都根据事情本身的是非曲直决定自己的立场和政策，秉持公道，伸张正义，不屈从任何外来压力。

3. 主权独立

坚持各国的事务应由本国政府和人民决定，世界上的事情应由各国政府和人民平等协商决定，反对一切形式的霸权主义和强权政治。

4. 和平共处

坚持在和平共处五项原则基础上同所有国家建立和发展友好关系，主张和平解决国际争端和热点问题，反对动辄诉诸武力，反对颠覆别国政权，反对一切形式的恐怖主义。

(三)坚持独立自主和平外交政策的原因和意义

1. 原因

中国坚定不移地奉行独立自主的和平外交政策，走和平发展道路，首先是由我国的社会主义性质和在国际上的地位决定的；其次，是从历史、现实、未来的客观判断中得出的结论：源于中华文明的深厚渊源，源于对现实中国发展目标条件的认知，源于对世界发展大势的把握；再次，对中国、亚洲、世界都有利。

2. 意义

中国坚定不移地奉行独立自主的和平外交政策，走和平发展道路，是我们党长期治国理念的重大创新；是中华民族伟大复兴的必由之路；打破了“国强必霸”的大国崛起传统模式，是对人类和平与发展事业的重大贡献；是一条统筹国内发展与对外开放的发展道路，是一条勇于参与经济全球化而又坚持广泛合作、互利共赢的发展道路。

三、推动建立新型国际关系

(一)何谓新型国际关系

与过去讲要推动建设以合作共赢为核心的新型国际关系所不同，党的十九大报告对新型国际关系做了新的界定，是推动建设相互尊重、公平正义、合作共赢的新型国际关系。新提法有着更为丰富的内涵：①相互尊重，就是强调无论国家大小、强弱、贫富，一律平等，相互尊重对方的领土主权完整和政治制度，尊重彼此的核心利益和战略关切；②公平正义，就是强调国家无论大小都要公平对待，公道处事，恪守国家法原则和国际关系准则，坚决反对把自己的意志强加于人，反对干涉别国内政，反对一切形式的以大压小、以强凌弱和霸权主义和强权政治；③合作共赢，强调共同发展，利益共享，中国决不会以牺牲别国利益为代价来发展自己，致力于建立更加平等均衡的新型全球发展伙伴关系。这三者是相辅相成、相互作用的有机整体，其中合作共赢是新型国际关系的核心理念，同时也是其最为根本的特征。新型国际关系，“新”在相互尊重、公平正义上，更“新”在合作共赢这个核心理念和构建人类命运共同体这个目标模式上。

(二)如何推动建立新型国际关系

党的十九大报告指出：“中国将高举和平、发展、合作、共赢的旗帜，恪守维护世界和平、促进共同发展的外交政策宗旨，坚定不移在和平共处五项原则基础上发展同各国的友好合作，推动建设相互尊重、公平正义、合作共赢的新型国际关系。”

推动建立新型国际关系，①要坚决维护国家核心利益；②要在和平共处五项原则基础上发展同世界各国的友好合作；③要积极参与全球治理体系改革和建设；④要加强涉外法律工作，完善涉外法律法规体系；⑤要把相互尊重、公平正义、合作共赢理念体现到政治、经济、安全、文化等对外合作的方方面面，推动构建人类命运共同体。

【实训与应用】

1. 实践活动：全班分成若干小组，以小组为单位围绕以下问题开展讨论，并在讨论的基础上撰写小论文。

(1)如何认识“中国威胁论”？

(2)在对外关系中是要追求合作共赢还是要独立自主敢于斗争？

2. 材料分析

[材料一]

有史以来，战争就像恶魔一样，不断吞噬着人类的财富和生命。据专家统计，从公元前3200年到公元1964年的5164年时间里，全世界共发生14 513次战争，其间只有329年处于和平时期。人类在这些战争中付出了惨重的代价,大约有36.4亿人死于战火,损失财富折合成的黄金,可铺成一条宽150千米、厚10米、足可环绕地球8圈的黄金带。

据统计,第一次世界大战被卷入的国家有33个,人口15亿,伤亡人数达到4000多万,直接经济损失达2700亿美元。第二次世界大战波及61个国家,80%的世界人口,军费消耗约11170亿美元,经济损失超过40000亿美元,直接死亡人数达到5700万。其中,苏联2060万,波兰600万,德国730万,日本222万,法国81万,美国38万,意大利33万,中国的死亡人数在1000万以上。战争夷平了许多城市,人类的文明和艺术遭到了空前的毁灭。

[材料二]

人类只有一个地球 各国共处一个世界

2013博鳌亚洲论坛年会4月7日上午举行开幕式,中国国家主席习近平出席并发表主旨演讲。习近平说,人类只有一个地球,各国共处一个世界。共同发展是持续发展的重要基础,符合各国人民长远利益和根本利益。我们生活在同一个地球村,应该牢固树立命运共同体意识,顺应时代潮流,把握正确方向,坚持同舟共济,推动亚洲和世界发展不断迈上新台阶。

习近平指出,同心维护和平,为促进共同发展提供安全保障。和平是人民的永恒期望。和平犹如空气和阳光,受益而不觉,失之则难存。没有和平,发展就无从谈起。国家无论大小、强弱、贫富,都应该做和平的维护者和促进者,不能这边搭台、那边拆台,而应该相互补台、好戏连台。国际社会应该倡导综合安全、共同安全、合作安全的理念,使我们的地球村成为共谋发展的大舞台,而不是相互角力的竞技场,更不能为一己之私把一个地区乃至世界搞乱。各国交往频繁,磕磕碰碰在所难免,关键是要坚持通过对话协商与和平谈判,妥善解决矛盾分歧,维护相互关系发展大局。

(来源:中国青年网)

[材料三]

新型大国关系的由来

(1)中美新型大国关系的由来。20世纪90年代,面对世界多极化和经济全球化趋势,时任国家主席江泽民明确提出,要建立以互信、互利、平等、协作为核心的新安全观,积极致力于发展以“不结盟、不对抗、不针对第三方”为特征的新型大国关系。在这一原则指导下,中国与俄罗斯建立战略协作伙伴关系，并相继同法国、美国、加拿大、墨西哥、德国、埃及、韩国等国以及欧盟、东盟等地区组织建立不同类型的伙伴关系。

2010 年 5 月第二轮中美战略与经济对话期间，时任国务委员戴秉国提出，中美应“开创全球化时代不同社会制度、文化传统和发展阶段的国家相互尊重、和谐相处、合作共赢的新型大国关系”。观察人士指出，作为世界上最大的发展中国家和最大的发达国家，中美如何相处，不仅关乎双边，更关乎全人类。传统新兴大国和守成大国猜疑、对抗、冲突的关系模式显然不适合中美。走出一条新型大国关系之路是中美两国的必然选择。

2012 年 2 月，时任国家副主席习近平访美。在这次广受关注的访问中，习近平提出，推动中美合作伙伴关系不断取得新进展，努力把两国合作伙伴关系塑造成 21 世纪的新型大国关系。

三个月后，第四轮中美战略与经济对话在北京举行。时任国家主席胡锦涛发表了题为《推进互利共赢合作 发展新型大国关系》的致辞。他强调，无论国际风云如何变幻，无论中美两国国内情况如何发展，双方都应该坚定推进合作伙伴关系建设，努力发展让两国人民放心、让各国人民安心的新型大国关系。

中国国家元首就中美发展新型大国关系进行的阐述，受到各界高度关注。此后，“新型大国关系”一词在中美关系语境中越来越多地出现，成了中美高层交往的必谈话题。

十八大以来的新型大国关系：

新型大国关系，意味着对传统大国关系模式的摒弃，是国际关系理论和实践的重大创新。它准确命中了中美关系发展的现实需要，也为中国发展与其他大国关系以及其他大国之间发展关系提供了思路。2012 年 11 月，中共十八大报告明确指出：“我们将改善和发展同发达国家关系，拓宽合作领域，妥善处理分歧，推动建立长期稳定健康发展的新型大国关系。”新型大国关系由此成为中国外交战略的重要内容。

（来源：新华网）

（2）“不结盟、共繁荣”，中俄升级全面战略协作伙伴关系。俄罗斯是大国，又是中国最大的邻国。2013 年 3 月，习近平主席展开他履新后的首次出访，对俄罗斯进行国事访问。

3年多来,俄罗斯是习近平留下出访足迹最多的国家。中俄两个大国,迎来了两国关系的历史最好时期,走出了一条结伴而不结盟、共同繁荣的新路。新华社称中俄关系为新型大国关系的先行者,中国已将与俄罗斯的关系视为调整世界秩序的基础。

正如《习近平:正圆中国梦》一书所言,"毫不夸张地说,正是习近平把中俄关系推向了第二次高潮:扩大了经贸合作的规模、在国际舞台上加强了协调,更重要的是,莫斯科和北京之间、两国人民之间的信任和好感在增加。在2013年3月俄罗斯与中国开始奠定了新型关系:形式上是战略伙伴,内容上是盟友关系。""'莫斯科—北京'快车在欧亚大陆上加大马力,全速前进,成为全世界高速运动的典范。"

2014年2月,新春佳节之际,习近平不远万里前往俄罗斯出席索契冬奥会开幕式。"邻居家办喜事,我当然要来道贺,同俄罗斯人民分享喜悦。"一语道出中俄全面战略协作伙伴关系的高水平、特殊性。2015年5月,习近平再次来到莫斯科参加红场大阅兵,普京在庆典上讲话,称赞中国人民抗日战争为世界反法西斯战争胜利做出巨大贡献。

"中国和俄罗斯之间已经建立起了新型的大国关系,这是历史上从来没有出现过的,这种新型伙伴关系有以下的特征:首先中国和俄罗斯之间并没有建立一个针对第三国的同盟或者联盟。中俄之间的合作有着自己的驱动因素,也有着自己的一些逻辑的基础,它并没有对邻国或者其他的大国构成威胁。俄罗斯和中国并没有选择相互制衡,而是相互补充,在政治、经济、人道主义和其他的领域都是一种相辅相成的关系。"俄罗斯前外长伊万诺夫2015年6月在第四届世界和平论坛上如此说。

吉尔吉斯斯坦著名政治经济专家马尔斯·萨利耶夫说,习近平对俄罗斯的访问以及出席卫国战争胜利70周年庆典,对于加深中俄关系和惠及整个地区都具有里程碑式的意义。中俄正在进一步深化经贸、金融、能源等领域的合作,助力中国"一带一路"倡议。

俄罗斯阿里巴里分析中心分析师米哈伊连卡说:"中俄两国签署丝绸之路经济带建设和欧亚经济联盟建设对接合作的联合声明,为亚欧大陆的经济谋划了一个光明的前景。"

正如俄罗斯科学院远东所副所长奥斯特洛夫斯基所说的,"未来中俄各领域合作十分令人期待。中俄双方的合作可以带动本地区,乃至整个上合组织、欧亚经济联盟成员国携手向前发展。”

有评论认为,中俄两国建立起真正互相信任、相互理解的氛围,建立起不针对任何第三方真正平等的伙伴关系,成为21世纪大国关系的典范。

(来源:人民网国际频道)

[讨论]

(1)根据材料一、二,分析讨论战争对人类的危害有哪些?20世纪两次世界大战对当今世界有哪些影响?中国提出走和平发展道路的意义何在?

(2)如何理解习近平一再强调的新型大国关系?如何推动建立以合作共赢为核心的新型大国关系?

第二节　推动构建人类命运共同体

【课前设问】

为什么要构建人类命运共同体?

【课堂导入】

“一只南美洲亚马孙河流域热带雨林中的蝴蝶,偶尔扇动几下翅膀,可以在两周以后引起美国德克萨斯州的一场龙卷风。”这是美国气象学家洛伦兹提出的闻名于世的“蝴蝶效应”。当今世界,各国利益和命运从未像今天这样紧密联系,从自然环境到社会经济再到政治外交,“蝴蝶效应”无处不在,一荣俱荣、一损俱损已成为现实写照。当今世界将向何处去?这是国际社会需要共同回答的时代之问。习近平主席站在人类历史发展进程的高度,以大国领袖的责任担当和博大胸襟,深入思考“建设一个什么样的世界、如何建设这个世界”等关乎人类前途命运的重大课题,给出了中国答案——构建人类命运共同体。

一、构建人类命运共同体思想的内涵

(一)构建人类命运共同体思想的提出

构建人类命运共同体思想的过程:①2012年11月,党的十八大明确提

出要倡导"人类命运共同体"意识,增进人类共同利益。②2015 年 3 月,习近平出席博鳌亚洲论坛年会时提出了"通过迈向亚洲命运共同体,推动建设人类命运共同体"的倡议。③2015 年 9 月,习近平在纽约联合国总部发表重要讲话指出:"当今世界,各国相互依存、休戚与共。我们要继承和弘扬联合国宪章的宗旨和原则,构建以合作共赢为核心的新型国际关系,打造人类命运共同体。"④2017 年 10 月 18 日,习近平同志在十九大报告中提出,坚持和平发展道路,推动构建人类命运共同体。呼吁"各国人民同心协力,构建人类命运共同体,建设持久和平、普遍安全、共同繁荣、开放包容、清洁美丽的世界"。⑤2018 年 12 月 18 日,习近平总书记在庆祝改革开放 40 周年大会上的讲话中指出:"我们积极推动建设开放型世界经济、构建人类命运共同体,促进全球治理体系变革,旗帜鲜明反对霸权主义和强权政治,为世界和平与发展不断贡献中国智慧、中国方案、中国力量。"

(二)构建人类命运共同体思想的内涵

人类命运共同体旨在追求本国利益时兼顾他国合理关切,在谋求本国发展中促进各国共同发展。构建人类命运共同体思想,是一个科学完整、内涵丰富、意义深远的思想体系,其核心就是"建设持久和平、普遍安全、共同繁荣、开放包容、清洁美丽的世界"。

第一,政治上,要相互尊重、平等协商,坚决摒弃冷战思维和强权政治,走对话而不对抗、结伴而不结盟的国与国交往新路。

第二,安全上,要坚持以对话解决争端、以协商化解分歧,统筹应对传统和非传统安全威胁,反对一切形式的恐怖主义。

第三,经济上,要同舟共济,促进贸易和投资自由化便利化,推动经济全球化朝着更加开放、包容、普惠、平衡、共赢的方向发展。

第四,文化上,要尊重世界文明多样性,以文明交流超越文明隔阂、文明互鉴超越文明冲突、文明共存超越文明优越。

第五,生态上,要坚持环境友好,合作应对气候变化,保护好人类赖以生存的地球家园。建设生态文明关乎人类未来。

【课堂互动】

讨论:为什么要构建人类命运共同体? 同学发言(略)。

［点评］

构建人类命运共同体思想，顺应了历史潮流，回应了时代要求，凝聚了各国共识，为人类社会实现共同发展、持续繁荣、长治久安绘制了蓝图，已被多次写入联合国文件，对中国的和平发展，世界的繁荣进步都具有重大和深远的意义。其一，构建人类命运共同体是应对人类面临的许多共同挑战的需要。如：世界热钱流动、国际恐怖主义、国际犯罪、气候变暖等需要全球共同治理。其二，世界发展到今天，所有的国家相互依存，相互连接，没有一个国家可以置身于世界体系之外。其三，太空、深海、极地等世界资源、世界发展空间及其他全球公域需要大家一起来协商和制定如何使用和管理的新规则。其四，人类命运共同体，是习近平外交思想的重要组成部分，也是核心理念，这个理念，是中国对世界体系、国际秩序的一个重大贡献。2015 年 9 月，习近平主席在纽约联合国总部出席第七十届联合国大会一般性辩论时发表重要讲话指出："当今世界，各国相互依存、休戚与共。我们要继承和弘扬联合国宪章的宗旨和原则，构建以合作共赢为核心的新型国际关系，打造人类命运共同体。"

二、促进"一带一路"国际合作

"一带一路"建设是习近平深刻思考人类前途命运及中国和世界发展大势所提出的宏伟构想和中国方案。这一方案是如何提出来的呢？

（一）"一带一路"的提出

2013 年 9 月 7 日和 10 月 3 日，习近平主席先后提出共建"丝绸之路经济带"和"21 世纪海上丝绸之路"重大倡议。"一带一路"是"丝绸之路经济带"和"21 世纪海上丝绸之路"的简称，也就是说"一带一路"是习主席访问中亚和印尼时提出来的。2015 年 3 月 28 日，国家发展改革委、外交部、商务部联合发布了《推动共建丝绸之路经济带和 21 世纪海上丝绸之路的愿景与行动》。

（二）"一带一路"的内容

从范围讲，"一带"指的是陆上"丝绸之路"，从中国到中亚、中东再到欧洲这样一条带状之路。"一路"是指海上"丝绸之路"。"一带一路"贯穿欧亚大陆，东边连接亚太经济圈，西边进入欧洲经济圈。重点面向欧亚非大陆,同时向世界各国开放。从内容讲,“一带一路”建设的内容非常丰富,主要包括政策沟通、设施联通、贸易畅通、资金融通、民心相通,简单说就是“五通”,涵盖了中国与沿线国家的重点合作领域。核心内容是对接各国政策和发展战略,深化务实合作,促进协调联动发展,实现共同繁荣。

(三)中国为什么倡议“一带一路”

古丝绸之路打开了世界各国友好交往的窗口,为人类的进步发展做出了重大贡献。当今世界需要一个新平台,以汇集各国力量,共谋发展进步,维护世界和平。中国国家主席习近平之所以提出“一带一路”倡议,就是要借用古代丝绸之路的历史符号,唤醒沿线国家对古代丝绸之路的历史记忆,激活古丝绸之路留下的和平合作、开放包容、互学互鉴、互利共赢的丝路精神,高举和平发展的旗帜,积极发展与沿线国家的经济合作伙伴关系,共同打造政治互信、经济融合、文化包容的利益共同体、命运共同体和责任共同体。建设“一带一路”有“三好”:①对中国自己有好处。它是中国深度融入世界的新努力。②对沿线国家有好处。它是带动沿线很多发展相对落后、基础设施建设比较差、工业化水平比较低的国家获得发展的新举措。③对整个世界有好处,它将推动跨境乃至跨大洲的融通,惠及世界大多数人口。世界银行行长金墉说:“不论来自亚洲、欧洲,还是非洲、美洲,都是‘一带一路’建设国际合作的伙伴。”

从实践上看,中国“一带一路”倡议,成效惠及世界。5 年来,在各参与方共同努力下,“一带一路”逐渐从倡议变为行动,从理念转化为实践,成为当今世界规模最大的国际合作平台和最受欢迎的国际公共产品。全球 140 多个国家和 80 多个国际组织积极支持和参与“一带一路”建设,一大批有影响力的标志性项目成功落地。“一带一路”建设为解决人类问题不断贡献中国智慧和中国方案。

(四)如何促进“一带一路”建设

其一,坚持引进来与走出去并重,深化双向投资合作。

其二,坚持共商共建共享原则。

其三,加强创新能力开放合作。

其四,把“一带一路”与构建人类命运共同体更加紧密结合起来,与落实 2030 年可持续发展议程紧密结合起来,打造国际合作新平台,增添共同发展新动力。

三、共商共建人类命运共同体

其一，坚持和平发展道路，推动建设新型国际关系。

其二，不断完善外交布局，积极发展全球伙伴关系。

其三，深度参与全球治理，积极引导国际秩序变革方向。

其四，推动国际社会从伙伴关系、安全格局、经济发展、文明交流、生态建设等方面为建立人类命运共同体作出努力。

【实训与应用】

［案例 1］

古老的中国智慧焕发新生机①

“命运共同体”一词，根植于传承千百年的中华文化。追本溯源，这一概念可以在“和”文化中找到源头。中华文化崇尚和谐，中国的“和”文化源远流长，蕴涵着天人合一的宇宙观、协和万邦的国际观、和而不同的社会观、人心和善的道德观。在5000多年的文明发展史中，中华民族一直追求和传承着和平、和睦、和谐的坚定理念。

外交是历史文化的映射。构建人类命运共同体，正是对“世界大同”、“天人合一”等中华文化的接续传承，同坚持独立自主的和平外交政策、坚持和平共处五项原则、坚持互利共赢的开放战略、坚持推动建设和谐世界等中国外交理念一脉相承。打造人类命运共同体，顺应了当今世界潮流与历史大势，体现了中国在国际事务中的责任担当。

世界经济疲弱，低增长、低利率、低贸易和低均衡的态势成为不少国家的通病。贸易保护主义盛行，贸易壁垒成为导致2008年以来全球贸易减少一半以上的重要原因。南北贫富差距明显，8亿人生活在极端贫困之中…面对种种发展困境，该如何推进共同繁荣、给全球经济注入持久的增长动力？

全球变暖导致的海平面上升可能给小岛国和沿海发达城市带来灭顶之灾；资源能源短缺和环境污染严重威胁到人类文明的延续；关于人工智能导致人类毁灭的担忧一度甚嚣尘上……面对关系人类生死存亡的种种隐忧，

---

① 摘自“让人类命运共同体理念照亮未来”，《人民日报》2017年1月15日。

该如何书写可持续发展的规则,捍卫人类共同的家园?

在纷繁复杂的国际形势面前,习近平主席强调:“我们看世界,不能被乱花迷眼。也不能被浮云遮眼,而要端起历史规律的望远镜去细心观望。”通过细心观望,越来越多的人在越来越多的全球性挑战面前,认清了一个道理:任何国家都不可能独善其身,也没有哪个国家可以包打天下。唯有“大道之行也,天下为公”的胸襟,“穷则变,变则通”的眼光,才能把握时代的脉搏。

有专家断言:“人类命运共同体是人类原本应有的生存状态,但是这种原本应有的状态却屡遭人为破坏而急需再造。”构建以合作共赢为核心的新型国际关系,打造人类命运共同体,正是中国在深刻把握时代潮流与历史大势的基础上,呈现给世界的独具东方智慧的解决方案。

[案例2]

中国企业拉动非洲就业

眼下,越来越多的中国公司被吸引到非洲市场。一项麦肯锡大型调研项目报告给出了新数据:在非洲大陆的中国企业目前超过1万家,而10年前只有2500家。联合国贸易和发展会议的数据显示,中国企业过去10年在非洲总计投资340亿美元,雇用非洲当地员工多达数百万人。意外的是,麦肯锡的调研报告称,在非洲的中国公司90%都是私营企业,而非国有企业。这些私营企业的非洲雇员比例高达92%,经理级别的非洲雇员比例为47%,相比之下,中国国有企业的非洲雇员比例为81%,经理级别的非洲雇员比例为35%,与中国建交的所有非洲国家都获得过来自中国的投资,其中投资额最高的五大投资目的地分别是南非、阿尔及利亚、尼日利亚、赞比亚和刚果民主共和国。

(来源:新华网)

结合案例和所学,请思考讨论:

(1)人类命运共同体是在怎样的背景下提出的?

(2)习近平主席在国内外不同场合对构建人类命运共同体进行了重要阐述,请谈谈其主要内涵。

(3)如何构建人类命运共同体?

第二十四章

坚持和加强党的领导

【教学目的和要求】

通过本课学习,使学生深刻认识和理解中国共产党的领导地位是历史的必然、人民的选择,认清中国共产党为什么是中国特色社会主义事业的坚强领导核心?把握中国共产党领导是中国特色社会主义最本质的特征,是中国特色社会主义制度的最大优势。

【教学重点和难点】

1. 中国共产党领导是中国特色社会主义最本质的特征和制度的最大优势。

2. 党在新时代的历史使命。

3. 党是最高政治领导力量。

第一节　实现中华民族伟大复兴关键在党

【课前设问】

为什么说实现中华民族伟大复兴关键在党?

【课堂导入】

1840 年鸦片战争后,戊戌维新运动夭折了,辛亥革命失败了。无论考察西洋还是留学东洋所获得的这个理论那个方案,都不能拯救中国于水火。

正当中国先进分子在苦闷中摸索、在黑暗里奋斗的时候,俄国十月革命给中国送来了马克思主义。以毛泽东为代表的中国共产党人用中国化的马克思主义拯救中国人民于水火之中,实现了新中国的成立,让中国不再任人宰割、四分五裂、国破家亡。

思考:中国人民和中国历史为何选择中国共产党?

一、中国共产党的领导地位是历史和人民的选择

1945 年,毛泽东涉险赴重庆谈判时,蒋介石曾发难:"中国不能有两个太阳!"毛泽东自信地笑答:"两个太阳应该由人民选择一个!"最终的结果是历史和人民选择了中国共产党领导。

那么,历史和人民为什么选择了中国共产党领导呢?

【课堂互动】

学生讨论:为什么中国共产党的领导地位是历史的选择、人民的选择?

[点评]

中国共产党自成立以来,至今已有近百年历史,成为执政党也已 70 年,中国共产党的领导地位和执政地位不是自封的,而是在领导中国人民进行革命、建设和改革开放的光辉历程中逐渐形成和巩固起来的,是社会发展规律的客观反映,也是中华民族历史、中国人民和时代的必然选择。

历史和人民为什么会选择中国共产党呢?其一,从特质看,历史和人民选择中国共产党的最根本原因是党自身的"质的规定性"以及由此决定的党的先进性。中国共产党自身的"两个先锋队"性质、共产主义远大理想和中国特色社会主义共同理想、全心全意为人民服务的根本宗旨以及马克思列宁主义、毛泽东思想、邓小平理论、"三个代表"重要思想、科学发展观、习近平新时代中国特色社会主义思想的科学指导的这些性质、理想、宗旨和指导思想特质代表的是中国历史前进的正确方向,体现的是中国工人阶级和最广大人民的根本利益。其二,从历史发展和贡献看,中国共产党成立前的社会各个阶层所进行的革命和变革均以失败告终,历史发展需要一个新的领导阶级和政党来领导中国革命,完成历史使命,这是人民的呼唤、历史发展的必然。中国近现代史充分证明:没有共产党,就没有新中国,就没有新中国的繁荣富强。有了共产党,中国的面貌就焕然一新。中国共产党诞生后,

在近百年波澜壮阔的历史进程中,团结带领人民为中华民族做出了伟大历史贡献。正是在中国共产党带领下,中华民族才能完成和推进革命、建设和改革三件大事,实现了从东亚病夫到站起来、从站起来到富起来、再从富起来到逐渐强起来的伟大飞跃。这证明了历史和人民的选择是正确的。其三,从人民的角度看,人民群众之所以信任、选择和支持中国共产党,是因为共产党是全心全意为人民服务的,能够不断满足人民的需要。在旧中国,适应广大人民群众的最迫切要求和需要,共产党领导人民进行革命,推翻了帝国主义、封建主义和官僚资本主义三座大山,建立了人民当家做主的共和国,获得了民族独立和人民解放。新中国成立后,党又适应已经站起来的中国人民希望国家繁荣昌盛,过上幸福美好生活的需要,领导人民为恢复和发展国民经济而奋斗,并顺应社会历史发展的必然,走上了社会主义道路,开辟了中国实现现代化的广阔前景,并取得了社会主义建设事业的伟大成就。而今,经过长期努力,中国特色社会主义进入了新时代。在以习近平同志为核心的党中央坚强领导下,党和国家事业取得历史性成就、发生历史性变革,党得到了人民的认可和拥护,是人民的选择。其四,从时代角度看,新的历史条件下,我们走上了中国特色社会主义道路。广大人民的根本利益,从根本上说,就是要解放和发展生产力,实现国家的繁荣富强和人民的共同富裕,实现中华民族的伟大复兴。在中国能够团结和带领全国各族人民实现这个宏伟目标的,只有中国共产党。只有坚持在党的领导下,才能完成两个一百年的奋斗目标。这是时代的选择。

历史和现实告诉我们,历史和人民选择中国共产党领导中华民族伟大复兴的事业是正确的,必须长期坚持、永不动摇;中国共产党领导中国人民开辟的中国特色社会主义道路是正确的,必须长期坚持、永不动摇;中国共产党和中国人民扎根中国大地、吸纳人类文明优秀成果、独立自主实现国家发展的战略是正确的,必须长期坚持、永不动摇。

二、中国特色社会主义最本质的特征

党的十八大以来,在深刻总结世界社会主义特别是中国特色社会主义发展的历史经验基础上,以习近平同志为核心的党中央强调党的领导是“中国特色社会主义最本质的特征”和“中国特色社会主义制度的最大优势”。

这一论断既揭示了党的领导和中国特色社会主义的内在联系,是构成习近平新时代中国特色社会主义思想的一项核心内容。

(一)党的领导是中国特色社会主义最本质的特征

中国特色社会主义是科学社会主义基本原则和鲜明中国特色的统一,包括中国特色社会主义道路、理论、制度、文化,而贯穿其中最本质的特征就是中国共产党的领导。这是因为中国特色社会主义是改革开放以来党的全部理论和实践的主题,是党领导人民历尽千辛万苦所取得的根本成就。改革开放40年的实践表明:中国共产党是中国特色社会主义当之无愧的开创者、推动者、引领者,没有中国共产党,就没有社会主义中国,就没有中国特色社会主义。中国共产党领导决定着中国特色社会主义道路、理论体系、制度、文化的性质、面貌和发展。具体而言:

其一,这是由科学社会主义的理论逻辑所决定的。

其二,这是由中国特色社会主义产生与发展的历史逻辑所决定的。

其三,这是由中国特色社会主义迈向新征程的实践逻辑所决定的。

党的领导是中国特色社会主义最本质特征这一重要论断,从中国特色社会主义最本质特征的高度强调了党的领导的极端重要性,使我们对党的领导和中国特色社会主义的认识都达到一个新高度,是对马克思主义政党学说的重大发展,对科学社会主义的重要贡献,也是对共产党执政规律、社会主义建设规律、人类社会发展规律认识的深化。

(二)党的领导是中国特色社会主义制度的最大优势

其一,中国特色社会主义制度是党领导人民创建的。

其二,党的领导是充分发挥中国特色社会主义制度优势的根本保障。

其三,党的自身优势是中国特色社会主义制度优势的主要来源。

近百年来中国共产党领导人民进行艰苦卓绝的奋斗史证明:没有中国共产党,就没有中国特色社会主义的开创和发展,当然也就没有中国特色社会主义道路、理论、制度、文化的优越性和自信。中国共产党领导是中国特色社会主义制度的优势之源,是形成其他优势的优势,是中国特色社会主义制度的最大优势。

三、新时代中国共产党的历史使命

(一)新时代中国共产党的历史使命是什么

中国共产党人的初心和使命,就是为中国人民谋幸福,为中华民族谋复兴。2012 年 11 月 15 日,新当选的中共中央总书记习近平同中外记者见面时,在其 1 500 余字的演讲中,19 次提到"人民"。在党的十九大报告中,"人民"二字出现了 203 次。"不忘初心,牢记使命",是中国共产党人始终不变的心系人民的初心和情怀。在艰难困苦中诞生,从弱小到强大,从只有 50 多位党员到拥有 8 900 多万党员、450 多万个基层组织,中国共产党发展成为世界最大执政党的根本就在于"始终同人民想在一起、干在一起",保持初心不改、壮志不变。习近平同志在党的十九大报告中指出:"实现中华民族伟大复兴是近代以来中华民族最伟大的梦想。中国共产党一经成立,就把实现共产主义作为党的最高理想和最终目标,义无反顾肩负起实现中华民族伟大复兴的历史使命"。

为实现中华民族伟大复兴走过的辉煌历程:我们党团结带领人民浴血奋战 28 年,推翻了压在中国人民头上的帝国主义、封建主义、官僚资本主义三座大山,为中华民族伟大复兴扫清了根本障碍;继之,党又团结带领人民完成社会主义革命,建立符合我国实际的先进社会主义制度,推进社会主义建设,为中华民族伟大复兴奠定了坚实基础;接着,党团结带领人民进行改革开放新的伟大革命,破除阻碍国家和民族发展的一切思想和体制障碍,开辟了中国特色社会主义道路,使中国大踏步赶上时代,迎来了中华民族从站起来到富起来、强起来的伟大飞跃,为中华民族伟大复兴开辟了光明前景。98 年来,为了实现中华民族伟大复兴的历史使命,无论是弱小还是强大,无论是顺境还是逆境,我们党都初心不改、矢志不渝,团结带领人民历经千难万险,付出巨大牺牲,敢于面对曲折,勇于修正错误,攻克了一个又一个看似不可攻克的难关,创造了一个又一个彪炳史册的人间奇迹。

新时代中国共产党的历史使命,就是统揽伟大斗争、伟大工程、伟大事业、伟大梦想,在全面建成小康社会的基础上全面建成社会主义现代化强国,实现中华民族伟大复兴的中国梦。

(二)如何实现新时代中国共产党的历史使命

实现中华民族伟大复兴,必须统筹推进"四个伟大":

其一,必须进行具有许多新的历史特点的伟大斗争。

其二,必须深入推进党的建设新的伟大工程。

其三,必须推进中国特色社会主义伟大事业。

其四,必须统筹伟大斗争、伟大工程、伟大事业、伟大梦想"四个伟大"。

伟大梦想是目标,指引前进方向;伟大斗争是手段,激发前进动力;伟大工程是保障,提供前进保证;伟大事业是主题,开辟前进道路。"四个伟大"是一个紧密联系、相互贯通、相互作用、有机统一的整体,统一于新时代坚持和发展中国特色社会主义的伟大实践之中。

【实训与应用】

1. 观看视频:《今天我学习》第五集(视频时长 04:20)和《新时代中国共产党的历史使命》(视频时长 02:18)。

2. 课后阅读:熊若愚,担当起新时代中国共产党的历史使命(见党建研究网-人民网)。

结合视频和文章内容,思考讨论:如何理解新时代中国共产党的历史使命?

第二节 坚持党对一切工作的领导

【课前设问】

1. 如何理解"坚持党对一切工作的领导"?

2. 为什么要坚持党对一切工作的领导?

【课堂导入】

在我党历史上,强调坚持"党对一切工作的领导"的思想由来已久。早在抗日战争时期,中共中央的正式文件中就出现过"党领导一切"这个概念,强调党"应该领导一切其他组织,如军队、政府与民众团体"。社会主义建设时期,毛泽东同志进一步阐发"党领导一切"的思想,最早提出"党政军民学,东西南北中,党是领导一切的"这句话。改革开放前后,邓小平同志也多次讲过。随着执政环境和党内形势的新变化,江泽民同志在2000年1月的中纪委第四次全体会议上再次重申了这一思想。党的十八大以来,针对党的领导弱化问题,习近平总书记又多次强调"党领导一切工作"的思想,并在党的十九大报告中再次重申"坚持党对一切工作的领导。党政军民学,东西南北中,党是领导一切的"。他还形象地指出,中国共产党的领导就像"众星捧月",这个"月"就是中国共产党。在国家治理体系的大棋局中,党中央是坐镇中军帐的"帅",车马炮各展其长,一盘棋大局分明。各个领域、各个方面都必须自觉坚持党的领导。党的十九大报告把"坚持党对一切工作的领导"作为新时代坚持和发展中国特色社会主义的首条基本方略。

加强党的全面领导、坚持党对一切工作的领导是习近平新时代中国特色社会主义思想的重要内容。那么,为什么要坚持党对一切工作的领导呢?

一、党是最高政治领导力量

(一)"党是最高政治领导力量"论断的提出

这一论断是习近平总书记在党的十九大报告中提出来的。他在十九大报告阐述新时代中国特色社会主义思想"八个明确"的最后一条中首次提出了"党是最高政治领导力量"这一重大政治论断。这一重大政治论断既科学概括了我们党在整个国家的根本地位和无可替代的领导作用,充分凸显了党的领导的全面深刻内涵,同时也鲜明地宣告了只有中国共产党才能扛起带领中国人民实现中华民族伟大复兴的历史使命。

"党是最高政治领导力量"是在总结了历史经验教训基础上提出的政治概念。从地位和作用看,党在复杂的国家治理体系中处在总揽全局、协调各方的最高领导地位,发挥着把方向、谋大局、定政策、促改革的领导核心作用。从领导的实施看,党领导一切,对党和国家的各个领域(如经济建设、政治建设、文化建设、社会建设、生态文明建设等)、各个方面、各项工作,机关、学校、医院、农村、城市社区、两新组织等所有机构、组织、单位(包括民主党派、人民团体等)实施全面领导。具体而言,党作为最高政治领导力量,主要体现在把准政治方向、统领政治体系、主导社会治理、决策重大问题等方面:党是中国政治方向的掌舵者、国家政治体系的统领者、社会治理的主导者、重大决策的决断者。但党对一切工作的领导,并不是"包打天下",也不是

"取代一切",而是要求我们把"党是领导一切的"与"党是最高政治领导力量"统一起来理解和实践。只有始终坚持党对一切工作的领导,才能在更高水平上实现全党思想上的统一、政治上的团结、行动上的一致,进一步提高党的创造力、凝聚力、战斗力,才能为决胜全面建成小康社会,夺取新时代中国特色社会主义伟大胜利,实现中华民族伟大复兴中国梦提供最有力的保障。

(二)党是最高政治领导力量

党是最高政治领导力量,这是马克思主义政党学说的基本原则,是对历史经验的深刻总结和推进伟大事业的根本保证。

其一,这是马克思主义政党的基本要求;

其二,这是对党领导革命、建设和改革历史经验的深刻总结;

其三,这是推进伟大事业的根本保证。

【课堂互动】

学生讨论:中国共产党为什么能够成为最高政治领导力量?

[点评]

中国共产党能够成为最高政治领导力量,是由我国国家性质和国体政体所决定的,是由国家宪法所确立的,是经过中国革命、建设、改革长期实践所检验的,具有深刻的历史逻辑、理论逻辑、实践逻辑。其一,这是由党的先进性决定的。党的这种阶级基础的先进性、理论基础的先进性、宗旨的唯一性和组织的先进性等是中国共产党之外的中国其他任何政党和政治组织所不具备也做不到的,这种先进性使党能够成为领导中国革命、建设、改革的核心力量,这种先进性成就了中国共产党的辉煌,成就了中国共产党最高政治领导力量的地位。其二,是在"开天辟地"建党后,由党在带领中国人民"改天换地"建立新中国、"翻天覆地"进行改革开放、再到今天又带领人民创造"中国奇迹"的进程中、在带领中国人民实现从站起来、富起来、再到强起来的伟大飞跃中所发挥的不可替代的伟大历史作用赢得的。其三,是由党勇于自我革命的品格铸就的。面对前进道路上遇到的各种磨难和挫折,中国共产党从不讳疾忌医,而是始终坚持实事求是的思想路线,敢于直面问题,勇于自我革命,靠自觉的自我革命一次次解决自身问题,并在不断解决自身问题中获得新的更加强大的生机活力,具有极强的自我修复能力。其四，实践证明并将继续证明，只有中国共产党，最具备素质、最有资格和能力成为中国最高政治领导力量。

坚持党的领导是党和国家的根本所在、命脉所在，是全国各族人民的利益所系、幸福所系，必须毫不动摇坚持和加强党的全面领导，那么，如何坚持党对一切工作的领导呢？

二、确保党始终总揽全局协调各方

在当今中国，作为最高政治领导力量，中国共产党居于总揽全局、协调各方的领导地位，对经济、政治、文化、社会、生态文明建设，对内政、外交、国防、民族等工作，对国家立法、司法、行政、监察机关，对经济、文化、社会、群团等组织和党外群众进行全面领导。同时，在开创和发展中国特色社会主义事业的整个历史进程中，党都居于领导核心地位。在中国特色社会主义进入新时代的今天，确保党始终总揽全局、协调各方，必须做到：

其一，必须增强“四个意识”即政治意识、大局意识、核心意识、看齐意识，自觉维护党中央权威和集中统一领导，自觉在思想上政治上行动上同党中央保持高度一致。

其二，必须坚持和完善党的领导的体制机制。坚持党领导立法、保证执法、支持司法、带头守法，把依法治国同依法执政统一起来。党中央做出的决策部署，党的组织、宣传、统战、政法等部门要贯彻落实，人大、政府、政协、法院、检察院的党组织要贯彻落实，事业单位、人民团体等的党组织也要贯彻落实。

其三，必须坚持党的民主集中制原则。民主集中制是民主基础上的集中和集中指导下的民主相结合的制度，既要充分发扬民主，又要善于集中。

三、全面增强党的执政本领

（一）为什么要全面增强党的执政本领

中国共产党领导一个有着十三亿多人口的社会主义大国，我们党既要政治过硬，也要本领高强。在党的事业发展的任何时候，本领高强都与政治过硬是高度一体的。

其一，这是新时代对提高党的长期执政能力，全面增强执政本领的新要求。

其二,这是新时代开启新征程的必然选择,是推进中国特色社会主义伟大事业对提高党的执政能力和领导水平提出的新要求。

其三,这是实现新时代中国共产党历史使命的必然要求。

(二)如何全面增强党的执政本领

党的十九大报告提出,要全面增强党八个方面的执政本领:

其一,增强学习本领。面对新时代新使命,必须在全党营造善于学习、勇于实践的浓厚氛围,建设马克思主义学习型政党,推动建设学习大国。

其二,增强政治领导本领。不断提高把方向、谋大局、定政策、促改革的能力,提高保持政治定力、驾驭政治局面、防范政治风险的能力,确保党始终总揽全局、协调各方。

其三,增强改革创新本领。保持锐意进取的精神风貌,进一步解放思想、与时俱进。

其四,增强科学发展本领。善于贯彻创新、协调、绿色、开放、共享的发展理念,统筹、协调推进"五位一体"、"四个全面",不断开创发展新局面。

其五,增强依法执政本领。加快形成覆盖党的领导和党的建设各方面的党内法规制度体系,坚持依法治国与依规治党统筹推进、一体建设,坚持依法治国与依规治党有机统一。

其六,增强群众工作本领。创新群众工作体制机制和方式方法,推动工会、共青团、妇联等群团组织增强政治性、先进性、群众性。

其七,增强狠抓落实本领。坚持说实话、谋实事、出实招、求实效,把雷厉风行和久久为功有机结合起来,勇于攻坚克难,以钉钉子精神做实做细做好各项工作。

其八,增强驾驭风险本领。健全各方面风险防控机制,善于处理各种复杂矛盾,勇于战胜前进道路上的各种艰难险阻,牢牢把握工作主动权。

这八个方面的本领,是基于对我们党领导革命、建设、改革的实践,对新时代新征程面临风险与挑战的清醒判断后提出来的,既是对党的能力建设的科学总结,也是党实现初心和使命的必然要求和基本保障。

【实训与应用】

1. 观看视频:《改革开放 关键一招》第七集《中国共产党为什么能》(视

频时长38:59)。

2. 材料阅读

[材料一]

习近平新时代中国特色社会主义思想的一个重要内容,就是明确指出“中国特色社会主义最本质的特征是中国共产党领导,中国特色社会主义制度的最大优势是中国共产党领导,党是最高政治领导力量”。党的领导地位是历史的选择,也是人民的重托,归根到底是近代以来中国的历史逻辑、政治逻辑、实践逻辑所决定的。正是有了党的坚强领导,中国人民才从根本上改变了自己的命运,中国发展才取得了举世瞩目的伟大成就,中华民族才迎来了伟大复兴的光明前景。党的十八大以来,党和国家各项事业之所以开创新局、谱写新篇,也离不开党的坚强领导和顽强奋斗。坚持党的领导,是党和国家的根本所在、命脉所在,是全国各族人民的利益所系、幸福所系。第一,坚持党对一切工作的领导,必须自觉维护党中央权威和集中统一领导,自觉在思想上政治上行动上同党中央保持高度一致。第二,坚持党对一切工作的领导,要确保党始终总揽全局、协调各方。第三,坚持党对一切工作的领导,同坚持党的民主集中制原则是一致的。

[材料二]

党的十九大报告强调:“坚持党对一切工作的领导。党政军民学,东西南北中,党是领导一切的。”党领导的范围是“党政军民学,东西南北中”,“党政军民学”泛指领域,“东西南北中”泛指地域。党如何实施领导?主要是“把方向、谋大局、定政策、促改革”,这在某种程度上说就是党的领导的内容和方式。内容主要是“方向”“大局”“政策”“改革”,方式主要是“把”“谋”“定”“促”。通过把方向、谋大局、定政策、促改革,调动全党的积极性主动性创造性,不断增强党的政治领导力、思想引领力、群众组织力、社会号召力,把党建设成为始终走在时代前列、人民衷心拥护、勇于自我革命、经得起各种风浪考验、朝气蓬勃的马克思主义执政党。

坚持党对一切工作的领导,首要的是增强政治意识、大局意识、核心意识、看齐意识,自觉维护党中央权威和集中统一领导,自觉在思想上政治上行动上同以习近平同志为核心的党中央保持高度一致。从政治立场、政治方向、政治原则上看,党的任何组织和成员,无论处在哪个领域、哪个层级、哪个单位，都要维护党中央权威和集中统一领导；凡属部门和地方职权范围内的工作部署，都要以坚决贯彻党中央决策部署为前提，做到令行禁止，决不允许背着党中央另搞一套。从精神状态上看，全党一定要保持艰苦奋斗、戒骄戒躁的作风，以时不我待、只争朝夕的精神，奋力走好新时代的长征路。从执政能力上看，既要政治过硬，也要本领高强，具体要着力增强八个方面的本领，即学习本领、政治领导本领、改革创新本领、科学发展本领、依法执政本领、群众工作本领、狠抓落实本领、驾驭风险本领。概括起来说，政治坚定是根本，作风优良是关键，本领高强是保证，这三个方面都做到了，就能坚持说实话、谋实事、出实招、求实效，把雷厉风行和久久为功结合起来，勇于攻坚克难，以钉钉子精神做实做细做好各项工作。

（来源：人民网）

请结合视频和材料阅读，思考讨论如下问题：

(1)谈谈中国共产党为什么能。如何理解党是最高政治领导力量和党对一切工作的领导？

(2)为什么要坚持党对一切工作的领导？怎样坚持和加强党的全面领导？

参考文献

[1]毛泽东选集[M].北京:人民出版社,1991.

[2]邓小平文选[M].北京:人民出版社,2004.

[3]习近平.习近平关于全面深化改革论述摘编[M].北京:中央文献出版社,2014.

[4]习近平.深刻认识马克思主义时代意义和现实意义 继续推进马克思主义中国化时代化大众化[N].人民日报,2017-09-30(01).

[5]习近平.关于《中共中央关于全面深化改革若干重大问题的决定》的说明[N].人民日报,2013-11-16(01).

[6]习近平.在庆祝中国共产党成立95周年大会上的讲话[N].人民日报,2016-07-02(02).

[7]习近平.习近平谈治国理政[M].北京:外文出版社,2014.

[8]教育部思想政治工作司.加强和改进大学生思想政治教育重要文献选编(1978-2008)[M].北京:中国人民大学出版社,2008.

[9]姜辉.为人类对更好社会制度的探索提供中国方案[N].人民日报,2017-05-10(07).

[10]赵婀娜,丁雅诵.全国高校思想政治工作会议以来学校思想政治理论课建设综述[N].人民日报,2019-03-18(1).

[11]戴莉.以"三贴近"为指导构建思想政治理论课教学评价体系[J].学理论,2011(18).

[12]许玉琴.高职院校思想政治理论课实践教学调查研究[J].安徽电气工程职业技术学院学报,2013(1).

[13]王凤芹.浅议高职思政课教育教学存在的问题与对策[J].职教论坛,

2010(2).

[14]本书编写组. 毛泽东思想和中国特色社会主义理论体系概论[M]. 北京:高等教育出版社,2018.

[15]本书编写组. 思想道德修养与法律基础[M]. 北京:高等教育出版社,2018.

[16] 秦宣. 毛泽东思想和中国特色社会主义理论体系概论(2018年版)修订说明[J]. 思想理论教育导刊,2018(5).

后 记

本书编写人员均为长期工作在教育教学第一线的高职高专院校思政课教师，一直关注高职高专思想政治理论课教学改革创新问题的研究。研究过程中，先后完成了省厅、教育部教学改革项目5项，撰写发表了《刍议‘概论’课考试方法的改革与创新》《释疑解惑、有的放矢，切实增强〈概论〉课教学实效性》《关于深化概论课教学模式改革的思考》《关于高校思想政治理论课教学方法改革与创新的思考》《对高职高专院校思想政治理论课教学内容与课程体系改革机理的思考》《高职院校思想政治理论课教学内容改革创新探索》《高职高专院校思政课教法改革路径新探索》《关于加强高职高专院校思想政治理论课建设路径的思考》《当代高校思政教育工作的创新方法和途径探索》《高职高专政治理论课实践教学创新的必要性》等思政课教研论文13篇。这本书就是在上述研究基础上完成的。

本书既有思政课教学研究理论篇，又有教学实践篇。本书编写人员具体分工如下：中原工学院赵水根统揽全书，负责该书的总体设计、论证、研究、统稿和修缮，并撰写了第一、三、十三章及后记；河南财政金融学院的曾庆福负责教研理论部分的专题专项研究和部分内容的修改并执笔前言，肖芸参加了该书的筹划和部分内容的修改，撰写了第十一章及“概论”课概要，田瑞华撰写了第四、五、六、七、二十三章及基础课概要，马利红撰写了第八、九、十、二十四章，魏娇娇撰写了第十四章至第二十二章；河南轻工职业学院的肖志铭撰写了第二章、第十二章，并参加了书稿的文字校对工作。在写作过程中，参考了大量文献资料，吸收了国内近年来的相关研究成果，在书里已一一列出，在此，谨向他们表示深深的敬意和感谢。同时，对河南省教育厅的资助和郑州大学出版社同志的辛劳付出表示特别感谢。

伴随着时代前进的脚步,形势在不断发展变化,理论在实践中不断创新,高职高专院校思想政治理论课教学改革创新问题是个常讲常新的课题,因而,对高职高专院校思想政治理论课教学改革创新问题的研究将是一个长期的过程,需要给予更多的关注。由于水平和能力有限,书中缺陷和谬误在所难免,因此,敬请各位读者多提宝贵意见。

编　者

2019 年 12 月